古典文獻研究輯刊

三七編

潘美月・杜潔祥 主編

第 **48** 冊

《四分律刪繁補闕行事鈔》集釋
（第六冊）

王建光 著

國家圖書館出版品預行編目資料

《四分律刪繁補闕行事鈔》集釋（第六冊）／王建光 著 -- 初
版 -- 新北市：花木蘭文化事業有限公司，2023〔民112〕
目 4+268 面；19×26 公分
（古典文獻研究輯刊 三七編；第 48 冊）
ISBN 978-626-344-511-6（精裝）
1.CST：四分律 2.CST：律宗 3.CST：注釋
011.08   112010540

ISBN-978-626-344-511-6

9 786263 445116

古典文獻研究輯刊
三七編　第四八冊　　　　　ISBN：978-626-344-511-6

《四分律刪繁補闕行事鈔》集釋（第六冊）

作　　　者　王建光
主　　　編　潘美月、杜潔祥
總 編 輯　杜潔祥
副總編輯　楊嘉樂
編輯主任　許郁翎
編　　　輯　張雅淋、潘玟靜　美術編輯　陳逸婷
出　　　版　花木蘭文化事業有限公司
發 行 人　高小娟
聯絡地址　235 新北市中和區中安街七二號十三樓
　　　　　　電話：02-2923-1455／傳真：02-2923-1452
網　　　址　http://www.huamulan.tw 信箱 service@huamulans.com
印　　　刷　普羅文化出版廣告事業
初　　　版　2023 年 9 月
定　　　價　三七編 58 冊（精裝）新台幣 150,000 元　　版權所有‧請勿翻印

《四分律刪繁補闕行事鈔》集釋
（第六冊）

王建光　著

目

次

隨戒釋相〔一〕篇第十四（一）

此篇來意，準律條部〔二〕，但以正本持犯未具，下更列之〔三〕。今為諸篇未足，故別生一位〔四〕，使條理隨相，楷式軌定。

比丘有二百五十戒〔五〕。智論云：若但說名字，則二百五十〔六〕。毗尼中，略說則八萬四千，廣說無量無邊〔七〕。故出家之人，有無量無邊律儀〔八〕。在家人不具尸波羅蜜〔九〕，出家者即具戒度〔一〇〕也。依之修行，善識其種相〔一一〕者，便發生定慧，克翦煩惱〔一二〕。若闇於所緣，隨流染惑〔一三〕，豈能反流生死，方更沈淪苦趣〔一四〕。所以依教出相，具顯持犯〔一五〕。必準此行之，庶無禍害焉〔一六〕。

【篇旨】

鈔批卷一三：「前篇已辨篇聚綱要，但是釋其題目，至於篇下種相品類極多，故復須辨。至於隨相，曲示規摸，復明識故，有此篇來也。又云：上明篇聚名相，違犯果報，業位已彰，曉鏡心目。欲使行人順持無犯，但持犯戒相，細行猶多。若不隨事曲陳，持行難立，故此篇來也。亦可本為將釋此篇故，先明篇聚名報，是則前篇來意，對此篇興。」（五八九頁上）

【校釋】

〔一〕隨戒釋相　資持卷中一上：「『戒相』二字，通目戒本，即是『所釋』。『隨釋』二字，局在今鈔，即為『能釋』。然戒本中，但列名種，辨成持犯，備在廣律。今還採摘律文，旁涉群部，隨於戒下，條別委示，故云『隨戒釋相』也。問：『此是宗鈔，那云釋耶？』答：『釋謂隨舉一戒，直顯持犯重輕之相，非同戒疏隨文牒解。』問：『何者為相？』答：『如後釋戒，三科束之：一、所犯境，二、成犯相，三、開不犯，總為相矣。更以義求，亦為三別：一、犯與不犯，二、犯中有輕重不同，三、有方便根本差別。統論其相，不出心境，如下更解。」（二六一頁下）鈔批卷一三：「立謂：隨其二百五十戒，一一釋其相貌，謂釋其持犯、輕重、開遮、通塞之相也。意謂不然。今篇中具明戒法、戒體、戒行、戒相四法。若唯立解，攝四不盡，故今有釋，謂：發心要期，壇場作法曰『受』；受後對境行護，順本受體，策勵三業，防禁七非曰『隨』。隨家之相既多，故今釋其相貌，故云。然若作此解，攝戒法、戒體，亦所不盡。以『法』與『體』本屬受門，非是隨家事也。或可篇中正意，本明戒相，法、體、行三，相從故辨。若作此明，唯前立釋，亦無有妨。」（五八九頁上）簡正卷九：「順

受曰『隨』，對境禁防名『戒』。名就境說，無量無邊。（五六四頁上）今約制論，則二百五十，一解其持犯之相也。」（五六四頁下）【案】本篇分四：初，「比丘有」下；次，「今但隨」下；三、「然戒是」下；四、「就初」下。

〔二〕 **此篇來意，準律條部** 資持卷中一上：「上二句，標示所準。條部者，律中，僧尼戒本、二十犍度，五百、七百結集之後，別為一篇，涉于三卷，名條部毘尼，乃條前戒本，決釋疑滯。如，前淫戒未明三道分齊、道俗二境成犯之相，波離一一別問，如來隨問答釋，使前戒本持犯委足。然今藏中，律本多為『調』字，竊疑音誤，無別所以。有人釋云：佛在世時，星羅別制，波離調和部類，故云『調部』，以『條』字義顯，大師易之。此說無據，未足可取。」（二六一頁下）

〔三〕 **但以正本，持犯未具，下更列之** 鈔批卷一三：「指律文前二部戒本及與犍度，為正本也。以正本中，持犯未具，故有條部之文，故曰更列之也。何故引條部意來者？為欲明此釋相一篇來意同律條部義也。」（五八九頁下）資持卷中一上：「『但』下三句，先示條部所立。『正本』即前戒本。『下列』者，以條部在第四分後故。」（二六一頁下）簡正卷九：「外難曰：『適來已辨來意，今何又辨？』答：『前是講解之時相生來意，今是製作眾辨此篇之意爾，不重也。准律條部，以正本持犯未具，下更列之者，欲明此篇之意，先述條部來意，謂此篇倣他條部故。正本持犯未具者，二十犍度，是正持犯，說事未周，故云未具。」（五六四頁下）

〔四〕 **今為諸篇未足，故別生一位** 鈔批卷一三：「謂上下二十九篇，雖明持犯，恐收來未盡，故立此一篇，故言別生一位也。」（五八九頁下）資持卷中一上：「『今』下，正明此篇所準。『諸篇』即指此鈔上下文也。未足有二：一、雖有犯名，二百五十未必盡故；二、縱有名種，未知成犯緣相、揩式故。然條部在律之末，隨相當鈔之中。今但準彼未足重條之義，非謂準於前後也。」（二六一頁下）簡正卷九：「古來及今，淮南等記皆云二十九篇為『諸篇』，『未足』由似犍度說事未周。今別生隨相一位，由如條部不異也。若依此解，良恐倣律不成也。律文條部，寂（【案】『寂』疑『寂』。）在二十犍度後。今若持二十九篇為『諸篇』者，隨相一位，合居第三十也。今依玄記正解。云『諸篇』者，即篇聚中五篇為『諸篇』也。前促（【案】『促』疑『但』。）略翻唐、梵之名義，且未曾一一隨戒條辨二持二犯，具闕相狀，故曰『諸篇未足』。由似彼二十犍度，下更列之者，更向篇聚後之列。二百五（原注：『五』下疑脫『十』

字。）戒，一一釋其持犯相狀，便同條部毗尼之似也。（此局雅聞。）」（五六四頁下）

〔五〕**比丘有二百五十戒**　資持卷中一上：「初科三段。初，明順教成益。」（二六二頁上）鈔批卷一三：「約戒本論，二不定、七滅諍等，恰成二百五十也。今且就此數，隨釋其相也。」（五八九頁下）簡正卷九：「比丘者，戒疏云：梵天本音也。苾蒭者，戒疏云傳訛也，因艸以立。謂西國有艸，名曰苾蒭，此艸具四德五義，堪喻出家之士。四德者：眾艸生時，此艸水生，表佛未出世時，一切外道、邪徒興盛。二、此艸生時，眾草即滅沒。三、不容垢，表無破戒塵垢故。四、引蔓滋多，表師資無絕。所言五德者：一、莖芊端直，表內心質直；二、香氣遠勝，表戒香普薰；三、體性柔耎，表於慈悲；四、不皆（原注：『皆』疑『背』。）日表，不違佛制；五、冬夏長青，表始終不變。具上諸義，故以彰名。若云『比丘』，此云『怖魔』，果中能斷或（【案】『或』疑『惑』。）。二云『乞士』，出家已，乞食自濟身，乞法以濟神等。（云云。）二百五十者，舉數也。意道：此篇於此數下辨成持犯具闕之相，令揩式軌定也。」（五六五頁上）

〔六〕**若但說名字，則二百五十**　資持卷中一上：「智論尸波羅蜜中文。說名字者，此局戒本為數也。」（二六二頁上）

〔七〕**毗尼中，略說則八萬四千，廣說無量無邊**　鈔批卷一三：「戒從境發，境通情、非情，塵沙萬品，何有邊量也。」（五八九頁下）資持卷中一上：「『毗尼中』者，指廣律也。八萬四千，對塵勞門也。望上為廣，望下猶略，故云略說。無量無邊，此從境也。」（二六二頁上）簡正卷九：「仁王經云：眾生未成佛，并為煩惱；眾生已成佛，煩惱為并。謂未成佛前，有八萬四千塵勞門，今對治彼故，說八萬四千波羅蜜門。未審八萬四千云何配屬？先須（五六五頁上）配八萬四千塵勞門，後配波羅蜜門。初配塵勞門者。真諦三藏依婆沙正義，根本煩惱有十，所謂：貪、嗔、痴、慢、疑、身見、邊見、見取、邪見、戒禁，一一皆有九，今隨眠即成十個。十個成百，一一有九，今隨眠便成一千。後分亦一千，并本一百，即成二千一百。已起二千一百，未起二千一百，都成四千二百。配五頻（【案】『頻』疑『類』。）眾生貪、嗔、痴、著、我思覺，一類有四千二百，五類四五二十，成二萬二五。如十成一十，總成二萬一千，更配四類眾生，多貪二萬一千餘。王亦爾，豈（【案】『豈』後疑脫『不』字。）八萬四千？此依法寶正義。若依玄記，一一皆有十。今隨眠即是錯筭，數有剩也。

次配波羅蜜門者。偈曰：『光耀至鶴林，三百五十說，六塵并四大，二萬又一千，貪嗔痴等分，八萬四千說。』三百五十說者，謂約前後，都計三百五十度。說法每一度，皆說六波羅蜜，三六一十八，是一千八百；又五十度，五六三十是三百，并前一千八百，是二千一百。將此二千一百，配眾耳、鼻、舌、身、意六塵。更有也（【案】『也』疑『地』。）、水、火、風四大，成十。於此十中，每一配二千一百，十位中總成二萬一千。更配四類眾生，一類二萬一千，豈非八萬四千也？（五六五頁下）問：『此四類，與上五類眾生何別？』答：『上五種是草（原注：『草』疑『單』。）說，今四類據雙。雙以論等分，即一時起。（大德曰：人多迷此，即須知之。）廣說無量無邊者，約境也。」（五六六頁上）

〔八〕**故出家之人，有無量無邊律儀**　資持卷中一上：「『故』下，校量道俗。意令學者知己尊勝，勿自輕也。」（二六二頁上）簡正卷九：「無量無邊律儀者，從境而起也。」（五六六頁上）

〔九〕**在家人不具尸波羅蜜**　鈔批卷一三：「明俗人雖受五、八，但防身口四支，故言不具也。出家僧尼，具防身口七支，故具尸波羅蜜也。」（五八九頁下）簡正卷九：「以優婆塞是（原注：『是』疑『受』。）五戒八戒時，但發身三、口一四支，不如出家人七支全具，故云不具也。」（五六六頁上）

〔一〇〕**戒度**　鈔批卷一三：「即尸波羅蜜也。『尸羅』是戒，『波羅蜜』名到彼岸。到彼岸者，即是度義也。」（五八九頁下～五九〇頁上）

〔一一〕**依之修行，善識其種相**　資持卷中一上：「『依』下二句，明順教。上句是行，下句即解，行解兩具，戒學功成。」（二六二頁上）鈔批卷一三：「依此所標二百五十戒修行，識持犯重輕之相。罪之名種，故曰種相。」（五九〇頁上）簡正卷九：「謂依戒修行善，識達罪種，謂婬、盜、煞等識犯不犯及因果，至果則輕相，攬因成果了，則重相也。」（五六六頁上）

〔一二〕**便發生定慧，克翦煩惱**　資持卷中一上：「『便』下，顯勝益。克，能也，或作剋，削也。」（二六二頁上）鈔批卷一三：「因戒發定，定能發慧，慧破煩惱，故曰剋剪。」（五九〇頁上）簡正卷九：「謂既識達已，順而修行，以戒淨故，三昧現前，則發生定，定能生慧，慧破煩惱，名尅剪也。」（五六六頁上）

〔一三〕**若闇於所緣，隨流染惑**　資持卷中一上：「『若』下，二、明迷教致損。……次段，反上三意。初句，『暗教』即無解也。所緣是境，由迷於教，故不了境。或可『所緣』即指教相。次句，『隨染』即闕行也。『染』謂封著，『惑』即迷

亂。」（二六二頁上）鈔批卷一三：「立明：心為能緣，戒相是所緣。若不識相，是闇所緣。破其淨戒，名為染惑也。」（五九〇頁上）簡正卷九：「謂心為能緣，戒相萬境為所緣。若不了達識知，名之為闇。遂乃破戒，遂生死流，被五塵所涉，名染惑也。」（五六六頁上）

〔一四〕豈能反流生死，方更沈淪苦趣　資持卷中一上：「『豈』下二句，彰損可知。」（二六二頁上）鈔批卷一三：「受戒本希離染，使獲道益。今由闇所緣，乃隨境違犯，何能返彼生死？乃卻趣三途，故曰沉淪苦趣也。」（五九〇頁上）

〔一五〕所以依教出相，具顯持犯　資持卷中一上：「『所』下，三、示今述作。初文，初句標教本。」（二六二頁上）鈔批卷一三：「謂今依律教，出持犯之相也。」（五九〇頁上）

〔一六〕必準此行之，庶無禍害焉　資持卷中一上：「『必』下，勸修。庶，望也。『禍害』即上苦趣，謂三途也。此且舉損以勸。須知奉戒不唯免害，發生定慧，必由此爾。」（二六二頁上）鈔批卷一三：「鄭玄云：庶，由眾也。又云：庶者，望也，亦訓為『使』也。」（五九〇頁上）

　　今但隨戒別指〔一〕，直陳進不〔二〕。若通明心境，具在方軌持犯中〔三〕。

【校釋】

〔一〕今但隨戒別指　鈔科卷中一：「『今』下，示通別以彰異。」（四六頁中）簡正卷九：「謂隨二百五十戒，一一別明持犯具闕，對戒指示也。」（五六六頁下）資持卷中一上：「此篇逐條顯相，名別事持犯。後章統收篇聚，名總義持犯。由別顯總，以總收別，前後相照，持犯方明。欲令預曉二篇來意，故此示之。」（二六二頁上）扶桑記：「總義：下張七門，總判諸戒持犯相故。然前云別事，後云總義者，隨戒但約事境，持犯多據義門故也。故以事義二字互安。」（一五七頁上）

〔二〕直陳進不　資持卷中一上：「『進』謂無過可行，『不』謂有教制止。」（二六二頁上）鈔批卷一三：「謂統論心境，如下方軌中。今直論持犯之相，若具緣成犯曰『進』，闕緣不犯曰『否』。勝云：進者，善也，是持。否者，惡也，是犯。」（五九〇頁上）簡正卷九：「謂對古來，即於籸相之首，廣作義門。今師恐有繁詞，又非急要，但直論二持為『進』，二犯為『不』，更不別撰義草（【案】『草』疑『章』。）也。」（五六六頁下）

〔三〕若通明心境，具在方軌持犯中　簡正卷九：「謂簡此篇，對一一戒，子細別說。若通持善惡二心，對於萬境，以說總義。即如下篇所述也。」（五六六頁下）資持卷中一上：「方軌持犯，準題，文倒。」（二六二頁上）

然戒是生死舟航、出家宗要〔一〕。受者法界為量，持者麟角猶多〔二〕。良由未曉本詮〔三〕，故得隨塵生染〔四〕。此既聖賢同有欽序〔五〕，何得抑忍不論〔六〕？故直筆舒之〔七〕。略分四別：一者戒法，此即體通出離之道〔八〕；二者戒體〔九〕，即謂出生眾行之本〔一〇〕；三者戒行〔一一〕，謂方便修成，順本受體〔一二〕；四者戒相〔一三〕，即此篇所明，互通篇聚〔一四〕。

【校釋】

〔一〕然戒是生死舟航，出家宗要　資持卷中一上：「上二句示述作，依教之言，別在今宗，通該三藏。……『然』下，歎德開章。」（五一九頁上）資持卷中一上：「初二句，標歎戒功。依此淨戒，得越苦海，故如舟航。凡入道門，無不稟戒，故是宗要。」（二六二頁上）鈔批卷一三：「戒是生死舟航者，意取運載濟渡之義，名為舟航。其舟航義，序中已廣釋竟。言出家宗要者，宗，由主也、尊也，謂必尊重戒也。以出家僧尼五眾，常須勤修八聖道。八聖道者，即是三學，戒、定、慧也。戒居其首，故曰宗要也。」（五九〇頁上）簡正卷九：「謂生死瀑流之河，須假戒舟方能度也。若爾者，沉沒其中，何能出離？又皆論（【案】『皆』疑『智』。）云：受持禁戒為性。是出家五眾之宗，必須受之以為要也。身若無戒，萬行無生，種種福田，豈預其分受者？」（五六六頁下）

〔二〕受者法界為量，持者麟角猶多　資持卷中一上：「『受』下，明多犯所以。受時遍境俱發，故通法界。隨中一行猶難，故如麟角。」（二六二頁上）鈔批卷一三：「立謂：麟唯一角，千年一現，甚難求也。亦可『麟』與『角』兩別，『角』是牛角。如說云：學者如牛毛，成者如牛角。明今末代弟子，受者極多，雖同法界之量，持者如麟如角也。今言猶多者，謂麟角猶多於持者，持者猶少於麟角也。」（五九〇頁下）簡正卷九：「上言『受』者，法界為量。寶云：約受時，於一切境上，總作斷惡之心，即發戒周遍也。持者麟角。猶者，即隨行之中，從一二條而已，是二十也。此但據一人身上，受隨之時，發戒及持戒條數以辨多少。玄記云：受人多，則法界為量。持人少，如麟角，猶言是多。大德曰：此非解也。」（五六七頁上）

〔三〕**良由未曉本詮**　資持卷中一上：「受多持少，患在迷教，故云『良由』等。『本詮』即目律教。」（二六二頁上）鈔批卷一三：「戒是能詮。詮於無漏真慧，諡真慧為『本詮』也。亦可近而論之，詮於二持二犯，棄德（原注：『德』字疑剩。）惡就善。持行若成，至無犯之處，名為『本詮』也。意謂：原佛制戒，禁防身口，發生定慧，終獲道益。所覺智窮，淨妙菩提，為『本詮』也。」（五九〇頁下）簡正卷九：「本詮者，即本意也。原佛制戒，為調三毒，令盡修道益故。戒經曰：戒淨有智慧，便得第一道。實由未曉此意故。」（五六七頁上）

〔四〕**隨塵生染**　鈔批卷一三：「由未識此詮旨故，隨六塵五欲起染，故曰隨塵生染。染是煩惱，能污淨妙菩提，是垢穢故，云生染也。」（五九〇頁下）資持卷中一上：「塵染即是毀犯。」（二六二頁上）簡正卷九：「隨六塵之境，起染濁心，故云隨塵生染也。」（五六七頁上）

〔五〕**此既聖賢同有欽序**　資持卷中一上：「『此』下，示意列章。據此首題，止標戒相，今欲委述法體及行，（二六二頁上）故當先示須明之意。上句引聖為況。上標『此』字，即指前戒。聖賢欽序者，即標宗，所引諸經、律、論、讚戒之文是也。」（二六二頁中）鈔批卷一三：「立謂：佛世，三乘聖眾固宜遵奉；滅後，羅漢皆先結進毗尼。此並賢聖尚所欽崇，凡夫豈容不奉其戒？欽，謂欽仰。序，由述致也。」（五九〇頁下）簡正卷九：「正生起下文之意也。『賢』謂賢和，大乘三賢，小乘七賢。『聖』謂正也，大乘十聖，小乘四聖。皆共欽仰於戒。結集之時，先明律藏也。『序』謂序述。諸羅漢作論，序述律文，解說義理（五六七頁上）等是也。」（五六七頁下）

〔六〕**何得抑忍不論**　資持卷中一上：「『何』下，顯今須述。」（二六二頁上）簡正卷九：「鈔主意云：大、小二乘聖人，上乃讚說、序述毗尼，我等今日制造此鈔，釋其戒相持犯，不可抑遏、忍而不論，亦須讚述。」（五六七頁下）

〔七〕**故直筆舒之**　簡正卷九：「不事義章，名為宣（【案】『宣』疑『直』。）筆。舒，展也，純也。」（五六七頁下）

〔八〕**體通出離之道**　簡正卷九：「戒謂警禁之義，法謂方法軌則也。」（五六七頁下）資持卷中一上：「通出離者，貫徹因果故。」（二六二頁上）鈔批卷一三：「立明：由白四聖教，受此戒法，發得無作之戒。以此戒法，可依奉能出三界，成無上道，故曰也。自意云：體通出離之道者，明此戒法之體，能開通出生死道路。」（五九〇頁下）簡正卷九：「意云：此之戒法，本是三乘之人，修

行趣聖，出離之道，不局聲聞，故云通也。又下文云：上品持戒，得佛道等。戒體者，納法在己，名之為體，即作無作。」（五六七頁下）扶桑記釋「貫徹因果」：「謂該貫因果二位也。下云：『軌凡從聖，名法。』法有超凡趣聖之功，故云通出離道，道是超趣義，凡聖即因果之二位。」（一五七頁下）

〔九〕**戒體** 鈔批卷一三：「羯磨云：夫戒體者，所謂約聖法於心胸，即法是所納之戒體，然後依體起用，防遏緣非。」（五九一頁上）簡正卷九：「納法在己，名之為體，即作、無作。」（五六七頁下）

〔一○〕**出生眾行之本** 資持卷中一上：「生眾行者，基址義故。」（二六二頁中）簡正卷九：「一切眾行，莫不由戒為本。故經云：戒為一切善法之所住處，即眾行之本。」（五六七頁下）鈔批卷一三：「謂此戒體能為萬行之根本，萬善從此生，故詺為本。（五九○頁下）即經云：若無此戒，諸善功德皆不得生。」（五九一頁上）

〔一一〕**戒行** 鈔批卷一三：「依戒而行，名為戒行。」（五六七頁下）

〔一二〕**方便修成，順本受體** 資持卷中一上：「順本受者，是隨行故。」（二六二頁上）簡正卷九：「如比丘三衣，益理受持，胡跪加法，並是方便，順於受體等。」（五六七頁下）

〔一三〕**戒相** 簡正卷九：「相狀也。犯、不犯之相狀，即今所明。」（五六七頁下）鈔批卷一三：「謂隨行之舉動運為，如持衣、說淨等，名方便修成也。由此方便，不違受體，故曰順本受相。若造非法，即是違受體之相。『相』謂約比丘身所運動之相也。問：『上卷標宗中，已列法、體、行、相，今復更列，有何殊狀？』解云：『前卷略列，為欲集成眾行之法人也。今文廣明，屬別行之人，故不同也。又，前標宗中，明第四戒相，取威儀光顯之相，謂是持行家之美貌也。此中欲明戒相者，取能詮之教相也。與前不同。明體亦異也。』」（五九一頁上）

〔一四〕**互通篇聚** 資持卷中一上：「屬教詮故。亙，即遍也。問：『何以不但（【案】『佀』疑『但』。）釋相，而總論四戒者？』答：『戒是一也。軌凡從聖名法，總攝歸心名體，三業造修名行，覽而可別名相。由法成體，因體起行，行必據相。當知，相者即是法相，復是體相，又是行相，無別相也。若昧餘三，直爾釋相，既無由序，不知所來。徒自尋條，終難究本。故戒體中云：人並受戒，少有明識，故於隨相之首諸門示現。準知已身得戒成不。然後持犯，方可修離。聖意昭顯，學者宜知。』」（二六二頁中）【案】「互通」，底本為「通互」，據大正藏本、敦煌甲本、敦煌乙本、敦煌丙本、敦煌丁本及弘一校注改。

就初戒法

受緣已明，今略標舉，顯知由徑，且分七門：一、聖道本基；二、戒有大用〔一〕；三、略知名趣〔二〕；四、具緣不同〔三〕；五、優劣有異〔四〕；六、重受通塞〔五〕；七、震嶺受緣，時代不同〔六〕。

【校釋】

〔一〕戒有大用　鈔批卷一三：「能滅惡生善，隔凡成聖。又能任持佛法。我不滅度，半月一來，若在世無異此也。」（五九一頁上）

〔二〕略知名趣　鈔批卷一三：「略解戒律名義、旨趣也。」（五九一頁上）

〔三〕具緣不同　鈔批卷一三：「受緣有五，善來上法等。今但唯明羯磨一受具緣等義。」（五九一頁下）

〔四〕優劣有異　鈔批卷一三：「明木叉戒，挍其禪、無漏二戒勝劣也。」（五九一頁下）

〔五〕重受通塞　鈔批卷一三：「開重受曰通，不開重受曰塞。有兩家，各據不同：多宗戒不重發，罪亦無重犯；曇無德宗，有重發、重犯。」（五九一頁下）

〔六〕震嶺受緣，時代不同　鈔批卷一三：「即明佛法東流，師資傳授，時節、處所不同。」（五九一頁下）

初言聖道本基〔一〕者

如成實云：戒如捉賊，定如縛賊，慧如殺賊〔二〕。三行次第，賢聖行之。

即經云：依因此戒，得生諸禪定，及滅苦智慧〔三〕。又律云：為調三毒令盡故，制增戒學〔四〕；又云：戒者，行根、面首〔五〕；集眾善法，三昧成就〔六〕。又智論云：若無此戒者，雖諸苦行，皆名邪行〔七〕。即經云：諸善功德，皆不得生〔八〕。餘廣如戒本疏述之〔九〕。

【校釋】

〔一〕聖道本基　資持卷中一上：「聖道者，通語三乘。『本』謂根本，『基』即基址。『本』喻戒法發生於聖道，『基』喻聖道依憑於戒法。」（二六二頁下）鈔批卷一三：「謂戒為三乘道果之因基，故曰也。故遺教云：戒是正順解脫之本。又地持云：三十二相，無差別因，皆持戒所得。」（五九一頁上）

〔二〕戒如捉賊，定如縛賊，慧如殺賊　資持卷中一上：「賊即三毒，能劫善財，侵害慧命，故以喻焉。隨境禁制故，如捉；攝止一處故，如縛；用智照破故，如

殺。捉縛通凡，殺唯局聖。初果破見，亦得名殺，終至無學，殺方究竟，是以羅漢彰名殺賊。然雖聖道親在縛殺，推其元由，功由先捉。本基之義，於茲彰矣！賢者現修聖人已成，大小雖殊，行門無別。是以五分功德，以戒為初；無上菩提，以戒為本。安有棄戒別求聖道？智論所謂『無翅欲飛，無船欲度』。」（二六二頁中）

〔三〕**依因此戒，得生諸禪定，及滅苦智慧**　資持卷中一上：「『即』下，引證。文有三段。遺教依因，同前基本。諸禪定者，四禪、四空，定相差別故，馬鳴釋云：有色、無色，解脫功德是也。滅苦智者，苦即見、思二惑，是苦本故。（二六二頁中）智即三十四心，以能滅故。」（二六二頁下）簡正卷九：「是彼論中自引經也。從戒生禪定，此通約戒辨也。『禪』謂色界四地，『定』謂無色界四地，乃至首楞嚴定等（云云）。及滅苦智慧者，（五六七頁下）『苦』謂苦諦，『滅』是滅諦。由我淨故，離集無苦，修八支聖道，則證滅也。智慧者，無生慧也。如是智慧，皆以戒為本基。」（五六八頁上）扶桑記釋「三十四心」：「八忍、八智、九無礙、九解脫也。」（一五七頁下）【案】佛垂般涅槃略說教誡經，大正藏第一二冊，一一一一頁上。

〔四〕**為調三毒令盡故，制增戒學**　資持卷中一上：「引四分示佛制意。本為聖道，調毒令盡，即是果成。後文，即本律說戒犍度釋波羅提木叉文。（標宗亦引。有言善生者，非。）」（二六二頁中）鈔批卷一三：「始於外凡，專加護持，悟達生空，理解資成，戒品牢固，善勝於前，故曰戒學。」（五九一頁下）【案】四分卷五八，九九六頁下。

〔五〕**行根、面首**　資持卷中一上：「『根』喻生長，『面首』喻高勝。」（二六二頁中）鈔批卷一三：「礪云：根者，取能生之義。定慧萬善，由斯而起，所以名根。又云：行根、面首，集眾善法三昧成就者，此是嘆戒能生於善。論其戒體，集生萬行，喻若於根。故經云：若無淨戒，諸善功德皆不得生。戒聲法身，故稱面首。謂世人面首居身之上，戒亦如是，居五分法身之初，故曰面首。法身，謂戒、定、慧、解脫知見等。」（五九一頁下）【案】佛垂般涅槃略說教誡經，大正藏第一二冊，一一一一頁上。

〔六〕**集眾善法，三昧成就**　資持卷中一上：「下二句法合。集眾善者，統萬行也。三昧成者，資禪觀也。具斯二義，故同根首。」（二六二頁中）鈔批卷一三：「集眾善法者，釋上根義。三昧成就者，出所集法體。亦可集眾善法者，謂成慧行。三昧成就者，謂諸定行，尸羅淨故，能生定慧。是以經云：依因此戒，

得生諸禪定及滅苦智慧，即斯證也。」（五九一頁下）【案】佛垂般涅槃略說教
誡經，大正藏第一二冊，一一一一頁上。

〔七〕若無此戒者，雖諸苦行，皆名邪行　鈔批卷一三：「以八聖道，泥洹正因；離
此緣修，皆名邪行，以戒、定、慧攝八正故。今不依戒而行，縱有定慧，名為
邪定，名為有漏慧，未離生死也。」（五九二頁上）

〔八〕諸善功德，皆不得生　資持卷中一上：「亦遺教文，如標宗委釋。此明無戒具
諸過失。本基之義，於此彌彰。」（二六二頁中）

〔九〕餘廣如戒本疏述之　資持卷中一上：「彼第一云：為道制戒，本非世福。又云：
若原制意，為道方便。三乘學人，必由斯跡。」（二六二頁中）

二、戒有大用〔一〕

諸佛立教，並有勝能〔二〕。明義各別，理須略舉〔三〕。夫三寶所以隆
安〔四〕，九道〔五〕所以師訓，諸行之歸憑〔六〕，賢聖之依止〔七〕者，必宗
於戒〔八〕。

故律云：如是諸佛子，修行禁戒本，終不迴邪流，沒溺生死海〔九〕。
又戒經云：若有自為身，欲求於佛道，當尊重正法，此是諸佛教。故結
集三藏，此教最先〔一○〕。善見云〔一一〕：毗尼藏者，佛法壽命。毗尼藏
住，佛法方住，故先結之。所以爾者。餘經但汎明化迹，通顯因果〔一二〕，
事隨理通〔一三〕，言無所寄〔一四〕。意實深遠，昏情未達〔一五〕。雖欲進修，
尠得其要〔一六〕。多滯筌相，由迷教旨〔一七〕。今戒律大藏，住持功彊，
凡所施造，並皆靈現〔一八〕。以人則形服異世〔一九〕，法則軌用有儀〔二○〕。
住既與俗不同〔二一〕，雜行條然自別〔二二〕。由世隨相有〔二三〕，法逐相成
〔二四〕，便能綱維，不墜於地〔二五〕。又以法能資人，親成眾行〔二六〕，使
人能弘法。故律云：以眾和合故，佛法得久住。

【校釋】

〔一〕戒有大用　資持卷中一上：「『大用』者，良由有用，方見功能，功由用彰，所
以先舉。」（二六二頁下）簡正卷九：「有住持佛法之功用也。」（五六八頁上）
【案】「戒有大用」文分為二：初「諸佛」下；次，「故律」下。次又分二：初
「故律」下，次「故結」下。

〔二〕諸佛立教，並有勝能　鈔科卷中一：「初，略舉勝能。」（四六頁中）資持卷中
一上：「上二句，總示三藏，須約通別，二意釋之。若就別從強，經論二藏，
斷證功高，毗尼一法，住持最勝。從通兼具，經論並列，流通住持，毗尼特

彰。絕縛元始，義雖兩通，文從別意，故云並有等也。」（二六二頁下）簡正
卷九：「謂會正之極，勿先於戒；攝亂歸真，莫先於定；斷惑證理，莫先（【案】
『先』後疑脫『於』字。）慧。故云並有勝能也。」（五六八頁上）扶桑記引
戒疏釋「絕縛元始」：「為道制戒，煩惑難清，要由方便。致設三學，用為治
元。」（一五八頁上）【案】本節略舉，分二：初，『諸佛立教』下；二，『夫三
寶所以隆安』下。

〔三〕**明義各別，理須略舉**　資持卷中一上：「通示三藏不同也。須略舉者，獨標律
藏也。言略有二：一、對餘藏，此不明故；二、就律藏，但舉要故。」（二六
二頁下）鈔批卷一三：「立謂：三學雖明，其義各別，謂若直爾修戒，得免三
途，招人天勝樂，是欲界繫法。若直修慧，不修戒、定，是無色界繫法。若齊
修者，出三界法，故曰並有勝能。故戒疏云：三藏聖教，明義不同，各有兼
正。若會正之極，勿過明慧。然戒律者，指事而與，仗業方便。若取會正，則
劣明慧，若就住持，與建三寶，明律為勝。由世隨相有，律附緣生，親成大
用。故下文云：『以眾和合故，佛法得久住。』若約根條，定慧不及，自不能
起，必因戒生。如經云：依因此戒，得生禪定及滅苦智慧等。所以見論中，佛
告阿難，有五種法，令法久住：一、毗尼者是汝大師；二、下至五人持律在
世；三、中天法滅，邊方五人受具足戒；四、乃至二十人得有出罪；五、由有
律師持律故。佛法住世五千年。言理須略舉者，謂將欲解釋戒有大用，今則生
起來意也。此文中，有總、別兩意：從此已前，名為總舉三學；自此已下，名
為的舉其戒也。」（五九二頁上～下）簡正卷九：「毗尼明於戒義，餘二明定慧
義也。理須略舉，明毗尼等義。」（五六八頁上）

〔四〕**隆安**　簡正卷九：「隆者，興盛也。安者，住也。戒能紹隆三寶不斷絕，是安
住義。」（五六八頁上）

〔五〕**九道**　鈔批卷一三：「即三乘并六道，皆以用戒為師訓也。」（五九二頁下）簡
正卷九：「諸解極多，今存正義。三乘兼六趣，為九也。鈔前文（【案】見標宗
篇）云：『下為六道福田，上則三乘因種以為良（【案】『良』後疑脫字。）。』」
（五六八頁上）資持卷中一上：「軌物義。九道者，除佛道外，三聖六凡皆被
戒訓故。若準涅槃『我亦有師』，所謂法也。又戒經云：三世諸佛，皆尊敬戒，
是知戒法，佛猶師奉。今望無非可治，故云九道耳。」（二六二頁下）

〔六〕**諸行之歸憑**　資持卷中一上：「發趣義。」（二六二頁下）簡正卷九：「憑，附
也。萬行雖多，皆附於戒。故下文云：發趣萬行，戒為宗生，賢聖依者。大小

二乘雖殊，並依於戒而住。」（五六八頁上）

〔七〕**賢聖之依止** 資持卷中一上：「本基義。此之四句，攝盡戒功，比於餘藏，優劣見矣。」（二六二頁下）

〔八〕**必宗於戒** 資持卷中一上：「『必』下，通結貫上諸句。」（二六二頁下）簡正卷九：「結歸勝德也。」（五六八頁上）

〔九〕**如是諸佛子，修行禁戒本，終不迴邪流，沒溺生死海** 資持卷中一上：「初引本律，通證餘三義。……又律序偈，明越度生死；戒本偈，明能至佛道。準律序偈，先舉喻云：『如人欲度河，用手及浮囊，雖深無沒憂，便能到彼岸。』鈔引合法，對喻可知。戒本偈中，初句召行人，次句明本志，第三示行法。正法即指戒也。下句除惑倒。」（二六二頁下）【案】四分序，五六八頁上。下引戒經即四分僧戒本。

〔一〇〕**故結集三藏，此教最先** 鈔科卷中之一：「『故』下，舉結集證（二）。」（四六頁下）資持卷中一上：「上二句彰勝。」（二六三頁上）鈔批卷一三：「案善見論云，迦葉語諸比丘：『為初說法藏、毗尼藏耶？』諸比丘答言：『大德，毗尼藏者，是佛法壽，今毗尼藏住，佛法亦住。宜應先出毗尼藏。』迦葉即作白，問憂波離。憂波離又單白和僧已，頭面禮僧，上高座，取象牙裝扇。迦葉一一問毗尼，波離一一答。結集已，放扇。從高座下，向諸僧作禮。禮已，復本坐處。次，阿難上座結集法藏。亦如前禮僧已，捉扇等，與迦葉問答諸經。故諸經首，皆云『如是我聞』，即其義也。」（五九二頁下）

〔一一〕**善見云** 資持卷中一上：「有情之類，色心存亡，依乎壽命。佛法興廢，實在毘尼。此即論家顯示當時結集之意。」（二六三頁上）資持卷中一上：「引善見，別證初義。」（二六二頁下）善見序，六七五頁上。

〔一二〕**餘經但汎明化迹，通顯因果** 資持卷中一上：「推釋中。初句總徵，『餘』下別釋，先經後律。經中又二，初四句，示詮相虛通。『化跡』謂往昔因緣，『因果』即三世報應。」（二六三頁上）鈔批卷一三：「立謂：汎論佛在化世事迹之相，人、時、處、事等；又，汎明因果感應，作惡招苦，集善生天，全不顯受報、劫數修短，故曰汎明也。」（五九三頁上）簡正卷九：「汎，由廣也。廣明如來出現，隨其機宜，化眾生之蹤跡。……通顯因果者，通途顯其善惡二因，感苦樂二果也。」（五六八頁上）

〔一三〕**事隨理通** 鈔批卷一三：「謂真如道理，本性無生滅長短，青黃赤白之尋，體是通同，謂大乘真理，妙用虛通也。今大乘中，亦將世間事相，隨此理說，謂

事亦無得通同，與理一體，故曰事隨理通。如經云：不斷煩惱，而入涅槃，塵勞之儔，為如來種等。論云：因緣所生法，我說即是空，是為假名說，亦名中道義。又云色即是空等，此並是事隨理有也。」（五九三頁上）簡正卷九：「是說一事皆就理中通釋，以理事不相礙故。」（五六八頁上）資持卷中一上：「事別理通，經宗理故。設有事相融，歸於理故」（二六三頁上）

〔一四〕**言無所寄** 鈔批卷一三：「立明：化教之中，談真如道理，離四句、絕百非、非聲非色，言語道斷，心行處滅。言所不能言，雖言無有囑著，故曰言無所寄。有人云：如涅槃經明五百身因等是也。故戒疏云：餘藏明理，理在虛通，達一門皆符正道。五百身因，無非正說，意在袪滯，何局文言？意謂：言無定揩，不止一方，故曰言無所寄。」（五九三頁上）資持卷中一上：「有一多互入，大小相容，況意在忘言，隨立隨遣故者，言無寄也。」（二六三頁上）簡正卷九：「事是俗諦，理是真諦，事即真之俗，理即俗之真。理事不二，故云言無所寄。寄，由酌也。理事一如，隨說無妨，促取眾生悟解之邊，亦無酌定。或說有佛，或無佛，或說求三辨、或不可以身得、不可心以得。」（五六八頁下）

〔一五〕**意實深遠，昏情未達** 資持卷中一上：「『意』下六句，顯幽深難學。猶恐愚者，不體今意，妄生輕重，故此遮之。」（二六三頁上）鈔批卷一三：「此意深遠，凡夫未能行也，故曰昏情未曉。」（五九三頁上）簡正卷九：「意寔深遠，幽遂（原注：鈔無『幽遂』二字。）昏怗（原注：『怗』作『情』。）未達者，無明酒醉，隨染六塵，未能達了深遠之意也。」（五六八頁下）

〔一六〕**雖欲進修，尠得其要** 鈔批卷一三：「立謂：尠，由少也。學大乘者，少得道理意趣也。（要者，妙也。）」（五九三頁上）簡正卷九：「謂雖然有依大乘修行之者，少得其真實之指要。」（五六八頁下）

〔一七〕**多滯筌相，由迷教旨** 鈔批卷一三：「筌是覓魚之具也。如經之中，若說一切法是有，眾生即著常，不知說『有』為破『無』也。（五九三頁上）若說一切法是『無』，眾生即著斷，不知說『無』為破『有』耳。由不識詮下之旨，故曰由迷教旨。此字單作，不假須『戈』也。如論（【案】中論卷三。）中偈言：『定有則著常，定無則著斷，是故有智慧（【案】中論無『慧』字。）者，不應著有無。』榮云：然立象以表玄，庶得玄於象外，因言以託旨，冀得旨於名表。又如，解脫與涅槃等名，然解脫非言象，寄言象以歎解脫，庶得言於象外！勿滯筌也。有云：破有故說空，有亡空須捨，破空故說有，空遣有不

留。何得執筌，如枆喻者。比知。」（五九三頁下）簡正卷九：「謂安筌本意求
莫（【案】『莫』疑『魚』。次同。），得莫便乃忘筌。今將『能詮教』喻『筌』，
文下意旨喻莫。尋『能詮』之名言，貴得『所詮』之旨，今既得旨，便忘
言。今滯著『能詮』之言，迷於『所詮』之旨，故曰由迷教旨。」（五六八
頁下）

〔一八〕**今戒律大藏，住持功彊，凡所施造，並皆麤現**　簡正卷九：「謂對理教，定慧
為言。今律教約事離過，行成儀相外彰，名為麤現。」（五六八頁下）資持卷
中一上：「初四句比前顯勝。故知化教住持功劣，實由詮相微隱故也。……初
文中，人通五眾，法該僧別。」（二六三頁上）

〔一九〕**以人則形服異世**　資持卷中一上：「『以』下，舉事釋成。初，約異相釋。」（二
六三頁上）鈔批卷一三：「謂俗以瓔珞冠帶為服，道以剃染、著壞色衣，名慈
悲者之服。」（五九三頁下）簡正卷九：「剃髮染衣，與俗有別。」（五六八頁
下）

〔二〇〕**法則軌用有儀**　鈔批卷一三：「於四儀之中，凡所運用，皆有法則，故曰有儀
也。」（五九三頁下）簡正卷九：「約所秉之法，促（原注：『促』疑『從』。）
心念等，終乎白四。今今（【案】『今』疑『令』。）不同，不許二文雜，名有
儀也。」（五六八頁下）

〔二一〕**住既與俗不同**　鈔批卷一三：「『俗』則城邑聚落、宅舍所居，『道』以山間樹
下而止。中下之流，曲開房舍。」（五九三頁下）簡正卷九：「僧四念處住，俗
乃六塵，是不同也。」（五六八頁下）資持卷中一上：「『住』即是處。下引寺
誥，伽藍制置，並存表對。又大界淨地，攝人攝食，各有分齊，皆異俗之相
也。」（二六三頁上）

〔二二〕**雜行條然自別**　鈔批卷一三：「謂着衣喫食，來去進止，預是隨行中，一一與
俗有殊也。」（五九三頁下）簡正卷九：「眾自共三對境。離惡所防既多，故名
雜行。俗人對境，多起過非，僧乃對治，與俗條別。」（五六九頁上）資持卷
中一上：「雜行，言通眾、自、共行。『行』即是事。故此四句，即是人、法、
處、事，攝相斯盡。然此四相，道宗綱領，與世懸殊，提誘群生，住持萬載，
實賴此矣。」（二六三頁上）

〔二三〕**由世隨相有**　資持卷中一上：「『由』下四句，示住持義。初，明世諦依相成
立。由諸眾生不知空寂，但隨虛妄、有為之相，乃有世間，故云爾也。」（二
六三頁上）鈔批卷一三：「立謂：所作之事，皆隨世相而立。加世間計，名相

為有，故即隨相立名。然實名無得物之功，物無當名之實。且如『瓶』，用何為相？即時脣齆、頸細、腹宛、底平，說以為瓶，皆是隨相，有此假名。（五九三頁下）世法如此。『瓶』既如是，萬法同然。又解：世隨相有者，謂世諦中，執名相為有也。」（五九四頁上）簡正卷九：「因上來辨經、論二藏，事隨理通。律藏麤現，何故與餘仁（【案】『仁』疑『二』。）有殊耶？今即釋云：由世隨相有，謂真理中無名、無相，婬盜煞妄、時與非時、掘地壞生、非威儀等，名之與事。由世間人，隨其相現，而有此諸名相。」（五六九頁上）

〔二四〕**法逐相成** 簡正卷九：「故佛制法，遂其世相，譏嫌之邊而成，故曰法逐相成也。」（五六九頁上）鈔批卷一三：「**立謂**：如瓶等，既有瓶之形相，即呼為瓶法也。明佛所立毗尼教法，皆隨眾生所執名相而立法也。真理之中，本無形相，佛若約此理立法者，眾生即墮斷空之見，長夜受苦，故佛還約世相，立毗尼之法。且隨眾生所計，有處而立法也，故曰法逐相成。如下引智論，世人多識此時非時，故依世俗，制非時食戒也。」（五九四頁上）資持卷中一上：「明如來順世立法。如來說法，常依二諦：一依真諦，泯絕諸法；二依俗諦，建立諸法。今此律藏，建立持犯，滅惡生善，隨情附相，引接初心。是以凡所制戒，並託緣生，隨有開遮，皆防譏毀，故云法逐相也。」（二六三頁上）

〔二五〕**便能綱維，不墜於地** 鈔批卷一三：「謂毗尼教既約世諦而立，以能依此而行，能綱維佛法，而不滅沒。此謂法不滅於心地也。」（五九四頁上）簡正卷九：「謂從佛制戒之後，俗人於法生信，即得三寶久住不滅，是不墜義。」（五六九頁上）

〔二六〕**又以法能資人，親成眾行** 資持卷中一上：「『又』下，約眾法釋。……次，眾法中。佛所立戒，令人稟行，即以法資人也。上明自行既立，方堪秉御，以成眾行，即是弘法，故云親成等。是知，法有資人之用，人有弘法之能，非法則人亡，非人則法滅。人法相資，乃能久住耳。」（二六三頁上）鈔批卷一三：「謂此戒既有大用，能益於人，以成其行也。」（五九四頁上）簡正卷九：「謂自行成立，義德外彰，便能秉持。遜仰眾之行，故曰親眾行，即是法假人弘也。」（五六九頁上）

三、略解名、義

依彼梵本，具立三名。

初言「毗尼〔一〕」，或云「毗奈耶」，或云「毗那耶」。**此翻為「律」，即四分十八法中，「毗尼」及「律」，二名不並〔二〕。又，增一中「七種律」**

也，謂七毗尼。或以「滅〔三〕」翻，從功能為號，終非正譯〔四〕。故以「律」翻之，乃當正義〔五〕。二言「尸羅〔六〕」，此翻為「戒」。即六度〔七〕所說，良證可知。三言「波羅提木叉〔八〕」，此云「處處解脫〔九〕」。

顯三次第，即是一化始終〔一○〕。「律」則據教，教不孤起〔一一〕，必詮行相，「戒」則因之而立；「戒」不虛因〔一二〕，必有果克，故「解脫」絕縛，最在其終。

次明其義

初，云「律」者，法也〔一三〕。謂犯、不犯、輕、重等法，竝律所明〔一四〕，即教詮也。

問：「餘之兩藏，亦明行法，何不標名〔一五〕？」答：「智論云：餘藏所詮，意存定慧。此中顯宣戒行為萬善之因基，故先取『法』名，引生後二〔一六〕也。」

所以前標「律」〔一七〕者？由出家五眾，形服異世，顯內法亦異〔一八〕。而外道、俗流，濫同聖迹，無由取別，妙以法除〔一九〕。故創弘「律」名，用顯知法〔二○〕。餘如常解〔二一〕。

二者，「戒」義

如雜心說，謂類通法界〔二二〕也。廣如後明〔二三〕。

智論云：戒者，秦云「性善〔二四〕」也。又，善生經云：戒者，制也，制不善法；或云「迮隘」，性不容惡；或云「清涼」，遮煩惱熱；或名為「上」，能上天堂，至無上道。此但從功能彰名。或從心辯，如經云：學也，學調伏心〔二五〕等。或就體解，即作、無作戒，如雜心云「別解脫調伏」，以體是善，非惡、無記〔二六〕。因明正義〔二七〕。戒者，性也。性通善惡，故惡律儀，類亦通周，故云「不律儀」〔二八〕也。若此立名，戒當「禁」也〔二九〕。惡法禁善，名之為「律」；樂殺前生，行順此法，名之為「儀」。若就善律儀，反解即是〔三○〕。此則以戒從教立名〔三一〕。又律云：木叉者，戒也。此因從果為號〔三二〕也。

三、「解脫」義者

近而彰名，隨分果〔三三〕也。謂身口七非，犯緣非一，各各防護，隨相解脫〔三四〕。

遠取戒德，因戒克聖，望彼絕累，由遵戒本〔三五〕。故律云：除結無罣礙，縛著由此解。餘如後說〔三六〕。

【校釋】

〔一〕**毗尼** 鈔批卷一三:「『毗尼』翻為律,是能詮之教,以戒是所詮之行。行不虛修,必有當果可證。解脫是果,故以『木叉』翻之。」(五九四頁上)資持卷中一上:「毗尼又四,初二句翻名。注顯異號,皆傳訛耳。」(二六三頁中)

〔二〕**「毗尼」及「律」,二名不並** 鈔批卷一三:「律文破僧揵度中,調達說九對十八法:一、法、非法;(五九四頁上)二、毗尼、非毗尼;三、犯、不犯;四、輕、重;五、有殘、無殘,亦云餘、無餘;六、麤惡、非麤惡;七、應行、不應行;八、制、非制;九、說、非說。若廣解,如下持犯篇中。毗尼及律二名不並者,十八法中,若有『律』字,則隱『毗尼』之名。若有『毗尼』名者,則隱『律』字。二名既不並頒,明知『律』即『毗尼』也。引此文來證毗尼。翻為『律』者,其義正也。」(五九四頁下)【案】四分卷四三,八〇三頁上。

〔三〕**滅** 資持卷中一上:「『或』下,指非。文見母論。疏云:古譯『毗尼』,皆稱為『滅』,以七毗尼殄四諍,故如水滅火,水不名滅,名不附體,故所不取。」(二六三頁中)鈔批卷一三:「以七毗尼能滅四諍,故翻為滅。此非正翻對,但就功能義用立名耳。亦如高麗詺『眼』為『眠』,閉時是眼。以能眠由眼,眼豈是眠耶?」(五九四頁下)簡正卷九:「古師多將『滅』以翻『毗尼』。從功能號為者,古(【案】『古』疑『言』。)近能滅爭、遠得滅果,皆是功能也。」(五六九頁下)

〔四〕**終非正譯** 簡正卷九:「今師意不許也。戒疏云:若言『毗尼』有『滅爭』及『滅果』之功,便翻為『滅』者,只如水有滅火之能,莫須喚水為滅不?」(五六九頁下)

〔五〕**故以「律」翻之,乃當正義** 資持卷中一上:「『故』下,顯正名依體立。經律明據,故云正也。」(二六三頁中)

〔六〕**尸羅** 簡正卷九:「尸羅者,梵音也。此翻為戒者,此律無文,促(【案】『促』疑『但』。)取智論明『戒度』之文以譯也。」(五六九頁下)

〔七〕**六度** 簡正卷九:「六,數也。度者,濟度。即:梵語『檀那』,此云『布施』。布者,遍也,心寬廣故。施者,惠也,輟己惠他故,即有二(【案】『二』疑『三』。)種:一、財,二、法,三、無畏施。(五六九頁下)二、梵語『尸羅』,此云『戒』、『警』、『禁』,曰戒即有三種:一、攝律儀,二、攝善法,三、饒益有情。三、梵語『羼提』,此云『忍辱』,被他加惡名辱,於辱能忍受名忍,亦有三種:一、耐怨害忍,二、安受苦忍,三、諦察法忍。四、梵語『毗梨

耶』，此云『精進度』，精謂精勤，進謂昇進，亦有三種：一、被甲精進，二、攝善精進，三、利樂精（原注：插入『精』字。）進。五、梵語『禪那』，此云『定』，心一境，性曰定；或云靜慮，謂於諸境，心不散亂。亦有三種：一、安住靜慮，二、引發靜慮，三辨事慮。六、梵語『般若』，此云『智慧』，觀察決斷名智，推求簡擇名慧，亦有三種：一、加行無分別慧，二、根本無分別慧，三、後三得無分別慧。」（五七〇頁上）

〔八〕**波羅提木叉**　鈔批卷一三：「此云別別解脫者，明於二百五十戒上，別別防非，得解脫。」（五九四頁下）

〔九〕**處處解脫**　鈔批卷一三：「謂戒從一切情非情處，發得此戒。既防護不犯，即約所發戒處，盡是解脫也。」（五九四頁下）資持卷中一上：「處處，亦名別別。」（二六三頁下）簡正卷九：「此云處處解脫者，意和記（【案】『意』疑『慈』。）云：此謂從一切情非情處發得戒，即約所戒處，總是解脫。據因為言，若梵語『撥剌底』，此云『別別解脫』，謂於二百五十戒上，別別防非，而得解脫，據果次說也。」（五七〇頁上）

〔一〇〕**顯三次第，即是一化始終**　資持卷中一上：「教、行、果三，不唯戒律。一切教門，次第皆爾，故言一化。」（二六三頁下）鈔批卷一三：「立明：三名既殊，表義各有次第。初言律者，夫行不自成，必由於教，故律是能詮之教也。教能詮行，行是戒也。因修戒故，後得解脫，故木叉居終也。此三統釋迦一化捷槃，始終次第盡也。」（五九四頁下）簡正卷九：「謂律是能詮之教。次依教起行，行是戒。（五七〇頁上）既有其行，終必剋果，即以教為始，以解脫果為終，是以云一化始終，明究竟解脫也。」（五七〇頁下）【案】「三次第」，即律、戒、木叉之先後。

〔一一〕**「律」則據教，教不孤起**　資持卷中一上：「初句，明律先。『教不』下，明戒次。」（二六三頁下）

〔一二〕**「戒」不虛因**　資持卷中一上：「明木叉（【案】『又』疑『叉』。）在後。」（二六三頁下）

〔一三〕**「律」者，法也**　簡正卷九：「戒疏云：法者，從教為名，斷割重輕、開遮、持犯，非法不定也。」（五七〇頁上）【案】「明義」分三，即「律」、「戒」、「解脫」。

〔一四〕**謂犯、不犯、輕、重等法，竝律所明**　資持卷中一上：「一切戒本，大分為二：前明犯相，後明不犯。犯中復二：即輕與重四義，攝盡毘尼大藏。就輕重中，

復有因果缺緣，開制之異，故云『等』也。顯示律名，從教而立，故云『並律』等。」（二六三頁下）

〔一五〕**餘之兩藏，亦明行法，何不標名**　鈔科卷中一：「『問』下，顯通局。」（四七頁中）鈔批卷一三：「上引文證竟，下明其義也。問餘之兩藏亦明行法者。立云問意：修多羅、毗曇二藏亦明法，何不標律名？獨此毗尼藏中標律稱者，何也？」（五九五頁上）資持卷中一上：「以聖人之教皆修行之法，而修多羅取貫攝為目，阿毗曇以折理彰名，故申此問。意顯今宗，獨專此號。」（二六三頁中）

〔一六〕**先取「法」名，引生後二**　鈔批卷一三：「立謂：此藏獨標律名，故曰先取法名，以標律名。故則能引定、慧二藏也。如因發生定慧義也。」（五九五頁上）簡正卷九：「謂先能生後，故取『法』名。後不能生前，故不與『法』字。玄云：准智論，法有二義：一、持自性義，二、軌生物解義。是以論云：軌生物解，名之為法。此則三藏俱同。」（五七〇頁下）資持卷中一上：「答中，引論示意。還約三學，引生次第，戒範在先，故獨名法。『若爾，經亦訓法，論翻對法、無比法等，是則餘藏亦得名法，豈獨律耶？』答：『修多翻線（【案】『線』疑『經』。），西竺本名，此土字書訓經為法。又論稱法者，或從法相如陰、界、入等，或即法門諦、緣、度等，或就法體、涅槃、理等。毗尼不爾，中、梵本名，復是教詮，名相楷定，是非可不，必從文斷，故與餘藏法義天別。』問：『彼法門義，亦即從教？』答：『若就通論三藏，教詮並名為法。但戒引生軌物義勝，先據斯目，餘雖號法，弱故不彰。若約別論，三名各異，如上所列。』」（二六三頁下）

〔一七〕**所以前標「律」**　資持卷中一上：「若據世傳云『經律論』，比（【案】『比』疑『此』。）從語便，若對三學，『律』必當先，故申其意。」（二六三頁下）簡正卷九：「於『總』中立『別』也。別有二義：一者，多諸軌則，決判輕重；二、能引生後之定慧。由戒淨故，定慧現前，所得法名。餘二不然，故不彰於法也。所以前標律者，微（【案】『微』疑『徵』。次同。）詞也。意云：律、戒、解脫，此之三種，名雖不同，莫不總為調於三毒。何故三中，最先標律耶？」（五七〇頁下）

〔一八〕**由出家五眾，形服異世，顯內法亦異**　資持卷中一上：「以定慧幽隱，邪正難分，簡別雜濫，必用律法。用既在首，義必先標。『內法』謂八正道。」（二六三頁下）簡正卷九：「謂沙門斷三毒、修三學，故云異也。」（五七〇頁下）

〔一九〕**而外道、俗流，濫同聖迹，無由取別，妙以法除**　資持卷中一上：「律中，時世飢饉，有外道偷形，隨眾僧後。僧以受戒時分，和尚、闍梨等詰之，並云不知。因即陳首。妙，要也。」（二六三頁下）鈔批卷一三：「立明：外道有雞烏鹿狗，俗人有五八之戒。戒名既同，恐濫比丘之戒，故首標律宗，簡異被戒，故曰妙以法除。法即律也。外道雞戒等，此是邪見之行，報居三途；俗人五八之戒，報果人天。我僧尼之戒，不同此類，是正順解脫之本。以此勝妙之法，報果菩提，故標法名，簡異於外道俗人之戒也。」（五九五頁上）簡正卷九：「玄云：謂出家外道，身無戒法，與俗同流，因飢餓故，偷入佛法之中，輒自剃落，與真（【案】『真』後疑脫『乖』字。）故，家人相濫故也。（五七〇頁下）若是尋常俗流，即條然自別，何得有濫！大德云不正也。『外道』自是出家。外道如西天九十六等，緣起如律中也。『俗流』即是白衣，本非外道，或有俗人猒苦，輒自偷形入佛法中，無師出家之類。此上二種，既盜入佛法中，總是濫同聖跡。須知。此分開說之。若言『外道』便是『俗流』，促（原注：『促』疑『但』。下同。）成一義，故不可也。」（五七一頁上）

〔二〇〕**創弘「律」名，用顯知法**　鈔批卷一三：「三藏之教，律藏為初，故曰創也。以安『律』字，顯知是微妙之法也。簡其非法，外道戒等也。」（五九五頁上）

〔二一〕**餘如常解**　簡正卷九：「法義之外曰餘，即是上來兩種也。」（五七一頁上）資持卷中一上：「『餘』下，指略。或約三學次第，或是佛法壽命，故合居先。此即常聞，故所不釋。」（二六四頁上）

〔二二〕**類通法界**　資持卷中一上：「引雜心者，顯示戒義，類通周遍。無境不發，無惡不禁。簡餘世善，局狹不周。禪無漏戒，唯情境發，皆非通類也。」（二六四頁上）鈔批卷一三：「謂約法家情非情境，所發七支之戒，故曰類通也。」（五九五頁上）

〔二三〕**廣如後明**　簡正卷九：「指下『戒體門』中，發戒緣境處說也。」（五七一頁上）

〔二四〕**性善**　鈔科卷中一：「初，從功能。」（四七頁下）資持卷中一上：「彼云：好行善道，不自放逸，謂性是善，不使從惡，故善生。」（二六四頁上）簡正卷九：「謂於法界境上，起於善心，發無作善，以此善為性也。」（五七一頁上）

〔二五〕**學調伏心**　資持卷中一上：「從心中。此就所治為名。身口五根，通須調伏，不唯在心，故云等也。」（二六四頁上）鈔批卷一三：「此是善生經說也。謂戒非直防身口，亦防心也。如律中發心作、心念作，皆犯。又如，凡所犯者，佛

問『汝以何心』等，故知毗尼具防三業。然又須知，單心不犯，期心是犯也。（云云。）上言從心辨者，謂約此防心，名為戒也。上來釋猶未理，故薳引俱舍十五云：言調伏者，意顯律儀，由此能令根調伏故。此即約根律儀釋調伏也。謂以正智、正念二法為體，防護諸根，名根律儀，非表、無表、律儀戒體也。然調伏者，是所詮行。……謂調伏心，離貪欲故，調伏智慧，離無明故。調伏諸根，善防護故，即顯根律儀也。」（五九五頁下）【案】優婆塞卷七，一〇七一頁中。

〔二六〕**以體是善，非惡、無記**　鈔批卷一三：「三性而論，戒是善性而得，非餘惡、無記，而能發得戒也。」（五九五頁下）資持卷中一上：「初句舉名，此與從心語濫。『以』下，示能，即約三性，簡體是善無作。問：『此與上性善何異？』答：『準前論，釋望遮惡為言，故判屬功能也。』」（二六四頁上）

〔二七〕**因明正義**　鈔科卷中一：「『因』下，從教。」（四七頁下）資持卷中一上：「前引諸殺而局善，釋於義未盡，是故鈔主以義繼之，故曰『因明』。名、義兩通，故曰『正義』。初句，示名不局。

〔二八〕**性通善惡，故惡律儀類亦通周，故云「不律儀」**　鈔批卷一三：「立明：戒是性者，然性通善惡。若受善戒，禁惡不起，令善戒成就，此名善性也。以受時稱塵沙境上而發，故言通周。若受惡戒，禁善不起，令惡戒成就，運運增長。以要期普故，亦通周法界也。」（五九五頁下）簡正卷九：「如屠兒、獄中等家，父子代代相承，為此惡業，本不須受，促（但）虫（原注：『虫』疑『生』。）此家時，（五七一頁上）自然得此惡律儀也。若祖父本是十善，已後生子絲（原注：『絲』疑『緣』。【案】『絲』疑『孫』。），自樂作此惡業，即約彼發心。辨此煞具之時，惡戒隨此心時得也。此則以戒從教立名者。善惡二戒，即是其行律儀，即是其教合。言善惡律儀，此則所詮戒行，從能證教立名也。」（五七一頁下）資持卷中一上：「『惡律儀』亦名『惡戒』。屠兒、獵師、旃陀羅輩，常行殺害，名受惡戒、持惡律儀。問：『如何受耶？』答：『以殺為業，發意受行，即為受也。如雜心說，順惡易成，不假緣發，但望殺心遍該生類，故名律儀，隨殺生命，即為持戒。不律儀者，非善故言不。類通故言律儀，即惡律儀所出異耳。』」（二六四頁上）【案】旃陀羅，古印度種姓之一，賤民階層，多執屠業。

〔二九〕**若此立名，戒當「禁」也**　資持卷中一上：初二句通示。戒以性名，性通三性，且論善惡，互不相容，各得禁義。」（二六四頁上）

〔三○〕**若就善律儀，反解即是** 資持卷中一上：「『若』下，明善戒。今反解者，但應回倒『善惡』二字，改『樂殺』為『慈護』，即可見矣。」（二六四頁上）鈔批卷一三：「上是禁善而修惡，亦名戒。今若反之，則是禁惡而修善也。」（五九五頁下～五九六頁上）

〔三一〕**此則以戒從教立名** 鈔批卷一三：「濟云：謂結前文也。謂喚戒為律儀者，蓋是從教立名。律者，教也。『儀』是威儀。故說從教立名，非謂釋『戒』字為『教』也，戒乃是行也。今若言惡律儀名惡戒者，豈非約教得名？若望就人所行，戒即行也。」（五九六頁上）

〔三二〕**此因從果為號** 鈔科卷中一：「『又』下，以『因』從『果』。」（四七頁下）資持卷中一上：「此說戒法中釋戒序文。戒是因，木叉是果。今召戒為木叉，即是『因』從『果』也。」（二六四頁上）鈔批卷一三：「謂以果名於因上立也。唯理戒是其因，未是其果。今言『木叉』翻為『果』者，此是因中彰其果名也。故礪云：波羅提木叉，此稱『處處解脫』。而言戒者，戒非解脫，能剋解脫之果，就因彰果（插入『果』字。），故名戒為解脫。是以經言：戒是正順解脫之本，故名波羅提木叉。濟云：喻如人言柿樹、梨樹，樹非梨、柿，但是梨柿之因，以能生其柿，柿即果也。今言梨樹者，亦是因中彰果號也。」（五九六頁上）

〔三三〕**近而彰名，隨分果** 資持卷中一上：「約近遠，（二六四頁上）兩義釋之。近中又二，初標。言隨分者，顯非頓脫，即處處義也。」（二六四頁中）鈔批卷一三：「立明：『木叉』名『解脫』者，遠取成菩提邊，是空竟解脫。今隨分解脫者，約免三途，招人天利樂，故曰隨分。此解稍踈，不應今文。應是且約二百五十戒能防七非，名隨分解脫耳。且如初戒，離婬防於內貪。望貪不起，（五九六頁上）名為解脫。又如制不飲酒，望不飲酒邊，即是離惡，亦稱解脫也。」（五九六頁下）簡正卷九：「隨分果者，戒疏云：緣通萬境，行亦通遍，持行陵犯，則名得脫。」（五七一頁下）

〔三四〕**身口七非，犯緣非一，各各防護，隨相解脫** 簡正卷九：「隨相解脫者，謂身口七支，對境防非。非若不起，隨一一相，皆名解脫。」（五七一頁下）資持卷中一上：「『謂』下，釋。初二句，示境緣別也。次一句，明治行不頓也，下一句，示分果也。此望隨境起護，脫免過非，故云隨相。」（二六四頁中）

〔三五〕**遠取戒德，因戒克聖，望彼絕累，由遵戒本** 資持卷中一上：「此以凡地所受，望後聖果，故云遠取。即前聖道本基義，故云因戒等，克，猶護也。聖總三乘，

累該五住。」（二六四頁中）鈔批卷一三：「謂若遠論解脫之義，由因戒德，終尅道益。惑盡解滿，萬累都亡，名為絕累。由此戒力，故言因戒尅聖也。」（五九六頁下）扶桑記引應法記釋「五住」：「三界見惑，合為一住；三界思惑，離為三住；及無明住也。」（一六○頁上）

〔三六〕餘如後說　簡正卷九：「後『體門』中敘說也。」（五七一頁下）資持卷中一上：「餘二句如鈔。問：『近遠兩釋，何以分之？』答：『此有多異。一、近約止業，遠望除惑；二、近是凡地，遠即聖道；三、近是就因，遠即從果；四、近是漸防，遠即頓破。即戒疏云：戒障有二：一者業非，二者煩惑。戒淨障業，惑待智亡，望分所除，故云別脫。（此明近義。）後智除惑，乃稱究竟解脫。（此證遠義。）下文指後，即『戒體』中『發戒數量門』，彼明境量等，即別脫之義可見。』」（二六四頁中）

四、具緣不同

若論末代，唯論羯磨一受〔一〕。必藉因託緣，便能長立〔二〕。其受緣相，如上卷一門〔三〕。但受是比丘大綱〔四〕、佛法根本〔五〕，更略標舉〔六〕。

依毗尼母論云，具五緣〔七〕：一、和尚如法。二、兩阿闍梨如法，竝謂弟子見、聞，無破戒事，堪為師義，是得戒限。三、七僧清淨，謂受者三根無染〔八〕，通望十師〔九〕，彼此見、聞、疑中無非法者，方得成受。片有三根，境非足數〔一○〕。心不具法，了了知非〔一一〕，故受不成。四、羯磨成就者，論中云：若言語不具，前後不次〔一二〕，說不明了〔一三〕，竝不成受。五、眾僧和合、與欲，若有別眾之相，如足數法中所明〔一四〕，受亦不得。

又云：若在家受五戒、八戒乃至十戒〔一五〕，隨毀犯一重，如此人者，後出家不得戒，不得作和尚，即十三難中初難攝〔一六〕。餘十二難同〔一七〕。薩婆多云：若受五戒，破其重者，後捨五戒，更受五、八、十、具戒等，竝禪、無漏戒，一切不得〔一八〕。乃至破八〔一九〕戒中重者，不得，如前〔二○〕。

毗尼母云：不就戒場外，更不結大界，直結小界，不得受具〔二一〕。今有無難因緣，結小界受，亦是非法〔二二〕。

多論〔二三〕又云：若殷重心，則有「作」與「無作」；輕浮心者，不發「無作」。又如，受後具持，可是願行相應〔二四〕，依論〔二五〕得

戒。有受無持，但有空願，無行可副，則不得戒。故律云「共比丘同戒
〔二六〕」也；以受、持同故，可有得戒、犯戒之人。反上則無戒〔二七〕，
亦不犯也。

多論，問云：「羯磨竟時，為善心得，為不善心，乃至無心得〔二八〕？」
答：「通是得戒〔二九〕。」「若爾，何故律云：瞋恚、睡、狂如是等人，不
名受具〔三〇〕？」答云：「作白之時，具上四心，不名得戒〔三一〕；羯
磨已後，方有四心，皆是得限〔三二〕。前『善心不得』者，謂汎緣餘善，無心
緣戒〔三三〕，又不類餘無心〔三四〕也。」

【校釋】

〔一〕**若論末代，唯論羯磨一受**　簡正卷九：「簡於餘受，當代不行故。」（五七一頁
下）資持卷中一上：「初，示受法。末代唯羯磨者，以五受中，善來、三語、
八敬，唯局佛在。破結微通，稀而復隱故。」（二六四頁中）鈔批卷一三：「謂
受戒之緣，緣雖有五。善來一受，唯局佛秉，上法一受，局在聖果。三語局八
年前，八敬唯局愛道，故五百釋女皆羯磨受。羯磨一受，通今末代，故云然
也。故羯磨疏云：僧尼合明，受緣有十：一、善來；二、破結，道成羅漢，自
然感戒也；三者三語，謂值羅漢，憑受三歸，即發具戒；四、<u>邊地持律五人</u>
也；五、<u>中國十人</u>，（此上約僧說五。）尼中復五：一、八敬；二、十眾受；
三、遣使受；四、小年曾歸，即十歲曾嫁，滿十二得受；五、<u>邊方</u>，義立十眾
受也。此上十緣，若約報明：善來、破結，此二通僧尼；三語局僧；八敬，尼；
羯磨通僧。餘亦可知。就時明者：善來、三語、八敬，局佛世；破結及羯磨，
通佛滅後。約處明者：善來、八敬，局在<u>南州</u>，由佛在中成道故；羯磨、破
結，通三天下。然上諸緣，今時殆盡，唯羯磨一受，末代通行也。」（五九六
頁下）【案】「具緣」文分為二：初「若論」下；二、「依毘」下。

〔二〕**必藉因託緣，便能長立**　鈔批卷一三：「長（平聲讀）因是能受者之心，心有
三品不同，得戒亦上、中、下異。以受時心，緣一切情、非情境，有斷惡修善
之心曰因。言緣者，是師僧如法，結界成就，羯磨無非，衣鉢已有等。如上卷
中，能受有五，所對有六，並是緣也。」（五九七頁上）簡正卷九：「要假藉受
人發心，為必托人。僧界法衣鉢，具足緣也。便能長立者，<u>玄記</u>引<u>多論</u>云，有
六義：一、時長通現、末；（五七一頁下）二、處遍三方，除<u>北州</u>；三、報兼
男女；四、位說凡聖；五、所枝無數；六、多坐作法。以斯諸義，佛法始終，
名為長立。」（五七二頁上）資持卷中一上：「藉因緣者，或發心為因，餘事名

緣；或能受為因，所對為緣；或俱因緣。如前已辨。」（二六四頁中）

〔三〕**其受緣相，如上卷一門**　資持卷中一上：「『其』下，明重述意。『一門』即受戒篇。」（二六四頁中）

〔四〕**受是比丘大綱**　資持卷中一上：「攝僧要故。」（二六四頁中）簡正卷九：「羯磨受法，聖制從緣，緣集則功成，緣差則戒體無立。若受不得，即無福田之義也。」（五七二頁上）

〔五〕**佛法根本**　資持卷中一上：「住持勝故。」（二六四頁中）簡正卷九：「秉宣大法，皆由戒淨。法從此生，然後成佛，故云根本。」（五七二頁上）

〔六〕**更略標舉**　簡正卷九：「對上卷已辨受之具緣，『能受』『所對』已說，今於此中，再標舉之，顯其所為處大也。」（五七二頁上）

〔七〕**依毘尼母論云，具五緣**　鈔批卷一三：「礪云：羯磨受戒，昔來所辨，具於四緣。准律所說，解八種比丘中。言羯磨比丘者，若受大戒，（僧數滿足緣；）白四羯磨，如法成就，（教法成就緣；）得處所緣界成就，（界內不別眾緣。）住比丘法中，（年歲滿足，身無遮難緣也）。若具此四，是大比丘。故今約此四緣為定。如前母論五緣，全不周悉。彼雖有五，舉律中四緣往收，但三緣攝初及二、三，屬第一僧數滿足緣。第四一句，屬第二教法成就。第五一句，屬第三不別眾緣。既但具三，是不可該。」（五九七頁上）【案】毘尼母卷一，八〇六頁中。

〔八〕**謂受者三根無染**　資持卷中一上：「初明受者，知師下至小罪。」（二六四頁中）鈔批卷一三：「立明：十師之內，無破戒事，令受者見、聞、疑也。若弟子知十師中有犯吉羅，心若生嫌，則不成受。若十師互相望，要知犯重，方不成法。若犯僧殘已下，皆得。」（五九七頁上）

〔九〕**通望十師**　資持卷中一上：「『通望』下，明十師互知，唯據重夷。」（二六四頁中）簡正卷九：「適來將沙彌對十師以言，今除受人，促（【案】『促』疑『但』。）於十中自相望以說也。」（五七二頁上）

〔一〇〕**片有三根，境非足數**　簡正卷九：「目（【案】『目』鈔作『片』。）者，似也、少也。少似有三根，即不可故。境非足數者，十師為境。若具上三根，即不足也。」（五七二頁上）【案】本句義為：授受者彼此都沒有任何破戒事可能會令他人見、聞、疑。反之即是有了非法之事或被染濁，若如此則是根不足、境也不足。

〔一一〕**心不具法，了了知非**　資持卷中一上：「如十三難、十誦白衣之類。」（二六四

頁中）鈔批卷一三：「能受之人知十師有破戒事，不犯重，心是不具法也。」
（五九七頁下）簡正卷九：「雖無三根，為他見聞於教，不多曉了，證他受戒，
亦是不得言語。不具者，脫漏一句『如乃至一字』也。」（五七二頁上）

〔一二〕言語不具，前後不次　鈔批卷一三：「案毗尼母論第二卷中云：羯磨不成者，
或言語不具，亦前後不次第，說不明了，名羯磨不成。反此則成。立云：增減
文言，名為不具。或前羯磨，後作白等，名為不次也。」（五九七頁下）簡正
卷九：「文詞雖足，無其次序，或將前向後等。」（五七二頁上）

〔一三〕說不明了　簡正卷九：「雖不欠字，前後依其次第，（五七二頁上）呼喚奔鹵，
不令人會等是。」（五七二頁下）

〔一四〕足數法中所明　簡正卷九：「應來不來，應與欲不與欲，現前得呵人呵等，廣
如前述。」（五七二頁下）

〔一五〕若在家受五戒、八戒乃至十戒　鈔科卷中一：「『又』下，略辨雜相。」（四七
頁中）資持卷中一上：「懸取論意，或可引前受緣。五、八戒下，並略破重之
言，（二六四頁中）故云『乃至十戒』等。」（二六四頁下）鈔批卷一三：「『五』
是毗尼論也。下更引多論，共證成此義也。唐朝靜邁法師翻譯圖紀云：沙門智
嚴，涼州人也，曾遊西域，得梵本還。宋文帝元嘉四年（公元四二七年），於
楊都枳園寺譯普耀等經。然嚴未出家前，曾受五戒，有所虧犯。後受大戒，疑
不得戒，遂汎海至印度，諮問羅漢。羅漢不決，為問彌勒。彌勒答云『得戒』。
嚴甚意焉。」（五九七頁下）

〔一六〕十三難中初難攝　鈔批卷一三：「毗尼母論中具列十三難事，如律無異，並云
此人『不得作和上』。故下文云：此十三種人，不任作和上。何以故？是人無
戒故也。」（五九七頁下）【案】毘尼母卷一，八〇六頁下。

〔一七〕餘十二難同　簡正卷九：「餘十二難同者，此文亦有錯解，今存正義。鈔云『同』
者，同不得戒，及不得作和上故。毗尼母中具列十三難事，並云不得作和上。
所以爾者？是人身無戒故辨。」（五七二頁下）

〔一八〕更受五、八、十、具戒等，竝禪、無漏戒，一切不得　資持卷中一上：「彼明
六種戒，隨犯一重，餘皆絕分。」（二六四頁下）鈔批卷一三：「謂既破五、八、
十、具重者，便即障道故，不感此無漏戒也。立云：破五、八者，要當時如法，
受得此五、八戒，破故成難。如善生經，受五、八戒，要問遮難。若先犯五八
逆等，（五九七頁下）父母、男女、僮僕不聽許者，不得受。若不問遮難等，
不成受。今破非難。」（五九八頁上）簡正卷九：「良由破戒，業故障定，不發

禪戒，亦無漏，固宜無也，故云一切不得。」（五七二頁下）【案】「具戒」，底
本無「戒」字，據大正藏本、敦煌甲本、敦煌乙本及弘一校注加。薩婆多卷一，
五〇七頁下。

〔一九〕八　資持卷中一上：「彼明六種戒，隨犯一重，餘皆絕分。文中具舉五戒，餘
並略之，故云『乃至』等。『八』字寫訛，準論合作十戒，即越過八戒也。」
（二六四頁下）

〔二〇〕不得，如前　資持卷中一上：「同上五戒也。」（二六四頁下）

〔二一〕不就戒場外，更不結大界，直結小界，不得受具　鈔科卷中一：「『毗』下，結
界是非。」（四七頁中）資持卷中一上：「初，斥單結戒場，『更』下『不』字，
疑是多寫，去之則義便。直結小界，即目戒場，對大言小，如前結法。」（二
六四頁下）【案】毗尼母卷一，八〇六頁下。

〔二二〕今有無難因緣，結小界受，亦是非法　資持卷中一上：「『今』下，次，斥無緣
結小界。此即三小，有難應法，無故為非。」（二六四頁下）鈔批卷一三：「景
云：此但得違教罪，而結界得成，受具亦得。」（五九八頁上）簡正卷九：「無
難因緣等者，既無難緣，據僧之義，廣狹不同，今無難准有難者，作法受戒，
並是非法，不成故也。」（五七二頁下）

〔二三〕多論　鈔科卷中一：「『多』下，受心輕重。」（四七頁中）資持卷中一上：「初，
引論示心。重輕二心，難顯其相，非謂徒然懇惻而已。要在見境，明白上品
要誓，方名增上重心，亦如前說。恐忘，故重示耳。……以期持奉即殷重。」
（二六四頁下）

〔二四〕又如，受後具持，可是願行相應　資持卷中一上：「『又』下，約行顯相。初，
示得失。……『願行』即受隨也。」（二六四頁下）鈔批卷一三：「立謂：受時
是願，願斷惡修善故也。『行』謂隨行，行副前願，故言相應。」（五九八頁上）

〔二五〕依論　資持卷中一上：「依論即上多論。」（二六四頁下）

〔二六〕共比丘同戒　資持卷中一上：「『故』下，引文證律自釋。云共比丘者，共餘比
丘受大戒，是共比丘義。（此謂受體同，刪『定戒』改云『共戒』是也。）同
戒者，釋云：結此戒已，寧死不犯。共餘比丘，同是同戒義。〔隨行司【案】
『司』疑『同』。）也。〕此即律本淫戒中文。雖文局初戒，而義通二百五十。
所以戒首先標此者，意明必具受、隨二戒，乃有持犯，非受則無隨，非隨則無
受，此證願行相副，方成得戒。」（二六四頁下）鈔批卷一三：「立謂：同白四
而受此戒，可名比丘，名有戒，可是犯戒。……景云：以受持同故者，此釋同

戒，與法界同受、同持故，可有得戒犯戒。若不同受持，則名無戒，無戒不犯也，以無無作故。」（五九八頁上）簡正卷九：「雙證有受有持也。戒疏云：共比丘者，約所受體同；若犯重，則不同也。同戒者，戒疏云：佛所制戒，隨行通行，促受無隨，亦無戒護，以受持同故等者。」（五七二頁下）【案】四分卷一，五七一頁下。

〔二七〕反上則無戒　鈔批卷一三：「若如俗人，元來未受，無戒可破，故言『反上』。『反上』謂不同戒也。及雖受不得者，例然。」（五九八頁上）

〔二八〕羯磨竟時，為善心得，為不善心乃至無心得　鈔科卷中一：「『多』下，得戒時節。」（四七頁中～下）資持卷中一上：「四心中略無記，故云『乃至』。無心者，論作『入滅盡定』。準業疏，問三性通得，則合『無心』入『無記』耳。」（二六四頁下）鈔批卷一三：「立謂，問意云：心有四種，謂善、惡、無記及無心。若羯磨竟時，四心之中，八若簡心，是得戒限，不得戒限？」（五九八頁上）簡正卷九：「問意云：從初羯磨至三番竟時，於其中間，四心之中，何心得戒？」（五七二頁下）

〔二九〕通是得戒　鈔批卷一三：「通有四心，並得戒也。答意云：若作白時，有此四心，是不得限。若羯磨竟時，有此四心，通皆得戒。」（五九八頁上）簡正卷九：「戒疏中引多論云：皆須先有求戒善心，合掌禮僧，白羯磨，起諸教業，相續善心成就，是名善心得。其不善心，謂嗔恚心，是不善也。及無記心，謂睡眠等，是無記也。無心者，如五位無心：一、人無想定，二、生無想文，（五七二頁下）三、入滅定，四、悶絕，五、種睡不夢時，是無心也。今言受戒時無心者，如耶合沙彌，正受戒時，入滅盡定，皆藉前有方便，求戒善心。聞單白後入餘心者，云判得戒也。」（五七三頁上）資持卷中一上：「彼云：先以善心，禮僧合掌，白四起業，相續成就，是名善心發、善心得。若先以善心乃至起業，羯磨未竟，起不善念，藉前善心力故，發業任運而起，與不善俱是名善心，發惡心得。無記、睡心、入滅盡定者，亦爾。」（二六四頁下）

〔三〇〕何故律云：嗔、恚、睡、狂如是等人，不名受具　簡正卷九：「『何故律云』以下，正將四分來難多宗也。適言由心中有不善心，亦許得戒，何故律云嗔、恚等人不得戒也？」（五七三頁上）資持卷中一上：「立難中。即前受戒犍度中文。嗔是不善，睡狂是無記。」（二六四頁下）【案】「若爾」下分二，初立難；二、答釋。四分卷三五，八一三頁下。

〔三一〕作白之時，具上四心，不名得戒　鈔批卷一三：「善、惡、無記心、無心故也。」

（五九八頁上）簡正卷九：「准律中，有俗人，家中相嫌，便來伽藍求出家，諸比丘使（【案】『使』為『便』。）為剃髮，受戒後卻還家，諸比丘問其因由。彼答云：我本無心故（【案】『故』疑『出』。）家，以暫嗔心故耳。諸比丘徒以此白佛，佛言：『嗔、恚人受，不得戒也。』又有睡者，律云：有白衣至僧防（【案】『防』疑『坊』。）內眠，諸比丘與彼受戒。其人睡，覺卻還家，亦以白佛。佛言：『睡人不得。』更有狂人，亦爾爾（【案】次『爾』疑剩。）。答曰：『作之時，具上四心等者。』」（五七三頁上）【案】四分卷三五，八一四頁上～中。

〔三二〕**羯磨已後，方有四心，皆是得限**　資持卷中一上：「謂初白竟，第一羯磨已去，名為後也。（二六四頁下）業疏引十誦云：知時犯、不知時清淨，如犯殘懺，聞出罪白，後睡不覺，羯磨竟者是也。準此，以通前聞白已，後睡得戒。（此祖師所據也。）由前陳乞，事委十師。既聞作白，足彰情許。雖入餘心，不妨感戒，廣如業疏。」（二六五頁上）簡正卷九：「謂約羯磨至竟以來，皆名是後。」（五七三頁上）

〔三三〕**前善心不得者，謂汎緣餘善，無心緣戒**　資持卷中一上：「『前』下，別點善心。恐疑善心，本是得限。那云白時具上四心不得戒耶？」（二六五頁上）簡正卷九：「前善不得者，釋通上來，依自之時。四心之中，餘不可爾。何故善心不得？鈔牒斯意故。云前善心不得者，謂『汎緣』等者，釋通也。謂據他無心緣，戒促汎緣，念誦施食等雜善故，不得戒也。更難：『若爾，既言無心，莫同適來五位無心不？』」（五七三頁上）

〔三四〕**又不類餘無心**　資持卷中一上：「『又』下，復恐見云無心緣戒，便謂濫上無心，故重遣耳。」（二六五頁上）鈔批卷一三：「立明：入善心不得戒者，謂緣別善，故不得戒，即緣其行檀布施，作會修福寺故耳。若緣戒善之心，何非得戒限也？若惡心、無記心、無心，此三心一向不得，故言不類餘無心也。言無心者，『入滅盡定』及『睡眠』等是也。無記心者，謂汎爾不緣善惡是也。」（五九八頁下）簡正卷九：「此促（【案】『促』疑『但』。）無其緣戒，戒心名為無心。不類前來（五七三頁上）五位，是一向無心也。」（五七三頁下）

五、優劣〔一〕**者**

由立此門〔二〕，知戒是勝緣、入道之要〔三〕，便能護持，無失於相〔四〕也。

婆論云〔五〕：木叉戒，佛在世有，希現故勝〔六〕；禪、無漏戒，一切

時有〔七〕。二、有漏木叉，通情、非情〔八〕，寬故言勝；餘二局情，狹故
不如〔九〕。三、有漏木叉，從慈心發故勝〔一〇〕，能為佛道作因。四、木
叉戒者，被及七眾〔一一〕，紹續三乘、三寶、三道，住持功彊〔一二〕；餘
二無能，故劣〔一三〕。五、木叉戒者，唯佛弟子有。餘禪戒者，外道亦有
〔一四〕。善見云：具足木叉者，諸光、諸山、諸學之中〔一五〕，日光、須
彌、學中木叉，最以為勝〔一六〕。若非佛出，則無有人豎立此法〔一七〕。

【校釋】

〔一〕**優劣** 資持卷中一上：「優即勝也。前後六門，並單論『別脫』。此兼『道』
　　『定』，還欲對顯『別脫』功勝。又，『別脫』一戒，通含五受。若對七科，四
　　通三局，尋文可見。欲釋此門，先須略知『道』『定』名相。初，『別脫』對境
　　彰名，『定』『道』從心為目，與定、慧二心同時，故並言『共』，亦名『俱』。
　　其『定戒』者，成論離禪、定為二戒，色、無色別故；多宗合為一，俱不動業
　　故。『道戒』或名『道俱』『道共』『無漏』等異，此辨名也。二、『別』『定』
　　並有漏，『道共』唯無漏；『別脫』欲界業，『定共』上二界業，『道共』非三界
　　業，此論體也。三、『別』『定』通凡聖，『道共』唯局聖，此位分也。四、『別
　　脫』假緣受，『定』『道』隨心發，此明因也。五、『別脫』但隨身，要期盡形
　　故；『定』『道』名隨心，生死不絕故，此示功也。」（二六五頁上）

〔二〕**此門** 簡正卷九：「此門將木叉戒對禪無漏戒辨優劣道理。由立此門者，立此
　　優劣門也。」（五七三頁下）

〔三〕**知戒是勝緣、入道之要** 簡正卷九：「謂知木叉戒勝，發生定慧，尅獲三乘道
　　果。一切萬行，皆因此戒，入道之前緣也，便能護持無失。」（五七三頁下）

〔四〕**無失於相** 資持卷中一上：「失相，謂違教也。」（二六五頁上）簡正卷九：「於
　　相者，行人知戒，有此功能，便及護持，令身口七支，免生過失，成其持相，
　　不生犯相也。」（五七三頁下）

〔五〕**婆論云** 資持卷中一上：「多論五種：初，時；二、境；三、心；四、功；五、
　　人。」（二六五頁上）簡正卷九：「『婆』是薩婆多，非謂婆沙論也。玄云：此
　　中都有五義，四義對二辨，第五促（【案】『促』疑『但』。）對禪戒，以明論
　　文如此。」（五七三頁下）【案】薩婆多卷一，五〇七頁下。

〔六〕**木叉戒，佛在世有，希現故勝** 簡正卷九：「初，約有佛時勝。以佛出世，時
　　稀疏故勝。」（五七三頁下）鈔批卷一三：「佛法未滅已來，皆名佛在世也。」
　　（五九八頁下）資持卷中一上：「時希常者，以木叉（【案】『又』疑『叉』。）

須佛出世，制方有故，餘二縱非佛出，亦有得定證道之者，故常有也。希現勝者，猶如世物，希少則貴，常者不如故。」（二六五頁上）

〔七〕**禪、無漏戒，一切時有**　鈔批卷一三：「立云：『禪』與『無漏』，是二戒也。從『初禪』至『四禪』中，有此戒善，望不造惡，名之為戒，此皆是有漏業。然亦通有漏、無漏也。俗人外道，亦學此戒。故下文云：餘禪戒者，外道亦有。（下文更解。）『無漏戒』者，即『道共戒』也。以與『無漏道』相應，故曰也。羅漢已上，方有此戒。前三果人，分斷漏業，未得此戒。故律云：若人修道，得羅漢果，即名受具足戒是也。又復，羅漢若修行時，要心擬取此戒，果成即感。若先不惡（原注：『惡』疑『要』。）心，雖得羅漢，未得此戒，後更須受。律中名為『上法』是也，亦名『破結使』也。善生經云：捨此身後，更不作惡，名『無漏戒』也。」（五九八頁下）簡正卷九：「禪者，謂有漏四禪，外道亦不假佛法在世故劣。無漏戒者，謂苦忍已去，人無漏心，不為煩惱之所漏泄，故云無漏也。一切時有，不論佛在、滅後，及總無佛法之時。如無漏戒，緣覺亦有。以緣覺出無佛世。又如涅槃云：初果之人，雖生惡國，道力不作惡等，性戒成就，一一證無漏之後，經生不失，豈非一切時有也？次，約攝境寬狹，以辨勝劣。禪無漏者，唯有情發，非情、草木等不發。遮戒，於有情中修得。無漏者，始終得戒，未修不發，狹故不如也。」（五七三頁下）

〔八〕**有漏木叉，通情、非情**　鈔批卷一三：「立謂：木叉戒是有漏業，欲界繫法故。成實云戒是有為、有漏業。若與定慧相應，是稱無漏法也。」（五九八頁下）

〔九〕**餘二局情，狹故不如**　資持卷中一上：「木叉『遮』『性』通禁，餘二但止性惡，故境通局也。」（二六五頁上）鈔批卷一三：「立謂：禪戒、無漏戒，但於情上發，非情上則不發也。」（五九九頁上）

〔一〇〕**有漏木叉，從慈心發故勝**　簡正卷九：「約慈心以說。多論云：於一切眾生境上起慈慜心，得木叉戒。禪、無漏戒，不用慈心得，從獸離心中得。為明勝劣，慈心能為成佛之因，發四弘願等，則勝為促獸離劣。故不如。」（五七四頁上）資持卷中一上：「約心者，慈即大心，故是佛因。論云：禪、無漏戒不以慈心得，謂從智得。此專自利，即二乘心劣可知也。」（二六五頁上）鈔批卷一三：「謂緣三世眾生境，斷惡修善之心，發得此戒。禪戒、無漏戒者，取其遠因，非無慈心，望今曾成。發戒之時，但與道相應，即發此戒，不要慈心也。」（五九九頁上）

〔一一〕**被及七眾**　資持卷中一上：「明功。有二，一、攝生廣被七眾故。」（二六五頁中）簡正卷九：「約功用辨勝劣。玄云：夫能雖持佛法，七眾在世間，三乘果相續不斷，並己木叉為根本，謂七眾同受此戒故。禪、無漏等不爾，故劣。」（五七四頁上）鈔批卷一三：「謂五、八、十、具，同名木叉也。賓問云：七眾之戒，同名木叉，則五、八、十、具，皆木叉也。然則要佛出世，法未滅來，有此木叉。佛不出世，無木叉者，聖人皆得五『不作戒』，謂：初果生惡國，不作惡業，不犯五戒，名不作戒。『若是木叉，應命終捨，何以經生仍成五戒？』答：『理實命終五戒隨捨。由此五戒，感當勝果，故隨生處。五戒性成，故非不捨本木叉也。然此五不作戒，理是新成，非往生之木叉也，謂是五種，亦俱生戒也。據此義理，獨覺出無佛世，及初果五不作戒，亦名木叉，不假佛世也。』」（五九九頁上）【案】資持所言之第二功即「紹續三乘、三寶、三道，住持功彊」。

〔一二〕**紹續三乘、三寶、三道，住持功彊**　資持卷中一上：「三種並以『紹續』字貫之。初所乘法，二即所住境，三謂所成果。（古記引毘羅三昧經云：人、天、涅槃是為三道，非。）論中但云『三乘道果』相續不斷，故知餘文並鈔加也。」（二六五頁中）鈔批卷一三：「言三道者，一、學，二、無學，三、非學非無學（原注：插入『學』字。）也。學者，謂前三果也。無學即羅漢也。唯阿羅漢向名為非學非無學，謂若望羅漢，名之為學，若望前三果，即名無學，故曰也。慈云：三道者，人、天、修羅也。（五九九頁上）若無此戒，但招三途，不得人、天、修羅也。賓云：三道者，謂見道、修道、無學道也。初果名見道，二、三果是修道，羅漢是無學道也。涉法師曰：阿含說三，見、修、無學也。仁王說三：謂學、無學、非學非無學也。」（五九九頁下）簡正卷九：「三道者，准毗羅三昧經云，佛出世，故有三道，即人天、涅槃、今木叉。佛出故有被，及七眾為三業，希之正因，住持三寶，令不斷絕。受木叉者，近得人天，遠得涅槃，為此義故，勝於餘二也。」（五七四頁上）【案】第四條是就功用辯其優劣。

〔一三〕**餘二無能，故劣**　鈔批卷一三：「立謂：禪、無漏戒，不能紹續三乘、三寶、三道，住持功微，故劣也。」（五九九頁下）

〔一四〕**唯佛弟子有，餘禪戒者，外道亦有**　資持卷中一上：「外道無『無漏戒』，故但舉『禪戒』耳，以彼亦得色、無色定故。」（二六五頁中）鈔批卷一三：「立謂：外道亦有四禪八定等，生上二界是也。」（五九九頁下）簡正卷九：「若禪戒

者，外道修德，四禪、四無色定時，即能發之，故云外道亦有。此中不出無漏者，謂佛弟子受木叉竟，亦得無漏，故不出也。」（五七四頁上）

〔一五〕諸光、諸山、諸學之中　資持卷中一上：「『諸』下，校量。初，總舉法喻，『光』、『山』是喻。『學』即是法，戒、定、慧三，故言諸也。」（二六五頁中）【案】善見卷七，七一九頁上。

〔一六〕日光須彌，學中木叉，最以為勝　資持卷中一上：「『日』下，別對顯勝。」（二六五頁中）鈔批卷一三：「謂合上喻也。上言諸光，此則日為第一；山則須彌第一；學則木叉第一。案見論云：波羅提木叉者，名無等學。於諸光明，日光為王，於諸山中，須彌為最。一切世間學，波羅提木叉為最。如來出世，便有此法。」（五九九頁下）

〔一七〕若非佛出，則無有人豎立此法　資持卷中一上：「『若』下，出其所以。此與多論初義頗同。」（二六五頁中）鈔批卷一三：「故勝鬘經云：聲聞乘中亦無此戒，緣覺乘中亦無此戒，菩薩乘中亦無此戒。唯佛乘中，獨有此戒。由唯佛能制此戒，餘不能制故曰也。」（五九九頁下）

六、重受〔一〕者

依薩婆多宗〔二〕，戒不重發，亦不重受〔三〕，罪不重犯〔四〕。依本常定〔五〕。故羅漢心中下品戒〔六〕。

「若爾，何故戒有贏、不贏〔七〕耶？」答：「此對隨行，不論受體〔八〕。亦可作戒在一念，隨心一品定〔九〕。無作，非心，盡形故，隨行有增微〔一〇〕。」

故成論云，有人言：「波羅提木叉有重發不〔一一〕？」答云：「一日之中，受七善律儀〔一二〕。隨得道處，更得律儀〔一三〕。而本得不失，勝者受名〔一四〕。」其七善〔一五〕者，謂五戒〔一六〕、十戒〔一七〕、八戒〔一八〕、具戒〔一九〕、禪戒〔二〇〕、定戒〔二一〕、道共戒〔二二〕也。

如薩婆多師資傳〔二三〕云：「重受增為上品，本夏不失。」僧傳〔二四〕云，宋元嘉十年（公元四三三年），祇桓寺慧照〔二五〕等，於天竺僧僧伽跋摩所，重受大戒。或問其故，答曰〔二六〕：「以疑先受，若中若下，更求增勝〔二七〕，故須重受；依本臘次〔二八〕。」

【校釋】

〔一〕重受　資持卷中一上：「此章所明，意令行者審己所受，更求增勝故也。」（二六五頁下）鈔批卷一三：「文中有二家，明義不同。」（五九九頁下）簡正卷

九：「謂木叉戒，一受已後，為更許重重增之？為一受已真，揩摸永足，不可增？因此有兩宗，所執不同，如下自陳。」（五七四頁下）【案】「重受」文分為二：初，「依薩婆多」下；次，「故成論」下。

〔二〕**依薩婆多宗** 資持卷中一上：「初科，文列三種，並異四分。」（二六五頁中）簡正卷九：「謂多宗中自有兩師義，今且敘第一師。二戒定不許重受也。」（五七四頁下）

〔三〕**戒不重發，亦不重受** 資持卷中一上：「三、戒永定。如，下心受五，中心受十。本俗仍下，餘五方勝。中心受十，上心受大，亦爾。彼云：木叉戒者，無有重得。若微品心受得五戒，後以中、上品心，受十戒。先得五戒，更無增勝，於後五戒，乃得增耳。」（二六五頁中）簡正卷九：「良以不許重發，是以不許重受，此通五、八、十，具。於此四位之中，每位唯得一度受。如曾受五戒竟，更不得再受五戒。餘三亦爾。故彼論云：木叉戒無重得。譬如富貴家子，不須重著瓔珞也。不重發者，且如初受五戒時，向情境上已發『不煞』等無表境後，若受時不煞，先表不異於前，不可更發也。若先受五戒了，今受八戒，即無妨也。故心論云：『五』外方『十』，『十』外方『具』，如本末是。下品心受五戒竟，次起中品心受十戒，前煞等五，仍下品心，定更不發。或於五戒外所發者，方是中品也。後發上品心，受具戒者，前受十戒，仍本中品；於十戒外發者，方是上品，故云戒不重發，亦不重受也。」（五七四頁下）

〔四〕**罪不重犯** 資持卷中一上：「彼計一受即定。既不重發，更受不增，故不立也。準下但明具戒，意詳。五、八、十亦爾。以五制盡形，八限日夜，縱逐日受，望當日中，不可重故。不重犯者，此據初篇，同種為言。」（二六五頁中）鈔批卷一三：「景云：唯舉四，以是聖道根本故。若破此戒，聖道無由得生，故第二犯時，但得小罪也。」（五九九頁下）簡正卷九：「將不重犯，顯戒不重發也。如前引十誦云：同名之罪，則有重犯，同種之罪，則無重犯。」（五七四頁下）

〔五〕**依本常定** 簡正卷九：「正明不重之義也。」（五七五頁上）資持卷中一上：「本謂壇場初受也。」（二六五頁中）

〔六〕**羅漢心中下品戒** 鈔批卷一三：「立明：彼論師引此羅漢下品戒事，來證無重發義也。今言不爾。但此羅漢，先受戒時是下品心，以隨行時增進，遂獲聖果，不由受時之心。」（六〇〇頁上）簡正卷九：「引文誠證也。故婆沙論云：季二十芯蒭，得上品律儀，羅漢比丘，得下品戒。依本常定也。若許重發，即

羅漢轉為上品戒也。」（五七五頁上）資持卷中一上：「『故』下，引證。婆沙中，年少苾芻得上品戒，以能起上品心受故。羅漢苾芻得下品戒，以先發下品心受，後不增勝故。問：『羅漢既發定共、道俱，豈得不增？』『戒必不增，那得聖道？』」（二六五頁中）

〔七〕**戒有羸、不羸** 鈔科卷中一：「初，約肥羸以難；二、約兩意以釋。」（四七頁上～中）簡正卷九：「適言不重發、不重受。先是下品心受，得下品戒。依此一品，便永定者，故云『若爾』也。何故戒有羸者？正難前師不重發道理也。」（五七五頁上）資持卷中一上：「初難者，如戒本云戒羸不悔，謂將欲趣犯，戒力微弱，故云羸也。堅持守護，其體光潔，故如肥也。體既肥羸，理有增減，則與上常定義實相違，故以為難。」（二六五頁中）

〔八〕**此對隨行，不論受體** 資持卷中一上：「初二句，約受隨判開。此對隨行者，行有持（二六五頁中）犯，故說肥羸。不論受體者，受依本定，故無肥羸。」（二六五頁下）鈔批卷一三：「立明：若護特（【案】『特』疑『持』。）不犯，若厭善護微則羸，由隨行不論受時所發業體。」（六〇〇頁上）簡正卷九：「多宗初師答意云：律文中戒羸不羸者，對隨中以言，何開受體？謂隨行對治，心強則肌（【案】『肌』疑『肥』。）。若元無攝護身口，雖未作對，此說說（【案】次『說』疑剩。）為羸。我今不重發等，自約受體為言，云何將隨行來難，故不可也。」（五七五頁上）【案】多宗第二義見下。

〔九〕**亦可作戒在一念，隨心一品定** 資持卷中一上：「『亦』下，次就受體，『作』『無作』分。上二句明『作戒』。一念者，明時促也。隨心者，謂逐境遷謝，不可追改。上、中、下心，隨發一品，則永定也。『若爾，彼宗作戒是色法，那云隨心？』答：『此約心念，剋定成時故。雜心、多論，並以初念、二念用分初後。如下自明。』」（二六五頁下）鈔批卷一三：「立明：此重釋前『羅漢下品戒』義意也，謂受時是『作』，但在羯磨時，一念中有上、中、下品心，則發得戒。隨其當時發何品心為定。以戒酬一品心因，故始於一品，更不增微。」（六〇〇頁上）簡正卷九：「此敘多宗第二義也。彼宗九師，翻定本宗兩戒。成實雙建二理，故有『亦可』之言。作戒，隨心一品定者，法寶：俱舍中說『作戒』從剎那得，不從因得，謂剎那剎那相續，念念不絕，第三羯磨業成時，便落謝不可追，及無重發之義，即印定之，故云隨心一品也。與成宗『作戒』尼發亦同也。又問：『如那含、沙彌單白未竟，便入無心，具作戒不？』答：順正理師（五七五頁上）許有促（【案】『促』疑『但』。次同。）

劣，故不具足。謂初作白時，亦有剎那，促為中間，便入無心間隔，是以剎那不續故劣。若云全無，即不可也。下品戒依本定者，約作戒說，亦有何乖？成宗戒許重發者，據無作論，故云亦可也。謂其作戒，第二羯磨業成就時，一念落謝，本所要期上、中、下心，隨在何心成就，落謝即隨此心，豈不為期？一品常定，事體謝往，即無重發。若論無依（【案】『依』疑『作』。），不隨上、中、下心，未四捨前，長時防非，致其隨行肌（【案】『肌』疑『肥』。下同。）羸不定，可得為其重發之義。隨行若增，以隨資受，受體肌而圓滿；隨行若微，以隨資受，受體乃羸。據此，受隨相資，肌義不定，今亦重增上品無作，即可成其上品也。鈔引此師，意歸成實，只恐不許無作有重發義，必許之無作。既有重發重受，作戒亦有重發之理。何疑據上立琁，作戒溜落謝？無重發義可爾，何妨重受？前受，由是下品常定，後更重受，發上品心，亦隨此心作戒，而成上品。前得不失，隨勝受名也。』」（五七五頁下）【案】此敘多宗第二義。

〔一〇〕**無作非心盡形故，隨行有增微**　資持卷中一上：「下二句，明『無作』。非心者，反上隨心也。盡形者，反上一念。彼計無作為色，故但云非心耳。隨行增微者，謂持心勤怠，故體有肥羸，即彼所計身口七業，皆色損益義也。『若爾，與上隨行，復有何別？』答：『上則專論隨行，此謂以隨資受。』（古記以後解謂同成論，許重受者，非也。彼自約行，說體肥羸，豈今重受耶！）」（二六五頁下）鈔批卷一三：「立明：『形俱無作』，非是色心也。受得此戒竟，盡其一形，常恒定故，無有增減，但以隨行有增減耳。又解：亦指受中『無作』也。若隨行中，無作則有（原注：插入『有』字。）增減微、優劣肥羸之異。深云：無作雖非心，由隨作時之心，作時心既一品，無作亦隨一品，故至形終，故曰無作，非心盡形故也。言隨中（原注：『中』鈔作『行』。）有增微者，謂隨行自有肥羸，不論受體上、中、下也。」（六〇〇頁上）

〔一一〕**有人言，波羅提木又有重發不**　鈔科卷中一：「『故』下，成宗開重受。」（四七頁上～中）鈔批卷一三：「立謂：此論有重發重犯之義。」（六〇〇頁上）資持卷中一上：「初引論而標故者，因前起後非引證也。對破彼計，假設疑問。」（二六五頁下）

〔一二〕**一日之中，受七善律儀**　資持卷中一上：「初，答重發。出彼第九七善律儀品。具云：有人受一日戒是初律儀，即日受優婆塞戒是第二律儀，即日出家作沙彌是第三律儀，即日受具足是第四律儀，即日得禪定是第五律儀，即日得無

色定是第六律儀，即日得無漏是第七律儀。」（二六五頁下）簡正卷九：「彼論問曰：『律儀幾時可得？』（五七五頁下）答：『有人受一日齋，是初律儀；即日受，優婆塞，是第二；即日出家作沙彌，是第三；即日受具，是第四；即日得禪，是第五；即日無色定，是第六；即日無漏，是第七律儀。』（准南錯破鈔，此未達意也。）」（五七六頁上）

〔一三〕**隨得道處，更得律儀**　資持卷中一上：「上云無漏，且據初果，下復統收二、三、四果，故云隨得道處。（本論作『道果』。）」（二六五頁下）簡正卷九：「准論本文，『得無漏』已下，偏釋無漏律儀，謂得初果，發得律儀，乃至第四果，更得律儀，離七數外，又別新得，故云更得也。難曰：『適言一日受善律儀。律儀既乃各別，何得言重明？』文中答云：『本得不失，（舊戒由存。）勝者受名，（別加斷號。）』豈非重也！且如先下品心受五戒，次起中品心受十戒，於前下品五戒增為中品，別發得中品五戒。（此約體由僧也。）後起上品心，受具戒時，增前中品，十戒為上品，別發得上品二百四十戒。（亦體由僧也。）若准多宗，先下品心受五戒，次起中品心受十戒，別發得十，（體外僧也；）次起上品心，受且（原注：『且』疑『具』。）時，別發得二百五十上品戒，（亦體外增。）故於一苾蒭身中，二百六十五戒同時而轉。若不如是捨比丘戒時，合為自衣也。（云云。）今成宗既許體內，僧何妨本是下品心受具戒？今增為中品，上品亦得。」（五七六頁上）【案】成實卷八七善律儀品，三〇三頁中。

〔一四〕**而本得不失，勝者受名**　資持卷中一上：「『而』下，示重發義。本得不失者，從前體增為後體故。勝者，受名從後彰名，前名沒故。」（二六五頁下）鈔批卷一三：「立謂：若受五戒，名滿分憂婆。更受八戒，名淨行憂婆。更受十戒，即名沙彌。如是從微至著，從勝受名，以後受者轉勝也。案成實第十二卷七善律儀品云，問曰：『律儀幾時可得？』答曰：『有人受一日戒是初律儀，即日受憂婆塞戒是第二律儀，即日出家作沙彌是第三律儀，即日受具足戒是第四律儀，即日得禪戒是第五律儀，即日得無色定第六律儀，即日得無漏是第七律儀。隨得道果處得律儀，而本得不失，但勝者受名。』（述曰：）隨得道果處者，隨得四禪及無色等世間之道，又得無漏出世間道及聖道果。於如是等得道果處，應即得定、道律儀。雖得如是定、道律儀，而本所得五戒等體。今亦不失。雖復不失，而從勝者名比丘等。而復應知，但可五戒從沙彌名，或復沙彌從比丘名，決定不得比丘具戒，從定道名也。」（六〇〇頁上～下）【案】成實

卷八七，三〇三頁中。

〔一五〕七善　資持卷中一上：「問：『重發重受，如何分別？』答：『重發據多戒，重受約一戒。』『若爾，論明重發，那見重受？』答：『由體重發，即得重受。以彼重受，一體發故。』」（二六五頁下）鈔批卷一三：「然有人言：七善律儀者，八戒、十戒、具戒、定道二戒及斷律儀、律儀，為七也。彼不尋成實論宗，復以薩婆多宗，無色界中，無有律儀，律儀是色，彼無色故，除第七無色律儀也。（謂除七中第六定戒）。今詳。此不應理。今依成實，無表既以非色非心為其體性，故無色界亦有律儀，勿以薩婆多宗，而令成實亦同彼義。」（六〇〇頁下）

〔一六〕五戒　簡正卷九：「優婆塞戒，亦號近事戒。」（五七六頁下）

〔一七〕八戒　簡正卷九：「八關齋戒，亦云近住戒也。」（五七六頁下）

〔一八〕十戒　簡正卷九：「沙彌戒也。」（五七六頁下）

〔一九〕具戒　簡正卷九：「大比丘尼戒，名無願毗尼也。」（五七六頁下）

〔二〇〕禪戒　簡正卷九：「謂四禪根本色界，具足諸支定慧功等，名禪戒也。」（五七六頁下）鈔批卷一三：「立謂：是欲界頂。若修有漏業，則入初禪。若修無漏業，則入初果。今言禪戒者，是四禪家方便也，亦名未至禪。若更進修，方入初禪。立又一解：禪戒是根本四禪，若言定共，則別是四禪前方便，未至四禪，則名定共。入定則有，出定則無，戒與定俱，故曰定共戒也。（未可為定。）」（六〇一頁上）

〔二一〕定戒　簡正卷九：「定戒者，不具諸支，定多慧少，名之定也。」（五七六頁下）鈔批卷一三：「新經、論中，名『定俱戒』，即無色界中，四空定也。四禪屬色界，諸初禪至第四禪等，屬前禪戒。四空定，屬無色界，謂空處定、識處定、無所有處定、非想非非想處定也。今詳先釋非理也。上言禪戒，即根本四禪。次言定戒，謂是無色界，四空定也。何得更言四禪，有重沓過？如前已序。」（六〇一頁上）

〔二二〕道共戒　簡正卷九：「道共者，謂戒與道俱，亦名無漏戒。」（五七六頁下）鈔批卷一三：「無學已去，與無漏道相應，證果之時，道戒俱發，名道共戒。若三果已下，未是盡漏，分斷煩惑，未獲此戒。亦有雖得羅漢，未感此戒，但是沙彌羅漢，即如均提沙彌等。（云云。）又如查婆等，後羯磨受是也。所以爾者？由要心、不要心故也。」（六〇一頁上）

〔二三〕薩婆多師資傳　資持卷中一上：「師資傳，今藏中無本。（諸記云：梁僧祐撰，

有五卷。）此即多宗餘師之義。雖違已（【案】『已』疑『己』。）宗，乃順今部，故特引之。」（二六五頁下）鈔批卷一三：「立謂：此文來意，冥破前多論。『何故同是一宗，而言有牟循？前多論云戒無重發，今傳中何復得重受？』景云：『案此傳文與成實同也，有重發義。』」（六〇一頁上～下）簡正卷九：「此傳即亦有重受之理。與成論及婆沙第二十卷亦同。本夏不失者，前是下始時夏，今是僧為上品。勝劣雖殊，本夏仍舊也。此增修（【案】『增修』疑『增勝』。）者，說云：若今時疑，恐先來衣鉢不具、僧數不足，俗乎（原注：『乎』疑『年』。）未滿慮，當時受不得。是以再受，即不在此。」（五七六頁下）

〔二四〕僧傳　資持卷中一上：「僧傳，即梁高僧傳，嘉祥寺慧皎撰。此引跋摩傳。壇經作十一年（【案】南朝宋元嘉十一年，公元四三四年。）。（二六五頁下）祇桓，即此土楊都寺名。慧照等五十人、影福寺尼慧果等三百二十三人，同從重受。僧伽跋摩，此云『眾鎧』。或問者，傳云：有慧義法師擅步京邑，見跋摩行重受事，謂為矯異，執志不同，親與跋摩拒論是也。」（二六六頁上）

〔二五〕祇桓寺慧照　鈔批卷一三：「祇洹寺是楊州，今江寧縣也。以晉、宋、梁、陳，並都江左，在後南朝既破，從都江北。案薩婆多師資傳云，爾時，祇洹寺慧照等諸僧有數十人，並同受戒。其後二眾，隨次欲受，會安居時到，攤且停止。」【案】高僧傳卷三僧伽跋摩傳不載慧照其人其事，只載慧義與僧伽跋摩辯論之事，但無其言辭。鈔中慧照及慧義與僧伽跋摩對話見道宣關中創立戒壇圖經。

〔二六〕答曰　資持卷中一上：「『答』下，即跋摩語。慧義問曰：『夫戒非同見之色也。頃見重受戒者，或依舊臘次，或從後受為始，進退之間，足致深疑？』跋摩答曰：『人有二種，故不一類。若年歲不滿，胎月未充，則依今受為初；若先年已滿，便入得戒之位。但疑先受有中、下心，理須更求境勝而重受戒，即依本臘而永定也。』餘廣如壇經。」（二六六頁上）

〔二七〕更求增勝　簡正卷九：「發上品心顯勝者，受者也。」（五七六頁下）

〔二八〕依本臘次　鈔批卷一三：「此約前受時，事事如法，約受得者，恐非上品，今更受得，依本臘次。反此可知。」（六〇一頁下）簡正卷九：「顯本得不失也。」（五七六頁下）

七、震嶺受緣〔一〕

余聞有人言〔二〕：「此土受戒，先無從如〔三〕，縱今受者，少乖緣具〔四〕，理得何疑？但作奉戒之心，莫非得戒之限。」忽聞斯語，不覺喟

然〔五〕：「豈以雷霆震地，聾者不聞；七曜麗天，盲者不見〔六〕。既同管識，豈妄厝言〔七〕！」故引用聖教，明白灼然，具緣成受，不具不得〔八〕。此土受具，僧傳顯彰，縱緣境有濫〔九〕，依法亦有明訣。如前卷「受」中〔一○〕。

所言「漢境受緣」者。自漢明夜夢之始〔一一〕，迦、竺傳法已來〔一二〕，迄至曹魏之初，僧徒極盛〔一三〕，未稟歸戒，止以剪落殊俗〔一四〕。設復齋懺，事同祠祀〔一五〕。後有中天竺僧曇摩迦羅〔一六〕，此云「法時」，誦諸部毘尼，以魏嘉平年至雒陽，立羯磨受法〔一七〕。中夏〔一八〕戒律始也。準用十僧，大行佛法，改先妄習，出僧祇戒心〔一九〕。又有安息國沙門曇諦〔二○〕，亦善律學，出曇無德羯磨，即大僧受法之初也。

比丘尼受具初緣〔二一〕。至宋元嘉七年（公元四三○年），有罽賓沙門求那跋摩至揚州〔二二〕，譯善戒等經〔二三〕。又，復有師子國尼八人來至，云：「宋地未經有尼，何得二眾受戒〔二四〕？」摩云〔二五〕：「尼不作本法者，得戒，得罪。尋佛制意，法出大僧，但使僧法成就，自然得戒。所以先令作本法者，正欲生其信心，為受戒方便耳。至於得戒，在大僧羯磨時生也。」諸尼苦求更受，答曰：「善哉！夫戒、定、慧品，從微至著，若欲增明，甚相隨喜。」且令西尼學語〔二六〕，更往中國請尼，令足十數。至元嘉十年（公元四三三年），有僧伽跋摩者，此云「眾鎧」，解律、雜心，自涉流沙〔二七〕至揚州。初，求那許尼重受，未備而終〔二八〕。俄而師子國尼鐵索羅等三人至京，足前十數〔二九〕，便請眾鐵為師，於壇上為尼重受。

出高僧〔三○〕、名僧〔三一〕、僧史〔三二〕、僧錄〔三三〕，及晉宋雜錄〔三四〕。故略出緣起，永為龜鏡〔三五〕。

【校釋】

〔一〕震嶺受緣　資持卷中一上：「意明此土得戒元緣，令知所從，不妄承奉故也。震嶺即目此方，下云漢境，足可相照也。」（二六六頁上）簡正卷九：「謂上六門通說戒法功用等已知，未審佛教何時流到此方，戒法何（五七六頁下）人相傳，誰人先受等，故此明之。震者，國名。嶺者，山號，西天呼此為震旦，或云真丹、栴丹、指那，此云大漢國。今存異名，或云震宮，如前序中已述。荒嶺存于闐國西南，二千餘里，嶺國通標，為簡溫故。（並如序中廣明也。）受者，納法為義。緣者，緣由。」（五七七頁上）【案】「震嶺受緣」文分為二：

初「余聞」下；次「所言」下。

〔二〕**余聞有人言** 鈔科卷中一：「初，通斥二妄。」（四七頁中）資持卷中一上：「初，敘妄有二：一、謂無端始，二、謂緣乖亦得。」（二六六頁上）鈔批卷一三：「立謂：是唐三藏玄奘法師也。其人先學經論，後往天竺國，見彼受戒如法，妄謂此土僧尼先所受戒無有從始，乃於彼受具已，後歸震旦，將五百餘部經論至此翻譯。初到之時，見漢地僧無不致禮，此土僧尼無戒，以未有外國三藏，弘傳此教本，未有師僧，總是無戒。今時若受者，不須論其師僧、衣鉢具足事等，故曰先無從始也。」（六○二頁上）簡正卷九：「汎聞其說，不定其人。」（五七七頁上）

〔三〕**此土受戒，先無從如** 簡正卷九：「不知初受何時，依何羯磨，何人先德，俱不悉知。」（五七七頁上）

〔四〕**縱今受者，少乖緣具** 簡正卷九：「『縱今』等者，設今受時，何數有闕，衣鉢不全等，是乖於緣。其據先無從始之理，亦合得戒，不用生疑。但有奉戒之心，作網法意，即得此是所聞之語也。」（五七七頁上）鈔批卷一三：「正是玄奘之言也。謂此方既先未有好師僧，今若受者，是乖緣具也。但作奉戒之心，忽然得戒者，亦復何難？莫論師僧等緣，一向不具。（此上並奘言。）賓云：憑何驗知此土僧尼有戒等耶？故南山律師記云：昔魏文帝三年，內作無遮大會。文帝問曰：『此土僧尼得戒無由，云何可知？』諸大德等悉皆不答。于時即有比丘請向西國，問得戒所由。到北天竺，遇見一羅漢。啟問曰：『振旦僧尼受戒得不？』答曰：『我之小聖，不知得不。』又語比丘曰：『汝且住此，吾今為汝往問彌勒得不，來報。』於是即入禪定，向兜率天上。（六○二頁上）問曰：『我是小聖，不知邊地為得戒不？故來問尊。』彌勒答曰：『邊地得戒。』遂請證驗。即取金華，而願言曰：『若使邊地僧尼得戒者，願金華入羅漢手。若不得者，金華莫入。』願訖，金華即入掌中，一尺影現。奇徵既爾，內懷歡喜。彌勒語曰：『汝下至振旦比丘所，當亦發願：若使振旦僧尼得戒不虛者，唯願金華入比丘手。』當即如教發願已訖，以手案華，華入比丘掌中，一尺影現。瑞應既爾。欲來還國，遂有迦毗羅神現身，語曰：『道路懸遠，多諸險難，弟子送師，令達彼國。』未至之間，魏文帝殿前，先有金華空中影現。文帝問太史曰：『何變恠也？』太史答曰：『西國有佛法來此。』于時不盈一月，比丘掌中有一金華來。到之日，空裏金華，即滅不現。當發漢境，總有八十餘人，或有慕聖情深，即住彼方；或有逢難命謝。正有一身，從其大花，情

尋舊跡，來達秦地也。」（六〇二頁下）【案】「問戒彌勒」之事，道宣記為是
涼州沙門智嚴，事見釋迦方志卷下，但寥寥數語，九六九頁中。鈔批釋文所
引事及對話見道世法苑珠林卷八九，九四五頁上。北魏時孝文帝年號有兩個
「三年」，一是延興三年（公元四七三年），一是太和三年（公元四七九年）。
此處疑不能確指。

〔五〕忽聞斯語，不覺喟然　資持卷中一上：「『忽』下，正斥。初，斥妄言。由不披
教，輕發此言，故宜深責。今時多爾，無知可悲！喟，即歎息之聲。」（二六
六頁上）簡正卷九：「『忽聞』下，今師嗟歎也。」（五七七頁上）鈔批卷一三：
「立云：從此已下，是南山闍梨發言也。三蒼云：喟，（『苦媿』反），謂嘆息
也，亦云嘆聲也。謂既聞奘此言，故有情懷憤滿，不覺太息，謂是何言歟也。」
（六〇二頁下）

〔六〕七曜麗天，盲者不見　資持卷中一上：「七曜者，日、月、五星。（南方熒惑，
北方辰星，東方歲星，西方太白，中宮土宿。）麗，即訓『著』，布著於天也。
此明祖師將謂聖教人所同聞而不意，愚者都無所曉。因彼妄述，不覺驚歎，故
云『豈以』等。亦猶具耳眼者，聞雷至響，見耀極明，而不謂聾盲無所聞見
也。」（二六六頁上）鈔批卷一三：「立云：麗，麗是壯麗也。謂日月星辰，壯
麗在天也。」（六〇三頁上）

〔七〕既同管識，豈妄厝言　簡正卷九：「管識者，小見也。厝，置也。言其見小，
如管窺天。妄，豈如上兔，無從始之語故。」（五七七頁上）

〔八〕故引用聖教，明白灼然，具緣成受，不具不得　資持卷中一上：「『故』下，示
所出。初，顯緣成。引用聖教者，指前第四門。」（二六六頁上）簡正卷九：
「破少乖緣具等之言也。」（五七七頁下）

〔九〕縱緣境有濫　資持卷中一上：「『縱』下，遮妨。猶恐執著諸律論中，容有緣缺
而感戒者，便謂不必假緣，故縱而奪之。如本律不受十戒，多宗不具衣鉢，伽
論師僧不如法等，即緣境濫也。」（二六六頁上）鈔批卷一三：「立云：此明西
國師僧至此中間，或縱有破戒非法，是緣境有濫也，但使於受者無三根。十僧
之內，亦無三根，依律開成得戒，故曰依法亦有明訣。」（六〇三頁上）簡正
卷九：「緣為能秉，法僧及界，衣鉢假借，羯磨落非等境，謂沙彌自有遮難，
得不得等。」（五七七頁下）

〔一〇〕如前卷「受」中　資持卷中一上：「然成否之相，並見受戒篇中，故指如前。」
（二六六頁上）

〔一一〕**自漢明夜夢之始**　鈔批卷一三：「謂後漢第三主，明帝永平元年（公元五八年）即位，至永平五年（公元六二年），帝夢金人，因令蔡愔等往問西國，訪尋佛法。至永平十年（公元六七年），摩、騰來到漢土。永平十一年（公元六八年），法、蘭方至。二箇羅漢，白馬馱經至於雒陽，置白馬寺。（六〇三頁上）今上東門外白馬寺是也。初置寺度人，為僧數未足，但為受三歸五戒。如是至第十主，桓帝永康六年（【案】疑延熹六年，公元一六三年。永康元年即公元一六七年十二月，桓帝駕崩，靈帝繼位改元建寧），總經一百年，唯用三歸五戒而相傳授而相傳授（【案】次『而相傳授』疑剩）。桓帝既崩，至漢第十一主靈帝即位，自建寧（公元一六八年至一七一年）年，北天竺有五沙門，支法領、支謙、竺法護、竺道生、支樓識五人至此土，與大僧受戒。自爾已來，始有戒法相傳。未有律本，其支法領口誦戒本一卷、羯磨一卷，在世流行。今時有古羯磨本及戒本是也，此並出曇無德部。自爾已後，逕五十五年，至魏文帝（曹操子也）黃初三年（公元二二二年），有中天竺曇摩迦羅（或云柯羅），此云『法時』。其人總敏，質貌瓌瑋，尋讀一覽，文義悉通。善四韋陀，妙五明論，圖讖運變，靡所不該，自謂在世無過。乃入僧坊，遇見法勝毗曇，莫知旨趣。因嘆佛法鉤深，遂即出家，誦大小乘經及諸毗尼。來至許昌。觀魏境僧眾，全無律範。自來之後，又逕二十八年，兼前五十五年，合八十三年。至魏廢帝嘉平二年（公元二五〇年），於洛陽更集梵僧，以羯磨法與大僧重受，唯用十僧。并翻僧祇戒本一卷。今鈔言迄至曹魏之初者，取後重受之由，越卻法領等五人與受戒之由也。自從佛法東流，（六〇三頁下）至魏嘉平二年，有一百八十三年，戒律始備。計大僧初受，從漢靈帝第十一主建寧已來，至今大唐開元二年（公元七一四年），正經五百四十七年。若論大僧重受戒時，從魏嘉平二年已來，至今大唐開元二年，經四百六十五年。中間經周武帝滅佛法，有靈裕法師等十人藏在鄴（『居觀』反。）摩提將軍家。大隨（【案】『隨』疑『隋』。）創興，纔得九人與人受戒。（緣信行一人，中間造過，故唯有九人也）。改先妄習出僧祇戒心等者，改前齊懺同祠祀之法也。」（六〇四頁上）【案】「漢境受緣」下分二：初，「所言」下，明比丘、比丘尼受戒緣；次，「出高」下。

〔一二〕**迦、竺傳法已來**　資持卷中一上：「迦、竺者，傳法僧名，即迦葉摩騰、竺法蘭，皆中天竺人。時蔡愔等至月氏國，遇騰、蘭同契遊化，遂迎至洛陽，譯四十二章經。又齎畫釋迦像，即此方三寶之始也。」（二六六頁中）

〔一三〕**迄至曹魏之初，僧徒極盛** 簡正卷九：「至漢第四十帝末，歸於魏朝，曹丕登位，改為黃初元季（公元二二〇年）。魏國既多，今以姓簡，故云曹魏。佛法至此，一百五十五年已來，出家者眾，故云極盛。」（五七九頁上）資持卷中一上：「自漢明已來，跨一百九十餘年。」（二六六頁中）

〔一四〕**未稟歸戒，止以剪落殊俗** 資持卷中一上：「謂體俗形異也。」（二六六頁中）簡正卷九：「但受三歸五戒而已，未稟受十戒、三歸及於具戒，但剃髮被縵條，異於俗類，故云剪落殊俗。」（五七九頁上）

〔一五〕**設復齋懺，事同祠祀** 資持卷中一上：「『設復』等者，謂法闕事非也。祠即神廟，祀謂祭祀。所以騰、蘭不即授歸戒者，此乃聖人知機而作化。存，由漸故也。」（二六六頁中）簡正卷九：「當時雖有齋設，但一時陳列飯食，屈僧就座而飡，同於祭祀，故云事同祠祀。」（五七九頁上）

〔一六〕**曇摩迦羅** 簡正卷九：「黃初三季（公元二二二年），有三藏曇摩迦羅到此。僧高傳（原注：『僧』疑『宋』。【案】『僧高』疑倒。曇摩迦羅傳見梁高僧傳卷三，不載宋高僧傳。）云：其人聰敏，質貌壞瑋，尋讀一覽，文義悉通。（五七九頁上）善四圍陀，妙五明，論圖讖變運，無所不說。因入僧坊，見法勝毗曇，尋討莫知旨趣，因嘆佛法鈎深，遂即出家，學通三藏。來至許，欲流通教法，未及遂情，更經三十年。至第三少帝時，改號為嘉平元季（公示二四九年）。至六季（公元二五四年），被司馬仲達廢帝為齊王，高貴御公（【案】『御』疑『鄉』。次同。）攝，改號為正始（【案】『始』疑『元』。）元年（公元二五四年）。曇摩上表於御公，遂辨異戒事。」（五七九頁下）【案】竺法蘭與迦葉摩騰合譯有四十二章經、十地斷結經、佛本生經、佛本行經等。簡正說魏末之事，不盡準確。

〔一七〕**立羯磨受法** 資持卷中一上：「納法為體，異前形同也。業疏云：依法正部行十僧受戒。又云：神州一統約受，並誦四分之文，即此為始矣。（此土僧尼得戒，功始迦羅，律宗不以繼祖忘本故也。）文中但云羯磨，則三歸、五、十，義必具矣。」（二六六頁中）

〔一八〕**中夏** 資持卷中一上：「中夏者，大國曰夏，且局此方。言『中』，其實西梵印度乃閻浮之中心。」（二六六頁中）簡正卷九：「中夏者，即九州之中陽翟是。若據瞻部州地，分屬邊坊。今約大唐得名夏。故戒疏云：此方嵩岳，亦號中華。且據軒轅局談，中表（【案】『表』疑『夏』。）即舊洛陽城也。」（五七九頁下）

〔一九〕**改先妄習，出僧祇戒心**　資持卷中一上：「可改妄習者，立僧法式，替前祠祀。出戒心者，令依持也。『出』謂翻文，『心』以總要為義。（二六六頁中）律文雖廣，要歸戒本，故云心也。教宗之亂，自此為始。聰師已前，盛弘僧祇，亦由此矣。」（二六六頁下）簡正卷九：「改先妄習者，改事同祠祀之妄習。出僧祇戒心者，法時譯出僧祇戒本，是律中制戒之本，如人之心，與人諷念。」（五七九頁下）

〔二〇〕**安息國沙門曇諦**　資持卷中一上：「『又』下，次明曇諦譯羯磨。曇諦，梵言，未詳華語。若據藏中，僧鎧羯磨亦出曹魏，但迦羅不用，別請曇諦出之，故今但推曇諦，即僧傳云請胡僧出羯磨是也。（迦羅行受，諦但譯文。後人反以諦為祖，獨遺迦羅者。未之思耳。）」（二六六頁下）簡正卷九：「當時又有安息國曇諦律師到此，念出四分羯磨，為此云（【案】『云』疑『地』。）僧尼受戒，故云受戒之初也。朱士行為首。從嘉平元年（公元二四九年）甲午，（亦名正元元年。【案】即公元二五四年），至今天復三季（公元九〇三年）癸亥，凡經六百五十季矣。逆推，去永平丁卯佛法初來時，經百八十七季，方得具戒。」（五七九頁下）【案】簡正說魏末之時，不盡準確。嘉平元年為己巳年。距其最近的甲午年是晉泰始十年（公元二七四年）。

〔二一〕**比丘尼受具初緣**　資持卷中一上：「若據曇諦羯磨，尼法備足。則知曹魏以來，即從一眾邊受。此準五分，十一眾受。十僧之外，須一尼為和尚，方可行之，理必先有西尼到此。今云初緣，乃二眾受戒之初耳。」（二六六頁下）簡正卷九：「第三成帝咸康季中（【案】即晉成帝，公元三三五年至公元三四二年），有彭城婦女阿神（東晉神嵩尚書之女。【案】比丘尼傳言名令儀，父為武威太守）見僧法始經中有『比丘尼』字，問之（云云），因請出家，名為淨檢。初於智山邊受三歸五戒而已。後至第五穆帝昇平元季（公元三五七年），檢等四人汎舟于泗，於法泰邊，准五分愛道初緣，從一眾受大戒。倣大僧戒本，撰尼戒本令念。此即江南尼眾（五八〇頁下）一眾受戒之物（【案】『物』疑『始』。）也。（鈔並略不敘也。）」（五八一頁上）

〔二二〕**求那跋摩至揚州**　資持卷中一上：「初，示求那許請。文又為三。初，敘求那西至。元嘉，即宋文帝時改號，凡三十年。求那跋摩，此云『功德鎧』，揚州即宋所都，〔今昇則（【案】『則』疑『州』。）也。〕後於南林寺前園中築戒壇受戒，即此土立壇之始。」（二六六頁下）簡正卷九：「初，求那雖許尼再受，至九季（公元四三二年）九月二十八日，卒於南林寺，故云未備而終也。」

（五八一頁下）鈔批卷一三：「楊州者，今時江寧是也。」（六〇四頁上）

〔二三〕善戒等經　鈔批卷一三：「立謂：是善生經也，名善生憂婆塞戒經。」（六〇四頁上）

〔二四〕宋地未經有尼，何得二眾受戒　鈔批卷一三：「立云：本有十人尼發來，擬漢地為尼受戒，於路二尼身死，但有八人，至於此也。鈔中所說，事不盡理，今更盡說。比丘尼初受之由者，謂漢靈帝之後，亦有尼從本僧求受大戒。支法領報曰：『依如佛教，唯開邊地五人，大僧受戒，不開尼眾。』尼眾泣淚而退。自此已後，逕五十三年，至漢末魏初，東天竺國有二比丘尼來到長安。見此土尼眾，問曰：『汝於誰邊受大戒？』尼眾答曰：『我至大僧所，（六〇四頁上）受三歸五戒。』二尼嘆曰：『邊地比丘尼未有具戒，遂還中國，化得十五人來。三人在雪山死，二人墮黑澗死，屆至此土，唯有十人。自爾已前，諸尼悉赴京師與受具戒，後到吳地與諸尼眾受具足戒。從此，尼眾始有戒法，相傳受戒。於後三人命終，唯七人在。逕十七年，思憶故鄉，即附南海商人而還本國。一去已來，更不委耳。此初受戒，但在魏初，未詳定是何年日月。猶魏初已去，逕二百一十一年，至宋第二主文帝元嘉七年（公元四三〇年），罽賓沙門求那跋摩，此云『功德鎧』，即其國王之少子也。至于楊都譯善戒等經，亦名善生經。又有師子國尼八人，來至宋地，云：『此地未曾有尼，何得二眾受戒？』鎧云：『尼無本法者得戒，而僧有罪。尋佛制意，先令作本法者，正欲生其善心，為受戒方便。論其得戒，法出大僧，但使羯磨成就，自然得戒。』今詳，魏初，尼已受戒，而鎧是西域之人，不練根由，而言無本法也。當時尼眾苦求重受。功德鎧云：『善哉！隨喜！』且令西尼學語，餘文一如鈔引（云云）。又案薩婆多師資傳云：宋元嘉六年（公元四二九年），有師子國尼八人隨舶至都，停影福寺，（六〇四頁下）上經三年，言辭轉狎。八人問諸尼曰：『頗曾有外國尼，來此國不？』答曰：『屬有大僧，未曾有尼來也。』八人愕然曰：『尼受要因二部僧得戒，汝等前師受時那得尼眾？』諸尼不知所對。既知尼眾受無因起，乃請求那跋摩三藏及請外國八尼，更從受戒。三藏答曰：『佛制戒法，法出大僧，但使大僧，作法成就，自然得戒。所以先令作本法者，欲生起其心，為受戒方便耳。至於正得戒時，是大僧中也。假使都不作本法，直往大僧中受，亦得戒，而師僧犯罪耳。唯大愛道一人，八敬得戒。初羯磨時，未有尼僧也。』諸尼欣然心解，迥又思曰：『我等凡夫，盲無慧目。既已出家，為世福田，脫為田不良，可慨可懼！』夫善不猒增，功不倦廣，決定更受，使千載無

恨。若無受未得，今更獲之；若先受已得，今益增勝。心事了然，無負信施。三藏曰：『善哉！夫戒定慧品，從微至著，今欲增明，深心隨喜。但眾緣難具耳。汝等苟欲從外國諸尼受戒者，此尼唯有八人，數不滿十人。胡、漢音異，不相解語，無傳譯人，不得作法。』諸尼聞此，唯深嘆泣，女人多部（原注：『部』疑『障』。），憑誠闍梨，而不蒙慈救，當何所歸？三藏愍其誠至，（六○五頁上）即便設計，為囑舶主難提，更要外國諸尼。又教先來者學習漢語，諸尼蒙許。於是慧果、淨音等十餘人，便受學戒，翹心企滿。事未及就，又值三藏無常，諸尼望斷，謂永遂理。到元嘉十年（公元四三三年），難提舶返，更得師子國尼鐵薩羅等三人，足前成十一人，其先來者，學語已通。尼眾既滿，諸尼僉然，求果前志。時有三藏法師僧伽跋摩，此名眾鎧，及三藏神足弟子菩提，並時所推崇。諸尼祈請，即皆許之。至十一年（公示四三四年），奉於南林寺前三藏本戒場處，與諸尼受戒。最初為影福寺尼慧果、淨音、僧要、智菜等二十三人受戒，次為小建安寺尼孔明及僧敬、法茂、法盛姊妹等受，次為瞿曇寺法明、法遵等受，次為永安寺普敬、普要等受，次為王國寺法靜、智穠等姊妹受，總得十一日法事，相仍有三百餘人。祇洹寺僧慧照等重受，亦此時也。私云：上言元嘉六年（公元四二九年），與鈔不同者，應是約發來時也。」（六○五頁下）

〔二五〕**摩云** 簡正卷九：「『摩曰』下，是求那答惠果尼，即成其說也。意曰：尼從大僧羯磨，言下得戒，先令作本法，為受之方便，全生信心，未是得戒。但大僧作法如法，即是得戒。（准僧，合有此四，鈔略中二，但有初八。尼問後，求那答也。）」（五八一頁上）

〔二六〕**且令西尼學語** 簡正卷九：「以八尼初到，未善方言，又人數未足，適遇難提，卻迴本國。八尼將書，更請尼來足數，故云也。」（五八一頁上）

〔二七〕**流沙** 鈔批卷一三：「流沙應是地名。謂從西道路，涉流沙行來也。」（六○五頁下）簡正卷九：「其砂如河水流故。准般若論序云：冒氷霜而涉葱嶺，犯風熱而渡砂河。亦名莫賀迋磧，八百餘里，上絕飛禽，下無走獸。唐三藏親經此過，今眾鎧亦經此來。」（五八一頁下）

〔二八〕**求那許尼重受，未備而終** 資持卷中一上：「德鎧即十年（公元四三三年）九月死。」（二六六頁下）鈔批卷一三：「謂既許為尼重受，未遂其事。求那於九年（公元四三二年）卒於祇洹寺也。立問：『上言宋地未經有尼，今受但應名初，何名重受？今詳此言，是不委漢靈帝時尼已受也？』答：『言重受者，宋

元嘉年中，外國尼來時，名為重受。然晉朝竺法汰，亦約大僧一眾，為尼受戒也。即是東晉之日，道安法師在於西秦。秦後為兇奴所逼，安即領門徒南過（【案】『過』疑『遷』。）。于時，竺法汰是安同學，因辭安曰：上座住持西北，某甲取法東南。汰法師即至江寧，仍依五分初緣，立大僧一眾，為尼受戒。于時，律本未至，未有尼戒本，汰法師因約附大僧戒本中出尼戒本。時諸大德，咸所不許。云：戒是佛制，自佛之外，聲聞、菩薩皆不得制。汝今出之，應當是佛。後律本既至，果然符同，唯一、二處少異，故知汰非凡器也。又詳云：魏時，尼眾已受具竟，一如前說。（云云。）又案南山尼注戒心序云：尼初一眾受緣者，昔東晉簡文帝太元中（【案】太元為晉孝武帝年號，公元三七六年至公元三九六年），金陵瓦官寺沙門竺法汰者，道安之同學也。生知敏亮，獨擅時美，為律部未具，行儀難准，遂那約大僧諸戒，并依隨律等經，撰尼戒本，在世傳用。又以尼眾數闕，本法無施，便同愛道緣制，但從僧受。於時化行江表，流統魏、秦。（六〇六頁上）斯則尼戒之初，本被於世。至晉江寧咸康中（公元三三五年至公元三四二年），有僧純比丘者，發憤西遊，遠觀中城，於拘夷那國得尼戒本，寄還渭濱。名德翻之，用為正軌。比汰所出，厥旨懸同。時人雅嘆，益相推伏。初，汰公開尼一眾受戒，而無正法可憑。至宋元嘉之初，求那方始印定。比丘尼初受，從前魏黃初元年（公元二二〇年）至今大唐開元二年（公元七一四年），計有四百九十五年；論其重受，從宋元嘉十年（四三三年），至今大唐開元二年，正當二百八十二年。』」（六〇六頁下）

〔二九〕師子國尼鐵索羅等三人至京，足前十數　資持卷中一上：「『俄』下，明尼滿數。俄謂非久，即十一年（公元四三四年）也。通前共十一人，此據正用為言，故云十數。」（二六六頁下）簡正卷九：「『俄而』下，不久之間，難提卻迴，請得鐵索羅等三人到此。人數既足，於十一季（公元四三四年）甲戌之春，請眾鎧為羯磨闍梨，於南林寺，求那壇上與二眾受戒，凡經一十一日法事，所度者三百餘人。至今天復三季（公元九〇三年）癸亥，得四百七十季矣。逆推去永平丁卯佛法初來，經三百六十七季，方得二眾受戒。其跋摩三藏，至十九季（公元四四二年），隨舶船昇西，不知終日。鐵索羅等五人卒於此土，塔在廣南。餘者卻婦（原注：『婦』疑『歸』。）西國。」（五八一頁下）

〔三〇〕高僧　鈔批卷一三：「高僧者，此傳有十四卷，釋慧皎撰。」（六〇六頁下）

〔三一〕名僧　資持卷中一上：「名僧傳，梁寶唱撰。僧傳序云：琅耶王巾撰。」（二六六頁下）

〔三二〕**僧史** 鈔批卷一三:「僧史,十卷,王簡栖撰。又,<u>齊朝裴子野作高僧傳,張</u>
<u>孝季撰廬山僧傳一部</u>,<u>中書陸明霞撰沙門僧</u>,<u>費長房撰三寶錄一部</u>,<u>王聞撰僧</u>
<u>史等也。</u>」(六〇六頁下)<u>資持</u>卷中一上:「僧史,<u>齊竟陵文宣王</u>撰。<u>三寶記</u>
<u>傳</u>,或稱佛史,或號僧錄等。」(二六六頁下)

〔三三〕**僧錄** 鈔批卷一三:「<u>齊朝裴子野作高僧傳</u>,<u>張孝季撰廬山僧傳一部</u>,<u>中書陸</u>
<u>明霞撰沙門僧</u>,<u>費長房撰三寶錄一部</u>,<u>王聞撰僧史等也。</u>」(六〇六頁下)

〔三四〕**晉宋雜錄** 簡正卷九:「晉雜錄,百七十卷,<u>寶昌</u>撰。有問云:『高、名何別?』
『卷寡得適時,名而不高;實行潛光,高而不名。故分二別。』」(五八一頁
下)<u>資持</u>卷中一上:「<u>晉宋雜錄</u>,即俗典,詳今鈔文,多引僧傳,然其事跡遍
在諸文,故通指之,今生信奉。」(二六六頁下)

〔三五〕**略出緣起,永為龜鏡** 鈔批卷一三:「其龜能知三世事,鏡照現前也。其鏡者,
只是照義。若識此緣,則明照前後也。猶如世人之鏡,將以鑑於形。」(六〇
六頁下)

二者戒體

四門分之〔一〕:一、戒體相狀〔二〕,二、受隨同異〔三〕,三、**緣境寬**
狹〔四〕,四、**發戒數量**〔五〕。

【校釋】

〔一〕**四門分之** <u>資持</u>卷中一下:「戒體四門。初二論體,二中兼行;三四屬法,四
中有相。」(二六七頁上)

〔二〕**戒體相狀** 簡正卷九:「辨『作』『無作』二戒體性相狀。」(五八二頁上)

〔三〕**受隨同異** 簡正卷九:「受,納登壇之時,跪禮於萬境上,作斷惡修善之心等。
(云云。)隨有二種,謂:順前體,持衣說淨為『作』,其衣任運,有『無作』
生,并此二種同異也。」(五八二頁上)

〔四〕**緣境寬狹** 簡正卷九:「謂過、現、未三發者則寬;若促(【案】『促』若『但』。)
現現(原注:『現』字疑剩。)在發者即狹。」(五八二頁上)

〔五〕**發戒數量** 簡正卷九:「謂約情境數量多少也。」(五八二頁上)

初中

五門〔一〕:一、辨體多少;二、立兩所以,即解名義;三、出體狀;
四、先後相生;五、無作多少。

初中

　　所以別解脫戒，人竝受之〔二〕，及論明識，止可三五〔三〕。皆由先無通敏，不廣咨詢〔四〕，致令正受多昏體相〔五〕，盲夢心中，緣成而已〔六〕。及論得不，渺同河漢〔七〕。故於「隨相」之首，諸門示現〔八〕。準知己身得戒成不，然後持犯，方可修離〔九〕。

　　問：「別脫之戒，可有幾種〔一〇〕？」答：「論體約境，實乃無量〔一一〕。戒本防惡，惡緣多故，發戒亦多。故善生云：眾生無量，戒亦無量等。今以義推，要唯二種：『作』及『無作』〔一二〕。二戒通收，無境不盡〔一三〕。

　　二、立兩所以，并解名義〔一四〕

　　初中

　　問曰：「何不立一，及以三種〔一五〕？」

　　答：「若單立『作』〔一六〕，作休謝往，不能防非〔一七〕，又不可常作〔一八〕，故須『無作』，長時防非。若單立『無作』，則起無所從〔一九〕，不可孤發，要賴作生〔二〇〕。二法相藉，不得立一。」「何為不三？」「但由體相、道理相違〔二一〕：一、『作』『無作』別〔二二〕；二、『心』『非心』別〔二三〕。性不可合，但得立二。若就所防，隨境無量〔二四〕。」

　　二、引證〔二五〕者。如薩婆多云：若淳重心，身口無教〔二六〕；初一念色，有身口教，及以無教〔二七〕；第二念中，唯有無教〔二八〕，無其教也。教者，作也，不可教示於他〔二九〕。涅槃云：「戒有二種：一者作戒，二者無作戒；是人唯具作戒，不具無作，是故名為戒不具足〔三〇〕。」即如上論〔三一〕。以無淳重之心，不作奉行之意，不發戒〔三二〕也。又，善生云：是十惡法，或有「作」色、無「無作」色，或有「作」色及「無作」色〔三三〕。如人手執極香、臭物，瓦木等諭〔三四〕。

　　以上諸文，有二非虛〔三五〕。

　　次解名義。

　　問曰：「既知二戒，請解其名？」

　　答云：「所言『作』者，如陶家輪，動轉之時，名之為『作』〔三六〕。故雜心云：作者身，動身方便〔三七〕。言『無作』者，一發續現，始末恒有〔三八〕，四心三性，不藉緣辨〔三九〕。故雜心云：身動滅已，與餘識俱〔四〇〕，是法隨生〔四一〕，故名『無作』。成論無作品云：因心生罪福，睡眠、悶等〔四二〕，是時常生，故名『無作』。」「云何名戒？」「戒禁惡法〔四三〕。故涅槃云：戒者，直是遮制一切惡法〔四四〕。若不作惡，是名持

戒。善生經中五義明之，如前『制』『逆』『涼』『上』『學』等解〔四五〕也。」

三、出體狀〔四六〕

二論不同，今依本宗，約成論以釋〔四七〕。

先明「作戒體〔四八〕」。

論云：用身口業思為體〔四九〕。論其身口，乃是造善惡之具〔五〇〕。所以者何？如人無心殺生，不得殺罪，故知以心為體〔五一〕。文云〔五二〕：是三種業，皆但是心〔五三〕；離心無思，無身口業〔五四〕。若指色為業體，是義不然〔五五〕：十四種色，悉是無記，非罪福性〔五六〕。

又有論師，以身口二業相續善色聲為作戒體〔五七〕；以相續色聲，「法入」所攝，意識所得，是罪福性〔五八〕也。

言「無作戒〔五九〕」者。

以非色非心為體〔六〇〕。「非色」者，非塵大所成〔六一〕。以五義來證〔六二〕：一、色有形段方所〔六三〕；二、色有十四、二十種別〔六四〕；三、色可惱壞〔六五〕；四、色是質礙〔六六〕；五、色是五識所得〔六七〕。無作俱無此義，故知非色。言「非心」者，體非緣慮，故名非心〔六八〕。亦有五證〔六九〕：一、心是慮知〔七〇〕；二、心有明暗〔七一〕；三、心通三性〔七二〕；四、心有廣略〔七三〕；五、心是報法〔七四〕。無作亦不具此〔七五〕。故以第三聚非色非心為體〔七六〕。

文云〔七七〕：如經中說，精進人得壽長，隨壽長得福多〔七八〕；以福多故，久受天樂〔七九〕。若但善心，云何能得多福〔八〇〕？是人不能常有善心故〔八一〕。又，意無戒律儀〔八二〕，若人在不善、無記心，亦名持戒〔八三〕。故知爾時無有「作」〔八四〕也。涅槃云：戒者，雖無形色，而可護持；雖非觸對，善修方便，可得具足〔八五〕。十住婆沙云：戒有二種，作者是色，無作非色〔八六〕。故以多文證成非色〔八七〕。

四、明二戒先後〔八八〕

初解云：如牛二角，生則同時〔八九〕。故多論云：初一念戒，俱有二教〔九〇〕；第二念中，唯有無教〔九一〕。

後解云：前後而起〔九二〕。故善生云：世間之法，有因則有果〔九三〕。如因水鏡，則有面像〔九四〕。故知作戒前生，無作後起。論云〔九五〕，作時具「作」「無作」〔九六〕者，此是「作」俱「無作」〔九七〕，竝是戒因；至

第三羯磨竟，其業滿足，是二戒俱圓，故云「具作無作」〔九八〕。不妨形俱無作，仍後生〔九九〕也。亦是當一念竟時，二戒謝後，無作生也。

五、汎解多少〔一〇〇〕

依如多論，八種無作〔一〇一〕：

一作俱無作〔一〇二〕。如作善惡二業，與作方便齊生〔一〇三〕。

二形俱無作〔一〇四〕。如善惡律儀，形滅戒失〔一〇五〕。

三事在無作〔一〇六〕。如施物不壞，無作常隨。僧坊、塔、像、橋、井等物，功德常生。除三因緣〔一〇七〕：一、前事毀破〔一〇八〕，二、此人若死〔一〇九〕，三、若起邪見〔一一〇〕。無此三者，事在常有〔一一一〕。惡緣同之〔一一二〕。

四從用無作〔一一三〕。如著施衣，入諸禪定，則令施主得無量福〔一一四〕。惡緣弓刀，例此可知〔一一五〕。

五異緣無作〔一一六〕。如身造口業，發口無作〔一一七〕；口造身業，發身無作〔一一八〕等。若依成論，身口互造〔一一九〕。

六助緣無作〔一二〇〕。如教人殺、盜，隨命斷、離處，教者得罪〔一二一〕。

七要期無作〔一二二〕。亦名願無作。如人發願，作會作衣等施，無作常生〔一二三〕。

八隨心無作〔一二四〕。有定慧心，無作常生，亦名心俱〔一二五〕。成論云：出入常有，善心轉勝〔一二六〕故。此言「隨心〔一二七〕」者，隨生死心，恆有無作，非謂隨定慧。別脫不爾，唯隨於身〔一二八〕。即涅槃云：初果生惡國，道力不作惡〔一二九〕。

上八種中，前七通善惡，欲界繫法〔一三〇〕。後一無作〔一三一〕：若是世禪，局上二界〔一三二〕；若出道法，非三界業〔一三三〕。

【校釋】

〔一〕五門　資持卷中一下：「初料五章。初立二戒，乃至第四，並明二種。第五獨論無作。又，前四局戒，義通善惡，後科通雜，正為顯戒。」（二六七頁上）扶桑記釋「通雜」：「謂不局戒，故曰通雜。如明事在從用，異緣等無作也。」（一六二頁下）

〔二〕別解脫戒，人竝受之　鈔科卷中一：「初，通敘立意。」（四八頁上）鈔批卷一三：「謂於一一境上，別別防非得解脫，故曰也。」（六〇七頁上）簡正卷九：「法寶云：此約能秉之人說也。意道：凡有佛法流處便有人，謂他作師受戒，

故云人並受之。或有約沙彌說者,非也。」(五八二頁上)

〔三〕及論明識,止可三五　資持卷中一下:「初,究受多識少。」(二六七頁上)鈔批卷一三:「受戒雖多,據其明識戒體者其少,故曰止可三五人也。此且聊舉三五耳。」(六〇七頁上)簡正卷九:「謂明識八法,調理九法,往還遮難是非,緣境心量。如是之相,明識者少,百人之中,正可三五。」(五八二頁上)

〔四〕皆由先無通敏,不廣咨詢　資持卷中一下:「『皆』下,二、顯不識所以。上二句,明專愚不學。」(二六七頁上)鈔批卷一三:「不廣諮詢者,應師云:詢,由謂問也。左傳云:訪問於善為諮,諮親曰詢。諮問善道,詢問親戚之議。」(六〇七頁上)簡正卷九:「敏者,達也,先無(五八二頁上)通方之達,又不肯諮詢請問於人。」(五八二頁下)

〔五〕致令正受多昏體相　資持卷中一下:「『致』下,明無知妄受。」(二六七頁上)鈔批卷一三:「昏,闇也,謂不識戒體之相狀也。」(六〇七頁上)簡正卷九「由上不敏不詢,則致令正為他人受戒之時,多昏體相。昏闇問難之體,及以發戒之相。」(五八二頁下)

〔六〕盲夢心中,緣成而已　資持卷中一下:「盲喻無知,夢喻不實。」(二六七頁上)鈔批卷一三:「立謂:受時亦有十師,衣鉢具足,結界成就。此普是緣成,雖復此緣而受,據論得戒不得戒,曾不委識,如盲如夢。謂見不明了,盲則都不識見也。又解:此據受時,心如盲夢,不識其緣,雖有具足,心了不識,故如盲夢。」(六〇七頁上)簡正卷九:「今昏體相,如盲夢之人心,故將此作喻也。緣成而已者,為促(原注:『促』疑『但』。)有十僧,結界,衣鉢具足,秉於羯磨,信此等緣,而成就也。」(五八二頁下)

〔七〕及論得不,渺同河漢　資持卷中一下:「『及』下,明成否不決。河漢喻其茫然,不知涯際。」(二六七頁上)鈔批卷一三:「立謂:雖信緣而受,問其得戒不得戒,渺然不測,事同河漢也。爾疋云:渺者,遠也。遠視渺然寂漠,不知邊際也。相傳云:漢時,張騫尋黃河至天河,得玉女支機石來,又盜得目宿菜子以藏眼中,將歸此種,故曰目宿。(六〇七頁上)又言:天河、地河相連。此是妄傳,落漠難信故。今時人借以為語也、為悟也。然實張騫尋河原至大月氏國,即月支國,近在西域也。唯正法念經云:帝釋乘象,與修羅戰。象鼻之氣,一道直前,世人觀已,妄謂天河也。其實無有河耳。有人云:舉天漢地河,只是取隔絕之義,喻今約得戒以否,不知分齊也。」(六〇七頁下)簡正

卷九「寶曰：昔有張騫（音『軒』。）尋河至崑崙山，疊石涯卻轉去，緣此水從此山下覆流而出，遠處看之，似從天上來。故儒書云『阿崑崙』等，今鈔昔（原注：『昔』疑『借』。）此意，顯上昏教之人，不委得戒爾。得齊限不分，由同河、漢也。」（五八二頁下）扶桑記：「河漢喻大而無當。轉用為忽視其主辭。」（一六二頁下）

〔八〕**故於隨相之首，諸門示現** 資持卷中一下：「『故』下，三、總示來意。據此一篇，止釋『戒相』。今就其初，廣法、體、行，意見於此。諸門者，通指前三總別科目。」（二六七頁上）簡正卷九：「玄記：取法、體、行、相為諸門。此釋似有妨上句。既隨相之首，今若指『法』、『體』等為諸門，即須移此改變在『戒法』第一門之前安置也。今所稟取第四『戒相』之前，名隨相之者，即此『戒體』。自有九科，并戒行不少，名為諸門也。指示顯現後人，令曉方軌，即收得前後意足。」（五八三頁上）

〔九〕**然後持犯，方可修離** 鈔批卷一三：「意謂此篇正明『戒相』。前且明『法』、『體』、『行』等三門，實廣論相貌，以示初學參現身心，得知己身戒之有無。然後二持可修、二犯應須捨離，故言方可修離。」（六〇七頁下）簡正卷九：「為身若有戒，即有二持之善可修、二犯之愆可離。若本來無體，上無持可修，無犯可離也。」（五八三頁上）

〔一〇〕**別脫之戒，可有幾種** 簡正卷九：「問意曰：別解脫之戒，從緣發生，全緣境既多，戒有幾種？」（五八三頁上）資持卷中一下：「通論諸教所說不定，約境從制就位（五、八、十、具。）剋體，（『作』及『無作』。）或對七支，或總三業，或分遮性，或據受隨。有斯多異，通而問之。」（二六七頁上）

〔一一〕**論體約境，實乃無量** 鈔批卷一三：「羯磨疏云：別脫一戒，從緣發生。戒本防非，非通萬境。戒隨境攝，則無量也。」（六〇七頁下）簡正卷九：「答意者，此明境多，令戒亦多故。羯磨疏云：戒本防非，非通萬境。戒隨境攝，則無量也。引善生經五種為量，證戒多義也。」（五八三頁上）

〔一二〕**「作」及「無作」** 資持卷中一下：「『今』下，舉要統收。今正明體，此二為要，故偏舉之。」（二六七頁上）簡正卷九：「約義明也。『作』義者，謂約受時，於諸惡境，作斷惡修善心，於諸境作修學意，名為『作戒』。前境雖多，今以義收，無非『作戒』，又問（【案】『問』疑『同』。）是色心為體。『無作』義者，於羯磨後，任運防非，義同前境，遍周法界。『無作』俱能防諸境非，又同是非色非心為境，雖至多，但以二教之名道，攝無不盡也」（五八三頁上）

〔一三〕**二戒通收，無境不盡**　鈔批卷一三：「立謂：對一切情非境，立誓要期，斷惡修善，名之為『作』。由此『作』故，發得『無作』，故知『作』與『無作』，收境得盡也。」（六〇七頁下）

〔一四〕**立兩所以，并解名義**　資持卷中一下：「前但通立，次申所以。理趣既顯，引據復明。所立已定，即須顯示二種名義，故以解名，寄之於後。」（二六七頁上）【案】「名義」即「名」及其「義」。

〔一五〕**何不立一，及以三種**　資持卷中一下：「不一者，欲顯相須，故約互廢以問。及以三者，業疏作何不三。合謂有『作』俱『無作』，二法同時，直應更立一，合次前為三。」（二六七頁上）簡正卷九：「問意云：何不立一『作戒』，不然立一『無作』，不然更合立作『二』，不得單立『無作』？若單立一『作戒』，促（【案】『促』疑『但』。）在一念，非通一形，何能防非？又不可長時『作』者，一受已難，義非數『作』，故須『無作』長時防也。」（五八三頁下）扶桑記釋「互廢」：「或廢『作』立一『無作』，或廢『無作』立一『作』。」（一六二頁上）

〔一六〕**若單立「作」**　鈔科卷中一：「初，明不立一。」（四八頁下）簡正卷九：「若單立一『作戒』，促（【案】『促』疑『但』。）在一念，非通一形，何能防非？又不可長時『作』者，一受已難，義非數作，故須『無作』長時防也。」（五八三頁下）【案】答意分二：一者「若單立作」下，二者「何為不三」下。

〔一七〕**作休謝往，不能防非**　資持卷中一下：「作休不防者，以作短故。」（二六七頁中）

〔一八〕**不可常作**　鈔批卷一三：「疏云：一受已難，義非數作非，故須『無作』，長時防非。」（六〇七頁下）資持卷中一下：「或餘用故。」（二六七頁中）

〔一九〕**若單立「無作」，則起無所從**　資持卷中一下：「『若單』下，明『無作』須作。」（二六七頁中）鈔批卷一三：「立明：『作』（【案】『作』前疑脫『無』字。）是果，『作』則是因，因能生果。（六〇七頁下）所以『無作』藉『作』而起，必不孤然自發，故不得立一。羯磨疏云：『事』『業』相假，故唯有二，何以明之？若唯立『作』，但在一念，非通一形，何能防非也？」（六〇八頁上）

〔二〇〕**要賴作生**　鈔批卷一三：「立明：此二法是相待藉義，要藉『作戒』以發『無作』。又要藉『無作』，久長防非，不可唯立一，要須立二。羯磨疏云：上據下機，故說相藉。必如聖戒，道力所成。此意云：若言要待『作』方生『無作』者，上法得戒，不假『作』生而發『無作』也。」（六〇八頁上）

〔二一〕**但由體相、道理相違**　鈔批卷一三：「此意云：既立『作』『無作』為二，何不更立成三？謂令『作』『無作』合一也。謂『作』與『無作』相違，猶如明暗不可並。言『體相』等者，『作戒』以心為體，『無作』非心為體，故曰體相違；又，『作戒』是色，『無作』非色，故曰相違。」（六〇八頁上）簡正卷九：「謂約作體『作相』『無作相』。二種體相，道理相違，不可合也。」（五八三頁下）

〔二二〕**「作」無「作別」**　資持卷中一下：「動靜異故。」（二六七頁中）鈔批卷一三：「羯磨疏云：有三義故，不可合一。『作』者是色、心，『無作』非色、心。二、『作』者是初緣，『無作』是後業。三、『作』是運動，『無作』非故。以如是義故，性不可均通，故不立三也。」（六〇八頁上）簡正卷九：「釋相相違，『作』是運動，動是『作相』。『無作』非運動，『無作』即『無相』，『相』與『無相』，道理相違。」（五八三頁下）

〔二三〕**「心」「非心」別**　鈔批卷一三：「『作戒』是心，『無作』非心，故不得合。」（六〇八頁上）簡正卷九：「『作戒』是色、心，『無作』非色、心。又，『作』要須與色、心俱，無心不成。戒體『無作』，四心三性，不假緣成，是以別也。」（五八三頁下）資持卷中一下：「『體相』違故。業疏三句：一、『作』是色、心，『無作』非色、心。二、『作』者初緣，『無作』後業。三、『作』是運動，『無作』非故。（鈔無第二，餘二比對大同。）」（二六七頁中）

〔二四〕**若就所防，隨境無量**　資持卷中一下：「『若』下，釋疑。以不許立三，恐謂戒法唯局此二，故持釋之。顯上且據能防，故唯二也。」（二六七頁中）鈔批卷一三：「山河大地，塵沙萬境，情非情類，並是所防之境，故云無量也。」（六〇八頁上）

〔二五〕**引證**　鈔批卷一三：「立云：文中有兩家，據義不同：一是多宗，（六〇八頁上）二是成實宗也。多論所明『作』既是色，『無作』亦合色也。因既是色，果何非色？乃引雜心論云：『無作』假色，牟尼之所說也。彼宗計『無作』是色者，非是報色及方便色，乃是假色也。別有假色，以為『無作』之體。成實論不爾。『作戒』是色，『無作』非色非心，文中自顯。」（六〇八頁下）簡正卷九：「前文中，唯得立二，是爾（原注：「再」疑「餘」。【案】原注字誤，『爾』應為『餘』。）師約義明之。今更廣引請（原注：『請』疑『諸』。）教，戒定有二種，有無一、三之說也。」（五八三頁下）

〔二六〕**若淳重心，身口無教**　資持卷中一下：「多論，初二句，明從因感發。」（二六七頁中）鈔批卷一三：「立明：重心則發身口無作也。」（六〇八頁下）簡正卷

九：「此明二戒之日，淳是厚義，濃厚善心，（五八三頁下）復須殷重，身口是『作』，無教是『無作』。若輕浮心，不具二戒之因，但有其『作』，無『無作』也。」（五八四頁上）【案】薩婆多卷一，五〇五頁上。

〔二七〕初一念色，有身口教，及以無教　資持卷中一下：「『初』下，明成就分齊。」（二六七頁上）鈔批卷一三：「立明：第三羯磨欲竟之時，名為初念。爾時，既有『作戒』，故曰有身口教也。復有受中『無作』，故曰『及以無教』。此約正羯磨時，名『初一念』。若羯磨已，名『第二念』。賓云：謂是身口色聲，能發『作』與『無作』，故約身口辨。然色聲中，復有『報』與『方便』，舊譯名『報』，新名『異熟』。『報』謂『酬報』，酬宿業故。言『異熟』者，亦是酬報。然由此報異時而熟，名為『異熟』，（謂造業時，異得果時；）異類而熟，名為『異熟』，（因是善惡，果是無記，故名『異熟』也；）變異而熟，名為『異熟』，（謂所造業，至得果時，由變異故，能令異熟。）舊名『方便』，新名『加行』。方法巧妙，令事得成，故名『方便』。言加行者，『行』是造作，加心造作，名為『加行』。今言『作戒』者，身動身方便。若其不欲加心造作，既任本性，故名『報色』。今既加心，造作前事，（六〇八頁下）故令身動身方便。故俱舍云：由思力故，別起如是如是身形，名身表業；口作唯『方便』，非『報』也。故俱舍云：語表即言聲，聲體非是報。又云：聲無異熟生，隨欲轉故。婆沙百一十八云：有說聲是現在加行故發，異熟果是先業所發；有說聲隨言轉，非異熟法，可隨言轉。復有說者，聲有間斷，異熟色無間斷，是故聲非異熟。若依犢子部，聲亦異熟。故彼宗中引施設足論云：菩薩昔餘生中，離麤惡語，此業畢竟得梵音聲，故知聲是異熟，且敘如婆沙百一十八，身口二『無作』，非『報』非『方便』。如礪疏可尋。」（六〇八九上）【案】參見婆沙卷一一八，六一二頁下。

〔二八〕第二念中，唯有無教　鈔批卷一三：「此約羯磨竟後，名第二念也。爾時，但有『無作』隨形，故言唯有『無教』。『作』既落謝，故言『無』其『教』也。疏云：多論陳體云『教』『無教』也，成實、雜心云『作』、『無作』也。宣問：『三羯磨竟，發一形戒，三結安居，即應滿夏，何不同也？』答：『不結亦成夏，不羯磨可成受，故不同例。又解云：受時對法，願心一期，安居對時，行隨前後故也。」（六〇九頁上）簡正卷九：「『作』、『無作』，長短有別，不可合為三也。」（五八四頁上）

〔二九〕教者，作也，不可教云於他　資持卷中一下：「初句會同，下句釋義。業疏云：

此明業體一發續現，不假緣辨，『無』由『教』示，方有成用，即體任運，能
酬來世，故云『無教』。今時經論，多云『無作』，義例同也。（準此注中，『他』
字乃指業體，非屬人也。）俱舍名『無表』，亦同此釋。」（二六七頁中）簡正
卷九：「兩解：一、搜玄作『和會』，以此言『教』即釋是『作』，此言『無教』
即是『無作』，故云『不可教示於他』。既言不可『教』示，即顯『無』也。彼
『教』此作雖殊，無義未曾有別。次，依法寶作簡濫解。此言『教』者，即是
『作』之異名，不是『教他』之『教』也。兩說俱正。」（五八四頁上）鈔批
卷一三：「立明：『無作』既色，無心故，不可教授、示現於他人也。羯磨疏云：
『無教』等者，此明業體一發續現，不修緣辨，（六○九頁上）無由教示，方
有成用，即體任運，能酬成立，故立『無教』。首疏云：第二念中，唯有『無
教』，無其『教』也。教者，作；無教者，無作，故知。今文云：『教』示於『他』
等者，是解『無作』也。濟云：或言『作』、『無作』者，只是身口運動之所造
作等也。唐三藏翻為『表』『無表』者，如受時身口運動，是表內心有求受之
心，故名為『表』。既受已後，身口不動，無所表彰，名為『無表』。據義雖同，
然玄奘所翻為勝。若言『作』『無作』，則來他難詰也。難曰：『戒既言防非為
義，作戒是運用，運用能防非。無作無運用，何得說言防？若言表、無表，即
無難處。』賓云：『新譯經論，名表、無表，譯此名者，謂善思等。『等』起身、
語，『表』彰善、惡，故名為『表』。言無表者，而非表示，令他了知，故名『無
表』。言教、無教者，准『表』釋也。作、無作者，即作動，義稍疎僻。』」（六
○九頁下）

〔三○〕戒有二種：一者作戒，二者無作戒；是人唯具作戒，不具無作，是故名為戒不
具足　資持卷中一下：「初，示二戒。『是』下，明緣具因闕。」（二六七頁中）
簡正卷九：「鈔引涅槃經，有三意：初，標列，證有二種；二、『是人』下，證
單立『作戒』，不能防非，名不具足。」（五八四頁上）【案】涅槃卷三六，五
七五頁下。

〔三一〕即如上論　簡正卷九：「『即如』下，鈔指多論釋不具足所以。」（五八四頁上）

〔三二〕不發戒　鈔批卷一三：「不發無作之戒也。」（六○九頁下）

〔三三〕或有「作」色、無「無作」色，或有「作」色及「無作」色　資持卷中一下：
「彼明化教十不善道。然二色義同，故可為證。業疏：『作』是十種法，則
通善惡，頗應下喻。由心重輕，有發不發，故云或有無等。」（二六七頁中）
鈔批卷一三：「立謂：身三、品（【案】『品』疑『口』。）四、意三業中。若輕

心造，則唯有『作』，不發『無作』。若重心造，具『作』、『無作』。造十善業亦然。」（六〇九頁下）【案】優婆塞戒經卷六，大正藏第二四冊，一〇六七頁下。

〔三四〕**如人手執極香臭物、瓦木等諭**　資持卷中一下：「『如』下，喻顯。『極』喻重心。香臭喻善惡，瓦木喻輕爾無記。手執喻『作』。除去物已，餘氣有無，用配三心可見。（舊云此經與俱舍同宗，非也。安有佛經與論同宗耶？宜云：俱舍等宗，此經可也。）」（二六七頁中）簡正卷九：「極香喻善『作戒』，極臭物前（原注：『前』疑『喻』。）惡『作戒』。」（五八四頁上）彼質雖無，餘氣猶在，喻淳重發善惡無作也。瓦未（原注：『未』鈔作『木』。）者，執時既非香嗅，置之餘氣亦無，喻輕淳心，但有『作』、無『無作』也。」（五八四頁下）鈔批卷一三：「鈔引善生經，恐錯也。撿善生不見此文，或可義有也。事出心論。案雜心論第二卷云，偈曰：『作當知三種，善不善無記，意業亦如是，餘不說無記。』解云：『作』當知三種善、不善、無記者，身作及口作，故曰『作』也。身、口、作三種，善、不善、不（原注：『不』疑『無』。）記也。善者，淨心身口動，如施戒等；不善者，惡心動身口，如殺生等；無記者，無記心動身口也。意業亦如是者，意業亦三種：善心相應是善，惡心相應是不善，無記心相應是無記也。餘不說『無記』者，餘二業『無作』，及口『無作』也。此二種善、不善，無『無記』，何以故？無記心羸劣故。強力心，能起身口業。餘心俱行相續生，如手執香花，雖復捨之，餘氣續生，非如執木石等。（文准此說。）立謂：執香喻作善，臭喻作惡。若重心造身口善惡，喻若捉此物時也。由重心造故，發生『無作』，喻放物時，猶氣在手也。若輕浮心造善惡，不發『無作』，喻捉瓦木，捉時是有，放之無氣也。」（六一〇頁上）【案】「諭」，底本作「論」，據大正藏本改。弘一改為「喻」。

〔三五〕**以上諸文，有二非虛**　鈔批卷一三：「立謂：結成『有作』與『無作』二文也。即羯磨疏云：如是多文證，唯有二戒也。」（六一〇頁上）資持卷中一下：「問曰：『今宗二戒，名體並異，那引多論、善生而為證者？』答：『今此不論名體，但證二數是同，請觀結文，幸無遲慮。』」（二六七頁中）【案】本句是「引證」一段的結語。

〔三六〕**如陶家輪，動轉之時，名之為「作」**　簡正卷九：「謂身口方便、造趣營為，名之為作。如陶家輪者，舉喻也，謂報色身，善惡皷動，起身方便。『色』即胡跪合掌。取此方便色，名為戒作故。舉陶家輪，平（原注：『平』疑『乎』。

【案】『平』疑『手』。）動轉時，亦名『作』也。『雜心』等者，彼云『作』者，身動身方便。身是報色，動身方便，胡跪合掌，是方便也。（玄對此廣引古解，繁而不敘。）」（五八四頁下）資持卷中一下：「『作』即方便構造為義。陶家，謂土作家。輪即範土為坯（【案】『坏』疑『坯』。）器之車，運之則轉，故以喻焉。四大質體名報色，從緣動作名方便。報起方便，方便依報，二法相假，不一不異。但言報未必是方便，言方便其必具報。今以輪水（【案】『水』疑『木』。）喻報質，輪動作喻方便，即名其動以為『作』耳。」（二六七頁中）鈔批卷一三：「立明：瓦陶家有捉輪人，手搖時曰『作』，癈手猶轉，名『無作』也。今以身口動轉，名為『作戒』，緣成事畢，其業滿足。雖身口不動，任運常存，名『無作戒』。羯磨疏云：光律師自立三喻：如𤛓，如輪，如獨樂也。索喻報色也，匠治方便也。與繩俱轉，『作戒』也；癈繩而轉，喻『無作戒』也。」（六一〇頁下）

〔三七〕**作者身，動身方便**　資持卷中一下：「身及動身，（二六七頁中）對喻可解。（心論即有部計作戒，是方便色，故但云身。）」（二六七頁下）鈔批卷一三：「立云：身是報色，今以動轉其身方便色。用此方便色為作戒體，不取報色也。如前已廣述。案雜心論偈云：『身業當知二，謂作及無作，口業亦如是，意業當知思。』解云：身業當知二，謂作及無作者，身業二種，『作性』及『無作性』。『作』者，身動身方便。『無作』者，身動滅已，與餘識俱，彼性隨生：謂善受戒，穢污、無記心現在前，善戒隨生；謂惡戒人，善、無記心現在前，惡戒隨生。（此雙釋善、惡二戒也）。口業亦如是者，口業二種，『作』、『無作性』，亦如前說。意業當知思者，謂意業是思自性。有人欲令意業是『無作性』，此則不然。意非『作性』，以非色故。（上言穢污，應是惡性。）賓云：身動身方便者，現緣動發，稱為方便，簡酬往業，報色體也。謂身口運動，名『方便色』，簡除『報色』也，唯取『方便色』。新經論名『加行』，舊名『方便』。『加』謂『加行用』，（六一〇頁下）謂預起心行，運用而作，故曰『加行』。舊名『報色』，新名『異熟果』。以今身之異，是酬昔因，謂果是異時而熟，故曰也。由今身酬昔因故，故曰『報色』。此異熟身，體是無記，不能成於無表業，故異熟、威儀、工巧、變化，悉是無記。四無記中，三無記心，能發表業；其異熟心，不能發表。然又三無記中，唯能發『表』，不發『無表』，故除『報色』，取『方便色』也。然身是報色，口非報色，是口體。今欲語欲嘿，巧續不常，豈是報色？身則不然，一期不斷。夫言報色，一期相續，更無間斷，故名報

色。聲有間斷，故非報色。婆沙云：犢子部音聲是異熟果，若依薩婆多，聲非異熟。若據大乘，聲通報色。如施鐘鈴，報得好聲，豈非報色？小乘不爾。故婆沙百一十七云：然身語業，定非異熟，加行起放，故是引（【案】『引』疑『此』。）義也。然今戒體，假身、語發，不取報色，唯取方便身口，故言身動身方便也。即婆沙云：加行起故，雖諸有為，剎那生滅，無容從此轉至餘方？謂當處生滅不滅，不容別去也。然『相』相續，假言方便也。謂方便色，剎那落謝，何能相續？但是假言相續，故曰也。謂剎那剎那，生已即謝，過動轉義，何能相續，（六一一頁上）但假言相續動也。故婆云：一切有為，皆有剎那。若此處生，即此處滅。無容從此轉至餘方，故不可言動，名身表也。但相應假，所以言動，據實有為，剎那剎那，生已即謝，無動轉義。問：『此報與方便為一為異？』答：『諸定不同。且薩婆多宗，若起內思，動異熟身，即於身中別有大種，造身表業。故依彼宗，一向是異，不得言一。若依成實宗說，色性非善惡，隨能發心，假名善惡，方可說為非一非異。謂若任性，如本而住，名為報色；若由內心，皷動造作，名為方便。二義既別，故名為異。然皷動時，於報身外，無別大種，造身表業，故復是一。大乘宗義，亦可同此。言『大種』者，舊名『四大』也。案婆沙百二十二云：然表、無表，起身而起：有依一分，如彈指、舉足等，一分動轉，作善惡業；有依具分，如禮佛、逐怨等，舉身運動，作善惡業。此中隨所依身，極微數量，表業亦爾。如表數量，無表亦爾。（此顯身表。）同（原注：『同』字原本不明，或似『百』字。）二十七云，問：『諸有情類，口所發聲，當言何處大種所造？有說唯（原注：『唯』疑『喉』。次同。）邊大種所造，有說心邊大種所造，有說齊邊大種所造。』評曰：『總說聲，一切身支，大種所造。若別說者，輕小聲，應言唯邊大種所造。（六一一頁下）叱、吒、哮、吼、號、叫等聲，應言遍身大種所造。現見此等，覺身掉動故。（此顯語表。）』私云：此上數句，釋作戒方便色義竟。」（六一二頁上）

〔三八〕一發續現，始末恒有　資持卷中一下：「『一』，猶始也。此句明業體初成，即第三羯磨竟，第一剎那與作俱圓，是體發也。『作戒』既謝，『無作』獨存，相繼不絕，故云續現。（舊云：一發者，作戒落謝，無作續起。此解非也。）始即上句一發之時，末即終，謂命終捨也。雖通四捨，且約常途，故餘三不舉。此句明業體久長也。」（二六七頁下）鈔批卷一三：「立云：一發已去，『無作』續生，運運常有，相續現行，故曰續現。始者，是第三羯磨竟，發『無

作』之時為始。訖至臨終，乃至四捨等名末。中間縱入『惡無記』（原注：插入『無』字。）中，『無作』不失，故云恒有。」（六一二頁上）簡正卷九：「准多論，此『無作』者，與其『作戒』，初一念中俱時而有。從初有時，盡於一形，相續不斷，故云『一發續現』。亦討（【案】『討』疑『作』。）『作戒』，『作』伏謝往，『無作』不滅，而是一發續現之義。若依成宗，第一剎那發生，第三剎那已後，相續不斷，名一發續現。始末恒有者，謂獲得時為始，臨四時為末。中間縱人（【案】『人』疑『入』。）惡無記中，無作亦不失故。」（五八四頁下）

〔三九〕**四心三性，不藉緣辨**　簡正卷九：「成論云：識、想、受、行為四也。三性者，善、不善、無記也。不藉緣辨者，謂無作一發已後，更不改緣，任運常在，不問作戒也。」（五八四頁下）資持卷中一下：「四心者，通舉四陰。三性者，別示行陰。三陰唯無記，行陰通三性。故此句顯非心也。下句正示無作義也。若翻對作解，初句反前即謝也，次句反一念也，第三句反善行心也，第四句反緣搆也。」（二六七頁下）鈔批卷一三：「二宗計義不同。若成實宗，即善、惡、無記及無心，為四心也。若多論宗，即約五陰上陰色一陰，餘識、受、想、行，為四心也。言三性者，善、惡、無記，名三性也。皆謂既發『無作』已後，雖入四心三性中，『無作』不失。賓云：四心者，鈔主多依成實宗義故。准成實第九卷無作品云：若人在不善心、無記心、無心，亦名持戒，故知爾時有無作。（善心有戒，相顯不論。）不善律儀亦如是。（已上論文。）此論文意，即三性心及以無心，為四心也。問：『於四心中已說三性，何須更別說三性耶？』答：『四心門中，雖復已說，於三性門重說無爽。二門既別，法相無違。』問：『無心、非心，何名四心？』答：『從多方為名，理亦無失。以四心中，三是有心、一是無心，從多而說，故曰四心。然實無心，不名心也。復有人釋。准多論宗，識、想、受、行，四心恒有，謂極少約四剎那，以辨四心。前一剎那是識，次一剎那是想，乃至第四。是故約極少經四剎那。復有人引俱舍第一頌曰：『亂心無心等，隨流淨不淨，大種所造性，由是（【案】『是』俱舍卷一作『此』。）說無表。』（述曰：）一者亂心，二者無心，次言等取不亂心及以有心，故成四心。順正理論第二釋此頌云：『不善及無記，心名為亂心，餘名不亂心。』入無想定及滅盡定，名為無心，翻此二位，即是有心。順正理論破此頌云：亂不亂心，攝心已盡，何須復說有無心？或應但說有心無心，何用復說亂不亂心也？安慧菩薩救云：亂不亂心是據散位，有心無心是據定位，故無有

失。若准真諦舊俱舍疏云：染污心名亂，餘名不亂心。入定心名有心，二無心定名為無心。（入『無想定』及『滅盡定』。）此四位中，『無作』常生也。俱舍長行釋前頌云：亂心者，謂此餘心；無心者，謂入無想及滅盡定等。言顯示不亂有心，相似說名隨流。善與不善，名淨不淨。上來三家，釋四心義。若望鈔意，初、後為勝。」（六一二頁上）【案】俱舍卷二，三二六頁上。順正理論卷二，三三五頁上。

〔四〇〕**身動滅已，與餘識俱**　資持卷中一下：「『故』下，引證。有二：雜心中，初句躡前。『作』謝生起『無作』。（本論與上釋『作戒』，文相連故。）『餘識』即四心，後心望前作心，故云餘也。『俱』即同時，是法即『無作』。」（二六七頁下）簡正卷九：「身動滅已者，『作戒』亦落謝，准（原注：『准』疑『唯』。）有『無作』。與餘識俱者，與餘識心俱時而為，謂受得後，望餘善心及惡、無記，名為餘識。無作常存，故云俱也。」（五八五頁上）鈔批卷一三：「立明：身動者，謂乞戒方便等，相續善色聲，假身口等業。一發無作已後，餘五識不能持。此無作之體，但隨於意識，意識能持，故曰與餘識俱也。欲明發戒，雖由身口，若領納『無作』，唯是意識也。濟同此解也。又云：雖與意識俱，然不得即用心為體，俱是心能領納此法也。又解：當時是身口善心之識，發得此戒，後入『惡無記』之識，其『無作』皆在不失，望『惡無記』為餘識。以『無作戒』能與『惡無記』共俱，故曰也。賓同此解。故賓云：無記心等，名之為餘也。謂『無作戒』，一發之後，雖入『惡無記』中，『無作』不失。又解：與第七阿賴耶識俱也，謂正『作』之時，由第六識一發已後，但阿賴耶識任持，故曰也。問：『既言無作戒體非是色心，何得與識俱？』答：『無作非色心者，此鈔主引成實論文，故云然也。准大家道理，及雜心論，皆言無作戒是色法，但非肉眼所見。不可見，無對色也。若言定非色心，有何可與識俱，（六一三頁上）及言領納在心等？案心論解云：有人欲令意業是無作性，此則不然。意非作性，非色故也。』」（六一三頁下）

〔四一〕**是法隨生**　資持卷中一下：「隨生，謂任運起也。」（二六七頁下）鈔批卷一三：「賓云：是無作之法，隨惡、無記亦不失，故曰隨生。謂惡、無記，而生不失也。謂意識雖與『無作』俱，意識後時忽入『惡無記』中，然『無作』不失，故曰是法隨生，名『無作』也。」（六一三頁下）簡正卷九：「謂是『無作』隨彼善惡、無記心不失，故曰隨生，非謂別更有法斬（【案】『斬』疑『隨』。）新生也。發正記破鈔云：但釋『無作』義，全未見釋名者。不然也，鈔文釋向

義下，即顯其名也。如前。又云：動轉是作義，即此動轉之時，名之為『作』，便是釋名也。又『無作』中，四心三性，始未恒有，是釋『無作』義，不藉緣辨，即『無作』名。」（五八五頁上）【案】雜心論卷三，八八八頁中。

〔四二〕**因心生罪福，睡眠、悶等**　資持卷中一下：「成論中。通明業理非局戒也。因心者，示現從作發也。『因』是相假之義，『心』即簡別有宗。生罪福：生即是發；罪福，即善惡無作。文舉『無記』，等取餘心。」（二六七頁下）鈔批卷一三：「成實論有無作品文中，問曰：『何法名無作？』答：『因心生罪、福、睡、眠、悶等，是時常生，是名無作。如經中說：若種樹蘭林，造井橋梁等，是人所為福，晝夜常增長。論文如此，今引此證，其無作戒亦爾。一發已後，雖入睡眠悶等，是時常生，運運不斷。』」（六一三頁下）簡正卷九：「罪福者，即善惡律儀。謂作善惡以為因，各發無作。雖睡悶等，無作常有不失，故云常生。」（五八五頁上）【案】成論卷七，二九〇頁上。

〔四三〕**戒禁惡法**　資持卷中一下：「由此二戒，俱斷惡故。」（二六七頁下）

〔四四〕**直是遮制一切惡法**　資持卷中一下：「『故』下，引證涅槃。遮制即禁斷義。直是者，一言盡理，更無餘論故。」（二六七頁下）

〔四五〕**善生經中五義明之，如前「制」「迮」「涼」「上」「學」等解**　資持卷中一下：「善生如前，即戒法第三門。制』等五字，即括五義，對前可見。」（二六七頁下）【案】北本涅槃卷三四，五六八頁上。

〔四六〕**體狀**　簡正卷九：「疏云：體謂業體，正是戒法所依本也。經論所談善惡業者，名也。今述『作』、『無作』者，業之體也。混名從體也。離實談名異也。多論陳體『教』『無教』，成論、雜心『作』『無作』，皆略名詮體，義說動靜，難顯其相也。」（五八五頁上）資持卷中一下：「法體幽微，頗涉言論，但鈔為新學直申正理，文義簡略，致多謬妄。此既律教之源，復是修行之本，事須廣釋，少資心用。標云『體狀』，謂『體』之『相狀』無別所以。」（二六七頁下）【案】「體狀」文分為二：初「二論」下；次，「先明作」下。

〔四七〕**二論不同，今依本宗，約成論以釋**　鈔批卷一三：「立明：成實、多論也。今文初且辨『作戒體』，次明『無作戒體』。初，辨『作戒體』中，前依成實，用身、口、業思為體；後依多論，用身、口二業，善色聲為體。後弁『無作』者，多論用色為體，成實用非色非心為體，故曰不同。」（六一三頁下）簡正卷九：「言二論不同者，總標二論，謂成實、婆多（【案】即『薩婆多』。）也。多論是一切有部名為（【案】『為』疑剩。）。成實論分通本業經部，是『假名宗』。

今四分曇無德部，教雖小乘，義通大乘，與成宗同計。故下文云依成宗出體。其多宗出體，非此所論宗，故但標而已。答（【案】『答』疑『若』。）據東塔疏，全依多宗出體，蓋是迷宗之失也。若相部與鈔，同意成宗。雖然不依於多宗，先向疏中具列多宗戒體，後別成宗。今南山云：既非所承，鈔中亦不更引，但果有標舉，鈔雖不敘。今依羯磨疏，先出多宗有部戒體，六門分別：一、有為無為分別；二、三聚分別；三、三色分別；四、本報方便分別；五、三性分別；六、始終分別。」（五八五頁下）資持卷中一下：「『今』下，別示本宗。二論即指多、成。言不同者，統括部計，不出四門，所謂空、有、雙非、兩亦。雙非入空，兩亦歸有，故此四計，還即二門。此土飜傳，雖有四律，十誦、四分，時所盛弘，故（二六七頁下）今但對多宗辨異：一者四分，曇無德部名為『空宗』，亦號『假名宗』，即成實所宗也。二者十誦，薩婆多部名為『有宗』，亦曰『實法宗』，今婆沙、俱舍、多論、雜心，並同彼計。略知如此，委辨異相，具如疏中。多見講解，不辨教宗，名相交參，何由識體？寄言學者，最宜留意。然今鈔中依『宗』明體，指略多宗。然恐後學至文壅滯，妄致穿鑿，故須略示。業疏廣列六位分別，今但撮要引而示之：初，明『二戒』，並是『有為』、非『三無為』，由假緣構造，四相所為故。（此有為、無為分別，三無為者，虛空擇滅，非擇滅也。『四相』即：生、住、異、滅。）二、諸有為法，總為三聚：一色聚，二心聚，三非色心聚。二戒並色，非餘二聚。（此『有為』中，『三聚』分別。）三、色有十一，總括為三：一可見有對色，（即色塵也。）二不可見有對色，（五根、四塵。）三不可見無對色，（即法塵少分。法塵有二：一心法，謂諸心數法；二非心法，過、未色法，『無作』即此色所收。）今『作戒』者，『身作』即初色，『口作』即第二色中聲塵，『身口無作』並第三色。（此『色聚』中，三色分別。）四、色中，又有二：一本報色，謂『四大』也；二方便色，謂運動造作也。『作戒』非本報是方便，『無作』非二色。（此身、口色中，二色分別。）五、『作戒』是善色聲，非惡、無記；『無作戒體』是善可知。（此方便中，三性分別。）六、『作』業，始終皆得為戒，不同餘善；『無作』當體是戒，非此所論。（此就善中，唯約『作戒』，始終分別。）已上六位，顯示彼宗二戒俱『色』：『作色』即是色、聲兩塵，『無作色』者法入中攝，名為『假色』。問：『無作既非見對，那名色耶？』答：『此有多義。一、從能造名色，疏云：戒體所起，依身口成，隨具辨業，通判為色是也。二、損益名色，又云：彼宗七業，皆是色中，有損益故。三、礙故名色，又云：『無

作』雖非見對，然為『四大』造，更相障礙，據所可分，故名為色。」（二六八頁上）問：『既相障礙，應同根塵；既是法入，為意所對，即非無對？』答：『五根五塵，能所俱礙，皆是色故，能所俱對，互不通故。假色不雖（【案】『雖』疑『爾』。），爾與意對，意根通緣，一切塵故，即非對義。又，假色是色，意根非色，故非礙義。餘廣如疏。」」（二六八頁中）

〔四八〕**作戒體** 簡正卷九：「本宗者，四分宗也。成論：於佛滅後八百九十季，有訶梨跋摩，是鳩摩羅多弟子，於經部出家，遂造此論，二十二卷，二百二品。（五八九頁上）見解雖殊，意明經部。今四分分通大乘，宗計相同，依此以出體也。相疏亦同。新疏卻依有宗出體，彼計四分律是二十部中法藏部，本從一切有部中流出。故今破云：彼四分，百季時，曇無德部，雖名法藏，但是名同。廣如分部門中具明，不可依承也。言先明『作戒體』者，以『無作』從『作』生，故先明也。釋中，二師。初，約色心為體；二、『又有』下，第二師以假實色為體。有作三師科者，准論亦無的指三師文處。然中有約身口業不取心者，或有約心不論身口而成業者，或有約其身口是具心力助成者，今依抄及羯磨疏意，但作二師，以初師為正義。」（五八九頁下）【案】「先明」下分二：初，「先明」下；「言無作」下。初又分二：初「論云用」下；次「又有論師」下。「論云用」下文分為四，見下文鈔科所示。

〔四九〕**用身口業思為體** 資持卷中一下：「言『作』者，始於壇場，終白四竟。第一剎那已前，三業營為，方便構造者是。初引論，又二：上句出正體。身口業思者，謂行來跪禮是身作也，陳詞乞戒即口作也。立志要期，希法緣境，心徹始終，統於身口，故名身口業思。即此業思是作之體。」（二六七頁中）鈔批卷一三：「深云：此成論具用三業為『作戒體』，謂假心業慇重，口陳詞句，身業禮拜也。文中冥破外道（六一三頁下）及外人義也。外道用身、口二業，為作善惡之體。今破此執，故引如人無心殺生不得殺罪，明知復用心業，方得殺罪。言破外人者，外云思與心同時而體別。此是成實師破薩婆多師也。至下當述。今破云：體不得別，思即是心。然思但是心家之用耳，更無別體，故曰離心無思等也。」（六一四頁上）簡正卷九：「正立宗以色心為體也。論第七業相品云：作業者，非直音聲，要以力心助成，身業亦爾。抄文略其大意也。非直意聲者，謂直聲無詮表故，要由心力。於直聲上，引起名句文身。言詞屈曲，有所表彰，方成口業。若但以思心為作體者，思屬內心，不能詮表，不成業體。今取口業與思，共為作體，以口業由思方引起，作戒由口業而成。二串相

藉，合為體也。（五八九頁下）論云：身業亦爾者，不取無記色身，不能造作善惡故，要由心力敱論報色，身方有跪禮之儀，以為作戒體。」（五九〇頁上）【案】成實卷七，二八九頁下。

〔五〇〕**論其身口，乃是造善惡之具**　資持卷中一下：「『論其』下，示兼緣義。言『造具』者，顯示身口自無功用，推歸心故。如世造物，百工之器，自不能成，必由人用，比擬可知。問：『業疏初解色心為體，此何異耶？』答：『身口即色業，思即心，故無異也。鈔從顯要，令易解耳。』」（二六八頁中）簡正卷九：「明身口是具，釋成身口業思為體義也。業相品（【案】出成實卷七）云：身是作業之具，隨心力故業成。非直是身，口業亦爾。非直音聲，以心力隨，音聲語言，所集善惡。意業亦如是。（上論文。）謂身口但是造善之具，不能自成於業，要由心使方成，如弓刀念珠，但為物具，須假人力為業惡也。」（五九〇頁上）【案】成論卷九，三〇七頁中。

〔五一〕**如人無心殺生，不得殺罪，故知以心為體**　資持卷中一下：「以犯例受者，善惡雖殊，發業義一故。如律：心疑想差，不至果本。又不犯中者，擲刀杖瓦木，誤著而死，扶抱病人，往來致死，一切無害心皆不犯。此雖動色，但由無心，故不成業。」（二六八頁中）簡正卷九：「先徵意云：但能見屈禮，口陳詞句，正是其業，何用於心？故論三業品自徵云：所以者何？身口能成辨事，如人發心煞此眾生，要以身口能成其業，非但意業得煞生罪。云何而言，是造業具、非善惡體？（上論文也。）『如人無心』下，釋通也。故論云：經中佛說，心為法本，心尊心導，心念善惡，意差別故。離心無身口業，不離意業，有身口報。若意依身口，行善不善，方名身口業。乃至若無心者，雖煞父母，亦無逆罪。（上略論文。）『故知』下，漏結心為體，非不用於身口為具也。」（五九〇頁上）

〔五二〕**文云**　資持卷中一下：「引證即是成論。初二句推末歸本，下二句明捨本無末。問：『今論作體，為是心王、為意思耶？』答：『前云業思，何須疑問！若觀論文，三業皆心。離心無思之語，似指心王。然而王數，體用以分，由體起用，用即是體。今論作業，就用為言。故業疏云：言心未必是思，言思其必是心。』」（二六八頁中）

〔五三〕**是三種業，皆但是心**　鈔批卷一三：「立明：身口是造善惡之具，自不成業，要假心成，故曰也。案成論中有三業品文中名為三種行，今鈔云三種業。論中問曰：『經中說正行、淨行、寂滅行，有何差別耶？』答：『有論師言，凡夫善

身口意業，名為正行。學人以斷結故，即此正行，名為淨行。無學人斷從結生語，故名寂滅行。又，無學人畢竟不起不善業故，名寂滅行。如說身寂滅、口寂滅、意寂滅。又人言：此三種行，義一而異名，但義其質直故稱正，離諸煩惱故曰淨，離諸不善，故名寂滅。故雖三名，其義不異。』問曰：『有論師言，但心是寂滅行非思，是義云何？』答曰：『是三種行，皆但是心。（鈔家云業，或取意耳。）』」（六一四頁上）【案】成論卷七，二九六頁中。

〔五四〕**離心無思，無身口業**　簡正卷九：「由心起身口業故，謂心王、心所，雖不同時，（五九〇頁上）無別體故。離心王外，無別有思，破異宗也。如多宗，心王起時，別有心所思故。（云云。）無身口業者，破外道計身口二乘，不假心成。如說欲從對生、非從心起等，證前『作體』由心力助成也。」（五九〇頁下）鈔批卷一三：「立明：心即是思，有心來，必有思，（六一四頁上）有思其必是心。賓云：此破外人義，思與心同時，而別體也，謂成實師破薩婆多，心王心所，雖同一聚，各有別體，而共相應。大乘立義，同薩婆多。今即破云：離心無思，謂離心王，無別心所，有中思也。前立云心未必思者，賓云：了境名心，造作名思，故曰也。言無身口業者，立云：若無心時，雖有身口，不能成善惡業。故今成論用心思及身口為作戒之體。自意謂：離心無思、無身口業者，如涅槃第三十四卷明『三業』義。文云：期業者，謂身口業也；先發故名意業；從意業生，名身口業。疏云：因果相應，有同契疑，故曰期業。（此只呼身口之業與心業相期也。今若無心業前生，則為身口業。故曰也。）」（六一四頁下）【案】成論卷九，三〇七頁中。南本涅槃卷三四，八三三頁上。

〔五五〕**若指色為業體，是義不然**　資持卷中一下：「斥異者，對破有宗。」（二六八頁中）鈔批卷一三：「立謂：成論用身口業思為作戒體。若但直指身口之色為業體者，是義不然。故曰也。深云：此句是覆疎上文之非義也。上破外道義云『用身口二業之色，為作業體』者，今明不然。（謂身口所作是色也。）」（六一四頁下）簡正卷九：「斥破軍（【案】『軍』疑『異』。）立也，以實色聲為體然是也。若但報色聲為作戒體者，是義不是。」（五九〇頁下）

〔五六〕**十四種色，悉是無記，非罪福性**　資持卷中一下：「五根、五塵、四大，為十四色。由此宗中，塵境推識了，善惡本心造，是故根塵並屬無記。彼不論心，根、塵、四大，俱通三性。」（二六八頁中）鈔批卷一三：「立謂：五根、五塵、四大也。此十四色是無記者，五塵、四大，在義可知。『然五根者，既能領受色聲，何名無記？』解云：『由識分別，（六一四頁下）根能了別，不得五識及

意根緣之五，皆無記也。』『以唯舉五根、五塵，而不舉意根及法塵者？』解云：『論有三義：一、可見有對色，如青黃赤白是；二、不可見有對色，如聲塵是；三、不可見無對色，如法塵是。法既是意識所得，體非是色，故今不論。意根亦爾，不可見故。復是有記，故亦不論。』言非罪福性者，謂上十四種色，既是無記，不能成善惡，故曰非罪福性。要由意識，方能成業。」（六一五頁上）簡正卷九：「五根、五云（原注：『云』疑『塵』。）、四大，皆是無記，不能為善惡，故云。非罪福性，何得成善作體也？又，色是色陰收，作戒行陰攝，不可將無記色為言作體。（上第一師義也。）問：『此與前多宗何別？』答：『俱舍云：身表許別形。謂宗於報色身上，別有四大造，成方便色，為作戒體。今成宗直以報色為具，心力助成故，合為作戒體。一、有心無心別，二、報色造色別。』」（五九〇頁下）

〔五七〕**以身口二業相續善色聲為作戒體**　鈔科卷中一：「『又』下，約色聲為體。」（四八頁中）簡正卷九：「第二師約假實色為體也。相續是假色，聲是實相，續簡一念，實色聲為眼耳所得，取第二念已去相續也。善簡不善，跪禮是善色，乞戒是善聲，以此為體。」（五九〇頁下）資持卷中一下：「此師所立色聲有二：一、外五塵（二六八頁中）及報色非罪福性，內方便色是罪福性；二者，一念色聲眼耳所得非罪福性，相續色聲法入所攝是罪福性。今取方便相續色聲以為作體，文中分二：初，立體，相續簡一念也，行來跪屈至作法竟，即相續色。陳詞乞戒，言句具足相續聲也。善者，簡五塵報色也。」（二六八頁下）鈔批卷一三：「又有論師等者，還是多、成論師所計，意亦同前。以身口二業善色聲為作戒體。以相續善色聲等者，賓云：謂一剎那，實聲之中，無名字句，要須相續，屈曲成名，是聲之體性也。謂非卒爾善心，若卒爾舉動發言，未能發成，要須身口二業相續善方便，用為作戒體也。善色者，簡惡色，取善身業也。善聲者，善口業也，簡餘惡聲，始從請師，終訖羯磨，中間求哀乞戒等，盡名相續色聲也。羯磨疏云：若一念色聲，眼耳所得，非罪福性也。」（六一五頁上）

〔五八〕**以相續色聲，「法入」所攝，意識所得，是罪福性**　資持卷中一下：「『以』下，遮妨。由此宗中，十四種色，悉是無記，今立色聲，恐謂乖宗，故釋之耳。法入攝者，過去色也。意識得者，謂能受人跪屈陳詞心所緣也。（舊記云：三師十僧，意識得者。謬矣。）問：『前立業思於義既顯，何以後師復立色聲耶？』答：『合教順宗，甚有眉目。講者，未達妄生輕貶，後學慎勿隨之。』問：『雙

出兩解，依何為定？』答：『文無去取，不妨兩得。但諸文中，多用前義，雙存偏用，好自深思。』問：『此與多宗，作戒何異？』答：『異宗各立，必應有異。引前對照，約塵分析，（【案】扶桑記：「『前對照』，指記所引業疏六位文。『約塵分析』，通釋云：多宗作戒以色聲兩塵為體。今以相續色聲為體，是意識所得，法塵所攝，故不同也。」一六四頁下。）如指諸掌，餘如別述。』」（二六八頁下）鈔批卷一三：「法是意家所緣，故言法入所攝。如六入法入意識也。欲明六識之中，上五不能成業，要由意識，方成罪福。今將此意識所得之法，（六一五頁上）以為作戒體故也。賓云：所呼名句、音詞、屈由（【案】『由』疑『曲』。）等，名為法入所攝。十二入中，雖有法入，此但聲家假用，為（原注：『為』疑『以』。）為法入。若論實性，體即是聲，謂此名句真體即是聲，則是耳識所得，應是聲入所攝。今言法入所攝者，謂是攝實從假。實謂聲體性也。假為名句、屈曲、成名等，是聲之假用也。謂一剎那實聲之中，無名句字，要須相續、屈曲、成名。既是離聲，無別體性，故是假。謂以實體無用，還以屈曲等為聲之假用，以攝實從假，故言法入所攝。由是意所領受，故曰法入所攝。若假、實各論，則聲是耳識所得，聲入所攝。但由法相之體，假實殊門，故分聲法二入也。若薩婆多宗計，名句文別，有體總別，有自性，非聲之體。今約成實宗，言辭屈曲，有所表彰，此名文（原注：『文』字疑剩。）句文，即是聲上之作用也。何有自性？故還用聲為性，此約攝假從實。謂聲則是實，名句是假。由名句等，既無自性，故是假也。薩婆多宗假實別論，故執名句別有自性。其多論宗破成實宗云：語不異能詮，人天共了，執能詮異語，天愛非餘。賓云：西方詺痴人為『天愛』也。濟云：此執能詮異語者，合死來久，（六一五頁下）天怜故未死。又云：成實則用聲為教體，名等句是聲假用，攝假從實，皆不離聲，故用聲為體。薩婆多宗據名字句等，既別有體性，唯用名字句等為體，不取聲為體。」（六一六頁上）簡正卷九：「謂初念實色聲，唯無記，色入所攝。從第二念後，跪禮陳詞是假色聲，謂善惡相是假，故在法入所攝。意識所得者，跪（原注：『跪』下疑脫『禮』字。）乞詞、善色聲相，（五九○頁下）為他師僧意中所緣故。第六識攝意識，有三種分別：一、自性，二、計度，三、隨念。前五識，但有『自性』分別，無餘二故。意識能緣善色聲，故意識攝也。是罪福性者，論第七不相應行品：結成善色聲為體也。若實色聲是無記，不能成業，非罪福性；今跪禮陳詞，是福性；揮奉（【案】『奉』疑『手』。）惡罵，是罪性。（此第二師義。）問：『此與多宗何別？』

答:『多宗是實色聲。此師相續,假色聲也。』問:『與第一師義何別?』答:『初師是實色聲為具,要須心力助成。此師不論心,但取相續色聲為體。若究理窮原,無心不能相續,亦同初師意。(如傀儡之喻可知。)』問:『於成論二師,何者為正?』答:『准羯磨疏,以初為正故。疏云:依其成實,當四分宗『作戒』者,謂此宗中分通大乘,業由心起,色是依報,心是正因,故明『作戒』色心為體,是則兼緣顯正,相從為體。由作初起,必假色心,心道冥昧,止可名通,故約色心窮出體性。(上疏文。)又,准前立二。所以中云心非心別。又,下出無作體,以非色非心為體,證知作戒色心為體。又,文中,引初師為正義也。』」(五九一頁上)

〔五九〕**無作戒** 鈔批卷一三:「立謂:文中唯約成論解無作戒體耳。」(六一六頁上)簡正卷九:「疏云:謂白四所發,形期業體,(五九一頁上)一成續現,經流四心,不藉緣辨,任運起故,名無作也。(上疏文。)謂由立誓斷惡修善,要期一形至三法立,是時發生,能為善種,名無作也。」(五九一頁下)【案】「無作戒」文分二:初「以非」下;次「文云」下。初又分三:初「以非」下;次「非色」下;三、「故以第」下。

〔六〇〕**以非色非心為體** 簡正卷九:「正出體也。且約五蘊說,非一蘊之色,非四蘊之心。能清色心,革凡成聖,不與色心相應,故云非色非心也。故疏云:『作』與『無作』位體別者,由此宗中分通大乘,業由心起,色是依報,心是正因,故明作戒色心為體。由『作』初起,必假色心,無作後發,異於前緣,故強曰(【案】『曰』疑『曰』。)之非色非心耳。」(五九一頁下)資持卷中一下:「非色非心者,此即成論第三聚名,亦號不相應聚。此聚有十七法,無作即其一也。良由無作,體是非二,故入此收,即以聚名,用目其體。然自昔至今,談體多別,據如業疏,總列二執:一者法執,有講四分,乃依雜心出非色心禮;有學十誦,反準成論立色為體。出體順計,據教乖宗,故名法執。二、謂迷執,有弘假宗,立色為體;或傳:有部執非色心,光師以理為體,願師以受戒五緣為體。此即祖師已前尚有諸異,洎撰業疏,廣列義章,分宗定體,文理坦然。但由學者不善討論,異端叢起。今略引之。增輝記主:定非色非心是種子義,即立種子為體。有人云:非色非心是第三聚名,由(二六八頁下)此一類無作不與心色相應,驅入第三聚中,故名非色心耳。有人云:非色非心,即是細色,同彼有宗;以南山解云『非色者,非塵大所成』等,豈非簡麤色、麤心,唯取細色耶?有人釋非色心,引業疏云『考其業體,本由心生』,是則南山探

入大乘也。有人云：非色非心者，思種為體。如是云云，無一可取。如別所破，祖師所謂宗骨顛倒，理味差僻，摘揣過濫，何可勝言！世有人云：非心非心，畢竟其體是何法耶？今為通曰：其體畢竟即是非色非心，何以故名以定體故？又云：二非乃是簡除之言，名下無體。應反問曰：律中非法非人，並是對簡為有體不？此皆不曉教有權實，名不浪施，故多妄述。」（二六九頁上）扶桑記引芝苑遺編戒體章釋「探入」和「思種」：「教宗既曰分通（公分通），談體何名探入（竊探入）？故知非也。……已往諸師，或名思種，或名熏種。然思、熏屬『作』，種是無作，今召無作，何得相濫？」（一六五頁下）

〔六一〕**非塵大所成**　鈔科卷中一：「『非』下，釋成（二）：初，非色；二、『言』下，非心。」（四八頁中～下）資持卷中一下：「初約能造，以『作』顯『無作』，謂『能造』是心，故『所發』非色。疏云：既為心起，豈塵大成是也？『塵』即『五塵』，『大』謂『四大』。問：『所以約能顯所者？』答：『為對破有宗，彼計色造，塵大成故。』」（二六九頁上）簡正卷九：「『塵』為色、聲、香、味、觸『五塵』，『大』謂『能造』地、水、火、風『四大』。謂成宗色性非善惡，隨發心假名善惡，若色聲體，一向無記，今無作是善性，故非此色。」（五九一頁下）

〔六二〕**以五義來證**　資持卷中一下：「『以』下，義證。唯就所發，以顯非色。」（二六九頁上）

〔六三〕**色有形段方所**　鈔批卷一三：「色有大小，質導青、黃、赤、白，分段處所也。」（六一六頁上）簡正卷九：「形段者，長短高下等。」（五九一頁下）資持卷中一下：「統論色義，不出有五：一、相，二、異，三、損，四、礙，五、對，配文可見。形段者，有相貌故。方所者，有所在故。」（二六九頁上）

〔六四〕**色有十四、二十種別**　鈔批卷一三：「二十者，青、黃、赤、白、光、影、明、暗、煙、雲、塵、霧，長、短、高、下、方、圓、斜、正也。前十二是無記之色；後八通三性，謂是方便色也，由人運動作之也。」（六一六頁上）

〔六五〕**色可惱壞**　鈔批卷一三：「立明：以可打、可觸、可斫、可剌等。賓云：謂以手等觸色等時，令其變壞也。」（六一六頁上）資持卷中一下：「惱壞者，有情具二，無情唯壞。論云：色是惱壞相，無作惱壞相中，不可得故。問：『無惱可爾。若云無壞，何以戒有肥羸及四捨耶？』答：『此即成宗通深之義。』」（二六九頁上）簡正卷九：「色可慳壞，若有情色，具慳壞二義。如婆沙云：諸欲若不逐慳壞，如箭中〔去半（原注：『半』疑『呼』。）〕能令諸根萎悴，如

多求王等。（云云。）若非情色，但有壞義，次崩權（原注：『權』疑『摧』。）改變故。」（五九一頁下）

〔六六〕**色是質礙**　鈔批卷一三：「如山河石壁，皆是質礙也。」（六一六頁上）

〔六七〕**色是五識所得**　鈔批卷一三：「如色是眼識所得，聲為耳所得，乃至觸為身所得等，皆謂五塵，為五識領受也。『塵』即是『色』也。賓云：眼於色處轉，耳於聲處轉等，眼終不於聲處轉，乃至舌不於耳處轉也。」（六一六頁上）簡正卷九：「五塵為五識所取，如眼識得可見有對色，耳識得不可見有對聲等。（云云。）今無作皆無此義，證知非色也。」（五九二頁上）

〔六八〕**體非緣慮，故名非心**　鈔批卷一三：「立謂：無作之戒，不同心家，有緣有慮知也。」（六一六頁上）資持卷中一下：「初，對能造。『作戒』以心為體。心是緣慮，無作頑善，體無覺知，故非緣慮。（或云『無作不可以心緣』者，不曉言相。）」（二六九頁上）簡正卷九：「標證非心也。『緣』為仮緣，『慮』謂思慮，念境分別，無此義故。」（五九二頁上）

〔六九〕**亦有五證**　資持卷中一下：「『亦』下，義證，以心顯非心。五義明心，通收四陰，慮知即行心。」（二六九頁上）

〔七〇〕**心是慮知**　鈔批卷一三：「立云：心有緣慮，即是攀緣覺觀也。慮者，應師云：念也，亦訓思也。」（六一六頁下）簡正卷九：「心是思量分別故。」（五九二頁上）

〔七一〕**心有明暗**　資持卷中一下：「明暗者，或約愚智，（二六九頁上）或取憶志。或明是行心，暗即三心。」（二六九頁中）鈔批卷一三：「濟云，如羯磨疏記。立謂：如坐禪觀照是明，散亂習慣是暗。濟云：意識若隨於眼等五識，緣於前境則明，如明白見色聞聲，則了了照境，故曰明也。若意識不隨於五識，雖緣境則暗，如夢中所見是也。以夢中是意識別緣，不緣於眼等五識。雖夢中見聞而不明了，即是暗。」（六一六頁下）

〔七二〕**心通三性**　資持卷中一下：「『三心』局『無記』，唯『行』通三性。」（二六九頁中）簡正卷九：「今『無作』唯善性。」（五九二頁上）

〔七三〕**心有廣略**　資持卷中一下：「若約緣境漸頓，即是行心。或約心法，一心分四蘊、六入、六識等，迭論廣狹可尋。」（二六九頁中）鈔批卷一三：「濟云：若心於五識處遍轉，緣於五塵則廣。若唯於識處轉，單緣一境，曰略也。如色、聲、香、味、觸，五境俱現。若境無優劣，心則通緣，謂亦見色，亦聞聲，亦嗅香等，此名廣也。若五境雖齊現，中有優劣，則隨其勝者，心則偏緣。如正

食食時，聞聲見色，色境若美，心則偏著於聲於味，心則不緣，此名略也。若喫美食，心貪味，則更不緣色聲等，則是略也，謂心遍緣五境曰廣。若單緣一識境時，則略也。此據小乘，不能一時遍緣五塵境也。大乘宗中，則通也。如正嘗食時，不癈聞聲見色等。故大乘基云：眼看薄餅也，耳聞百友聲，鼻嗅浮麴（上聲）香，舌嘗膏糜味是也。立云：或時，心緣法界，（六一六頁下）橫直十方，復緣三世是廣。若直緣眼前，或緣室內，是略故也。」（六一七頁上）簡正卷九：「遍緣三世境則廣，但緣現在則略；或登山遠望則廣，若攝心歸針峯（原注：『峯』疑『鋒』。）則略。」（五九二頁上）

〔七四〕**心是報法**　資持卷中一下：「酬因曰報。眾生感報心性差別。（或約肉團，此即色攝。）」（二六九頁中）鈔批卷一三：「立明：人根利鈍，上下不中，皆是報法。如阿難持八萬法藏，用利槃特（【案】『用』疑『周』。）生誦一偈、得掃忘箒等，此並報法也。」（六一七頁上）簡正卷九：「心有利鈍，若上根人心有七竅，狀如蓮華。若鈍者，或一，或二，或無，與心王為所依處，是報得法故。又有說云：五陰成身乃蘊是心，心是報得法故。俱舍云：六分意根，此七心界，亦異熟生，性則報法也。今無作是現，造作生故。」（五九二頁上）

〔七五〕**無作亦不具此**　資持卷中一下：「『無』下，顯非心。無上五義，故云不具。」（二六九頁中）

〔七六〕**故以第三聚非色非心為體**　簡正卷九：「結歸法聚收也。『第三聚』者，先明法數。成宗四聚，收八十四法：一、色聚，十四法，謂：五根、五塵、四大。故論云：色者，四大及四大所因成法也。二、心聚，初，識了總相，二、想取像，三、受領納，四、行遷流造作，有（五九二頁上）三十六心所，分為六位，『通數』有十，謂：觸、思、念、欲、喜、信、勤、憶、覺、觀；『善品』有十，謂：無貪、無嗔、無癡、慚、愧、定、慧、猗、捨、不放逸；『垢』有六，謂慳、害、恨、諂、誑、憍；『纏』有十，謂：無慚、愧（原注：『愧』上疑脫『無』字。）、嫉、慳、追悔、睡眠、掉舉、昏沉、忿、覆；五、『鈍使』，謂貪、嗔、癡、慢、疑；五利使，為：身見、邊見、邪見、見取、戒禁取。三、不相應聚，有十七法，謂：得、非得、同分、命根、無想定、無想果、滅盡定、生、住、異、滅、名身、文（【案】或作『字』。）身、句身、老死、凡夫法、無作。四、無違聚，有三，謂：虛空、擇滅、非擇滅。（略標名而已。）今『無作』在第三『不相應聚』收。此十七不相應中，十六是假，唯『無作』是實。故論云，自問云：『無表不可見，應無？』答：『能感當來果報，有其實業，故知實也。』

次，辨三科段者。行陰法處法界收也。故論云：是心不相應行陰所攝。所以者何？『作』『所起』故，『無作』是『作起』，故是行陰攝。（上論文。）無作雖無遷、流造作義，然從作戒生故。論云：作行無作，行別攝處故。（云云。）」（五九二頁下）鈔批卷一三：「立云：第一色聚，二、心聚，三、非色非心不相應行聚也。今用第三非色非心是無作戒體。今鈔文中，具明三聚。上言以五義來證，一色有形段、方所」等，引（【案】『引』疑『此』。）是解色聚。次云，心亦有五證，一心是慮知等，此解心聚也。但不用此二聚為體，故今用第三聚非色非心為體。言色有者，有三義：一、是可見，有對色；二、不可見，有對色；三、不可見，無對色。初，言可見有對色者，竇云：十二入中色入也。即極微聚相對礙，故名之為對。體即是色，名之為色，謂壇場互跪合掌時是。故心、伽二論云：身作可見有對也。二、言不可見有對色者，竇云：即五根并四塵也。五根：眼、耳、鼻、舌、身也。四塵者，五中除色塵也。即此四塵及五根，總名不可見有對色。不可示現此彼差別，故名『不可見』。亦極微聚，及互相對，故名『有對』。即求哀乞戒，（六一七頁上）口陳詞句，請師等是也。即心、伽二論云：口作不可見有對也。（此二是作戒也。）三、不可見無對色者，竇云：謂法入中無作也，不可示現彼此差別，故名『不可見』。非極微聚，不相對礙，故名『無對』。若言作戒，前二色收。（身語二表即色聲，故此前色收也。無表戒者，是後所攝。）此當無作戒體也。即心、伽二論云：身口無作，俱不可見無對也。案雜心論云：身作是可見有對，口作是不可見有對，無作俱不見無對。宣云：所以名無對者，有對則有三，如五根、五塵，障礙有對；二者，如五根、七心，境界有對；三者，能緣、心緣，有對時，出過此三，故曰無對。立云：第三聚非色非心，論中名為不相應心法也。今強作名為非色非心，為戒體也。」（六一七頁下）扶桑記釋「三聚」：「準疏，實宗不談心犯，故二戒但名色。一切諸法，不出三聚，故約彼分。」（一六三頁下）

【案】此句是「作戒體」出體之結語。

〔七七〕文云　資持卷中一下：「初段中，彼先問云：『有人云：作業現可見，若布施、禮拜、殺害等是應有（句），無作業不可見，故應無？（此約『作』難無『無作』）。』答：『若無無作，則無離殺等法。（既能離殺，驗有無作。）』問：『離名無作，不作則無法，如人不語時，無不語法生，不見色時，亦無不見色？（此約對境，難餘時無引喻可解。）』答：『因離殺等得生天上，若無法者，云何為因。（此約感報，顯餘時有。）』問：『不以離故，生天以善心故？（此推

善心為因，難功非無作。）」答曰：『不然。方接鈔中如經等語。』」（二六九頁中）【案】「文云」下分二：初「文云」下引經論三種；次「故以多」下。

〔七八〕**精進人得壽長，隨壽長得福多**　資持卷中一下：「『經中』，即論家自引。精進即作業，壽長即現報。隨壽福多，謂『無作』增長福，即善無作也。」（二六九頁中）鈔批卷一三：「成論云：如人離殺，得生天上。若言無法，云何為因？（意謂：若無『無作』法，何能為生天之因也？）問曰：『不以離殺故生天，以善心故？』答曰：『不然。經中說云：精進人隨壽得福多，故久受天樂。若但善心，云何能得多福，是人不能常有善心故。（論文如此。）』立云：引此文意，證知『無作』非心法也。如上云：不能常有善心，善心既不能常有，那得久受斯福？明知唯是『無作』，隨恒故耳。（六一七頁下）故知『無作』不是心也。賓同此釋。」（六一八頁上）簡正卷九：「成論自引經也。第七無作品，問曰：『何法名無作？』答：『因心生罪福，睡眠悶等，是時常生，是名無作。』外人難云：『作業現可見，如布施得福。（五九二頁下）煞生得罪故，其無作業不可見故，應無此義。』論主引經答云：『若無無作，則無離煞等法。云何為因得生天上人？』答曰：『以善心為因，故生天也。因此論主引此經，證無作非心也。精進人即持戒人。得壽長等者，謂有無作為生天因，長時防非不絕，則感得長壽多福。若唯是善心，即起滅無恒，不定常有。忽起惡心，即不能獲其多福壽長天果，故知須有無作為因也。』」（五九三頁上）【案】成論見卷七，二九〇頁中。

〔七九〕**以福多故，久受天樂**　資持卷中一下：「此證生天本由無作，非善心故。」（二六九頁中）【案】中含卷一六，五二七頁下。

〔八〇〕**若但善心，云何能得多福**　資持卷中一下：「『若』下，反質來難，明非善心不由善心。即知無作任運自爾，則非心明矣。」（二六九頁中）

〔八一〕**是人不能常有善心故**　資持卷中一下：「凡人之心未必一向專善故。」（二六九頁中）

〔八二〕**意無戒律儀**　簡正卷九：「證非心、非無作也。謂意地但有根律儀，無木叉戒律儀不訪意地故。若起不善無記心時，亦名持戒。」（五九三頁上）資持卷中一下：「初句立義。律儀即受體。」（二六九頁中）鈔批卷一三：「成實論云：如教人殺，隨殺時，教者得殺罪，故知有『無作』。又，意無戒律儀，所以者何？若人在不善無記心，若無心，亦名持戒，故知爾時有『無作』。不善律儀亦爾。（論文如此。）賓云：此即顯戒定非是心也。立云：言意無戒律儀者，

此言正證成無作戒不是心也，謂心既入不善無記。猶名持戒者，明知無非心也。向若是心，心入惡無記中，善戒何不失也？只為非心，心雖入惡無記，本所受戒，不名漏失也。」（六一八頁上）

〔八三〕**若人在不善、無記心，亦名持戒**　資持卷中一下：「不善即相違，無記不成業。準論，無記心下有『無心』字，此言受體。若是『心』者，但應善心成持，不應餘心，亦名持也，即三性任運之義。」（二六九頁中）

〔八四〕**故知爾時無有「作」**　資持卷中一下：「『故』下，準決。『爾時』指上不善無記心時，無有作者，以作必善心。今在餘心，何容起作？既無有作，得名持戒，乃是本受無作，不假緣構，任運恒有。顯知無作（二六九頁中）非心明矣。（舊云寫倒，論作『有無作』也。業疏作『無有作』解。驗知論中，寫誤。）」（二六九頁下）簡正卷九：「『故知』下，意云：在餘心時名持戒者，不是別有善戒。更發得無作防非，但由往日『無作』業體非心。今雖起惡心，猶名持戒，故云『無』有『作』也。（思之。）故疏云：『無作』生，『作』生。今行不善心，何得兼起又發無作也？」（五九三頁上）

〔八五〕**雖無形色，而可護持；雖非觸對，善修方便，可得具足**　資持卷中一下：「涅槃中，具如標宗所引。無形色，明非色也。非觸對，即非心也。」（二六九頁下）簡正卷九：「無形者，無方圓等相。非觸對者，謂身能覺觸，餘根能對礙。今『無作』雖非此類，善修觀行，方便無犯，即得清淨，故云具足。」（五九三頁上）【案】北本涅槃卷一八，四七〇頁中。

〔八六〕**戒有二種，作者是色，無作非色**　資持卷中一下：「色、非色者，彼大乘宗『作』是『色』者，即心之色故不言心。『無作非色』者，體即是心，故不言非心。今但取彼非色之名，以為證耳。」（二六九頁下）簡正卷九：「證成非色。」（五九三頁上）【案】婆沙卷一一，八〇頁上。

〔八七〕**故以多文證成非色**　鈔批卷一三：「『涅槃云』下，引此多文，證知戒非色也。」（六一八頁上）簡正卷九：「證成『非色』，合云『非色非心』，文存略故。又皆許『非心』故，偏結『非色』也。（五九三頁上）問：『既非色，心為是何耶？』答：『種子義。以成宗分通大乘，以善五蘊，建立善種子，薰習藏識，長時不滅，故名持戒。此種子，非青黃赤白等色，又不能緣慮，故非色心，然能感招當果也。』疏問曰：『此識藏種子，則應能為未來後習，何得說言形終戒謝？』答：『種由思生，要朝（原注：『朝』疑『期』。）是願。云約盡形，形終戒失。』又問：『如上所辨，須識宗徒，律是小乘，豈壞大辭？牟楯自口，

如何會通？』答：『大小俱心，律儀不異，何呪四分通明佛乘，故耆婆王種猒無學身，來堅固法，施生成佛，相召為佛子等。（上疏文。）故今分依大乘，以無作為種子義。（上出持矣。）』」（五九三頁下）資持卷中一下：「向引諸文，雖是雙證，正欲對破，有部計色。所以文中但結非色、非心之義。既無所對，何假證成，故不言也。（舊云『文略』者，未善此意。）上且依論而示，克論體相，未甚精詳，至於業疏，方陳正義。乃有三宗，今略引示。凡欲考體，須識三宗造義淺深、兩乘教相差別。纖毫無濫，始可論體。初，明有宗，『當分小教』。彼謂：小機力劣，不約心論，善惡二業，皆由色造。能造是色，所發亦色，故作、無作，並色為體。彼部宗師，雖多解判，未善權意，故至業疏，的指體相，方為盡理故。疏文云：如律明業，天眼所見，善色、惡色、善趣、惡趣，隨所造行，如實知之。以斯文證，正明業體是色法也。又云：然此色體，與中陰同，微細難知，唯天眼見。見有相貌，善惡歷然，豈約塵對，用通色性。諸師橫判，分別所由，考其業量，意言如此。（故知，彼論但計無對法入假色，指為細色，獨出今疏。）二、明本宗。成論『過分小乘』。教雖是小，義乖小道，雖通大乘，非全大教。比前為勝，望後還劣，是故立體兩楹之間。初明作戒。色心能造，色是本教，心即過分。及論所發，非色非心，非色過分，非心本教。大集所謂曇無德師覆隱法藏，戒疏亦云包括權實，其義在茲。若論作戒，猶可循文，獨茲無作。歷代沈喪，故須顯示。非色非心，得名多別。二對作釋。如上成宗，二翻作釋。（二六九頁下）疏云：由作初起，必假色心，無作後發，異於前緣，故強目之非色心耳。三簡教釋。非色簡小，非心讓大。四迭廢釋。作戒云身口是具，無作名非色，即對廢有宗二戒；又言非心，自廢本宗作戒。五遣疑釋。初疑作既假，具必應是色，故言非色。及解無作，乃云心起。又疑是心，故云非心。若論其體，既是心成，體豈他物，但由教限，不可濫通。教既是權，體寧從實。且如成論言色則無記，頑色談心則六識妄心，是以非色則云非『塵大』所成，非心乃謂體非緣慮。良由善性記業，比（【案】『比』疑『此』。）色全乖業體，無知與心實異。究論體貌，實唯心業，但不談種子，故名非色，不說梨耶，故言非心。故業疏云：考其業體，本由心主。（從『作』起故。）還熏本心，（『本心』即『六識』，『望作』云『還』。）有能有用，（『能』謂『牽後』，『用』即『對防』），心道冥昧，止可名通，故約色心，窮出體性。（兼『緣』義也。）各以『五義』求之不得，（不相應也。）不知何目，強號『非二』。（兩求不得，不可名而名，故云『強號』。若在彼宗，

但計非二，纔云『強號』，即顯『教』『權』。須知『強號』之言，始見今疏。）。三、圓教者，即大乘義。前之二釋，俱不了教，故涅槃中或色非色，俱為諍論，如來明判，不解我意。是以祖師深取大乘圓實了義，決開權教，顯示我等壇場受體，意使修持投心有處。今分為二：初示圓體。即明梨耶隨緣變造，含藏種子。初明能造，還即六識，但依八起，即異小乘。縱有兼色，此色亦心，不同小宗，心色體別。二明所發，即心所造善根種子，藏識所持，隨心無絕，如楞伽中，識海識浪，浪從海起，還復海中，浪無別浪，還即海水。能造所發，全體是識，更無別法。當知，此種色相具足，故說為色。不同塵大，復無覺知，故（二七〇頁上）說非二。隨宜方便，悟入為先，大小權實，極須精考。故業疏云：智知境緣，本是心作，不妄緣境，但唯一識隨緣，轉變有彼有此。欲了妄情，須知妄業，故作法受，還熏妄心，於本藏識，成善種子，此戒體也。二、明圓修者。既知受體，當發心時為成三聚：故於隨行，隨持一戒，禁惡不起，即攝律儀；用智觀察，即攝善法；無非將護，即攝眾生。因成三行，果獲三佛，由受起隨，從因至果。斯實行者，出家學本，方契如來，設教本懷。故業疏云：是故行人，常思此行，即三聚等。又云終歸大乘，故域心於處。又云：既知此意，當護如命如浮囊。略提大綱，餘廣如彼，咨爾後學，微細研詳。且五濁深纏，四蛇未脫，與鬼畜而同處，為苦惱之交煎。豈得不念清昇，坐守塗炭？縱有修奉，不得其門，徒務勤劬，終無所詣。若乃盡無窮之生死，截無邊之業非，破無始之昏惑，證無上之法身者，唯戒一門最為要術。諸佛稱歎，遍在群經。諸祖弘持，盛於前代。當須深信，勿自遲疑。固當以受體為雙眸，以隨行為兩足。受隨相副，雖萬行而可成；目足更資，雖千里而必至。自非同道，夫復何言？」（二七〇頁中）

〔八八〕二戒先後　鈔批卷一三：「立云：有二家諍義不同。初是多論，次是事論（【案】『事』疑『成』。）也。今看文意，雖是兩家各執，並約多論文諍也。」（六一八頁上）資持卷中一下：「若論『作戒』，則無先後，獨茲『無作』，有多解釋，故須辨定。」（二七〇頁中）

〔八九〕如牛二角，生則同時　簡正卷九：「初解，第一師准多論解。如牛二角，生則同者。玄云：此多宗立。若據成宗破因果品，亦云『如角並生』。今且依多宗立理也。初一念色，喻如頭，『作』與『無作』，一時而生。是羯磨竟，一剎那時，如牛二角，無前後故。下引多論釋成。」（五九三頁下）鈔批卷一三：「立明：此多論師解也。羯磨疏中，有人解云如牛二角等，計理應是指古師

也，明『作』『無作』同時生也。礪云：依心論說，似一時得。鈔主云：定一時生，非先後起，豈有作絕，無作方生？由本登壇，願心形限，即因成也。至後剎那，二戒俱滿，故論云『作』時，（六一八頁上）具『作』『無作』也。遭云：論家雖有二執，據義亦非先後，亦非一時，即如涅槃難云：『為身先耶，煩惱先耶？』若身在先，身從何起，以要因煩惱，而得有身；若煩惱在先，煩惱依何而住？故知亦無先後。又如杖築，築凹之時與築時，不定先後。以正築時地地凹，豈離築之後，凹如生耶？若言一時，後因杖之先築，雖身與煩惱無先後，終是要因煩惱而得有身。雖言『作』與『無作』，不定先後，然終因『作』戒，發生『無作』。只自『無作』，非是『作』謝之後方生也。」（六一八頁下）

〔九〇〕**初一念戒，俱有二教**　資持卷中一下：「初念俱有，可驗齊生。」（二七〇頁中）鈔批卷一三：「立謂：第三羯磨未竟時，有此『作』與『無作』同時而生也。」（六一八頁下）簡正卷九：「多論釋成。初一念色，有身、口教及以『無教』。」（五九三頁下）

〔九一〕**第二念中，唯有無教**　簡正卷九：「第二念中，唯有『無教』，無其『教』也。羯磨疏云：現作善未捨之，但有『作』『無作』。第二念中，成就過去，『作』『無作』也。『作』已過去，唯有『無作』，故知『作』『無作戒』，一時生也。」（五九三頁下）鈔批卷一三：「立謂：三羯磨竟，作戒既謝，唯有無作在，此是多論解也。彼論有三種無作：一是因時無作，二果時無作，三果後無作。初，『因時無作』者，始從請師，終至白四，中間身口方便運動之時，有『無作』也。二、『果時無作』者，謂第三羯磨，當竟未竟，二戒俱圓，名『果時無作』，亦名『作俱無作』也。三、『果後無作』者，即形俱無作也，前兩『無作』並是後者之因。若受戒竟，前二『無作』，一時落謝，但有『果後無作』長時防非也。」（六一八頁下）【案】薩婆多卷一，五〇七頁下。

〔九二〕**前後而起**　鈔批卷一三：「立明：此下是成論家解也。羯磨疏但云：有人言計應是古師也。礪云：若依曇無德宗，似先後起，謂前後生，不一時也。故成實第九無作品云，問曰：『幾時從作生無作？』答：『從第二心生，隨善惡心強則能久住，若心弱則不久住。如受一日戒，則住一日，如受盡形，則盡形住。（已上論文。）礪疏意釋云：第二心生者，第二念生也。（『念』即是心故也。）論雖如是，理稍難通。若許第三羯磨竟時，但有作戒，後念方生無作戒者，即應許有律儀善行，不受而得，故知理擁也。今詳。第二心生者，應顯第二念已

去，唯無表生，不遮初念，同時無表，以其表業色法為體。其無表者，非色非心，二體既殊，何妨同念也。」（六一九頁上）簡正卷九：「羯磨疏云：作戒前生，無作事息方有，謂不一時也。故成論第七無作品問云：『幾時從生無作耶？』答：『從第二心生無作。第二心者，即是第二念生也。下引善生文，證成上義。』」（五九四頁上）

〔九三〕世間之法，有因則有果　資持卷中一下：「『故』下，引證。世間法者，緣搆成故。『因』即『作戒』，『果』謂『無作』。」（二七〇頁中）簡正卷九：「謂此二種戒體是有為，世間法故。有因有果，謂方便心異，作時心異，眾緣和合，得名為作。」（五九四頁上）資持卷中一下：「世間法者，緣搆成故，因即作戒，果謂無作。」（二七〇頁中）鈔批卷一三：「立明：舉世間法以況也。作戒是因，無作是果，因果相待，何得同時？准羯磨疏云：此師又引成實論云：第二念須名為無作，故知作為初念，無作為第二念也。」（六一九頁下）【案】優婆塞戒經卷六，一六九頁中。

〔九四〕如因水鏡，則有面像　簡正卷九：「舉喻顯也。水鏡為因，面像為果，以作為因緣，發生無作。作已過去，唯無作在。羯磨疏云：又如成論，第二念傾，名為『無作』。故知『作』前為初念，『無作戒』為第二念也。」（五九四頁上）鈔批卷一三：「案善生經云：世間之法，有因有果，無因無果。如面水鏡，則有像現，離面無像。『作』亦如是，從身有作，則生『無作』。如面水鏡，則有像現。譬如有人，發惡心故，則惡色現，發善心故，則善色現。『作』以『無作』，亦復如是。如獨樂，雖念念滅，因於身口微塵力故，而能動轉。『作』以『無作』，亦復如是。（觀經文意，證有『無作』，不證先後。）又，善生第六云：初發心異，（遠因心也；）方便心異，（近因心也；）作時心異，（正起身表業也；）說時心異，（正起語表業也。）眾緣和合，故得名『作』，以『作』因緣，生於『無作』。（此顯『無作』從『作』而生。）如威儀異，其心亦異，（謂受戒竟，改威儀，其心亦異也。）不可壞故，名為『無作』。（謂雖改心，而戒不壞。）從此作法，得『無作』已，心雖在善、不善、無記，所作諸業，無有漏失。（謂從壇場作法而生『無作』。）今詳經意，以『作』因緣生『無作』者，同時亦是相生，何能正證，無作先後？」（六一九頁下）

〔九五〕論云　資持卷中一下：「由立前後，違上論文，初念俱有，故須釋之。」（二七〇頁中）簡正卷九：「和會也。先引羯磨疏起，後列鈔文答通。疏問曰者，依後解前。云何通謂作生無後起，依此後解。前云：初一念中，俱有二教，何以

通會？（問竟。）舉鈔答中，有二：初，正會前文；二、『亦是』下，轉釋。
不妨仍後生義。論云者，牒上初解，同時生義。」（五九四頁上）

〔九六〕**作時具「作」「無作」**　鈔批卷一三：「立云：此是成論師牒上多論文也。將欲
破前多論師解一時而生者，故先牒彼多論之文來，然後為通。或可是鈔主自通
耳。故羯磨疏問云：『若如後解，前何以通？』即答云：『論云作時具作無作
者，是『作（原注：插入『作』字。）俱無作』。此二俱是戒因，至三法竟，
思業滿足，二戒成處，故云具也。立云：彼師據其作時，具『作』、『無作』之
言，便謂『作』、『無作』一時生者，此是受中『無作』耳。故言此是『作』俱
『無作』也，非是『形俱無作』，猶是『形俱無作』之因耳。（六一九頁下）立
又解：此是鈔主破前多論師也。」（六二〇頁上）

〔九七〕**此是「作」俱「無作」**　資持卷中一下：「『此』下釋通。初，明作俱齊起。」
（二七〇頁中）簡正卷九：「謂前文中，云同時生者，此是『作俱無作』，並是
形俱戒因，不是形俱戒體。第三羯磨竟時，根本業道，思願成就，『作』與『無
作』，於一剎那，一時圓滿，故云具『作』『無作』。此則如牛（五九四頁上）
二角，生則同時，並是戒因。」（五九四頁下）

〔九八〕**至第三羯磨竟，其業滿足，是二戒俱圓，故云「具作無作」**　鈔批卷一三：「立
謂：此是『作俱無作』也，謂『作戒』及受中『無作』，名二戒也。此二戒，
至第三羯磨竟時，其業滿足，故言具『作』『無作』也。若『形俱無作』，仍後
生也，故言不妨形俱等。」（六二〇頁上）

〔九九〕**不妨形俱無作，仍後生**　資持卷中一下：「『不』下，示『形俱』後生。上云仍
後，在言未顯，（二七〇頁中）猶恐濫同初念之時，故重遣之，云『亦是』等。
已前二解，並是古義。若準業疏，即取初解，但不明三時，義未盡耳。（舊記
將不妨下，作今義非也。）疏出今義云：今解一時，非前後起，豈有『作』絕，
『無作』方生？（此斥次師。）由本壇場，願心形限，即因成也。（二戒因生。）
至後剎那，二戒俱滿，（二戒果滿。）故云『作』時具『無作』也。（結示論文，
故知此文非明『作俱無作』。）又約一受，明三『時無作』：一、『因時無作』；
（從始登壇，『作俱』隨作生，形俱因成未、現。）二、『果時無作』，有二；
（三法竟時，一即同上作俱，二是形俱果滿。）三、『果後無作』，（第二剎那，
通於形終。）」（二七〇頁下）鈔批卷一三：「立謂：當第三羯磨竟，名一念竟
也。謂是『作戒』及『作俱無作』。此二謝後，『形俱無作』方生也。此文與前
稍異，前云羯磨當竟未竟，『形俱無作』則生，此中要待第三羯磨竟，一剎那

頃，名為一念，謂此念後，『形俱無作』方生，故言少異。謂異前文云『不妨形俱無作，仍後生也』。（計理亦無異，相承言異耳。）上雖明先後兩解不同，准羯磨疏，全符前疏云：今解一時，非先後起，豈有『作』絕，『無作』方生？由本登壇，願心形限，即因成也。至後剎那，二戒俱滿，故云『作』時具『作』、『無作』是也。且約一受，三『時無作』：初，『因時無作』，此與『作俱』，非乖俱體，（謂不異『形俱無作』之體。）不妨形俱，因成未現。（謂『形俱無作』，有因而但果未現。）二、『果時無作』，有二：一還作，俱同上明也；（謂此時猶有『作俱無作』，因上『因時無作』中，『作俱無作』不異也。）二是形俱，方為本體，以三法竟，示現之時。三、『果後無作』，（六二〇頁上）以通形終。約時分二，（謂約羯磨竟、未竟也。）本通三時也。（謂通因時、果時、畢後。）賓云：其實體一，而義有二，現同剎那，名曰『作俱』。復能引起後後諸念，復名『形俱』也，故云『作』已過去，『無作』恒在是也。」（六二〇頁下）簡正卷九：「不妨『形俱無作』，仍後更生，故云前後而起，亦是當一念竟時，二戒謝後，『無作』生也。轉釋未妨，仍後生義，謂『形俱無作』生時，亦與多宗第三羯磨一念竟時，二戒謝後，第二念中，『形俱無作』生也。『與前第二念中，唯有無作不別，何故前謝後生？』玄云：『謂戒是有為生滅之法，前不滅，後法不生。由前滅故，後方生也。羯磨疏中與此和會不別。又疏云：今解一時，非前後起，豈有『作』絕，『無作』方生，由本登壇願心形限，即因成也。至後剎那，二戒俱滿，故云作時，具『作』、『無作』是也。且約一受，三『時無作』：初，『因時無作』，此與『作俱』非乖俱體，不妨『形俱』因成，未現。二、『果時無作』，有二：一是『作俱』，同上明也；二是『形俱』，方為本體。以三法竟，示現之時。三、『果後無作』，以通形終，約時分二，本通三也。」（五九四頁下）

〔一〇〇〕**汎解多少** 鈔批卷一三：「謂汎說『無作』有多種也。羯磨疏云：此下通敘諸業是也。賓云：非有論文作此說也，但是古來諸德搜尋經論，纂集為八，或九或七，數亦不定。鈔言依多論者，非也。但是古德通求諸經論意耳。既有八門不同，今即是初也。」（六二〇頁下）資持卷中一下：「此科不局戒體，總列八種。善惡定散，世出世業，一切通收，故云泛也。」（二七〇頁下）

〔一〇一〕**依如多論，八種無作** 資持卷中一下：「若順多宗，應云無教，但名通彼此，趣爾舉之。」（二七〇頁下）簡正卷九：「謂大約而言，有其八也。」（五九四頁下）

〔一〇二〕**作俱無作** 　資持卷中一下：「問：『作俱既與方便齊生，何名無作？』答：『雖與作俱，不妨彼體，不假緣搆，以二法相違，性不可合。故疏云：不由心起任運相感，故即號曰『作俱無作』是也。」（二七〇頁下）鈔批卷一三：「羯磨疏云：隨作善惡，起身口頃，即有業相隨，與作同生，故曰也。賓云：即顯『無作』與『作』同時。故心論云：第二羯磨竟，『作』及『無作』等。立謂：如正作善惡之時，發此『無作』，同其作生，其『作』若謝，此『無作』亦滅也。」（六二〇頁下）

〔一〇三〕**如作善惡二業，與作方便齊生** 　簡正卷九：「羯磨疏云：隨作善惡起身口，須有業相續，隨作同（五九四頁下）生，作休業止，能牽於後，不由起心，任運相感，故曰『作俱』。若准多宗，初一念中，『作』與『無作』，同時而起，故曰齊生。」（五九五頁上）

〔一〇四〕**形俱無作** 　資持卷中一下：「形俱者，期盡壽故。形滅失者，據論受體，實通四捨。且據本期，一相為言。上之二種，戒善兩通。今明受體，唯在此二，餘無相涉，五、六義兼隨行，要期可同自誓。」（二七〇頁下）鈔批卷一三：「如善惡，發得無作，與報形同，至死死（原注：『死』字疑剩。）方謝，即如比丘無作戒體，訖至形終，戒乃謝也。惡律儀，反說可知。」（六二〇頁下）

〔一〇五〕**如善惡律儀，形滅戒失** 　簡正卷九：「羯磨疏云：如限一生長時不絕，即有業量，隨心任運，形謝戒失，即蘭（原注：『蘭』一作『簡』。）作法，形在亦失也。若惡律儀形滅失者，同善律儀也。」（五九五頁上）

〔一〇六〕**事在無作** 　資持卷中一下：「初明善事。下句反例惡事，如置殺具，類上說之。」（二七〇頁下）鈔批卷一三：「如施衣等者，且如施物，物體若在，（六二〇頁下）常能生福。『無作』常有，物壞之時，『無作』亦滅。此准婆沙百二十二云：或造佛像、窣堵波等，乃至造井、橋船、階道處等，此諸表業，所發無表，具有三緣，相續不斷：一、由意樂，謂緣彼事，深生歡喜，意樂不息；二、由所依，謂所依身，得分相續，命未終位。三、由事物，謂所修建佛像等事，未都壞滅。如是三緣，隨闕一種，『無表』便斷。成實論第十二、心論第四，並同此說。鈔依成、心二論也：一、前事毀破者，謂衣壞已，『無作』便失；二、若死者，立謂：雖所施物在，能施人亡事在，無作亦謝。引義稍惡。既云事在無作，但使事在，則有『無作』，何須望人死活耶？解云：此應是小乘人行施，擬盡一形，形謝故，『無作』隨滅也。濟云：此義與智論相違。論中，有人造殿捨礎，死得生天。後時有人欲作好礎換除，其

（原注：『其』下疑脫『故』字。）。先生天者，宮殿震動。不知何緣，即以天眼，觀見宿業事，知承捨礎之善，得生天來，即下化為人，勸令莫換。其人即止不換，天福如故。據此事在『無作』，前人雖死，『無作』常存，豈不違於今文也。」（六二一頁上）簡正卷九：「玄記科為四節：初，立義宗；二、『僧塔』下，指所施物；三、『除三』下，明其緣謝；四、『惡緣』下，類例明也。事在者，於其事上，常有『無作』功德長生。」（五九五頁上）

〔一〇七〕除三因緣　簡正卷九：「抄依婆沙、雜心等說，除三緣闕也。」（五九五頁上）

〔一〇八〕前事毀破　簡正卷九：「衣已壞，『無作』便失。」（五九五頁上）

〔一〇九〕此人若死　簡正卷九：「約施物人。若此人也。」（五九五頁上）

〔一一〇〕若起邪見　鈔批卷一三：「立謂：正論信心生故施，因發無作。今邪見心生，撥無因果，故『無作』亦謝。事同比丘邪見失戒也。」（六二一頁上～下）

〔一一一〕無此三者，事在常有　簡正卷九：「謂若無其前來三緣，『無作』常有。」（五九五頁上）

〔一一二〕惡緣同之　鈔批卷一三：「立明：若作善事，施衣造塔，發生無作。若物壞及邪見，失『無作』者，作惡類爾。如畜惡律儀，亦發生『無作』。若起正見，受五、八戒，信心若生，或物壞身死，『無作』亦謝，故曰惡緣同之。反前則是。惡緣謂殺具等事也。」（六二一頁下）簡正卷九：「遍來具舉善事，一面以言。若惡事弓刀等類，亦有惡無作。例善可解（云云）。外人難：『前言此人若死，無作不生，即與智論有異也。准智論中，昔有人施塔礎（『初舉』反），謂柱石也，死得生天。後人換之，天宮振動，天眼觀已，遂化為人，下勸莫換，損我天福。其人依語，天福如本。云何前言此人（五九五頁上）若死無作失耶？』答：『解有二：初，玄云：前文所引，是婆沙、雜心等小乘見，但局一形，乃云若死無作便滅。智論是大乘，不局一形，見解遠故。次，依法寶解：但是施礎為生天因，故感天宮振動，若論無作，形滅之時已失，與多宗不異。（恐未及前搜玄解。）」（五九五頁下）

〔一一三〕從用無作　資持卷中一下：「從用者，上但物在，此約持用，善惡類解。」（二七〇頁下）鈔批卷一三：「賓云：此依成實第十一卷（【案】見大正藏本卷九。）三障品云：食（原注：『食』疑『著』，或有脫文。）檀越食，著檀越衣，入無量定，而此檀越得無量福。（慈、悲、喜、捨四無量。『定』鈔改云『入諸禪定』也。）羯磨疏問：『此從用業，與前作俱，有何等異？』答：『業相虛通，不相障礙，間雜同時，隨義而別。且如持鞭，常擬加苦，既無

－1272－

時限，即不律儀。為形俱業，要誓常行，即名真業。口教打撲，即是異緣。前受行之，又是助業。隨動業起，即是作俱。鞭具不亡，即名事在。隨作感業，豈非從用？惡念不絕，又是心俱。故舉一緣，便通八業。餘則例知。』」（六二一頁下）

〔一一四〕**如著施衣，入諸禪定，則令施主得無量福**　簡正卷九：「准成論第十一三障品云：食壇越衣，亦是壇越得無量福。今抄云禪定。禪謂四無量心；慈悲喜捨，禪皆具足，不相違也。」（五九五頁下）

〔一一五〕**惡緣弓刀，例此可知**　簡正卷九：「謂約捉用時，『無作』增長，例前善事，故曰可知。此門約用，與前稍異耳。」（五九五頁下）

〔一一六〕**異緣無作**　資持卷中一下：「初依多宗。身口不互，則有異緣。妄是口業，現相表聖，假身成故。盜是身業，咒物過關，假口成故。」（二七○頁下）鈔批卷一三：「賓云：如欲殺人，不執刀杖，乃用指印，作相作書而殺。雖同身業，而事有異，故曰異緣能發『無作』也。二者互緣，如以指印，或以相書，作大妄語。（六二一頁下）此即身業，以成語業；或如讚殺，以語成身業。既互造，故名互緣。先來諸師，不達異緣，互緣別相，遂混然。」（六二二頁上）

〔一一七〕**身造口業，發口無作**　鈔批卷一三：「立云：如有人於眾中云『誰得羅漢者起立』，有凡比丘起立是也。妄本由口，今身現相，現身表口業，即發『口家無作』也。賓云：如以指印，或以現相作書，而作大妄，此即身業。以成語業，發『語無作』也。」（六二二頁上）簡正卷九：「如大妄語。云『是聖人者起來』，彼應聲便起，此即身造口業。口造身業者，如深河誑淺等。何名異緣？如上妄語，本合以口為緣，今以身造，異本緣故。如人受食，合是身業，今有寶器，并不喜沙門等緣，乃令置地，口加三受，是口作身業。又如長衣說淨，本是口業，今將來說淨物著判，先說淨衣，上是身造口業也。」（五九五頁上）

〔一一八〕**口造身業，發身無作**　鈔批卷一三：「賓云，如心論云：自在者，口語仙人意所嫌，自在即王也。王口處分殺人，發身無表也。仙人者，即彈宅迦國仙人起嫌，一國皆死，此是意業成殺也。又言師子吼殺獸，壯夫咄殺人，此亦口業成身業也。薩婆多宗不許此義，大乘經部、成實宗，皆許口業親成殺生。廣有相破斥，具如賓抄第三。疏云：無學著衣，身造口業也。深河誑淺，口造身業，殺是業也。立云：深河誑淺者，如人問云：此水深河（【案】『河』疑『淺』。）？比丘知深報淺，前人即度溺水，犯夷是也。然殺本身業，今以口誑殺死，故發身家無作也。」（六二二頁上）

〔一一九〕**若依成論，身口互造**　資持卷中一下：「『若』下，點異成宗，不爾隨造成業，不說異緣。如口造身，即發口業，身造亦爾。」（二七〇頁下）鈔批卷一三：「立明：同上身作口業、口作身業是也。」（六二二頁上）簡正卷九：「多論不立口身牙（【案】『牙』疑『互』。次二同。）造名為異緣。且如身造口業，但發『口無作』，不發身業，故非牙造。今依成論所立，即通牙發也。」（五九五頁下）【案】成實卷七，二九五頁下。

〔一二〇〕**助緣無作**　鈔批卷一三：「如似他人身語等業，用成我身語等業，即如遣使作事等也。」（六二二頁上～下）資持卷中一下：「能教發業，假彼所教，前作助成。文出殺盜，教善準知。」（二七〇頁下）

〔一二一〕**如教人殺、盜，隨命斷、離處，教者得罪**　簡正卷九：「成論無作品云：如教煞人，隨彼煞時者（原注：『者』字疑剩。），得煞罪也。如此煞罪，身是正緣。口教他方便，助成身業，而發無作，名助緣也。」（五九六頁上）

〔一二二〕**要期無作**　資持卷中一下：「『要期者，與形俱何異？』答：『形俱隨報，要期不定。疏云：如十大受及八分齊（【案】『齊』疑『齋』。次同。），要心所期，如誓而起。（『十受』出勝髦，『八齊』開自誓。）文舉善事，惡亦同然。』」（二七〇頁下）鈔批卷一三：「立謂：如人發心來年設會，造佛書經。既發心後，『無作』常生，訖逐所期，『無作』方謝。（此解與賓不同也。）故賓云：亦名處中『無作』，謂如日夜及處中要期等，日夜謂八戒也。處中有善及有不善，謂雖善業，非是律儀，或雖惡業，非是惡戒。既處中庸，故曰處中。通律師云：善非純淨心，惡非深厚纏，故曰處中。今詳。未曉其義，故作是說也。古人有立『九種無作』者，加其『願俱無作』，謂依成論十二九業品云：若有人發願，願我當要布施。若起塔寺，是人定得『無作』。問：『願俱與上要期，有何差別？』答：『現作、當作，通名願俱。要期唯局現作。依此應言：若是要期，必是願俱，而有願俱，非是要期，謂擬當作是也。』問：『此願俱，既通現作，與前事在，有何異耶？』『前現作事但發心，今從發心，即生無表。』」（六二二頁下）

〔一二三〕**如人發願，作會作衣等施，無作常生**　簡正卷九：「要期與願，抄立為一要，『期』亦名『願』也。古今諸記，皆引成論之文，或同或異。異者，言『願俱』，如有人發願云『我當作會』，若作衣施，『無作』常生。（此局當時也。）要期者，如受八齊（【案】『齊』疑『齋』。）法，要心所期，一日一夜；或受五戒，要期一形。如誓而受，亦名願也。（此局現作。）次辨同者，論云：

又，此『無作』亦名『願生』。既云『亦名』，即是同義。若是『要期』，必是『願俱』。若有『願俱』，非是『要期』也。」（五九六頁上）

〔一二四〕**隨心無作** 資持卷中一下：「此明定、道二戒，文分為二。」（二七一頁上）鈔批卷一四：「立謂：准多論名『隨心無作』，亦名『心俱無作』，是定慧之業。若餘之善，無此『隨心無作』也。」（六二三頁上）簡正卷九：「隨心者，隨是能隨，謂無作戒也。心是所隨，謂定慧心也。法爾七支無表隨心轉，與定慧心俱時而生，故名心俱。即以心為因，無作為果。故俱舍頌云：別解脫律儀，依表是表果；隨心轉律儀，依心是心果。故以隨心無表是心果也。問：『此隨心有幾律儀耶？』答：有定共、道（原注：『道』下疑脫『共』字。）二種儀也。就其定共隨心無作中，更分有漏、無結（原注：『結』疑『漏』。）。文自顯。問：『既云定共、道共，何故抄云定慧心耶？』答：『若據成論文，單云入定，無『慧』字。今云慧者，是無漏道共攝也。故多論云：靜慮、無漏二種律儀，在定道心，亦成就，（五九六頁上）亦現行；出定道心，唯成熟，不現行也。」（五九六頁下）

〔一二五〕**有定慧心，無作常生，亦名心俱** 資持卷中一下：「初依多宗。彼謂：入定、入道，有禪無漏律儀，出定則無故。」（二七一頁上）鈔批卷一四：「與心俱逐，故曰心俱。寰云：定、道律儀，隨心轉故，故『心俱』曰（【案】『曰』疑『也』。）。准多論意，有定慧心時，有此『無作』也。成論不同，如下引。故薩婆多宗云：靜慮、無漏二種律儀，在定、道心，亦成就亦現行；出定、道心，唯成就而不現行。」（六二三頁上）【案】見婆沙論卷一百一十九，六二三頁上。

〔一二六〕**出入常有，善心轉勝** 資持卷中一下：「成論初二句，對破彼宗，論中『常有』字下，更有『常不為惡』一句。善心者，示隨心故。『若爾，定、道無作，應非非心？』答：『但能隨心，而實非心，由彼業性，能起後習，故云善心轉勝耳。』」（二七一頁上）鈔批卷一四：「立云：破上多論，隨定慧心。今不問入定、出定，常有此無作，但可入定時轉勝耳，非唯隨定慧心，但隨生死心也。如此此生彼，皆隨之而生，故曰隨生死心也。（六二三頁上）案成實論十二善律儀品云：無漏律儀隨心行，戒律不隨心行。問曰：『有人言，入定時有禪律儀，出定時則無。是事云何？』答：『出入常有。是人得實，不作惡法，與破戒相違，常不為惡，善心轉勝，故應常有。』問曰：『若禪無色中，無破戒法。以何相違，名善律儀？』答曰：『法應如是。諸仙聖人，

皆得善律儀。若以破戒相違故,有律儀者,則但應從可惱眾生所得善律儀。有如是咎,是故不然。寶云:定共既爾,道共應同。』」(六二三頁下)簡正卷九:「此引成論標破多宗也。適來多宗解云:入定及無漏,心表則轉勝,出定并有漏,心無作則無。成宗不爾,出入恒有善心轉勝。意道:入定及無漏心,名曰善心。其無作在此心時,轉增勝故。論又問曰:『有人云:入定時有禪律儀,出定則無,此言虛實?』答:『出入恒有。是人得實,不作惡法,與破戒相違,若入善心,則轉勝故。』」(五九六頁下)【案】成論卷八,第五九六頁下。

〔一二七〕**隨心** 資持卷中一下:「『此』下,示名。」(二七一頁上)簡正卷九:「隨生無心,乃至非謂隨定慧者,正破多宗也。彼云:隨定慧心則有,出此二心便無。此則不爾。生死位中,必在觀故,道共之戒,形滅不失。即顯無漏、定道二戒常隨,非謂一面隨定慧也。」(五九六頁下)

〔一二八〕**別脫不爾,唯隨於身** 資持卷中一下:「『別』下,簡異。唯隨身者,期盡形故。問:『成宗別脫,亦由心造,何但隨身耶?』答:『教限義故。』『若爾,何以疏云功由心生,隨心無絕耶?』答:『過分義故。』」(二七一頁上)鈔批卷一四:「立明:此別解脫戒,發得無作,名曰形俱,但隨一身,身滅戒謝。不同定慧,隨生死心,故言不爾也。即成實云『無漏律儀隨心行,戒律儀不隨心行』是也。」(六二三頁下)簡正卷九:「簡異也。謂別解脫,唯隨一形,命根根(原注:『根』字疑剩。)斷時,失所依故。其戒則失,不同隨心戒也。」(五九六頁下)

〔一二九〕**初果生惡國,道力不作惡** 鈔批卷一四:「立明:引此經文,證隨心無作,是生死心也。若言無作不隨生死心者,初果之人生惡國中,何不造作?明知承宿善心故也。」(六二三頁下)資持卷中一下:「『道力』即道俱戒。又智論云:初果生殺羊家,寧死而不殺,此證定、道,隨生死心明矣。業疏問云:『從用與作俱何異?』答:『業相虛通,不相障礙,間雜同時,隨義而別。且如持鞭,常擬加苦。既無時限,即不律儀為形俱業,要誓常行,即名願業。口教打撲,即是異緣。前受行之,又是助業隨動。業起即是作俱。鞭具不亡,即名事在。隨作感業,豈非從用?惡念未絕,又是心俱,故舉一緣,便通八業。餘則例準,知有無也。準此以明,或單或具,間雜不定,精窮業理。在斯文矣。」(二七一頁中)【案】北本涅槃卷二九,五三七頁下。

〔一三〇〕**上八種中,前七通善惡,欲界繫法** 資持卷中一下:「前七局欲界者,體是

事亂故。」（二七一頁上）鈔批卷一四：「上八業中，前七含善惡，唯第八隨心者，局善業也。」（六二三頁下）簡正卷九：「界，繫也。此八種中，前七通善惡，唯局欲六界，有善惡故。上界則無也。繫者，繫縛之法。」（五九七頁上）鈔批卷一四：「前七縱是善業，未離欲界。猶是欲界繫縛之法，故曰也。且如直修戒，無定慧力者，是欲界繫法也。」（六二三頁下）

〔一三一〕後一無作　簡正卷九：「指隨心無作也，唯局善性。外難云：『此善性與前七中通善性處何別？』答：『前是散善，此是定善，條然別也。』」（五九七頁上）

〔一三二〕若是世禪，局上二界　資持卷中一下：「若世禪者，單簡定、共。局二界者，有漏業故。」（二七一頁上）簡正卷九：「謂色界四禪，及無色界四空處。此八地有漏定繫縛之法，故云局上二界也。」（五九七頁上）鈔批卷一四：「立明：既有定慧，無作之業善，然定慧通有漏、無漏。若但修世禪，謂四禪、四空定，及有漏慧，則生上二界，色、無色也。如外道修世善，是世禪，名邪定是也。」（六二三頁下）

〔一三三〕若出道法，非三界業　鈔批卷一四：「立明：若修出世禪，無漏定慧，即人法二空，理觀雙泯者，則入四果之位，故曰非三界業。謂入第四果，方稱非三界業也。或可通指四果，以皆是修無漏也。」（六二三頁下）簡正卷九：「此約無漏定，及道俱無表，不屬界繫所佉，故云非三界業也。問：『未審有漏定與無漏定何異？』答：『有漏定據捨說，如忻上是取，猒下是捨。既有取捨，未免轉廻，故是有漏。漏者，泄也。泄煩或心（【案】『或心』疑『惑』。）故，外道亦證得。（云云）。若無漏定，無取捨心，了知一切空虛幻有，即是無漏心中修習，通超界繫，不為（五九七頁上）煩惑之所漏泄故也。餘廣如論述。』」（五九七頁下）資持卷中一下：「若出道者，通收道定。非三界者，俱無漏故。上約界簡，更以義求。次，約善惡簡，前七通善惡，後一唯局善。三、世、出世簡。前七局世法，七惡定局世，七善通出世，為道方便故。後一中，『定共』通世、出世，『道共』局出世。四、就前七善，初二及七通戒善，餘四局泛善。五、定共有邪正。六、道共通大小。如是廣之。」（二七一頁上）

二、「受」「隨」同異〔一〕

二種無作〔二〕。

五義同之：一者名同——受、隨俱名無作。「受」謂壇場戒體，「隨」謂受後對境護戒之心，方便善成，稱本清淨〔三〕故也。二者義同〔四〕——同防七

非。三者體同──同以非色心為體。四、敵對防非同〔五〕──受中無作，體在〔六〕對事防，與隨中無作一等〔七〕。五、多品同〔八〕──如成論，戒得重發，肥羸不定〔九〕。

異有四種：一、受中總發〔一〇〕──以願心，情非情境，一切總得；隨中無作別發，行不頓修〔一一〕，次第漸成。二、長短不同──受中無作，懸擬一形〔一二〕；隨中無作，從方便色心俱，事止則無，故名「短」〔一三〕也。三、寬狹不同〔一四〕──受中任運，三性恒有，隨局善性，二無〔一五〕，名「狹」。四、根條兩別〔一六〕──「受」為根本；隨依受起，故曰「枝條」。

二種作〔一七〕者。

有五同〔一八〕：一、名同〔一九〕；二、義同〔二〇〕；三、體同〔二一〕；四、短同〔二二〕；五、狹同〔二三〕，唯局善性。所以準知。

有四種異：一、受中總斷，隨中別斷〔二四〕。二、受本，隨條〔二五〕。三、受是懸防，隨中對治〔二六〕。四、受作一品，終至無學〔二七〕；隨一品定〔二八〕──隨中作戒多品〔二九〕：由境有優劣〔三〇〕，心有濃淡，故心分三品〔三一〕，不妨本受是下品心〔三二〕。故雜心云：羅漢有下品戒〔三三〕，年少比丘上品戒〔三四〕。

【校釋】

〔一〕「受」「隨」同異　鈔科卷中一：「初，無作同異……二、作戒同異。」（四九頁中）資持卷中一下：「無作『五同』中，四敵（二七一頁上）對同言體，在者謂本受不失。對事者，事即是境，由有本體，方起防護，即名本體能防非也。」（二七一頁中）簡正卷九：「立此門大意，只為破古師所執也。古云：『受』中作戒，即是『隨』中作戒，『受』中無作，便是『隨』中無作。即『受』『隨』更無別體，譬似一楯，（帝釋也），能捍眾敵，今師破此，故立異同意。」（五九七頁下）鈔批卷一四：「礪云：昔解『受』『隨』義一。譬如一楯能捍眾敵，為破斯義，故立此門。言受隨者，羯磨疏云：創發要期，緣集成具，納法在心，名之為『受』。此但壇場起願，許欲攝持，未有行也。既作願已去，盡形已來，隨有戒境，皆即護持，與願心齊，因此而行，故名『隨』也。受局善法，兼染不成，隨通持犯，皆依受故。『萬願行相依，猶如輪翅，持可名受，犯豈名隨？』答：『隨有兩種，持犯乃異，俱從受後而生，行兼善惡，皆順受故，相從目之，為隨戒也。言隨者，隨有四種：一、專精不犯隨。此隨順本

受，賓云：一受之後，盡一報形，曾不暫犯，一往順教，故曰專精。此人亦希，誰其義也，如祇夜多之類也。其餘羅漢，雖不故犯，仍有誤犯，如忘囑入聚落，無學尚犯，尋即悔謝。雖名白法，不名專精，乃屬第二門中人也。二者，犯已能悔隨。此隨分違受，以初篇犯懺，不復本故也。三者，無心護持隨。此隨無行用，雖於境未犯，有違學教故。四者，能犯無悔隨。此隨全缺行，雖與受相違，因受有犯故，是以受後行，無問持與犯，通名說隨戒。（六二四頁上）莫不依受生，相從持犯戒。』賓問曰：『持順受體，可得名隨，犯非順受，應不名隨答，悔已成隨。若爾，若犯初篇，如何得悔？』答：『學悔故隨。』『若爾，覆無學悔，應不成隨？』答：『犯在隨位，相從名隨。若約剋性，犯實非隨，今言同異。初，約受中無作，及隨中無作，有五同四異。次，明受中作，及隨中作，亦五同四異。」（六二四頁下）

〔二〕**二種無作**　鈔科卷中一：「初，五同；二、四異。」（四九頁下）鈔批卷一四：「隨通指受時，發得一形無作，及隨中無作也。」（六二四頁下）簡正卷九：「一受、二隨也。受謂一形，壇場所，隨護受體，對事方生。所得雖殊，同名無作。遂以五種光（【案】『光』疑『先』。）辨於同異也。」（五九七頁下）

〔三〕**護戒之心，方便善成，稱本清淨**　簡正卷九：「釋二種無作名同也。『受』則易知。『隨』中難識，方便善成，是隨中作戒。謂作業成，稱本清淨，是無作也。義同體同，如抄分明。」（五九七頁下）

〔四〕**二者義同**　鈔批卷一四：「立謂：受中無作，擬防身口七非。隨中無作，亦防身口七非，故曰也。箋云：『受』『隨』無作同，以不籍緣辨，任運常有為義，故曰也。」（六二四頁下）

〔五〕**敵對防非同**　鈔批卷一四：「立謂：對非防遏，故曰敵對防非也。然受中，雖未有非可對，據本受意，擬對非而防，故從本取義，名敵對等也。礪云：受中無作，懸有防非，未即有行；隨中無作，對事防非，行成皎潔。即問：『懸未有非，對即隨行，受有何用？』答：『無其受，隨不成隨，共一治故。（看文意還是同名敵對，防非也。）』景云：敵對防非同。受中無作體在對事等者，此明由有受中無作，隨無作防非也。（此解亦好。）羯磨疏云：以受體形期，隨非防遏，為護受體，故詔本體，有防非能。（六二四頁下）能實隨行，行起護本，相依持也。」（六二五頁上）

〔六〕**體在**　資持卷中一下：「體在者，謂本受不失。」（二七一頁中）

〔七〕**與隨中無作一等**　資持卷中一下：「（隨無作外，別有作俱，隨作即謝。）」（二

七一頁中）簡正卷九：「古今意別。古云：受是懸防，隨則對境，防非之義是同，不用論他懸與不懸也。只如受中，雖有懸體，若論防非還幼，臨時對境，與隨中對境何殊，故云一等。若依古解，受是懸防，隨是敵對，卻落向下異中所攝，如何說得同之道理？然雖略辨受，隨防非一等，而未知二種無作，對事正防非時，則是其作，云何卻名無作敵對防非？此義稍難，須敘說故。羯磨疏云：以受體形，期過防邊，為護體故，即名（諮音）本體有（五九七頁下）防非能。能實隨行，隨行起護，本相依持也。隨無作者，對非與治、與作齊等。此無作者，非是『作俱無作』，謂起對防，即有善行，隨觀（【案】『觀』疑『體』。）並生。作用既謝，此善常在，故名此業為隨無作。與非對敵，故與受同。若依古文解無作者，事息方有，此非對防，止是作戒。上是疏文。或有舉防城喻等，寄在臨時敘說。」（五九八頁上）

〔八〕**多品同** 鈔批卷一四：「立云：如成論，戒得重發，如一日中受七種戒，明得重發，此曰多品。又，若先是下品心，得下品戒，今後更受。又發中、上，此是『受中無作』，多品也。『隨中多品』者，謂有肥羸，故曰多品。又解，約隨中事，別別不同，如持衣、說淨、安、恣等行，皆是多品，故曰也。礪云：將此一門作異門也。言『受中無作』，酬本一品心因，故『受中無作』義均一品，『隨中無作』乃有優劣也。羯磨疏亦云：受一隨多。以彼宗中，不通重故，止約隨行，通優劣也。（准上者，釋此一門中，得同得異也。）」（六二五頁上）簡正卷九：「羯磨疏云：以『受』可重發，故無作有，疏龜上中下多品。隨中，隨心則濃談，業理亦洗淳，亦多品也。依多論中，受一隨多緣者，彼宗中不通重故。止歸隨行，通優劣也。」（五九八頁上）

〔九〕**戒得重發，肥羸不定** 資持卷中一下：「戒重發者，明受體有三品也。肥羸不定者，隨體亦三也。以業隨心發，受隨二戒，各具三心，故使『無作』各有三品。標成論者，對簡有宗，受唯一品。隨有三品，則一多不同也。」（二七一頁中）

〔一○〕**受中總發** 資持卷中一下：「初，受但起心，故可總發。」（二七一頁中）簡正卷九：「總發者，羯磨疏云：但發願故，於萬境不造惡故，法界為量。可一念緣，豈非總發，隨約實行？非頓唯漸，故別也。」（五九八頁上）

〔一一〕**隨中無作別發，行不頓修** 資持卷中一下：「隨是造修，止得別發。」（二七一頁中）鈔批卷一四：「謂如說戒時不得自恣，說淨時不得受食是也，要次第漸作。受中不爾，發在一時，直周法界，律儀頓得。故疏云：受但虛願，欲於萬

境不造惡也。法界為量，豈非總發？隨行無作，次第漸成，不可頓起，名為別也。」（六二五頁上～下）

〔一二〕**受中無作，懸擬一形**　鈔批卷一四：「謂受時要期，擬盡一形，斷惡作善，其中雖入惡無記中，無作常有，故名長也。羯磨疏云：受體相續，至命終來，四心間起，本戒不失，故寬也。」（六二五頁下）

〔一三〕**隨中無作，從方便色心俱，事止則無，故名「短」**　鈔批卷一四：「立明：對事修行，動身口時，名方便色；意緣法相，名方便心。且約持衣，餘例取解，執衣互跪，口陳詞句，是方便色；分別衣體，曉了如非，是方便心，故曰也。以其無作之業，與此色心俱起，對事則有，事休便謝，故言短也。」（六二五頁下）簡正卷九：「疏云：受體形期，懸擬防故，說之為長。隨無作者，從行善生，與方便俱心止住，故名為短。今指事說，如持三衣，手執口陳，是方便色；了衣如非，是方便心。無作業與此色心俱起，對事則有，事止則謝故短。謂衣境等名事止，不是作法了名事止也。」（五九八頁上）資持卷中一下：「非無『無作』，但由隨戒，隨作防非，作謝善在，無防非能，不名隨戒，故云無耳。前引疏云此善常在，文證明矣。」（二七一頁上）

〔一四〕**寬狹不同**　鈔批卷一四：「立云：受中無作，一發已後，雖入四心三性，無作不失，故曰寬也。隨中唯局善性，若入惡、無記中，便是犯戒。豈更有隨中無作之善？故名狹也。」（六二五頁下）簡正卷九：「疏云：受體相續，至命終來，四心問（原注：『問』疑『間』。）起。本戒不失，故說為寬。隨無作者，唯局善性防非，惡、無記無（五九八頁上），故名狹也。」（五九八頁下）

〔一五〕**二無**　鈔批卷一四：「惡與無記，此二心中，無『隨家無作』，故曰也。羯磨疏云：唯局善性，防非護本，彼惡、無記，不順受故，義非說有，故名狹也。」（六二五頁下）

〔一六〕**根條兩別**　鈔批卷一四：「謂受是根本，隨依受起，故隨是枝條。疏云：受為行本，隨後而生，目為末也。」（六二五頁下～六二六頁上）簡正卷九：「受『無作』是根本，隨『無作』托受而生，名曰枝條。」（五九八頁下）

〔一七〕**二種作**　鈔批卷一四：「謂受、隨二行，同名為作。受中之作，謂壇場白四等也。隨中之作，謂說、恣等。」（六二六頁上）簡正卷九：「疏云：如初請師，乃八緣相，三羯磨未竟已前，運動方便，名之為作。即此作時，心防境名戒。隨中作戒，既受戒已，依境起行，為護受故，名之為隨。於境起謹，順本受體，名作。不作不有，要由作生，正對鏡時，故名戒也。」（五九八頁下）

〔一八〕**五同** <u>資持</u>卷中一下：「名體反前，義同如上。」（二七一頁中）

〔一九〕**名同** <u>鈔批</u>卷一四：「受隨二行，同名作也。」（六二六頁上）

〔二〇〕**義同** <u>鈔批</u>卷一四：「謂同防身口七非也。<u>賓</u>云：同者，防非離惡為義。<u>筴</u>云：同此造作為義，故曰義同。」（六二六頁上）

〔二一〕**體同** <u>鈔批</u>卷一四：「謂同以色心為體。受中以色心為體，隨中所作亦色為體。」（六二六頁上）

〔二二〕**短同** <u>鈔批</u>卷一四：「如受中，白四竟則了是短。隨中，如持衣、說、恣事竟，即了亦是短。」（六二六頁上）<u>資持</u>卷中一下：「二戒並約方便色心，動滅則止。」（二七一頁中）

〔二三〕**狹同** <u>鈔批</u>卷一四：「謂三性中，必局善性，方名受戒。隨中亦局善性，以不通三性故，故名狹也。」（六二六頁上）<u>資持</u>卷中一下：「不通惡、無記故。『若爾，如多論中四心得戒；又，下持犯中，自作教人自業相成；並約前作方便，餘心成業，豈非二作通三性乎？」（二七一頁中）

〔二四〕**受中總斷，隨中別斷** <u>鈔批</u>卷一四：「立明：受時要期，總斷一切惡；隨中但可對事別修也。<u>羯磨疏</u>云：受中作戒，總斷。發心過境，普願遮防。隨中作戒，以行約境生，境通色心，不可緣盡。心所及處，方有行生，即諮此行，號之隨作。以心不兩緣，境無頓現故也。」（六二六頁上）<u>簡正</u>卷九：「疏云：受作總斷，發心萬境，普願遮防；隨作別斷，以行約境生，境通色心，不可緣盡心所及處，方有行生，即諮此行，號之為隨作。以心不兩緣，境無頓現故也。」（五九八頁下）

〔二五〕**受本，隨條** <u>鈔批</u>卷一四：「明『受』是根本、『隨』是枝條。」（六二六頁上）

〔二六〕**受是懸防，隨中對治** <u>鈔批</u>卷一四：「疏云：受始壇場，可即非現，但懸遮約故也。隨中作者，以對境治。」（六二六頁上）<u>簡正</u>卷九：「疏云：受始壇場可即非現，但懸遮約也。隨作對境起治，由其觀能，不為陵踐也。」（五九八頁下）

〔二七〕**受作一品，終至無學** <u>鈔批</u>卷一四：「准<u>礪疏</u>云：應言四者，一、多異，謂受中作戒，心因一品定也。立云：此無學本受，發下品心，後修行成羅漢，戒猶下品，故曰受作一品也。」（六二六頁上～下）<u>資持</u>卷中一下：「初示異。『故』下，引文證受。初云受一品者，問：『多宗可爾。成論戒得重受，那云一品定耶？』答：『雖開重受，三品不俱故。』『若爾，無作何以受分三品？』答：『無作非色心故。雖有三品，增為一體，作是色心，縱增三品，初後各異，故無多品。』」（二七一頁中）

〔二八〕**隨一品定**　簡正卷九：「疏云：受作心因一品定也。若本下因，終至無學，更無增故。中、上二心，例之亦爾。」（五九八頁下）

〔二九〕**隨中作戒多品**　資持卷中一下：「『隨中』下，示多品義。」（二七一頁中）簡正卷九：「疏云：以境有優劣，心有濃淡，故隨境對，起心有輕，分成三品不同。」

〔三〇〕**由境有優劣**　鈔批卷一四：「謂隨中作戒，何故多品？由對前境優劣不同故也。且舉持衣一種。若絹衣是境劣，心則淡，是下品持戒；若布衣心次濃，是中品持犯；乃至納衣是境優，心則濃，是上品持戒。故曰隨中作戒多品也。又如婬戒，色有好醜，心有輕重，若對美境，防心則難，此曰境優，其心則濃，是上品持戒。若對醜境名劣，心則淡，是下品持戒也。」（六二六頁下）資持卷中一下：「境優劣者，即就所防，顯境輕重。謂初篇最優，眾學最劣，中間相望，優劣可知。或約能防難易分者，吉羅；至難為優，重夷。易遣反劣。中間可解。」（二七一頁中）

〔三一〕**心分三品**　鈔批卷一四：「謂結上隨中作戒心也。既境有優劣不同，心亦上、中、下異，故曰分三品也。」（六二六頁下）

〔三二〕**不妨本受是下品心**　鈔批卷一四：「立明：受時心也。此下更卻釋前文，謂隨中雖上、中、不（原注：『不』疑『下』。），然本受但一品心因也。即疏云，問：『所防三品異，能妨戒一品，何能對敵防？』答：『受起一品心，總斷諸惡意。心因既是一，無作故無三。所防罪雖差，非受獨能遣，要假隨行心，故隨過輕重，心還有優劣也。又解：起非雖異，防約在心，不妨重境，輕心能遣，自有吉羅，防猶數作。因斯以言，（六二六頁下）不可以輕重分心，妙以勤怠顯矣也。』」（六二七頁上）

〔三三〕**羅漢有下品戒**　鈔批卷一四：「此言證上受中一品心因，始終定也。案心論第四頌云：『受別解脫戒，當知從他教，隨心下中上，得三品律儀。』解云：受別解脫戒，當知從他教得，如白四羯磨受具足，及善來、邊地五人、中國十人，三歸等，皆從他得也。問：『何等種得律儀？』答：『隨心下、中、上，得三品律儀。』『云何三品？』『若下心受別解脫戒，彼得下戒，下心果故。若極方便得善，離於三界，欲種三乘種子眾生，種類相續，彼猶下品隨轉。若中心受戒，得中品律儀。若極方便行善，若不捨戒、作諸惡行，彼由中品隨轉。若增上心受戒，得上律儀，乃至種類相續，猶增上隨轉。或有年少比丘，得增上律儀，雖復阿羅漢，成就下戒。』（上言種類相續者，謂一報形相續未終已前

也。此自意耳。）立問：『羅漢修道，出三界，煩惱都盡，何故戒仍下品？』
答：『由在凡時，下品受戒，後雖精勵得果，據本戒仍下品，以戒酬本一品，
心因定故也。』（六二七頁上）【案】心論卷三，八九〇頁下。

〔三四〕年少比丘上品戒　簡正卷九：「年少者，凡夫也。羅漢雖斷三界煩惱，得成聖
位，據其本戒，仍下品定也。」（五九八頁下）鈔批卷一四：「立謂：諸新受戒
人為年少也。此人當時受戒，發上品心故也。故心論第四云：雖復阿羅漢，猶
成就下戒。婆沙百一十七：問：『頗有新學苾芻成就上品律儀，而阿羅漢成就
下品律儀耶？』答：『有。謂有新學苾芻，以上品心起有表業，受諸律儀，有
阿羅漢以下品心起有表業，受諸律儀是也。』」（六二七頁下）

三、明發戒緣境寬狹〔一〕

上卷「受緣」，已略明發戒方法〔二〕。但心隨境起，故今廣論，令知
戒德之高廣，亦使持者有勇勵〔三〕。

就中有四〔四〕：

一、能緣心，現在相續心中緣〔五〕。

二、所緣境，境通三世〔六〕。

如怨家，境雖過去，得起惡心，斬截死屍〔七〕；現在怨家子，有可壞
義〔八〕；未來諸境，可以準知〔九〕。故緣三世，而發戒也。成論，問：「為
但於現在得律儀，從三世眾生得耶〔一〇〕？」答：「三世眾生所得〔一一〕。
如人供養過去所尊〔一二〕，亦有福德。律儀亦爾〔一三〕。」

三、發戒，現在相續心中得〔一四〕。

四、防非者，但防過去、未來非，現在無非可防〔一五〕。

問：「毗尼殄已起，戒防未起，何得言斷『過去非』〔一六〕耶？」
答：「境雖過去，『非』非過去〔一七〕。猶是戒防『未起非』〔一八〕。又解云
〔一九〕：一、專精不犯，戒防『未起非』；二、犯已能悔，還令戒淨，即
除『已起非』。餘如戒本疏解〔二〇〕。」

然則緣境三世，得罪現在〔二一〕；過、未二境，唯可起心，說言「三
世發」〔二二〕也。若據得戒，唯在現在一念〔二三〕。

成論云：慈悲布施，是亦有福〔二四〕，戒亦可爾。以通三世，皆與樂
意〔二五〕。又云：慈功備物，但通現在，過、未已謝〔二六〕；戒則不爾，
要心普周。若作偏局，一向不合。故多論云：以惡心隨戒，有增減故
〔二七〕。

　　問：「戒從三世發，唯防二世非〔二八〕者？」答：「若論受體，獨不能防，但是防具〔二九〕。要須行者秉持，以隨資受，方成防非。不防現在，以無非也。若無持心，便成罪業〔三〇〕；若有正念，過則不生故〔三一〕也。然又以『隨』資『受』，令未非應起不起，故防『未非』〔三二〕。若無其受，隨無所生〔三三〕。既起惡業，名曰『過非』。為護受體，不令塵染，懺除往業，名防『過非』。」「若爾，戒必防非，非何故起〔三四〕？」答：「要須行者，『隨』中方便，秉持制抗，方名防非〔三五〕。如城池弓刀，擬捍擊賊之譬〔三六〕。餘如戒本疏中解之〔三七〕。」

【校釋】

〔一〕寬狹　簡正卷九：「此約三世以明，不唯情、非情說也。」（五九九頁上）【案】「緣境寬狹」文分為二：初「上卷」下，標指示意；次，「就中」下，列釋。

〔二〕發戒方法　簡正卷九：「謂受戒中，辨緣境數量寬狹、發不發，是受法則。」（五九九頁上）

〔三〕但心隨境起，故今廣論，令知戒德之高廣，亦使持者有勇勵一能緣心　資持卷中一下：「『但』下，顯今廣。上二句示意。下二句顯益，上句開解，下句次見行。」（二七一頁下）簡正卷九：「但心隨境起，謂受戒時，但令受戒人緣境起心，故曰心隨境起。謂上三種，是受戒中，故今廣論對略明。令知戒德高廣者，對上但心隨境起，作斷惡心。亦使持有男（【案】『男』疑『勇』。）勵者，對上發戒，顯今令持。亦令已受者，識知體相，使持心勇勵也。」（五九九頁上）鈔批卷一四：「使持者有勇勵者，於戒體門中分四。此下正當第三發戒心緣境寬狹段也。謂明能緣之心，及所緣之境。能緣之心，唯局現在心名狹。所緣境，通三世曰寬也。問：『上卷受中，已明心境，何繁更說？』解云：『上卷約受時，略示所緣之境，教其能緣之心。今文所論，為己受者，須識體相，使持心勇勵故也。勵者，爾疋云：將率相勵勸也。」（六二七頁下）

〔四〕就中分四　資持卷中一下：「心隨境起，（二七一頁中）故先明心；心境相應，即發受體，故三（【案】『三』疑『二』。）明戒；戒必有用，故後明防；四義相縮（【案】扶桑記：『縮，繫也，拘繫也。謂環相似，無始終物也。』一七〇頁下。），不可孤立，故初科先明。」（二七一頁下）簡正卷九：「謂就發戒寬狹中，自分四門也。鏡水云：此中有兩宗義，成宗即廣，多宗即狹。今此開章已下，所列四科，並是成宗義。若多宗，向下略引，學者須知。多有人力拒開反，至向下釋義之時，經經（【案】『經經』疑『時時』）將多宗義解成宗文，

此皆為未認得宗旨，致成混亂。」（五九九頁上）【案】「就中」下分三：初「就中分四」通標；二、「一能」下；三、「然則緣」下。

〔五〕**能緣心，現在相續心中緣**　資持卷中一下：「『現在』簡過、未，『相續』簡一念。疏云：念念雖謝，不無續起，即以此心為戒因本。」（二七一頁下）簡正卷九：「上言相續者，准成宗，謂一剎那，不具五蘊；謂四剎那，方具識相；受行四心，各一剎那。若色即隨四心，一剎那中同時而起，由色、心別，色等四心，不得同時，要須四剎那方具。引（【案】『引』疑『此』。）亦約受戒人心，念念緣境，心心相緣，故曰相續心中緣也。」（五九九頁上）

〔六〕**境通三世**　簡正卷九：「世諸佛戒齊等故，致緣三世而發。」（五九九頁下）

〔七〕**如怨家，境雖過去，得起惡心，斬截死尸**　資持卷中一下：「『如』下，舉事顯相。如與己為怨，其怨已死即過去也。怨或有子，即現在也。孫雖未生，生必為讎，即未來也。業疏云：當生之非為未來是也。（舊以腹中子為未來者，誤也。即屬現在故。）於此三境，俱能起害，欲成淨戒，必息惡心，故所緣境，遍該三世。」（二七一頁下）鈔批卷一四：「斬截死尸者，立云：且約怨家境，自通三世，此是現非之境。由與此人先是怨故，其人已死，今若壞屍，佛還制罪。及現在怨家子，亦是現境。自意云：此句明斬截死尸，今是過去境，則順今文也。賓云：如見怨家已死，則言『賴得自死，向若不死，必遭我殺』，此謂於過去境起惡心也。」（六二七頁下）簡正卷九：「為如有人持刀，欲往前所煞害怨家，怨家昨日已死，但為屍在。今惡心不息，便斬截此死屍，即是過去境。佛言：雖然怨家已命終，亦不合起惡心傷害，得偷蘭罪。故疏云：得害死屍，非非過去也。又，涅槃第十五云：『善男子，若人斬害死屍，以是業緣，墮地獄不？』迦葉白佛言：『應墮地獄。何以故？一切眾生，因惡心，故墮也。』現在怨家子等者，即約現境也。」（五九九頁下）【案】北本涅槃卷一五或卷一六，四六〇頁上，或七〇二頁中。

〔八〕**現在怨家子，有可壞義**　簡正卷九：「即約現境也。」（五九九頁下）鈔批卷一四：「立明：是現境，或在腹中，亦得是未來境，由與父為怨，要心擬害其子，謂已生之子是現境，腹中是未來境也。」（六二七頁下～六二八頁上）

〔九〕**未來諸境，可以準知**　鈔批卷一四：「立明：見怨懷妊，擬生當殺是也。又解，謂未來一切，諸怨境也。賓云：如見張人云與王人有怨，即言『彼王人可中，與我作怨，必見彼，我殺也』。此是於未來境起惡心也。」（六二八頁上）簡正卷九：「謂在母胎中，亦得名未來境，或可約未來一切諸怨境，可以准知。」（五九九頁下）

〔一〇〕**為但於現在得律儀、從三世眾生得耶** <u>資持</u>卷中一下：「論文標問，為破多宗故。」（二七一頁下）<u>簡正</u>卷九：「彼問曰：『為但從現在眾生得戒，為從三世眾生得？』答：『皆從三世眾所得。』」（六〇〇頁上）

〔一一〕**三世眾生所得** <u>資持</u>卷中一下：「『答』中，初句正答，『所』即指境。」（二七一頁下）

〔一二〕**如人供養過去所尊** <u>資持</u>卷中一下：「『如』下舉例，且約過去，未來亦然。」（二七一頁下）<u>鈔批</u>卷一四：「立云：如有人供養過去<u>迦葉佛</u>等，豈不得福？祭祀先祖，亦成孝子。此言證知境通三世。」（六二八頁上）<u>簡正</u>卷九：「謂是過去諸佛為人天之所尊重故所尊，一興供養千返生天，故云是亦有福。律儀亦爾，還從過去境上發也。故<u>成論</u>云：過去<u>迦葉佛</u>時，有無量人已入涅槃。像此等緣，亦發戒品。若不發者，則<u>釋迦</u>弟子境戒應滅，（五九九頁下）謂羅漢離（【案】『離』疑『雖』。）分段入滅，而有無漏五分法身。此體之上，亦發得戒，故知三世佛弟子戒悉齊等。」（六〇〇頁上）

〔一三〕**律儀亦爾** <u>鈔批</u>卷一四：「立明：以過去境上，亦發得戒，故知從三世眾生上得律儀也。」（六二八頁上）【案】<u>成論</u>卷八，三〇三頁中。

〔一四〕**發戒，現在相續心中得** <u>資持</u>卷中一下：「問：『與上能緣何異？』答：『前是能緣心，此即所發戒。由彼受體，無可表示，還約能緣，以彰所發。又，前二作戒，後二無作；又，三局受體，四落隨行。』」（二七一頁下）<u>鈔批</u>卷一四：「謂能發之心，發得戒善者，但是現在心中能發也。<u>賓</u>云：若據<u>曇無德宗</u>，不在過、未心得戒，以非眾生故。然現在心中，亦不得約一剎那說。以其此宗，五蘊相續，假名眾生，識想受行，次第而起。既於一念，不具五蘊，是則不可說為眾生。無眾生說誰得戒？故約相續，假說現在。不同<u>薩婆多宗</u>，一剎那中，具足五蘊，剎那過去，即非現在也。（此上約得戒之人能緣心也。）今言相續者，假相相續，謂剎那剎那，生已落謝，何容相續也！雖然落謝，但假言相續，故<u>心論</u>云：（六二八頁上）雖諸有為，剎那生滅，無容從此轉至餘方，假相相續，說言能緣也。」（六二八頁下）<u>簡正</u>卷九：「此約能領戒心，准（【案】『准』疑『唯』。）在現在相續心中能領也。又<u>曇無得宗</u>，不在過、未心得戒，以非眾生數故。然現在心中，亦不得約一剎那，謂五蘊假名眾生，識、想、受、行，次第而起。既於一心，不具五蘊，則不說為眾生。若無眾生，說誰得戒？故約現在相續心中得也。又，過、未二心，屬法處故，非能願也。」（六〇〇頁上）

〔一五〕**防非者，但防過去、未來非，現在無非可防**　鈔批卷一四：「<u>立</u>謂：非若未起，
則屬未來，非若纔起，即屬過去，由念念不住故。故<u>叡師</u>云：疾餤過鋒，本流
經刃，刃上一毫，恒墮已、未，故知無現在也。」（六二八頁下）<u>簡正</u>卷九：
「對此須知今古意。初，古德云：戒從三世發，還防三世非。二、<u>首律師</u>云：
戒從三世發，唯防未起非。三、<u>南山</u>云：戒從三世發，防於二世非，即過、未
為二也。今師意云：違戒起非，非已落謝，名為過去。又，非若不起，名防未
來非。現在剎耶不住，故無非可防也。故<u>羯磨疏</u>云：現在起，不名有罪，纔起
落謝，即名過非。故<u>論</u>云：疾焰過鐸，奔流度刃，刃之上下，一毫亦為已、未。
現在刃上，念念不住。」（六〇〇頁上）<u>資持</u>卷中一下：「現在無非者，此約對
治心行，以論三世。防是預擬，不令起非，對治現前，則防未非。纔失正念，
即落過非。故知現在無有防義。」（二七一頁下）【案】「防非」文分為二：初，
「防非」下；次、「問」下。次又分二：初，問答；次，「又解」下。

〔一六〕**毗尼殄已起，戒防未起，何得言斷「過去非」**　<u>簡正</u>卷九：「<u>寶</u>云：此同<u>大疏</u>，
約戒本分為二為（【案】『為』疑『剩』。）問。初，盡眾學，防未起非；二、
『七滅爭』下，殄已起罪。今若有非，過去合是毗尼殄除，何得云戒防過去
非耶？」（六〇〇頁上）鈔批卷一四：「此同（【案】『同』疑『問』）意云：過
非既是毗尼能殄，非關戒防，何故言戒防過非耶？然戒但合防未起非耳。」
（六二八頁下）<u>資持</u>卷中一下：「初問者，<u>業疏</u>標云：如昔所傳，則知古來
相承此語。毘尼即七滅諍。前因諍起，乃用法滅，即殄已起也。已起即是過
去，據此止可言戒，但防未來，而兼過去。豈非相違？故須決破。」（二七一
頁下）

〔一七〕**境雖過去，「非」非過去**　鈔科卷中一：「初，會同未起釋。」（四九頁下）<u>資</u>
<u>持</u>卷中一下：「境雖過者，怨家死也。『非『非過者，斬截事存也。」（二七一
頁下）<u>簡正</u>卷九：「先依古答。境雖過去者，是過去境非。非過去者，是未起
非者，謂四諍事起，即落謝，是境過去。若明闌（原注：『闌』疑『閑』。）教
相之人，不為除殄，則有吉羅。今猶戒防，望對治邊，非則不起，故云非非過
去。但約境過去，說防過非，非謂戒防過去非也。」（六〇〇頁下）鈔批卷一
四：「<u>立</u>明：如怨家已死，是境過去。對現在死屍，若作心斬截，即得罪，故
知還成非也。今止不斬，是防未非，故曰非非過去。今要以戒防此非，令不起
也。若壞死尸，還得蘭罪，明知死尸是我非境。此義證知，戒防過、未非也。
又解，約四諍事，是境雖過去；不與他滅得罪，即是未非。故今答言：汝雖將

毗尼云是殄『過非』，今我言猶尚還是『未非』。上是立解，望鈔文得通。有
云：毗尼殄已起等者，此古師立問。意云：七毗尼則殄已起之諍，戒者，則防
未起之非，何故今言戒防過去非耶？答意云：是如汝所難，我今言防者，（六
二八頁下）是防未非。今解言過非者，謂境是過去，非則非其過去也。如諍
境，不是我家之非，但是境耳。今不為他滅，即是未非，今且將此非隨境而
論，故言過非。其實是未非，今直答其戒義，未答毗尼之義，謂雖將毗尼來
難，欲得毗尼是防過非。今答言：境雖過去，非非過去者，正是通毗尼義，還
成防未非之義。此雖答之，其義未盡。上但是答防未非義也。從『又解』已下，
方是解得防過去非也。故更引能懺之法，是防過非，謂已起罪，對治能懺，豈
非防其過非耶？羯磨疏云：如昔所傳，毗尼殄已起者，據七毗尼也。戒防未起
者，謂壇場受體，此局論耳。今解毗尼，亦除已、未，何者是耶？如四諍對除，
是殄已起，明觀正斷，應起不起，即絕未非。和上云：謂此諍境，若已起者，
則屬過去，故言境雖過去。今若有德，應與七法，而不與者，則吉羅，故言非
非過去。但為應與不與得罪，故是防未起之非也。此意謂：昔人云毗尼是防過
去非，謂四諍事是已起之過故也。今宣意不然，謂諍屬他非，我今應與七法，
望不與法，即是我未非，故言非非過去也。」（六二九頁上）

〔一八〕**猶是戒防「未起非」**　資持卷中一下：「『非『雖不亡，望今淨戒，禁之不生，
還成未起，故曰『猶是』等。猶是者，如云還同也。此釋順成古解，戒防未起
之義。」（二七一頁下）簡正卷九：「『猶是』等者，此是今師述上道理，無是
戒防未起非，即顯過去之非，未能防斷，虛言防二世非也。」（六〇〇頁下）

〔一九〕**又解云**　鈔科卷中一：「『又』下，約兩防釋。」（四九頁下）簡正卷九：「今師
自釋。於過去境上起非違戒，有防除義，即戒防過去非。故戒疏云：望今不
犯，防未起非；若犯已懺，還令戒淨，防已起非。已、未雙防，俱名持戒。」
（六〇〇頁下）資持卷中一下：「即約犯懺，明戒亦（二七一頁下）通兩防，
反破古傳之局。業疏云：昔解毗尼除已起者，據七毗尼戒防未起，謂壇場受
體，此局論耳。今解毗尼，亦除已、未，如四諍對除，是殄已起。明觀正斷，
應起不起，即絕未非。（戒亦兩防，義同鈔解。）」（二七二頁上）

〔二〇〕**餘如戒本疏解**　資持卷中一下：「『餘』下，指戒疏，文見業疏。彼又出多宗四
位，『能緣』局一念，『所緣』唯現在，『發戒』亦一念，『防非』通過、未。」
（二七二頁上）簡正卷九：「更依今義，毗尼亦殄二世非故。戒疏云：今解毗
尼，亦殄過、未。如四諍對除，是殄已起。明觀正斷，應起不起，即絕未非。

准此，戒防二世非，毗尼亦防二世非也。（搜玄文引蹋，取意似乖。如彼所述。）」（六〇〇頁下）

〔二一〕然則緣境三世，得罪現在　鈔科卷中一：「『然』下，別簡。」（四九頁上）資持卷中一下：「初科，前簡所緣。得罪現在者，隨中持犯，必對實境故。」（二七二頁上）鈔批卷一四：「謂受時能緣之心，緣過、未、現，三世之境，而發戒也。若論得戒，是現在一念中得。今若犯此戒得罪，但約比丘現在身上得罪，不可結過、未之身罪也。」（六二九頁下）簡正卷九：「重釋所緣三世境也。謂斷惡心，要緣三世境，發戒心准（原注：『准』疑『唯』。下同。）現在一念也。緣境三世者，此從境說言三世也。得罪現在等者，謂得罪實准現在境，可惱害故，過、未二境，唯可起於煞心，即惡心不息。（六〇〇頁下）不能普周，故須約境說其三世發也。此約一期三世。」（六〇一頁上）

〔二二〕過、未二境，唯可起心，說言「三世發」　資持卷中一下：「境非對現，止可心緣故。說言者，顯非皆實故。」（二七二頁上）鈔批卷一四：「此明雖緣三世境得戒，但可言戒從三世發。不可言，若毀戒，三世俱得罪，然得罪唯局現在也。」（六二九頁下）

〔二三〕若據得戒，唯在現在一念　資持卷中一下：「『若』下，次簡所發。一念者，局三法竟，一剎那時，以前明緣，境通三世。發戒通相續，此須重簡，局示分齊。」（二七二頁上）簡正卷九：「謂因上言緣境三世得罪。現在者，便明得戒，唯在一念，不同發戒。此明能領戒心唯現一念，過去已謝，未來未至，不能領納。言一念者，此約剎那三世，在一念相續心中得，與發戒不同也。」（六〇一頁上）

〔二四〕慈悲布施，是亦有福　資持卷中一下：「論文明戒，而舉慈施者，以施六度之首，大士之行用，以按量足知高勝。文為二節：初，明施戒功等。」（二七二頁上）簡正卷九：「疏云：修慈心，緣三世境，起慈悲心。慈能與樂，悲能拔苦。戒法緣三，例通三世。可同慈行於三世境，作斷惡心，皆與樂意其戒也。」（六〇一頁上）鈔批卷一四：「此成論文也。今文中引兩師解義。初師言：如人布施三世，然過、未二世，雖無人受用施物，望能施人心普，故於三世眾生，通得施福也。」（六二九頁下）【案】成論卷八，三〇三頁上。

〔二五〕以通三世，皆與樂意　鈔批卷一四：「立謂：將戒類上布施也。布施既通三世得福，受戒亦緣三世眾生。有拔苦與樂之心，方得其戒，故引布施義來，證明知戒從三世發也。」（六二九頁下）

〔二六〕**慈功備物，但通現在，過、未已謝** 資持卷中一下：「『又』下，明施不及戒，又二：初，明施慈局狹。言備物者，謂財食等物可濟現境，不及過、未故。『戒』下，次，顯戒通周。下引論證，示偏局過，即同俱舍『能、非能』境，互轉生義。下文自見。」（二七二頁上）鈔批卷一四：「立謂：此一師解，過去已謝，未來未至，汝施雖通三世，然唯現在得福。以現在眾生業益，過、未不蒙其益，豈得福也？戒則不爾，要緣三世，不同施物。此師計布施事稍異。若計發戒，還同前師。前師云：戒亦可爾。後師云：戒則不爾。故知同也。」（六二九頁下）簡正卷九：「疏：慈悲備物，局現境起。過、未已謝，慈功於境無益。戒則不爾，必須普周，方名戒業。謂以慈悲心，運其功力，周備於物，現境有益。論文中略，但言過去已謝，鈔據義周，添其『未』字。」（六〇一頁上）

〔二七〕**以惡心隨戒，有增減故** 鈔批卷一四：「立明：若懷惡心，（六二九頁下）因是不發得戒，還有增減。如下文云：惡心不死，能、非能互轉生是也。」（六三〇頁上）簡正卷九：「謂以惡心不息，即非普緣。又復眾生流轉不定，則令隨所防戒，亦有增減。何以故？能、非能，牙（【案】『牙』疑『互』。）轉生故。如下廣辨。」（六〇一頁上）

〔二八〕**戒從三世發，唯防二世非** 資持卷中一下：「緣防相並，欲顯防非不通現在之義。」（二七二頁上）簡正卷九：「問意云：現境是所緣，此即是現非，何得但言防過、未，不防現非耶？」（六〇一頁上）鈔批卷一四：「羯磨疏，問意云：『戒緣三世境，現境是所緣，斯即現非，何得言不防？』答：『緣在懸對，（謂緣懸三世發戒，但有懸防之義。）未即非起，（謂緣三世時，其非未起也。）願欲斷除，不妨緣義。（謂要期防惡，緣於三世有何妨也。）若論其防，正在敵對。（謂對非方可防。）現在之境，不定說非，（謂念念不住故也。）興治有功，非不能陵防未非也。（謂起觀行，令非不起。）治弱非壯，不說能防，依教懺蕩，名防過去，（謂護心既弱，不名能防，犯已懺悔，名防過非。）故無『現在非』也。』又問：『戒發唯現在，緣境通三世。能防局過未者，若爾，懺悔為滅幾世罪？』答：『經論所顯，懺三世也。以過業牽來報，未、非起現在，既不說名種，故通約三世。律制則不爾，唯懺已作，不識名種，罪則不滅。現在無惡，以善惡二心，不同時故。當起罪名又未定，故不得題名入懺法也。』」（六三〇頁上）

〔二九〕**若論受體，獨不能防，但是防具** 資持卷中一下：「答中先約隨行，明不防現

在。初，直定無非。」（二七二頁上）鈔批卷一四：「此答意云：向若受體，
自能防非可使。如汝問：『非何故起？』『只為戒體不自能防，但是防具。若
有人制御，即能防非，若無人御故，不能防非，所以非還起也。故下引弓刀
等，明是防具。受體亦爾，但是防非之具，俱須人御，方能有用。』」（六三〇
頁下）

〔三〇〕**若無持心，便成罪業**　資持卷中一下：「釋無非所以。」（二七二頁上）鈔批卷
一四：「立云：受若不持，即得罪故，向若不受，無戒可犯。今望此戒，便是
罪業之業因也。」（六三〇頁上）簡正卷九：「即落在過去收也。」（六〇一頁
上）

〔三一〕**若有正念，過則不生故**　資持卷中一下：「下二句開，即屬未非。」（二七二頁
上）鈔批卷一四：「立謂：由先攝心，後則不犯，故曰過則不生。如作不淨觀
成就，則不犯婬，慈離殺，少欲離盜等。」（六三〇頁上～下）簡正卷九：「謂
未非不起，除斯二外，現在即無非可防。」（六〇一頁下）

〔三二〕**然又以「隨」資「受」，令未非應起不起，故防「未非」**　資持卷中一下：「『然』
下，次望受體說防過、未。初，明防『未起非』。」（二七二頁上）簡正卷九：
「『然又以』等者，以隨資受，乃至故防未非，此釋防未非所以也。」（六〇一
頁下）鈔批卷一四：「謂隨行中，資助其受體也。」（六三〇頁上～下）

〔三三〕**若無其受，隨無所生**　鈔批卷一四：「受是根本，隨是枝條，若根本未立，故
枝條無寄也。」（六三〇頁下）簡正卷九：「通伏難也。外難云：『前言若論受
體，受獨不能防，但是防具，要須隨行制御。若爾，用受何為？』（難了。）
可引抄答。」（六〇一頁下）

〔三四〕**若爾，戒必防非，非何故起**　資持卷中一下：「轉難中。上明受體能防過未，
欲推能防，功歸隨行，故此徵之。」（二七二頁上）簡正卷九：「『若爾』，領解
也。前來云：戒防於過去之非。既若以隨資受，對敵防非，應無『過非』得起。
若有非起了，過去無來，戒不能防。」（六〇一頁下）

〔三五〕**要須行者，「隨」中方便，秉持制抗，方名防非**　簡正卷九：「要須隨中方便，
秉執攝持，制約七支，拒抗塵境，方名防非。」（六〇一頁下）

〔三六〕**如城池弓刀，擬捍擊賊之譬**　資持卷中一下：「『如』下，喻顯。城池、弓刀，
喻受體。擬捍擊賊，喻隨行。下指戒疏，文亦出業疏。疏云：戒實能防，遮斷
不起。常須隨行，策持臨抗，方遊塵境，不為陵侵。如世弓刀，深能御敵，終
須執持刀陷前陣。」（二七二頁上）簡正卷九：「城墻防外賊，此喻受體懸防

也。更須假人，備擬防捍，則免損城壁，此喻隨中防護也。後彼此相須，闕一不可。池防內起，如水不令外出；受體懸防身口，不令外犯，更觀行擬捍。隄防，即喻於隨，不令戒池損壞也。擬捍則止持，弓刀本擬御賊，喻受本擬防非。對境與治方便是隨，喻人執持擊賊也，則喻作持也。」（六〇一頁下）

〔三七〕餘如戒本疏中解之　簡正卷九：「疏云：作持戒者，妙在方便，約上非緣，對境相陵。如兩陣戰，乃至對境防護，順於二持，名之為御。又疏羯磨云：如世弓刀深能御敵，終須執持，（六〇一頁下）乃陷前陣也。」（六〇二頁上）

四、明發戒多少

略如上明〔一〕。今又述者，以世俗〔二〕多迷，故廣銓敘。意存識相知法〔三〕，自濟兼人故也。

然所發戒數，隨境無量〔四〕。要而言之，不過情與非情、有無二諦〔五〕，攝相皆盡。任境而彰，略說則地、水、火、風、空、識等界〔六〕，及色、聲、香、味、觸等五塵〔七〕，乃至過、未三世，法界等法〔八〕，及六趣眾生、趣外中陰、四生，亦發得戒〔九〕。

上來懸舉，次引文證。

俱舍云〔一〇〕：戒從一切眾生得定，分、因不定〔一一〕。何以故？不得從一種眾生得〔一二〕故。

「分不定〔一三〕」者，有人從一切分得戒〔一四〕，謂受比丘戒；有人從四分得〔一五〕，謂受所餘諸戒，即五、八、十戒也。「因不定〔一六〕」者，有二義：若立無貪、瞋、癡，為戒生因，從一切得〔一七〕，以不相離〔一八〕故；若立上、中、下品意〔一九〕，為戒生因，則不從一切得。

若不從一切眾生得〔二〇〕，戒則無也。何以故？由徧眾生，起善方得，異此不得。云何如此？惡意不死〔二一〕故。

若人不作五種分別，得木叉戒〔二二〕：一、於某眾生，我離殺等〔二三〕；二、於某分我持〔二四〕；三、於某處能持〔二五〕；四、某時能持〔二六〕；五、某緣不持，除鬪戰事〔二七〕。如此受者，得善不得戒〔二八〕。

於非所能境，云何得戒〔二九〕？由不害一切眾生命故，方得〔三〇〕。若從所能境得戒，此則有損減過〔三一〕。能、非能，互轉生〔三二〕故。若爾，則離得捨因緣〔三三〕，得戒捨戒，此義自成〔三四〕。縱離得捨因緣，此有何過〔三五〕？惡心不死故，不成溥周〔三六〕。毗婆沙問云：若爾，草木等未有有時生滅，豈非增減？眾生入般，豈非減耶〔三七〕？義解作四

句：一、心謝境不謝〔三八〕——聖無煩惱，以境不盡故，戒在不失〔三九〕。二、境謝心不謝〔四〇〕——入般、草死，戒不失，由心過罪在〔四一〕故。三、心境俱不謝〔四二〕，可知。四、心境俱謝〔四三〕——根轉之時，不同戒失〔四四〕。

薩婆多云〔四五〕：於非眾生上，亦得無量戒善功德。如三千世界〔四六〕，下盡地際，傷損如塵，皆得其罪；翻惡成善，一一塵處，皆得戒善。乃至一草、一葉、一華，反罪順福〔四七〕，皆入戒門。故善生云〔四八〕：大地無邊，戒亦無邊。草木無量，戒亦無量。虛空大海，戒德高深，亦復如是。以此文證，理通法界，義須戴仰。

多論又云〔四九〕：於三千大千世界，下至阿鼻，上至非想〔五〇〕，於一切眾生上〔五一〕，可殺不可殺〔五二〕，乃至可欺不可欺〔五三〕，此一一眾生，乃至如來，有命之類〔五四〕，以三因緣〔五五〕，一一得戒。又以此推〔五六〕：出家僧尼，及下三眾，奉戒德瓶〔五七〕，行遵聖跡〔五八〕，位高人天，良由於此。端拱自守，福德恒流〔五九〕。

故明了論云：四萬二千福河恒流〔六〇〕。解云〔六一〕：謂四萬二千學處，一切恒流。其猶河水，洗除破戒煩惱〔六二〕。言四萬二千者，謂根本戒有四百二十。所以爾者，如婆藪斗律〔六三〕，戒有二百，多明輕戒〔六四〕；優婆提舍〔六五〕，戒有一百二十一，多明重戒；比丘尼別戒九十九〔六六〕。合成四百二十。是一一戒，有攝僧等十功德〔六七〕；一一功德，能生十種正行〔六八〕，謂信等五根、無貪等三善根，及身口二護〔六九〕。一戒即百，合成有四百二十，豈非四萬二千〔七〇〕。又解云〔七一〕：「無願毘尼」者，謂第三羯磨竟時，四萬二千學處〔七二〕，一時並起。無一戒不生，故稱「無願」〔七三〕。據斯以求，戒德恒流〔七四〕。問：「僧尼二眾，戒數各別。何以無願毘尼，直言四萬二千〔七五〕耶？」「一解：此總舉二眾以說〔七六〕。若取實理，各隨本戒。又釋：以轉根義，證比丘懸發得尼戒，俱有四萬二千〔七七〕。」

次，對七眾發戒多少〔七八〕

準薩婆多云：五戒者，於一切眾生，乃至如來，皆得四戒〔七九〕。以無三毒善根，得十二戒〔八〇〕。并一身始終，三千界內，一切酒上咽咽皆得三戒〔八一〕。以受時一切永斷。設酒滅盡，羅漢入般〔八二〕，戒常成就。準以義推，女人身上淫處有三，男上有二〔八三〕。發由三毒，單配，則女

人所得十八戒〔八四〕，男子十五戒〔八五〕。非情一酒，亦得三戒〔八六〕。

八戒發者，眾生同上〔八七〕，非情得五〔八八〕。

十戒三眾，情及非情，同大僧發〔八九〕。四分律文，俱發七支〔九〇〕。戒戒下文，皆結吉羅故〔九一〕。「若爾，何故列十〔九二〕？」「此但示根本、喜作〔九三〕，說相令其早知。餘則和尚曲教。故三歸、羯磨，俱無戒數之文〔九四〕。說相之中，方列十、四，兩種類解〔九五〕。」

若約僧尼，準如婆論，一一眾生，身口七支，以貪瞋癡起，故成二十一戒〔九六〕。今義準張：三毒、互起二三、等分，應有七門〔九七〕。女人九處，男子八處〔九八〕，七毒歷之：女人身上得六十三戒〔九九〕；男子身上以已七毒惱他，得五十六戒〔一〇〇〕；非情戒境，各得七戒〔一〇一〕。以此例餘〔一〇二〕，法界之中，情與非情，各得諸戒無量無邊。故善生中，五種為量，眾生、大地、草木、大海及以處空，譬戒德量，如前分雪〔一〇三〕。

問：「七支攝戒盡不〔一〇四〕？」答：「盡也〔一〇五〕。設有不盡，攝入七中，如『配戒種、類』所說〔一〇六〕。又云：攝戒不盡，以罪性不同〔一〇七〕。如殺打兩別，能防體異。故善生云：除善惡戒已，更有業戒〔一〇八〕，所謂善惡法也。故知，「根本」七支所收，「業戒」種類所攝〔一〇九〕。宜作四句〔一一〇〕：一者，善而非戒〔一一一〕，謂十中後三〔一一二〕是也，律不制單心犯也。二、戒而不善〔一一三〕，即惡律儀。三、亦善亦戒〔一一四〕，十善之中，前「七支」也。以不要期〔一一五〕，直爾修行，故名善也；反此策勵〔一一六〕，故名戒也。四、俱非〔一一七〕者，身口無記。」

問：「戒與律儀，行相差別如何〔一一八〕？」答：「通衍無涯，是律儀〔一一九〕也；對境禁約，是戒儀〔一二〇〕也。如比丘具緣受已〔一二一〕，見生不殺，望此一境，名持殺戒；望餘四生，名持律儀。若殺此生，名犯殺戒；餘生不殺，不犯律儀。若就惡律儀解，望殺一羊，名持惡戒；望餘通類，有生皆罪〔一二二〕，是持律儀。」

【校釋】

〔一〕略如上明　資持卷中一下：「受戒篇。」（二七二頁上）簡正卷九：「略如上者，指上緣境寬狹門也。何以知耶？既言略明，上但約三世境中情境以說。若於非情，令未曾明，故云略也。古來多指受戒篇者，殊非文意也。」（六〇二頁

上)【案】「多少」文分為二：初，「略如」下；次，「然所」下。初又分二：初，「略如」下；次，「上來懸舉」下。

〔二〕**世俗**　資持卷中一下：「『世俗』，即隨流（二七二頁上）之徒，非白衣也。」（二七二頁中）

〔三〕**識相知法**　資持卷中一下：「相即境相。法即戒法。」（二七二頁中）

〔四〕**然所發戒數，隨境無量**　簡正卷九：「境多故，發戒亦多。既在定數，故云無量也。」（六〇二頁上）

〔五〕**不過情與非情、有無二諦**　簡正卷九：「情者，凡有心識之者，總號情也。上至如來，下至蠢動，有命之者，將此『情』字，攝得一切情境，豈非要妙耶！非情者，上至須彌山，下至一草葉等，凡是無心者，總是非情，將一『非情』字，收之並盡。有者，俗諦。無者，真諦。」（六〇二頁上）鈔批卷一四：「有無二諦等者，亦云真、俗二諦，此二攝一切相盡。」（六三〇頁下）

〔六〕**任境而彰，略說則地、水、火、風、空識等界**　資持卷中一下：「『任』下，別示。初，明六大，通情、非情。」（二七二頁中）簡正卷九：「任者，隨也。上之所說，總相而談，若隨前境而彰，恐繁昚墨，故云略說也。即大約納格而談故。地、水、火、風等者，此舉六界攝一切盡。」（六〇二頁下）

〔七〕**色、聲、香、味、觸等五塵**　資持卷中一下：「約六塵，即非情也。」（二七二頁上）簡正卷九：「外之塵五，攝一切諸法。」（六〇二頁下）

〔八〕**過、未三世，法界等法**　簡正卷九：「謂有為諸法，三世收之。普盡法界者，謂一切法，各有界分故。法有二義：一自體法，二軌生法。此諸法界，與真如等無處不通，相即差殊，體常是一，故總言是法界等法，攝境斯盡。」（六〇二頁下）

〔九〕**六趣眾生、趣外中陰、四生，亦發得戒**　資持卷中一下：「約六趣等，即有情也。言中陰者，業疏問云：『六趣生外，更有發否？』答：『如來非趣攝，中陰亦復爾。心論云：四生收諸趣，中陰非趣攝，以趣是到義，中陰但傳識故。』」（二七二頁中）鈔批卷一四：「立謂：中陰是四生收，屬其化生，非六趣攝，故曰趣外中陰等也。羯磨疏，問：『六趣生外，更有發戒不？』答：『如來非趣攝，中陰亦復爾。故心論云：四生收諸趣，中陰非趣攝，以趣是到義，中陰但傳識。（『到』，謂至，到也。）准首師疏，（六三〇頁下）問：『六趣眾生外，更有發戒處不？』答：『有。謂如來不墮六趣攝。』問：『除佛六趣外，更有發戒處不？』答：『有。謂中陰上亦發戒，非六趣收。所以知六趣不收中陰者，

解云：生寬趣狹。若云一切眾生，則收中陰；若言六趣，則不收中陰。故雜心論問曰：世尊說生及趣，為生攝於趣、為趣攝於生？解云，頌曰：生攝一切趣，非趣攝於生，謂生中陰增，當知非趣攝。』問：『中陰何不與趣名？』答：『趣者是到義。真（【案】『真』疑『直』。）是前陰已謝，後陰未至，中間傳識，暫時而住，非是正報，故不與趣名也。賓云：向列雜心頌云『中陰增』者，『增』謂處所之異名，言地獄有十六種也。古來又云：六趣亦應不攝如來，今詳大乘王宮現生，是化非實，容有斯義。若依化相，示現受生，亦是趣攝。是故薩婆多宗『後身菩薩是異生』，即此生身，雖已成佛，猶是有漏，菩薩入胎，三時正知。婆沙百二十卷說佛胎生，由此亦許是趣所攝。濟云：上言中陰非趣攝者，此據小乘多論宗說。謂中陰色微，唯天眼能了，故非趣攝。據大乘中，亦是趣攝。如人死後，若應生人，中陰形如小兒之狀也。若應生畜，則中陰身如畜生貌也。（六三一頁上）若應生諸小地獄，則如地獄之形，似火聚也。故論（【案】論即莊嚴論）說言：地獄中陰身，猶（【案】『猶』莊嚴論卷三作『皆』。）如融鐵聚，熱惱燒然若（【案】『若』莊嚴論卷三作『若』。），不可得譬喻（【案】『譬喻』莊嚴論卷三作『稱計』。）。故知一切捨命已後，未到前趣，皆有中陰，似於後有也。唯生阿鼻地獄，則無中陰，以命斷時，獨如攢鋒故。且入阿鼻，則無暇停於中陰也。』釋『中陰』名者，現在五陰為『前陰』，未來之陰曰『後陰』，中間冥道名曰『中陰』。新經論中，名為初有、中有、後有也。俱舍頌云：天首上三橫，地獄頭歸下。三，謂人、天、鬼也。」（六三一頁下）

〔一〇〕俱舍云　簡正卷九：「此是舊譯，論文（六〇五頁上）分別業品有此說也。下引婆沙，亦是論中自引。」（六〇五頁下）【案】「上來懸舉」下，文分為二：初，「上來」下，二、「俱舍」下。次又分二：初，「戒從」下；二、「次，對七眾發戒多少」下。「戒從」下又分三：初，「俱舍」下；次，「薩婆多云」下；三、「多論又云」下。參見：俱舍卷一五，七八頁上。婆藪盤豆造、真諦譯阿毘達磨俱舍釋論卷第十一，二三四頁下～二三五頁上。

〔一一〕戒從一切眾生得定，分、因不定　資持卷中一下：「俱舍初料，學者多昧，先須略示。『分』即是支，謂七支業。『因』即戒因，謂能受心。此文欲明五、八、十、具四位之戒，並遍生境。故舉支心，兩相比校。謂戒支受心，有盡不盡（【案】扶桑記引濟緣：『盡，猶足也。』一七〇頁下。），容可得戒，生境不遍，定不發戒。謂三戒但發四支，具戒全發七支。此明七支多少皆是得戒，即

分不定也。又，若約三善，則三心同時，若約三品，則隨得一品，此明三心全缺，皆可發戒，即因不定也。」（二七二頁中）鈔批卷一四：「立云：發戒要從法界上一切眾生立誓斷惡。若於一眾生中，惡心不盡，戒則不發，此是定義，故曰得定也。景云：從此已下是立宗。從『何以故』，即一一釋也。宗有三種：一、約眾生，二、約用，三、約分也。『分』謂七支身分也。『因』謂無三毒，并上中下品心也。案俱舍論云：護戒也，皆從一切境、一切分、一切因得。雖從此三得，得則有異。故偈曰：於眾生得護，由分因不定。釋曰：護從一切眾生得，不從一切分眾生得。（餘義同鈔引。）言分、因不定者，此釋上文，分不定義也，謂七支是身分，故曰分也。若受具戒，要從一切分得，謂斷身三口四也。若受五、八、十戒，但從四分得，即身三口一，亦名四支也。」（六三一頁下）簡正卷九：「此是立宗，有於三義：一、從一切眾生得定；二、分不定，三、因不定。分不定者，分者，支也。舊云『分』，新云『支』。如比丘戒，要具七支，五、八、十戒，唯是四支，即得不定也。因不定者，貪等三心，是戒生因，盡斷得戒，即定上、中、下品，亦為戒生。『因』即不定，兩處相望，成不定也。」（六〇五頁下）【案】俱舍卷一五，七八頁上。<u>婆藪盤豆</u>造、<u>真諦</u>譯<u>阿毘達磨俱舍釋論</u>卷第十一，二三四頁下～二三五頁上。

〔一二〕**不得從一種眾生得**　資持卷中一下：「言必須遍也。」（二七二頁中）鈔批卷一四：「謂要須從一切眾生得，非謂從一種（原注：『種』疑『切』。下同。）眾生得也。謂從三千世界水陸眾生，皆是戒境。若有偏局，戒則不發。」（六三二頁上）簡正卷九：「何故戒疏從一切境得定分，及因不定耶？云不得從一種眾生得故者，意云：戒要須從一切眾生，盡息惡心，方得七支戒，此義定也。不從一種者，及顯義也。」（六〇五頁下）

〔一三〕**分不定**　簡正卷九：「謂七支戒，名一切分，是定義。四分者，即四支，謂身三口一，兩處相望，故成不定。」（六〇五頁下）【案】「分不定」者下，文分為二：初，釋不定；二、「若不從」下，釋定。初又分二：初，分不定；二、『因不定』者下。

〔一四〕**有人從一切分得戒**　鈔批卷一四：「即是具戒。盡防七支之罪，故曰一切分。」（六三二頁上）資持卷中一下：「一切，謂七分也。俱舍即有部計，謂比丘戒方得七支，是具戒故，餘三四支以非具故。若準成宗，四戒並發七支，即皆從一切得定也。今依彼引宗計，須知『因不定』中，先明三善。一切者，三心俱

時也。若起三毒，則有單具。若起三善，必不相離。故次明三品。」（二七二頁中）

〔一五〕**有人從四分得**　鈔批卷一四：「謂五、八戒，直斷婬、盜、殺、妄四支之分，故曰也。」（六三二頁上）

〔一六〕**因不定**　鈔批卷一四：「『因』有二種：一、約無三毒為因；二、約三品心為因也。」（六三二頁上）

〔一七〕**若立無貪、瞋、癡，為戒生因，從一切得**　鈔批卷一四：「謂三毒不得相離，要須盡斷，不得分斷。以盡從三無毒得戒，故曰從一切得。」（六三二頁上）簡正卷九：「謂以心為戒因，親生戒故。若無貪、瞋、癡，三善根為戒因者，即不可也。假此三名，從一切得名。若但無貪、癡，猶有瞋在，即非一切故。要須總無此三，方得戒也。」（六〇五頁下）

〔一八〕**不相離**　簡正卷九：「以癡為貪、瞋母，二藉癡生故，不相離。」（六〇五頁下）

〔一九〕**若立上、中、下品意**　鈔批卷一四：「謂三品心，不俱起故，但可隨發一品心因，戒則酬一品心因也。若言盡發三品心，則不發戒，故曰不從一切得，以三品不俱起故也。羯磨疏四句料簡：一、有人於一切眾生得戒，不由一切『分』『因』，謂隨一品齊受五、八、十戒也；二、有人於一切眾生得戒，由一切『分』，不由一切『因』，即用一品『因』，受比丘戒；（六三二頁上）三、有人於一切眾生得戒，由一切『分』『因』得戒，謂前後（【案】『後』疑『從』。）三品意，受三種大戒。四、有人於一切眾生得戒，由一切『因』，不由一切『分』，謂用三品意，受五、八、十戒也。」（六三二頁下）簡正卷九：「如一人身中三品（六〇五頁下）之心，必不俱起。若起上品，即無中、下，若起中品，即無餘二，故因不定也。羯磨疏云：約前三義，取上、中、下為因，作其四句：一、有人從一切眾生得戒，不從一切『因』，謂隨一品意受五、八、十戒；二、有人從一切眾生得戒，從一切『分』，不從一切『因』即一品受比丘戒；三、有人從一切眾生得戒，從一切『分』得，從一切『因』得，謂三品受五、十、具；四、從一切眾生得戒，後（【案】『後』疑『從』。）一切『因』得，不從一切『分』得，謂三品受五、八、十戒，故知從一切境得戒。桓定『分』、『因』，則不定故，論頌云：戒從請有情，因支說不定。」（六〇六頁上）

〔二〇〕**若不從一切眾生得**　簡正卷九：「若一境上，由擬煞盜欺誑，即是惡意不死也。」（六〇六頁上）鈔批卷一四：「立謂：卻釋上文戒從一切眾生得定也。要於一切眾生離殺等過，方有戒也。若有『能、不能』心，則不發戒。以能、不能，

互轉生故，戒有增減過也。且如水中眾生，我離殺，陸地不離殺，即不發戒。以互生故，既不發戒，故曰戒則無也。」（六三二頁下）資持卷中一下：「不從一切者，三心不俱故。釋定中，比前『分』『因』，不從一切皆發得戒。緣境反之，故云若不從等。」（二七二頁中）扶桑記釋「有增減」：「如唯對現在有情持殺戒，現在生；若死，戒則減；若更生，戒則增。餘趣相對說增減亦爾。」（一七〇頁下）【案】「若不從」下釋定，文分為二：初，「若不從」下略釋；二「若人不」下，廣示。

〔二一〕惡意不死　資持卷中一下：「『云』下，轉釋不得之意。死，息也。」（二七二頁中）鈔批卷一四：「此都結上文。謂由不遍眾生起善者，良擬惱害，故曰惡意不死也。」（六三二頁下）

〔二二〕若人不作五種分別，得木叉戒　鈔科卷中一：「初，示離五種分別。」（五〇頁中）資持卷中一下：「五分別者，謂初受時，發心斷惡，於此五事有能、不能，故生取捨。」（二七二頁中）【案】「若人不」下文分為二：初，「若人」下；二、「於非」下。

〔二三〕於某眾生，我離殺等　簡正卷九：「謂家畜不煞，野畜便煞。親不煞，怨則煞。」（六〇六頁上）鈔批卷一四：「如屠兒持野畜戒，家畜不持；獵者，持家畜，野則不能持是也。」（六三二頁下）資持卷中一下：「初簡生類，有能不能。」（二七二頁中）

〔二四〕於某分我持　鈔批卷一四：「某分者，立謂：持婬不持殺等，然望具戒，此釋應好。若約五戒有好，彼有一分優婆塞等，俱舍名『某枝』，義亦相似。」（六三二頁下）簡正卷九：「如二百五十戒隨簡一不持，即是不發戒。」（六〇六頁上）資持卷中一下：「簡戒支，彼宗（【案】指俱舍。）五、八局數（【案】扶桑記：『疑寫倒，應作數局。』一七〇頁下。）定，（二七二頁中）故若受一、二，但得善行。成論不爾，分滿皆得，十具二戒，體是出家，遮性俱斷，則有此過。」（二七二頁下）

〔二五〕於某處能持　鈔批卷一四：「謂他方能持，此土不能持；或城中持，蘭若不能持。」（六三二頁下）簡正卷九：「謂自國不煞，他國則煞。」（六〇六頁上）資持卷中一下：「謂國土郡縣。」（二七二頁下）

〔二六〕某時能持　資持卷中一下：「即年、月、日、時。」（二七二頁下）鈔批卷一四：「冬持夏不持等，晝持夜不持也。」（六三二頁下）簡正卷九：「限一日一夜，餘皆盡形。或冬月水無虫，能持；夏水有虫，即不能持。」（六〇六頁上）

〔二七〕**某緣不持，除鬭戰事**　資持卷中一下：「戒盡壽以論。八戒日夜中說，彼部時定；成宗：二戒盡形，半日隨機長短，五中自釋。除鬥戰者，謂遇此緣不能持故。」（二七二頁下）鈔批卷一四：「俱舍云：若人不作如五種定限，方可得受別解脫律儀。若作如是受者，不得律儀，但但（【案】次『但』疑剩。）得律儀相似妙行。」（六三三頁上）簡正卷九：「謂若他鬭戰，即不能持者，以來害我情難忍故。」（六〇六頁下）

〔二八〕**如此受者，得善不得戒**　資持卷中一下：「『如』下，通結。準知，戒善遍不遍異耳。」（二七二頁下）簡正卷九：「論云：如是受者，但得律儀相似妙行。今鈔云：得善不得戒，意亦同也。」（六〇六頁下）

〔二九〕**於非所能境，云何得戒**　鈔科卷中一：「『於』下，明徧能、非能境。」（五〇頁中～下）鈔批卷一四：「立謂：上五中，前四為『所能』，後一為『非所能境』也。自意云：五中各含『所能』、『非所能』也。疏云：如屬者，持野獸戒；獵者，持家畜戒。此則有能、非能也。」（六三三頁上）簡正卷九：「約『非所能境』，辨其牙（【案】『牙』疑『互』。次同。）生發戒、失戒所以。文分為二：初，舉『非所能境』，問答非疑；二、『毗婆沙』下，總約草木眾生，牙轉不失，釋成上義。初又分四：初，別發家立『非所能境』問；二、『由不害』下，總發家敘；三、『縱』下，別發家徵；四、『惡』下，總發家釋。（此依玄科。若法寶科似愄。今相承不依也。）四段：今初云『於非所能境，云何得戒』者，此是別發起問也。欲釋此文，先明總別，所以名為『總』，謂於有情中，不論凡、聖、人、天、可煞、不可煞物，須作斷惡心，一一境上皆發戒也。所云『別發』者，於情境中，若是我可煞、盜、誑等境上，即作斷惡心，於此境上發得戒體。若非我所煞境，即不發戒，故云『別』。已上俱約有情，據遍、不遍而分總、別也。（已上分總、別已竟也。）次消文。所以有此文者，謂前來五義之中，初云『若不從一切眾生得戒則無也』，因此義故，便生斯問也。別發師難云：『若要從一切眾生得戒者，如他方聖人上界諸天等，且非是我所煞之境，我又非其（六〇六頁下）能煞之人，縱有煞亦不得，何用於彼境上發戒耶？故云於所非能境上云得戒。』（問竟。）第二總發師答，分三：初，歸宗直答；『若二從』下，行別發師有增減過；三、『若爾』下，領上增減失，重顯得捨非。（此亦依玄科也。）」（六〇七頁上）資持卷中一下：「次明『能非能』者，如於此類眾生不能持，名『非所能境』；於彼類能持，名『所能境』。疏云：以屠者持野獸戒，（即『所能境』屠於家畜為『非所能』。）獵者持家畜戒。（亦

『所能』也。獵以野獸為『非所能』。）初科，文中上二句問起，謂於此類眾生既『非所能』，今亦通緣，望彼發戒有何所以？」（二七二頁下）

〔三〇〕由不害一切眾生命故，方得　鈔科卷中一：「初，明非能通得戒。」（五〇頁下）資持卷中一下：「『由』下，釋通，謂心無所簡，始相應故。」（二七二頁下）簡正卷九：「謂凡論得戒者，須向一切有情境上作拔苦與樂之心。約此心邊，何簡『所能』、『非所能』？——總發得戒故，云『由不害』等。」（六〇七頁上）

〔三一〕若從所能境得戒，此則有損減過　鈔科卷中一：「『若』下，示『能境』生諸過（三）：初，約互轉明過；二、『若』下，約得捨明過；三、『縱』下，約惡心明過。」（五〇頁下）資持卷中一下：「初過中，先牒計。『此』下，斥奪，上句指過。『損』字寫誤，準疏合作『增』。……疏云：如獵持豬羊戒，死生獐鹿戒，則減也。或鹿生羊中，戒則增也。屠者，例爾。」（二七二頁下）簡正卷九：「『總發』行他『別發』過也。總發云：汝若從『所能境』上則發戒，『非所能境』不發者，便有損減過也。……玄云：論文是『增』『減』字，則有二義，抄故云『損減』。但據一邊說，只有一義，謂此『所能境』命過，卻生彼『所能』處，此戒則合減。若彼『非所能境』處有情死，卻生此『所能境』中，戒則合增故，是增減義也。諸記相承引羯磨疏謂：獵者，持豬羊戒，死生獐鹿中，戒則減也；或鹿生羊中，戒則增也。屠者，持獐鹿戒，死生豬羊中，戒則減也；或豬生獐中，戒則增也。」（六〇七頁上）

〔三二〕能、非能，互轉生　資持卷中一下：「下二句申理，謂『所能』生『非能』中，戒則有減，『非能』生『能』中，戒則容，故云互轉生也。」（二七二頁下）簡正卷九：「下句出過，云『能』、『非能』牙（【案】『牙』疑『互』。次四同。）轉生故。」（六〇七頁下）

〔三三〕若爾，則離得捨因緣　簡正卷九：「『若爾』兩字，領會前意，作出過之綜由也。離得捨因緣，得戒捨戒。」（六〇七頁下）鈔批卷一四：「立云：卻覆疎上文。若如上有能、非能者，戒則自有增減。自成受捨時，不須十僧受，捨亦不須對人捨，故曰離得捨因緣也。謂既有能、非能境，互轉生時，則隨得戒、捨戒也。文中言隱，應云：則離得戒因緣得戒，則離捨戒因緣捨戒也。」（六三三頁上）資持卷中一下：「第二過中。若爾者，躡上增減義。『則』下指過。以戒受捨，並假因緣，今自增減，正乖戒義。」（二七二頁下）

〔三四〕得戒捨戒，此義自成　鈔批卷一四：「立謂：能境若死，生非所能境中，即離

捨戒因緣捨戒也。非能境若死，生能境中，即離得戒因緣得戒。得捨之義自成，故曰此義自成。且如有人，（六三三頁上）持家畜戒，野畜死，若生家畜中，戒即增，自然得戒，不用具緣而受也。若家畜死，生野畜中，則自然失戒，則不須作法而捨也。」（六三三頁下）簡正卷九：「此義自成者，總發師云：夫得戒者，必須具緣，闕緣不可；夫捨戒者，要須對人，作法及邪見二形，命終方成捨戒。汝別發師，適來立理。既云『非所能境』上不發者，成彼死生此、此死生彼，不唯有斷增減之過，亦作五受之外別立眾生，生此得戒。四捨之外更立眾生，此死失戒，故云得戒。此義自成。（顯別師散有此二過。）」（六〇七頁下）

〔三五〕**縱離得捨因緣，此有何過**　資持卷中一下：「第三過中。初，縱許上義，謂戒自增減，不假因緣，義亦何失？」（二七二頁下）鈔批卷一四：「立謂：此更徵前也。謂我既不從緣得，又不從緣捨，有何過也。縱如此得捨，亦無過失，但無奈不發戒。何故不發？由惡心不死故，不成普周義也。」（六三三頁下）簡正卷九：「別發師牒前過，非重徵何過？謂縱是『非所能』生『所能』中，離得戒因緣，縱是『所能』死，生『非所能』中，離捨戒因緣，今但於『所能境』，得戒有何過？謂『非所能境』，生此『所能境』，我亦於此得戒。若『所能境』死，生彼縱然失戒，既非煞境，不作離煞之心，有何過耶？」（六〇七頁下）

〔三六〕**惡心不死故，不成溥周**　簡正卷九：「總發師釋也，謂於『所能』煞境，則斷惡心，於『非所能』不作離煞之心，心則不死不成，（六〇七頁下）普遍周圓之義也。」（六〇八頁上）資持卷中一下：「『惡』下，指過。由害心不盡，縱『所能境』心亦不定。疏云：如獵者持家畜行獵不獲，路逢豬羊心還起殺。準知，得戒之心，不容毫髮之惡，高超萬善，軌導五乘，眾聖稱揚，良由於此。」（二七二頁下）

〔三七〕**若爾，草木等未有，有時生滅，豈非增減？眾生入般，豈非減耶？**　資持卷中一下：「釋增減。婆沙問者，即俱舍自引。若爾者，躡前為難。前云互轉有增減過，今難縱令普周，不免此過，故須釋之。文中先約非情，有增減過。未有者，如冬受春生，戒則有增。有時者，如春受秋滅，戒則有減。次約有情，唯有減過。入般者，證阿羅漢。大般涅槃此約灰身入『無餘』者，不於三界受生，即眾生減也。」（二七二頁下）鈔批卷一四：「立謂：若如汝上明，能、非能互轉生，戒則有得有捨者，亦可我今春時受戒，發戒則多，冬時受戒，戒應少也。又復，我當時作普周之心，受戒已後草木生滅，眾生來去。戒亦隨增減

不，故作四句，通答此一問也。（六三三頁下）……（述曰：）據此婆沙，於
一切草上，總得一無表，與前多論不同。多論：則一草、一粒、一支、一根，
乃至大地一微塵、一髮，若傷一一，皆得罪也。今於一一境上，皆發無表，不
許總發一個無表。此乃部別，何可致疑，下有四義，答其上問。」（六三四頁
上）簡正卷九：「此文躡前牙（【案】『牙』疑『互』。次同。）轉生義，卻難從
一切得，亦令有能非牙轉生義也。婆沙中，有師難云：『如草木等，未有有時
或時枯減，豈非增減，能、非能互轉生亦爾。如有人冬受戒時，草木皆枯，
戒應減也。春間草木既生，戒應增也。』彼論：『解云：眾生前後有，草木永
不有。』『若爾，眾生入般，永不有故，知戒則減也。謂眾生有輪轉受報，生
不定故。』『言前後有能、非能，互轉生故。草雖枯葉，永無輪轉異，故云永
不有。共發一遮戒，無有能持不能持，互轉生也。』『若爾，眾生入般，亦永
不有，戒即應拭。謂阿羅漢化火焚身，不受生死輪轉，亦永不有。得成戒減，
為通此妨故，作句數料簡也。』」（六○八頁上）【案】婆沙卷一二○，六二四
頁下。

〔三八〕**心謝境不謝**　資持卷中一下：「初句世疑。戒本防非，三乘果人，煩惑既傾，
業非永喪，何用戒為？又，經律中，如來成道，方始感戒，羅漢破結，上法得
戒。準此，初句頗決深疑，更有別通，文在義鈔。」（二七三頁上）鈔批卷一
四：「立謂：自修道，出三界，更無煩惱，是心謝。而前境眾生草木，戒境猶
在，戒亦不失。」（六三四頁上）簡正卷九：「謂能受戒人，斷或皆盡，更無煩
惱，是心謝。以無犯戒之心，而情非二境在，是境不謝」（六○八頁上）

〔三九〕**以境不盡故，戒在不失**　資持卷中一下：「經云：眾生無盡，戒亦無盡。此舉
正報，必兼依報，故非情境亦無盡也。」（二七三頁上）

〔四○〕**境謝心不謝**　資持卷中一下：「正通前難。餘三相因而來。」（二七三頁上）
鈔批卷一四：「立謂：前境眾生，修道成聖，及草木死盡，是境謝。而比丘三
毒猶在，持心不捨，戒亦不失。以三毒猶在，故言猶心過罪在也。」（六三四
頁上）簡正卷九：「謂有情入滅，草木已死，是境謝。受戒人且未斷煩惱，是
心不謝，戒在不失。此之一句，為證前文眾生入般。雖盡亦發得戒，但成就在
身，而不現行，如刀在匣（六○八頁上）中，用不用別也。」（六○八頁下）

〔四一〕**入般、草死，戒不失，由心過罪在**　鈔批卷一四：「言入般者，且約小乘，入
有餘般涅槃也。要是灰身滅智，無後分段之身名入般。若直證羅漢，未入滅
者，猶有分段身在，則有可惱壞。若殺犯逆，豈得非戒境也？今所論入般者，

惡（原注：『惡』疑『要』。）約灰身者也。」（六三四頁上）資持卷中一下：
「以惑心未破，妄業隨興，害生、斷草，心不息故。」（二七三頁上）

〔四二〕**心境俱不謝** 資持卷中一下：「『二俱』句，凡夫現境，二皆存故。」（二七三
頁上）鈔批卷一四：「<u>立謂</u>：比丘三毒俱在，眾生草木復在心。」（六三四
上）簡正卷九：「謂比丘未斷煩惱，是心不謝。情非情境在故，是境不謝，戒
在可知。」（六〇八頁下）

〔四三〕**心境俱謝** 鈔批卷一四：「<u>立云</u>：自修得羅漢，前眾生盡成佛，草木滅盡也。
准文中解，如尼轉根為僧，是心謝，其有不同之戒，如紡績洗淨等（六三四頁
上）戒則失，故曰境謝。僧受戒時，懸發得僧戒，今若轉根，不須更受，其不
同戒，但可不用，不得云失。此上四句，並證不失戒，戒無增減。礪云：僧尼
互轉根時，佛判不須更受，道舊夏歲，即互得成。然有無不同之戒者，諸師多
判不同，如<u>雲律師</u>釋不同之戒，隨時生滅，故使僧得成尼。『若爾者，其相如
何？』『若當轉根為女，比丘本受得防，轉教授尼等戒即滅，洗淨、紡績等戒
始生。所以然者，以本要期，有要當斷為因，轉根為緣，因緣具故，是以戒生。
尼變亦然。』礪釋云：『不爾。若言不同戒生，即是不受而得，又有漸受之過；
又轉根之業，非發戒緣，又可五受（善來、上法、三歸等五受。）之外，更有
轉根之受。以斯理驗，明知不生。」（六三四頁下）簡正卷九：「下自釋云：根
轉之時，是心謝，不同戒失，是境。謂如尼轉根為僧，是心謝。其有不同之戒，
即言人四獨、紡績等，則失是境謝。僧反說即是也。大德云：<u>東塔</u>不許。抄文
云不同戒失，謂尼受戒時，懸發得僧戒，在身尼戒，則現行僧戒，則不現行。
後時或轉根為僧，僧戒卻現行。若再復尼形，尼戒亦在，不言更受。『若言失
者，後卻轉成尼時，莫須更受尼戒不？』彼自釋云：可改『失』字為其『隱』
字。但言不同戒隱，隱是不現行義也。大德云：鈔據無用之邊，義同於失，理
亦無乖。若取無妨之邊，『隱』字亦妙。」（六〇八頁下）

〔四四〕**根轉之時，不同戒失** 資持卷中一下：「不同者，如初四重，名僧尼同戒。後
四重，尼有僧無，漏觸矗欺，僧有尼無，名不同戒。如僧轉為尼，漏觸等境非
我所防，復無能防，故云俱謝。此句論謝，即不同前謝滅之謝，比之可知。」
（二七三頁上）鈔批卷一四：「一、非捨時捨，是即律儀，便有增減；二、有
漸捨之過；三、來轉根非捨緣；四、若捨戒者，應有五捨。（邪見、命終、二
形生、作法捨。此四之外，不聞有『轉根捨戒『之名。）然若爾，故知不失。
今<u>礪</u>又釋云：能防受體，不生不滅，雖僧尼互變，不得以本惡境無故，即使能

防隨捨。又，不可以所防惡起故，還使能防隨生。所以爾者，以本要期一運，有惡當斷，致能防無作，還總發得。雖可過境興廢，（六三四頁下）能防恒不，隨緣生滅。既酬本要期，總斷其意，亦即發得，與尼不同。無作戒善，是以大僧變根即得，是尼能受防受體，更無生滅。其猶器杖，但可有用無用，不可即無器杖故。此亦爾。又云：既轉根後，先受持衣鉢法，失義有其二解不同。初言見論云：比丘變為尼，三衣及藥失受法，說淨法亦失。以比丘受衣，有過六夜罪，尼無此義，不同故失。比丘受藥法，與尼不通，為是亦失，淨法對人說異故失淨法。又釋亦並不失。所以爾者，如先安居，亦是對人說異。何以乃言，依本年歲，往尼眾中，尼變亦爾。又，轉根非離衣宿，失衣緣故，亦非失淨緣故。」（六三五頁上）

〔四五〕**薩婆多云**　鈔科卷中一：「多論明非情境（二）：初，引論正明；二、『故』下，引善生轉證。」（五〇頁上～中）簡正卷九：「彼論第一云：於非情則別發戒，於一一塵、一一草菜花等，皆發得表、無表戒。若依婆沙宗，約非情類共發一無表。」（六〇八頁下）

〔四六〕**三千世界**　資持卷中一下：「初文，論約『大千』者，據宗限也，下文多云『法界』，其語猶通。須約大小，簡辨寬狹，此意常切。」（二七三頁上）

〔四七〕**反罪順福**　資持卷中一下：「罪福，即善惡也。」（二七三頁上）

〔四八〕**善生云**　資持卷中一下：「善生中。且舉無情四義，如下配戒中。」（二七三頁上）

〔四九〕**多論又云**　鈔科卷中一：「多論明情境（二）：初，正示境量。」（五〇頁上～中）簡正卷九：「此段約有情并器世間，合辨也。」（六〇九頁上）【案】「多論」下分二「初引多論；二引了論。薩婆多卷一，五〇七頁上。

〔五〇〕**於三千大千世界，下至阿鼻，上至非想**　資持卷中一下：「三、情境中。『阿鼻』、『非想』，別舉上下，統攝中間。」（二七三頁上）簡正卷九：「從初至『非想』，並是器世間。」（六〇九頁上）

〔五一〕**於一切眾生上**　簡正卷九：「於一切眾生上，是有情世間也。」（六〇九頁上）

〔五二〕**可殺不可殺**　資持卷中一下：「可不可者，或約三世可，即現在不可，即過、未又現在中，五道相隔。又，人中，遠近不及；又，近中，凡聖可否等。」（二七三頁上）鈔批卷一四：「賓云：諸入滅定、慈定，中陰、如來、輪王、佛使等，決不可殺。如佛使耆婆往火中取樹提時，六師前牽云：『沙門瞿曇所作多術，未必常爾，或能不能脫，其不能恐相為害？』耆婆答言：『如來使我入阿

鼻地獄，所有猛火，尚不能燒，況世間火。」爾時，耆婆前入火聚，如入清涼大河水中，故知佛使，決不可殺。謂約佛使，作事未了，畢竟不可殺。入滅盡定，定不可殺，（六三五頁上）殺亦不死。縱使碓擣磨，磨終無有損。立謂：凡是可殺，聖非可殺。又，就四天下中，餘三方人，非可殺；以後來生此，即是可殺。又解，天非可殺，人是可殺。雖不可殺，以互轉生，還即可殺，故須普周。」（六三五頁下）【案】北本涅槃卷三〇，五四三頁下。

〔五三〕**乃至可欺不可欺**　鈔批卷一四：「竇云：諸得他心者，是不可欺也。人是可欺，天非可欺。天若轉生人中，復是可欺。又約凡聖論之，凡則可欺，聖不可欺。礪云：乃至可欺不可欺者，謂是妄語戒也，亦可誑不可誑（原注：插入『不可誑』三字。）也。『乃至』者，中間越卻婬、盜二事也。」（六二五頁下）簡正卷九：「可欺者，是妄語戒。諸得他心，聖人天眼即不欺。」（六〇九頁下）

〔五四〕**此一一眾生，乃至如來，有命之類**　鈔批卷一四：「羯磨疏云：如來並是戒緣，有損壞毀謗之義也。」（六三五頁下）資持卷中一下：「如來者，獨指釋迦，亦當分義，大取恒沙。」（二七三頁上）

〔五五〕**以三因緣**　資持卷中一下：「即三善也。」（二七三頁上）鈔批卷一四：「即三毒也。今反三毒，即為三善根，發得戒也。且如殺，具防三毒。貪肉故殺，是貪毒；若殺怨家，是嗔毒；見父母病苦，方便與樂令死，是癡。亦可不信因果，殺其前人是痴也。」（六三五頁下）簡正卷九：「三因緣者，無貪、無嗔、無癡。三善根者，皆發得戒。」（六〇九頁下）

〔五六〕**又以此推**　資持卷中一下：「『又』下，結歎。通五眾者，境量同故。」（二七三頁上）簡正卷九：「謂上來既明一切情、非情上發得戒，推求此義，故知僧位高，人天福德桓流也。」（六〇九頁下）

〔五七〕**奉戒德瓶**　鈔批卷一四：「瓶喻戒也。瓶若完全，堪盛未麵，戒若完具，能集眾善功德也。案智論云：持戒之人所願皆得，天、人、涅槃，無事不得，破戒之人一切皆失。譬如有人常供養天，其人貧窮，一心供養滿十二年，求索富貴。天愍此人，自現其身，問求何等，答求富貴。天與一器，名曰德瓶。而語之言：『所須之物，從此瓶出。』其人得已，隨意所欲，無所不得。造作屋舍，七寶具足。供養賓客，客問：『汝先貧窮，今日何爾？』具答所由，并將瓶出示客。其人憍恍，立瓶上儛，瓶即破壞。一切眾物，亦一時滅。持戒之人亦復如是，種種妙樂，無願不得。若人破戒，憍恍自恣，亦如彼人，破瓶失物。又云：下品持戒生人中，中品持戒生天上，上品持戒得至佛道。」（六三五頁下）

【案】智論卷一三，一五四頁上～中。

〔五八〕**聖跡**　簡正卷九：「三乘聖人皆持禁戒，今受能持，乃至遵聖跡。跡，謂教跡等。」（六一〇頁上）

〔五九〕**端拱自守，福德恒流**　資持卷中一下：「端拱，謂縱不持也。福德即無作。」（二七三頁中）

〔六〇〕**四萬二千福河恒流**　鈔科卷中一：「『故』下，因明戒福。」（五〇頁中）資持卷中一下：「初科，分二：初，引論，據下二結歎。初中，先引論文，次引論解。此又分二：初，配數顯德，前釋名義。福即善業，河即譬喻，破戒煩惱即業惑。二、『道言』下，合數三段，先示戒數。所引律戒，皆彼論自指，此土並無。又指尼別戒，亦據彼部，不可以今宗挍之。問：『了論宗正量，何以戒數不依彼部？』答：『或恐止量戒，本宗彼二律，又恐欲顯多相，故用別部也。」（二七三頁中）簡正卷九：「此論釋正量部，即是五分律中僧尼戒數。故彼論頌云：倍二十一千福河，流善法水洗除垢汗（【案】『汗』疑『汙』。次同。了論頌無『汙』字。）。釋曰：倍二十一千者，是四十四十二二千千，是四萬二千也。此四萬二千，是其功德之福。流注善法，不絕如河，故云福河流善法也。此能洗滌破戒煩惱垢穢，令淨如水，故水洗除垢汗。」（六一〇頁上）【案】了論，六六六頁上。

〔六一〕**解云**　簡正卷九：「『解云』已下，是真諦疏解也。疏云：戒及十利、十種正行，悉願學之。今受後與願心，俱一時同起，故云恒流。」（六一〇頁上）

〔六二〕**謂四萬二千學處，一切恒流，其猶河水，洗除破戒煩惱**　鈔批卷一四：「立謂：無始煩惱，垢累行人，不能得離。今由受戒，斷滅煩惱，萬累漸除，喻河水洗滌也。」（六三六頁上）簡正卷九：「以此正行，洗破戒煩惱塵垢，不令坌其法身，故喻如河，念念不絕，即是恒流之義。」（六一〇頁上）

〔六三〕**婆藪斗律**　鈔批卷一四：「了論疏解云：此翻『品類律』也。此律多說犯罪緣起，制諸輕戒也。賓云：舊人言是『二十部數』別部之名，今不同之。『婆藪斗』者，既翻為『品類』，則品類之罪，同居一處，事如此部揵度也。『揵度』翻『法聚』，則顯『品類』。前是法聚義，亦是蘊積義，故知只是揵度耳。」（六三六頁上）

〔六四〕**輕戒**　鈔批卷一四：「如揵度中，多不明夷、殘重罪，唯明輕吉。為此今言，多明輕戒。輕戒者，即吉是也。」（六三六頁上）

〔六五〕**優婆提舍**　鈔批卷一四：「了論疏解云此翻為『正教』，緣此律正說是罪、非

罪，制諸重戒。賓云：舊人言是別部之名者，今恐不然。且如十二部經中，有憂波提舍經，此翻『論義經』，即是律中調部之類也。以譯部中多有問答，謂憂波離調牒問佛，義同論義。以調部多牒夷、殘、蘭等。問佛即是重戒，故今云『多明重戒』是也。」（六三六頁下）簡正卷九：「疏中番為『正教』，謂此律正說是罪、非罪，制諸重戒並是。了疏中自引此律。」（六一〇頁上）

〔六六〕比丘尼別戒九十九　鈔批卷一四：「如洗淨、紡績等，名別戒也。論疏直言九十九，不出其相貌也，合上數成四百二十也。」（六三六頁下）

〔六七〕是一一戒，有攝僧等十功德　鈔批卷一四：「一一戒上，有十功德，如攝取於僧等，便成四千二百也。」（六三六頁下）

〔六八〕一一功德，能生十種正行　鈔批卷一四：「一一功德上，有十種正行，即是四萬二千也。言十正行者，『信』等五根，謂信根、進根、念根、定根、慧根為五，并不貪等『三毒』為三，及身、口二護為五，配前五根，是十也。此是了論。略舉四百二十戒耳，未是盡理。問：『僧尼二眾，戒數各別，何以直言四萬二千者？』問意云：僧尼二眾，戒既是別，何不別明位數，而直合而言之何耶？」（六三六頁下）資持卷中一下：「一一功德下，後以十行配利。一利有十行，一戒成百行，總成四萬二千。」（二七三頁中）

〔六九〕謂信等五根、無貪等三善根，及身口二護　資持卷中一下：「『信』等者，等取二精進、三念、四定、五慧，身、口二護，通一切戒，不可專配七支。」（二七三頁中）簡正卷九：「并身口二護者，謂能防守身口不護（【案】『護』疑剩。）起過失，故云身口二護，足前八，成十也。」（六一〇頁下）

〔七〇〕一戒即百，合成有四百二十，豈非四萬二千　簡正卷九：「一戒即百，十戒即千，百戒即萬。四百戒即成四萬。又二十戒，後（【案】『後』疑『復』。）是二千，故云四萬二千。」（六一〇頁下）【案】以上了論，六六六頁上。

〔七一〕又解云　簡正卷九：「『又解』等者，亦是了論疏家重釋。」（六一〇頁下）資持卷中一下：「『又』下，二、舉名顯具，謂以『無願』之名，顯滿足之義。」（二七三頁中）

〔七二〕學處　資持卷中一下：「修行者所依處故。」（二七三頁中）簡正卷九：「謂一切所應學知，名學處也。」（六一〇頁下）

〔七三〕無一戒不生，故稱「無願」　鈔批卷一四：「謂第三羯磨竟時，萬善之法滿足，更無願求，故云然也。若下眾十戒等，由戒未具，名『有願』也。」（六三六頁下）

〔七四〕**戒德恒流**　簡正卷九：「福德恒流者，僧尼身上，戒德常流不斷。」（六一〇頁下）

〔七五〕**何以無願毘尼，直言四萬二千**　資持卷中一下：「問中。論取僧尼二戒，合成四百二十。今據一眾不當，具發四萬二千，故以為問。」（二七三頁中）簡正卷九：「大約而說，僧有二百五十，尼有五百，則戒數各別。何以論中約『無願毘尼』，直言四萬二千？此亦是了論家自問也。」（六一〇頁下）

〔七六〕**此總舉二眾以說**　鈔科卷中一：「初，約兩眾解；二、『又』下，就一眾解。」（五〇頁下）簡正卷九：「且約二眾現行以答。以僧尼現行戒數者，即今文中列婆藪斗律戒二百、優婆提舍戒百二十一、比丘尼別戒九十九，所以共有四萬二千，若取實理，僧尼各隨本戒。僧二百五十戒，合有二萬五千。掄河尼三百三十八戒，合有三萬四千八百也。」（六一〇頁下）資持卷中一下：「謂一眾邊實不可具，準前二律，僧有三百二十一戒，則有三萬二千一百。尼戒但出與僧別戒之數，未知彼部尼戒少多，不可妄配。（舊記以四分戒配數，非也）。」（二七三頁中）

〔七七〕**以轉根義，證比丘懸發得尼戒，俱有四萬二千**　資持卷中一下：「以僧尼轉根，即互入眾，更不重受。故知比丘一體，具二眾戒。尼亦例爾。」（二七三頁中）簡正卷九：「第二約轉根義解也。比丘懸發，謂尼不同之戒，是合明四萬二千。如尼變為僧，即發僧所防故，知並先發也。猶如器伏，有用時、有（六一〇頁下）不用時，不可言無也。」（六一一頁上）

〔七八〕**對七眾發戒多少**　簡正卷一〇：「羯磨疏云：戒不可分，隨人分四：近事五戒，三眾十戒，僧、尼具戒等。」（六一一頁上）

〔七九〕**五戒者，於一切眾生，乃至如來，皆得四戒**　資持卷中一下：「引論中，先明有情。」（二七三頁中）簡正卷一〇：「一一眾生皆得四戒者，謂身三、口一，發四支也。」（六一一頁上）【案】薩婆多卷一，五〇七頁上。

〔八〇〕**得十二戒**　鈔批卷一四：「具約情上明也。如殺，必有嗔心故殺，或時貪故殺，或痴故殺。殺上既三，餘婬、盜、妄，亦各有三。三四成十二戒也。」（六三七頁上）簡正卷一〇：「以無貪、嗔、癡故，各得發三，三四成十二也。謂貪等三，於此非情酒上，發得三戒。」（六一一頁上）

〔八一〕**并一身始終，三千界內，一切酒上咽咽皆得三戒**　資持卷中一下：「『並』下，示無情。始終者，彼宗五戒，局盡形故。」（二七三頁中）鈔批卷一四：「咽咽得三戒者，飲，由三毒故也。貪毒味故飲可知。或時不論罪業故飲、違禮過度

飲，皆痴心飲也。言嗔心飲者，如今世人，向嫁聚（原注：『聚』疑『娶』。）之家先慳，則相知強，欲飲他酒，令他覺損，即是嗔心飲也。」（六三七頁上）

〔八二〕**設酒滅盡，羅漢入般**　鈔批卷一四：「立云：前酒境竭盡，一切眾生修道成羅漢，羅漢復入涅槃，灰身滅智，無境可惱，而五戒不失也。所以戒不失者，由心煩惱在故。雖可無所防之境，能防之心未死，故戒不失。」（六三七頁上）資持卷中一下：「『設』下，通示五法。不隨緣境有減失故，此中情、無情共論。三善別配，總十五戒。」（二七三頁中）簡正卷一〇：「縱饒酒竭，一切眾生修行，總證羅漢，羅漢復入涅槃，灰身滅智，無境可慳，而戒不失，由心煩惱在故。雖無所防之境，能防之心未謝，故不失也。」（六一一頁上）

〔八三〕**準以義推，女人身上淫處有三，男上有二**　資持卷中一下：「初，明情境。先離婬境，則對女六戒，對男五戒。」（二七三頁中）

〔八四〕**女人所得十八戒**　資持卷中一下：「『發』下，配心毒。」（二七三頁中）簡正卷一〇：「女十八者，謂婬處三，并盜、煞、妄，成六。三毒歷之，故成十八也。」（六一一頁上）

〔八五〕**男子十五戒**　簡正卷一〇：「謂婬處有二，并盜、煞、妄成五。三毒歷之，成十五也。」（六一一頁上）

〔八六〕**非情一酒，亦得三戒**　簡正卷一〇：「謂非不分，但有三戒。羯磨疏問云：『煞盜隨境，各准一戒，婬分三（六一一頁上）境者何？』答：『隨境行婬，皆有染故。』『若爾，死有四處，亦應一身立四，煞戒不？』答：『隨煞一處，諸根並死，不同婬戒，設犯一處，諸猶存，故不分也。』」（六一一頁下）資持卷中一下：「下示非情。若情、非情合數，則對女二十一，對男十（二七三頁中）八。此約單配。準開七毒，則女四十九、男四十二。」（二七三頁下）

〔八七〕**八戒發者，眾生同上**　簡正卷一〇：「眾生同上者，五戒身三、口一，亦發四支也。」（六一一頁下）鈔批卷一四：「立謂：於情上而明，同上五戒所發也。」（六三七頁上）資持卷中一下：「亦約依論義準二數不同。」（二七三頁下）

〔八八〕**非情得五**　簡正卷一〇：「一、不飲酒；二、不坐高廣大床；三、不著花鬘瓔珞、香油塗身；四、不歌舞倡妓，故往觀聽；五、不得過中食。『若爾，則成九戒，如何云八？』答：『經論不同。若准俱舍及報恩經，則不過中食為齋體；餘八為戒，是其枝條，助成齋體，故云八齋，不得言凡。若不斷過中，元不合受八戒。若准增一阿含經，即不過中食為第六支，便合華鬘、猖妓為一，非時即入不貪中，非時但四。今鈔云非情得五，便開華鬘、倡妓為二，與根本合說

為九故。多論云八，今是戒，第九是齋，齋戒合論，故云有九也。亦合准上，女人非處有（原注：『有』下一有『三』字。），男子有二，女人三十三戒，男子三十。准上可解。」（六一一頁下）資持卷中一下：「一一三戒，若情、非情合數，依論則得二十七戒。義準則對女三十三，對男三十。私約七毒，對女七十七，對男七十。可知。（上且依彼論四支示數。）」（二七三頁下）鈔批卷一四：「立謂：并根本非時食也。齋是八戒根本，若不齋者，定不得受。鈔存根本，故說為九。准首疏引多論云：八個是戒，第九是齋，齋戒合數，故有九也。若准增一阿含中云：不過中，食為第六，作倡伎樂、（六三七頁上）香華塗身，合為一个也。報恩經中，憂波離問佛：『夫八齊（【案】『齊』疑『齋』。）法，通不過中食，乃有九法，何以八事得名？』答：『齋法過中不食為體，八事助成齋體，共相支名八支齋法，故言八齋，不云九也。』」（六三七頁下）扶桑記釋「四支示數」：「謂有宗但發四支，故有情中，唯立四戒；若依成宗，五八十具，通發七支，故有情上立七種戒，合非情五，則十二戒也；離女三淫則十四戒，義準則九十八戒也。」（一七一頁上）

〔八九〕**同大僧發**　簡正卷一〇：「同大僧發者，戒體同大僧無作，前別序第九門略辨了。今此明發戒情境，一切總發。」（六一一頁下）

〔九〇〕**四分律文，俱發七支**　簡正卷一〇：「『四分』等者，此是大小持戒揵度中，沙彌得戒，具列七支。故善生云：五戒、八戒，無無義語兩舌，是事不然，我今（六一一頁下）受持淨口業，故俱得七支。智論亦爾。佛法貴如實語，故以不妄為先。自餘通攝，不得言及自餘諸論，但發四支戒也。」（六一二頁上）

〔九一〕**戒戒下文，皆結吉羅故**　鈔批卷一四：「立謂：此證沙彌戒數與大僧一等也。以僧、尼二眾戒本，下文皆結沙彌、沙彌尼吉羅，故知所發戒，與大僧同也。」（六三七頁下）資持卷中一下：「『戒戒下』者，即二部戒本。標四分者，簡餘宗不爾。多論：四支同前五、八故也。」（二七三頁下）簡正卷一〇：「僧尼戒本，戒戒之下，皆結三眾吉羅，故知同大僧發也。」（六一二頁上）

〔九二〕**列十**　資持卷中一下：「說相列十。而云同僧正相違故。」（二七三頁下）簡正卷一〇：「下句難云：何故文中但列十戒？意道若同大僧發者，亦合有二百五十，如何但列十條戒相？」（六一二頁上）

〔九三〕**此但示根本、喜作**　資持卷中一下：「『此』下，釋通。初，出列相之意。」（二七三頁下）簡正卷一〇：「此約喜犯之者，令其早知。已外隨中，和上由教。」（六一二頁上）

〔九四〕**故三歸、羯磨，俱無戒數之文**　資持卷中一下：「『故』下，以具戒白四比類。」
（二七三頁下）鈔批卷一四：「言三歸者，受十戒時三歸也。羯磨者，受具時
白四也。明此二受，正作法時，文中不列其戒數，至受後說相，為沙彌說十
相，為大僧列四重。蓋具列重者，餘則和上曲教。」（六三七頁下）簡正卷一
○：「謂三歸明十戒，羯磨明受具戒二種。文中不列戒數，說相文中方說十戒，
反以四重故。」（六一二頁上）

〔九五〕**方列十、四，兩種類解**　簡正卷一○：「相比類也。沙彌三皈無戒數，發七支
戒相，但說十類如比丘。羯摩亦無數，發七支戒說相，但明四重。」（六一二
頁上）資持卷中一下：「十即十戒，對上三歸；四即四重，對一羯磨。」（二七
三頁下）鈔批卷一四：「此言來意，證上文明沙彌戒體與大僧同也。說十相者，
且略舉耳事，同大僧受時，說四重等，故言兩種類解也。」（六三七頁下）

〔九六〕**一一眾生，身口七支，以貪瞋癡起，故成二十一戒**　資持卷中一下：「具戒中。
論文且約單犯，一一眾生所對境也。身口七支即所造業，戒所禁也。」（二七
三頁下）簡正卷一○：「多論僧尼俱發七支戒，各以貪等三毒而起，三七成二
十一也。三毒即能造心業之本也。論舉有情、非情三戒，一一亦爾也。」（六
一二頁上）

〔九七〕**三毒、互起二三、等分，應有七門**　鈔批卷一四：「『分』即三單、三雙、一合
也。立云：二「三」等分者，有三單三雙，即是兩个『三』，故曰二『三』。言
等分者，應作去聲，謂合三毒為一，名為等分也。（濟亦同此解。）」（六三七
頁下）資持卷中一下：「『三毒』即能造心業之本也。論舉有情。非情三戒，
一一亦爾也。義準中：初，離毒心，三單如論。互起中。二『三』者，謂複有
三也：一、貪瞋，二、貪癡，三、瞋癡。等分即具足一也。通上三單，共為七
毒。」（二七三頁下）簡正卷一○：「鏡水大德云：欲解此文，先須認取宗旨，
不得混亂。若依多論，心王心所，同剎那俱時起。若成實宗前後起，今引鈔
文，正依成論也。今義准者，今師以義准之。張者，開也。鈔意開前三毒，成
其七門。三毒互起者，初，單起為三句；（六一二頁上）二『三』者，謂二二
互起，成其三句；等分者，三毒合起為其一句。故成七門也。癡惱他八種、九
處，亦不起餘二，已上名曰三單。或如一剎那起貪，復一剎那起瞋，相續惱
他，八處、九處，更不起癡。（此為第一、二雙也。）或一剎那起瞋，一剎那
起癡，相續慳他，八處、九處，更不起貪。（此云第二雙。）或一剎那起癡，
或一剎那起貪，相續惱他，八處、九處，更不起瞋。（此為第三雙。）或一剎

那起貪，一剎那相續起貪瞋，一剎那相續起癡，惱他八處、九處。（此為一合。）謂此宗必約前後剎那而起，就中進退，稍難分折。若約一剎那間便起二，或為双反，一剎那頓起三，或為一合，即恐違宗。若前後剎那，別別而起，後何名雙，及與一合耶？如此兩途，俱成防故。然彼宗剎那，雖前後不同，今取相續邊說其雙，并一合義也。多有不達此文意者，錯將多宗文義約一剎那說者，非之甚也。」（六一二頁下）【案】七門即：貪、瞋、癡、貪瞋、貪癡、瞋癡、貪瞋癡。

〔九八〕**女人九處，男子八處**　簡正卷一〇：「女九處者，開婬支為三也。男八處者，開婬支為二也。」（六一二頁下）資持卷中一下：「女人下離過境也，於七業中唯婬可離。所以爾者，如婬一道，餘道無污，殺有四處，隨一即死，故不須分。（腦、喉、心、腰）。」（二七三頁下）

〔九九〕**七毒歷之，女人身上得六十三戒**　資持卷中一下：「『七』下，以毒歷支，以支對境，一一支中各有七毒，對男女境，合數可見。」（二七三頁下）簡正卷一〇：「六十三戒者，一處起七毒心，七九六十三也。」（六一二頁下）

〔一〇〇〕**男子身上，以已七毒惱他，得五十六戒**　簡正卷一〇：「八處每一有七，七八五十六戒也。」（六一二頁下）

〔一〇一〕**非情戒境，各得七戒**　資持卷中一下：「後二句，歷非情境，則不可數。」（二七三頁下）簡正卷一〇：「還將七毒歷之，又得七戒也。」（六一二頁下）

〔一〇二〕**以此例餘**　簡正卷一〇：「謂以此一女一男，及一無情，以明發戒。降斯已外，一一有情、無情，類此皆然，即無量無邊。六十三戒即無量無邊，五十六戒無量無邊，七戒並女是也。又，鈔約婆沙四師義立，今略彼意：初師，共一切有情，共發一七支戒。若於一個有情上犯煞支，於一切有情處煞支戒斷，餘六猶轉。第二師（原注：『師』上一有『意』字。）：於一切眾生上各各發七支，後若犯一眾生上煞支戒，但有此眾生上煞支斷。餘六及餘類，眾生七支俱轉。第三師意云：將三毒、三双、一合七毒，於一切有情上共發一無表。若貪犯一眾生煞戒了，於一切眾生身上，貪煞俱不發，餘者仍轉。第四師意：亦將七毒於一切眾生身上，各各發得七支戒，後若犯一眾生身上瞋煞竟，但於一切眾生瞋煞支斷。餘六并餘眾生身上七支戒俱轉。鈔約此四師義，故以七毒歷其七支，義開婬支，故於一女子身上九處發六十三，男子發五十六也。餘如文。」（六一三頁上）

〔一〇三〕**眾生、大地、草木、大海及以處空，譬戒德量，如前分雪**　資持卷中一下：
「善生五種，統攝戒境，但舉境比法，故云『譬』耳，非譬喻也。雪，猶理
也。」（二七三頁下）

〔一〇四〕**七支攝戒盡不**　資持卷中一下：「問攝戒中。以佛制戒，其相非二，而前對
情境，但說七支，疑其未盡，故申此問。」（二七三頁下）簡正卷一〇：「此
總問新發七支，攝十業道舊戒，及佛在日所制一切戒得盡不？」（六一三頁
上）

〔一〇五〕**盡也**　資持卷中一下：「配戒種類，文出多宗。戒疏、義鈔並引，止以四重
攝一切戒種名乃通。諸篇條相，各自為種類名則局。唯據殘下諸聚，是（二
七三頁下）種之類。今明種類，且約偏對。『種』即四重根本異故，『類』即
餘篇枝條生故。縱有無量不出此四。」（二七四頁上）鈔批卷一四：「立謂：
有兩歸師解，一師云盡也。」（六三七頁下）簡正卷一〇：「初答云盡也。誤
（【案】『誤』疑『謂』。）以制身三支揀婬、盜、煞，以口四攝妄語、綺語、
兩舌、（六一三頁上）惡口。又於煞支中，攝『九十』中『煞畜』一戒；又
口四中，攝『九十』中『小妄語』一戒。成九故，且云盡也。『若爾，縱依
適來於諸戒中但收九戒，何得直言盡耶？』可引鈔答，『設有』已下。（云
云。）謂云防義未盡，故云『設有不盡，攝入七中』。謂正七支攝十業中前
七業道，通於佛制中攝得九戒。已外二百四十一戒，並是枝條。攝皈根本，
如但打不煞，但觸不婬，但藏不盜等，是因非果，皆皈七中，如配戒種類
也。」（六一三頁下）

〔一〇六〕**設有不盡，攝入七中，如『配戒種、類』所說**　簡正卷一〇：「准多論配戒
種相者，下四篇亦防根本四重故，制如觸鑱同引生等，是愛染種類，屬初
戒。如二房、奪依（【案】『依』疑『衣』。）等，是損財種類，屬盜戒。如
煞污家、打搏，是煞戒類，屬煞戒。如二謗、小妄語，是妄語種類，屬妄語
戒。今亦如是。如漏失、觸鑱等，婬支攝；二房、還僧物、藏衣等，是盜支
攝；污家中自種花果等，飲用虫水、兜羅綿、打搏等，煞支攝；作分離意，
即兩舌攝；二謗，妄語支攝；罵謗知事，罵支攝；為不恭敬說法，綺語之攝。
亦如配戒種類也。」（六一三頁下）鈔批卷一四：「案多論約五篇明之。初，
婬戒種類者：『十三』中，初五戒；『三十』中，有三戒，從非親尼取衣戒、
浣衣戒、浣羊毛戒；『九十』中，十五戒，與女說法過限戒、教尼至日暮戒
已下，有十戒：食家安坐戒、與女同宿戒、與女期行戒；『四提舍尼』中第

四戒；『學』中，不眴視、不高視戒、趨行戒，並是婬戒種類。『十三』中二房戒；『三十』中七戒：畜寶戒、貿寶戒、販賣戒、乞縷、使織師織戒、奪衣戒、迴僧物戒；『九十』中，三戒，藏衣、與賊、期行戒；『四悔過』中，第三戒；『眾學』中，以飯覆羹、淨草淨水，並是盜種類。『十三』中，污家，賓云：此污家是污殺戒種類者，據其緣起，自溉灌、壞地等，殺多虫蟻故也；『三十』中，蠶臥具；『九十』中，飲用虫水、打搏比丘、斷畜生戒；『四悔過』中，初戒；『眾學』中，大團飯食、淨艸、淨水等，並殺種類。『十三』中，二謗戒，破僧、伴助二戒，惡性戒；『三十』中三戒：一、二居士作衣戒、忽切索衣價戒；『九十』初十個戒，『四悔過』中第二戒，『眾學』中一切說法戒，並是妄語戒種類，此約十誦戒本言之。」（六三八頁上）

〔一○七〕**攝戒不盡，以罪性不同**　鈔批卷一四：「此是第二師解也。云攝戒不盡以罪性同者，羯磨疏云有二不同：一、輕重不同，二、能防體別。殺、打二戒，因果條別，打因殺果也。立云：如殺，望斷命得罪；打搏，望惱他得罪。業既不同，是攝不盡也。……言能防體異者，立謂：殺是果罪，謂斷命也；打是因罪，謂惱他也。既因果不同，輕重有異，今能防之心，望此因果輕重，隨心差別，故曰體異，故知七支攝不盡。七支但攝殺，不攝打等也。」（六三八頁下）簡正卷一○：「謂古人云：成果皆是七支在因，如配戒種類者，有二種過：一者罪性不同，煞罪性重，打搏性輕。二者能防体異，煞防今斷，打防惱他。首（六一三頁下）疏更添因果兩別：打因、煞果，故攝不盡。了論亦云：打搏比丘非煞攝，摩觸女人非婬攝等。」（六一四頁上）資持卷中一下：「『以』下，釋所以。殺打別者，所防過異也。（疏作輕重不同。）能防異者，對治行別也。」（二七四頁上）

〔一○八〕**除善惡戒已，更有業戒**　資持卷中一下：「彼具云：除十善業及十惡業（化教業道）、善戒（制教七支）、惡戒已（即不律儀），更有業戒所不攝者，謂善惡法。（此依古記所引。）今鈔略舉善惡戒耳。」（二七四頁上）鈔批卷一四：「『故』下，引善生經證。彼經別有業戒根本是七支所收。餘諸種類等戒，是業戒攝也。……除善惡戒已，更有業戒『所不攝』者，鈔脫此三個字。善生經中業品云：善男子，除十善業及十惡業，善惡戒已，更有業戒所不攝者，謂善惡法。如是善惡，有作、無作也。（文相難識。）相承解云：更有業戒所不攝者，謂身三、口四等，此根本業戒之外，其餘種類一切戒，是名善惡法也。即如打搏、同宿、掘地、壞生、布薩、說戒、眾學、七滅等盡是

也。觀經文意，取句稍異，舊來承習。應云：『除善惡戒也』為一句，『更有業戒所不攝者』為一句也。若作此節文，意則易識，羯磨疏中雖引經文，（六三八頁下）亦不可解。案羯磨疏云：善生云：除十業外，更有業戒，謂善惡法，故知不盡。『若爾，善惡何以俱十？』答：『且列根本重故先標，自餘枝條略不盡矣者。釋曰：即如上掘地、壞生、非時食，為惡法；布薩、自恣、持衣、加藥，為善法。故曰所謂善惡法也。賓云：如捶打、非時食等，非身三口四所攝也。』他難意云：『汝既云十業外更有善惡法，汝何故但云十善業，當知不啻有十？』答意云：『且示根本，故知根本十業為七支所收。根本十業外，所餘輕業為種類所収。當知七支攝不盡也。』濟同上解。勝云：除善惡戒已更有業戒者，善惡戒即十善十惡戒也。業戒者，俱舍第十六云：思（原注：『思』疑『惡』。）不善中，身惡業道，於身惡行，不攝一分，謂加行後起。餘不善身業，即飲諸酒、執打搏等。」（六三九頁上）簡正卷一〇：「十善十惡業者，根本十業道也。古人云：舊戒不由佛制，而常有故。善戒、惡戒，即善惡律儀，假『無貪』等為三因，於一切境上發得七支，即善戒也。惡戒反此。古云：客戒准此。新戒七支於五篇中，准攝九戒，降此已外，更有業戒，謂善惡法，此是十善十惡之種類，非是根本十也。故知者，許可之詞。非盜等七，屬七支收。自餘業戒，即種類攝。問：『此種類即是戒本中種類，為復別有耶？』『若此據善惡法，自有種類。故菩薩戒云：煞因（即心）、煞緣（刀仗等）、煞法（方便打擊、悅指等具。）、煞業（貪等三毒，造身業等。）。今除七外，餘『貪』等三心，及除枝條，並稱為業戒，亦名善惡法等，皆入『貪』等種類中。智論云：不飲酒，非時食攝，入不貪中；不加杖，眾生攝，入真顯中。此後三業道，菩薩戒中名戒，聲聞戒中但為同小乘，不制意地故。今除九戒外餘戒，攝入三業道中因。茲致有四句如鈔。」（六一四頁上）

〔一〇九〕「根本」七支所收，「業戒」種類所攝　資持卷中一下：「準此經文，則以根本隔出業戒，可證七支不攝餘戒，故云故知等。此二句，若取偶對，合云七支根本所收；或不改上句，則下句合云種類業戒所攝。在文順便。今戒本中，『初篇』四重，及『九十』中兩舌、毀呰、口綺，則七支戒。除此已外，皆業戒也。（舊記以殺、妄、大小謂七支，攝九戒，非也。此亦輕重不同，何得相攝？）問：『據此所解，即應不立種類耶？』答：『前後兩解，大途不異。但前以七支總攝種類，後以七支自為根本，別立業戒，統收種類。多見

妄解，故此細釋。』」（二七四頁上）鈔批卷一四：「故知根本七支所收者，
<u>立</u>云：此下兩句，通結上第二師解義也。今此結後師之義，謂根本四重之
戒，收得身口七支。所作之惡，故曰七支所收。又解，亦可言根本者，即十
善十惡戒也。明此根本即是七支，故曰也。（後解是。）『業戒』種類所攝者，
<u>立</u>云：此卻結前師義也，謂如前明善惡之法，名為業戒。此業戒，既非七支
收，但如上引<u>多論</u>配戒種類所攝也。又解，還是結第二師義也。種類之戒，
即是業戒所不收也。七支但收七戒，餘戒盡名種類。種類即是業戒，故曰所
攝。尋文意，兩句總結後師義也。<u>濟</u>亦爾云（【案】『爾云』疑『云爾』。）。」
（六三九頁上）

〔一一〇〕**宜作四句**　<u>資持</u>卷中一下：「前約根本種類，統收眾戒。然與業道，容有相
濫，故須料簡。」（二七四頁上）鈔批卷一四：「此四句作料簡前，收盡、不
盡義，直是戒根本十業上四句料簡，明其何者曰戒，何者曰善，不證攝盡義
也。所以知者？<u>羯磨疏</u>云：就十業中屬為四句，故知是也。有人云：此是定
義。」（六三九頁上）

〔一一一〕**善而非戒**　<u>簡正</u>卷一〇：「如十善（六一四頁上）中，後三，謂無貪、嗔、
癡，但得名善，而為戒因，不得名戒。戒是業防警祭（原注：『祭』疑『察』。），
然佛不制，故聲聞意地單心犯者，故非戒也。<u>疏</u>云：但制意地，非所持故。
總制此三，為戒生因，從一切得，非是所持也。」（六一四頁下）

〔一一二〕**後三**　<u>資持</u>卷中一下：「後三者，即貪、嗔、邪見。化教所禁故名善，律所
不制故非戒。四分重緣，相同十業，可入戒收。若約菩薩十善俱戒，如是知
之。」（二七四頁上）

〔一一三〕**戒而非善**　鈔批卷一四：「<u>立</u>謂：外道雞鳥鹿狗戒，屠兒等，禁善行惡戒，
是故曰即惡律儀。以戒名通善惡故。」（六三九頁下）

〔一一四〕**亦善亦戒**　鈔批卷一四：「謂防護身口七非，必由心行，故曰也。今文意云：
要須立誓要期受者，發得無作，方名戒也。若直爾修行，禁防身口，不得名
戒，但可稱善。計理不然，如十善十惡，齊稱為戒，豈可作受耶？故知但是
禁身口者，皆名為戒。（此解好。雖違今鈔文，大家義當。又，可或十善惡
戒，亦望有要心，曰戒也。）」（六三九頁下）<u>簡正</u>卷一〇：「<u>疏</u>云：前七隨
分修行名善，要須普周名戒。」（六一四頁下）

〔一一五〕**不要期**　<u>資持</u>卷中一下：「『以』下，雙釋。不要期者，顯示世善無願體也。」
（二七四頁上）

〔一一六〕**反此策勵**　資持卷中一下：「謂有要期受體，然後如體而修。」（二七四頁上）

〔一一七〕**俱非**　鈔批卷一四：「俱非者，謂非善復非戒。身口之業，恒在無記，非善惡攝也。」（六三九頁下）

〔一一八〕**戒與律儀，行相差別如何**　鈔科卷中一：「二問戒儀差別（二）。」（五〇頁上）簡正卷一〇：「謂上明發戒相攝，云義已知，然於文中有處云戒，或云持律儀，不知戒與律儀有何同異，故致斯問也。」（六一四頁下）

〔一一九〕**通衍無涯，是律儀**　資持卷中一下：「初，以義略分。衍，猶遍也。以律訓法，法即遍制，恒令不起，不待對事。」（二七四頁上）簡正卷一〇：「衍者，說文云：達也。謂通達情境，無有邊際，名為律儀也。玄又云：衍字，謂行中有水，即小行之貌，隨其屈曲，乃至於海，無不閏及。然此律儀之体，於情、非情，無不周遍，故無涯也。謂無邊畔，然戒與律儀，其体不異，總別有殊，故分二也。若望受中，總斷惡邊，名為律儀。」（六一四頁下）鈔批卷一四：「立謂：通望一切諸善，是名律儀。若對境而防，則名戒也。衍者，『彳』（『褚戟』反）邊著『水』，『水』邊著『亍』（『褚錄』反）。『彳』『亍』夾水，名之為衍。此是流衍之義。水流曰衍。字統云：衍者，水潮宗於海也。立云：如山頭一滴之水，及為百川，派別歸海而會，此是衍義。今律儀亦爾。明所發戒善，流通無限，皆歸於受體，明此戒善律儀，所被無壅，通一切境。無一境上，不有律儀，故曰通衍。無有崖岸邊畔也。」（六四〇頁上）

〔一二〇〕**對境禁約，是戒儀**　簡正卷一〇：「望隨中。對境一一別斷，名戒儀也。望餘通類。」（六一四頁下）資持卷中一下：「戒者，訓禁。禁即對過，防遏為功，必約對境。二皆有相，故並名儀。」（二七四頁上）

〔一二一〕**如此丘具緣受已**　資持卷中一下：「『如』下，舉善惡。委示又二：初善、二惡。」（二七四頁下）

〔一二二〕**望餘通類，有生皆罪**　鈔批卷一四：「立謂：既受惡戒，通望四生。雖未加殺等，皆名惡律儀也，皆有無作之罪。故善生經文云：眾生作罪，凡有二種：一者惡戒，二者無戒。惡戒之人，雖殺一羊，及不殺時，常得殺罪。何以故？先發誓故。無戒之人，雖殺千口，殺時得罪，不殺不得。何以故？不發誓故。善戒反此類知。」（六四〇頁上）簡正卷一〇：「謂既愛惡戒，通望四生，雖未加煞，皆名惡律儀，皆有惡無作之罪故。善生云：凡有二種：一者惡戒，二者無惡戒。惡戒之人，雖煞（六一四頁下）一羊及不煞時，當得煞罪。何以故？由先發誓故。無惡戒之人，雖煞千口，煞時得罪，不煞時無

罪。何以故？先不發誓願故。善戒反此。」（六一五頁上）

三者，戒行

謂受、隨二戒，遮約外非，方便善成，故名戒行〔一〕。

然則，「受」是要期思願〔二〕，「隨」是稱願修行〔三〕。譬如築營宮宅〔四〕，先立院牆周帀〔五〕，即謂壇場受體也；後便隨處營構〔六〕，盡於一生，謂「受」後「隨」行。

若但有「受」無「隨」，直是空願之院，不免寒露之弊〔七〕。若但有「隨」無「受」，此行或隨生死，又是局狹不周〔八〕。譬同無院屋宇，不免怨賊之穿窬〔九〕也。必須「受」「隨」相資，方有所至〔一〇〕。

問：「今受具戒，招生樂果，為『受』為『隨』〔一一〕？」答：「『受』是緣助，未有『行』功〔一二〕。必須因『隨』，對境防擬。以此『隨行』，至得聖果，不親受體〔一三〕。故知：一『受』已後，盡壽已來，方便正念，護本所受，流入行心，三善為體〔一四〕，則明戒行隨相可修〔一五〕。若但有『受』無『隨行』者，反為戒欺，流入苦海，不如不受，無戒可違〔一六〕。是故行者，明須善識〔一七〕，業性灼然〔一八〕，非為濫述。」

【校釋】

〔一〕謂受、隨二戒，遮約外非，方便善成，故名戒行　鈔科卷中一：「初，對體辨行。」（五一頁中）資持卷中一下：「言二戒者，示現隨戒義故，方便言通，且約遠離對治之智。」（二七四頁中）鈔批卷一四：「立謂：依戒修行，能令戒體光潔，故名戒行。羯磨疏云：夫受戒者，願也。依隨奉持，行也。知受不知持，從願而無其行，何異搆空成有、畫餅充飢？本不可也，必強加行，但可空施，虛上戒德之瓶，妄損明珠之喻。」（六四〇頁上～下）簡正卷一〇：「謂防身口、不妨內心，故曰遮約外非。謂此受隨俱以遮約外非，方得善成，故名戒行也。」（六一五頁上）【案】「戒行」文分二：初正釋，二問答。初又分二：初「謂受」下；二、「若但」下。

〔二〕「受」是要期思願　簡正卷一〇：「以要期一形之心，發四弘願。」（六一五頁上）資持卷中一下：「初文，前約法明。『要期』即盡形斷惡決絕之誓，『思』即緣境周遍慈愍之心。合此二心，混為一願，即受體也。稱願者，合上要思，即隨順義。」（二七四頁中）

〔三〕「隨」是稱願修行　簡正卷一〇「謂下壇之後，盡於一形修行，與當初發心誓願相稱也。」（六一五頁上）

〔四〕**譬如築營宮宅**　資持卷中一下：「『譬』下，次，約喻顯。初營宮宅，喻求聖道；下喻受隨，可知。」（二七四頁中）簡正卷一〇：「疏云：夫受者，願也，依隨奉持行（去呼）。如受而不知持，此有願而無行，何異指空為有、盡餅死飢等也！」（六一五頁上）

〔五〕**先立院牆周帀**　簡正卷一〇：「兩解。初云：北人造宅與江東不同，必先立院牆，然後架屋於牆上也。六（【案】『六』疑『次』。）解云：觀如文意，須約外院牆說也。下句云：後便隨處營構，即喻對境防，非是隨行也。（此解好。）」（六一五頁上）

〔六〕**營構**　資持卷中一下：「營構，謂造立屋宇。」（二七四頁中）

〔七〕**若但有「受」無「隨」，直是空願之院，不免寒露之弊**　鈔科卷中一：「『若』下，互顯相須。」（五一頁中）資持卷中一下：「初，敘互缺。先明缺隨。寒露者，喻無善蓋覆。弊謂困死，喻沈惡道。」（二七四頁中）簡正卷一〇：「若但空有四周牆院，而內中不隨處營造屋宇，不免寒露，即喻行人但空有受体，無隨行，不免三途之苦也。但有隨者，謂若不受戒，直爾修行，此但名善得，（六一五頁上）不稱戒。身既無戒，乃隨流生死。雖則修善，不能遍緣法界，情與非情，要期斷惡，是局、下（【案】『下』疑『不』。）周也。」（六一五頁下）

〔八〕**若但有「隨」無「受」，此行或隨生死，又是局狹不周**　資持卷中一下：「『若』下，次明缺受。隨生死者，但是世善非道基故。又局狹者，緣境不遍，惡心存故。」（二七四頁中）鈔批卷一四：「立謂：若不受戒，直爾修行，此是善而非戒。以不緣三世眾生，不遍法界情非情境，要期斷惡，是局、不周也。既無『無作戒體』，雖修行諸善，不能發生定慧，不能出超三界，還墮流生死，故曰此行或隨生死也。又言局狹不周者，但是對治而防，以無要期，普周法界，亘其萬境，故曰不周。」（六四〇頁下）

〔九〕**穿窬**　資持卷中一下：「穿窬，謂穿壁窬牆也。由無外院，其間房室容彼穿窬，此明無受防約，雖修善行，還為塵擾，喪失善根，如賊穿窬，盜竊財寶也。」（二七四頁中）

〔一〇〕**必須「受」「隨」相資，方有所至**　資持卷中一下：「『必』下，示相須。」（二七四頁中）鈔批卷一四：「立謂：有受有隨，能發生定慧，至於佛果也。受，是願也。隨，是行也。願行相依，如車具二輪，鳥全兩翅，必能涉遠高翔，故曰有所至也。」（六四〇頁下）簡正卷一〇：「有受有隨，能生定慧，至於佛果也。」（六一五頁下）

〔一一〕今受具戒，招生樂果，為「受」為「隨」　鈔批卷一四：「此問意云：今言因戒將來感人天勝樂及菩提果，為是受故而招，為是隨行而招此也？又解，問者云：戒經稱名譽利養，死生天上；又云：戒淨有智慧，便得第一道。此果由受由隨，故致斯問也。」（六四○頁下）資持卷中一下：「問中。上明相須，其功一等，招生感果，必有親疏，故須顯示。」（二七四頁中）

〔一二〕「受」是緣助，未有「行」功　資持卷中一下：「初，對顯親疏。上二句明受疏也。」（二七四頁中）

〔一三〕至得聖果，不親受體　鈔批卷一四：「此答意云：謂不直親用受體，以擬感果，要藉隨行，以受隨相假也。又云：若望招果，受則是親，隨則是疏，以必由受故，為菩提之因故也。有人云：謂受體是疏，緣行是親，以行親故，得名近因；受體疏故，但屬遠因，流入行心。」（六四一頁上）簡正卷一○：「謂雖受隨相資，受是緣助即疏。隨行是其親因，要假行修而成聖位，故云不親受体也。」（六一五頁下）資持卷中一下：「『必』下，明隨親也。以壇場初受，頓起虛願，對境防約，漸修實行，行即成因，因能感果。故業疏云：故偏就行，能起後習，不約虛願，來招樂果。然受隨二法，義必相須，但望牽生，功有強弱。隨雖感果，全自受生，受雖虛願，終為隨本。是則懸防發行，則受勝隨微，起習招生，則隨強受弱。」（二七四頁中）扶桑記釋「起後習」：「習謂習果，謂前時習善，後時起習，亦必樂善；自餘施、戒、禪、慧等，及殺、盜、淫、妄等，例皆牽後習是也。」（一七一頁下）

〔一四〕一受已後，盡壽已來，方便正念，護本所受，流入行心，三善為體　資持卷中一下：「初，成隨之相。『一受』等者，舉始終也。方便者，對治智也。正念者，攝妄緣也。護本受者，隨順義也。入行心者，即示二持成業處也。三善體者，明業性也。」（二七四頁中）簡正卷一○：「約四心中第四行心通善惡故。今能持之，行要是善行，離貪等三毒，故云三善也。」（六一五頁下）鈔批卷一四：「約五陰中第四，名行心也。前三無記，體非善惡，未能成業，要至行心，方是善惡。然行心通善惡，故今能持之行，要是善行，離貪等三毒，故曰三善為體。」（六四一頁上）

〔一五〕則明戒行，隨相可修　資持卷中一下：「示必修也。以知感果，功在隨中。則知徒受不持，無益矣。」（二七四頁中）

〔一六〕反為戒欺，流入苦海，不如不受，無戒可違　資持卷中一下：「『若』下，明無隨之失。為戒欺者，功業深重，犯致大罪故。不如不受者，激勵之切，非抑退

也。」（二七四頁中）鈔批卷一四：「立謂：由受此戒，不能護持，廣起違犯，死入惡道，故曰反為戒欺。上釋第三戒行義竟。」（六四一頁上）簡正卷一○：「謂本要期思願，趣佛菩提，今無隨行護持，凡所施為，違本受体，卻入地獄，長切輪迴，受於苦報，即是反為戒欺。為，由被也。」（六一五頁下）

〔一七〕明須善識　簡正卷一○：「謂須明解識達也。」（六一五頁下）資持卷中一下：「令善識者，誡精學也：一、須識教教有開制；（二七四頁中）二、須識行行有順違；三、須識業業有善惡；四、須識果果有苦樂。必明此四，始可攝修。」（二七四頁下）

〔一八〕業性灼然　資持卷中一下：「如向所明，順持違犯，善惡因果，皆如業理。非妄抑揚，令生信故。灼，明也。」（二七四頁下）

四、明戒相〔一〕

語「相」而言，有境斯是，緣則縣亘，攝心通漫〔二〕。

今約戒本，人並誦持，文相易明，持犯非濫〔三〕。自餘萬境，豈得漏言〔四〕？準例相承，薄知綱領〔五〕。

【校釋】

〔一〕戒相　資持卷中一下：「相有形狀，覽而可別。前明戒法，但述功能。次明戒體，唯論業性。後明戒行，略示攝修。若非辨相，則法、體、行三，一無所曉。何以然耶？法無別法，即相是法；體無別體，總相為體；行無別行，履相成行。是故，學者於此一門深須研考，然相所在，唯指教詮。大略而言，即二百五十。篇聚不同，一一篇中，名種差別；一一種內，有犯不犯；一一犯中，因果重輕，犯緣通別。舉要示相，不出列緣。緣雖多少，不出心境。罪無自體，必假緣搆。非境不起，非心不成。若曉此意，類通一切，皎如指掌。」（二七四頁下）扶桑記：釋「因果重輕」：「因即遠近等方便，果即根本也。……通釋曰：若如盜戒，盜心審慮，遠因；決定，近因；舉離本處，果乎！重輕，方便輕，果罪重，是約因果解。」（一七二頁上）【案】本篇從此以下至後兩篇，在邏輯結構上均屬於「戒相」一門。戒相列：初，「四波羅夷」，見本篇後文；二、「十三僧殘」，見卷中之二；三、「二不定」，見卷中之二；四、「三十捨墮」，見卷中之二；五、「九十單提」，見卷中之三；六、「四提舍尼」，見卷中之三；七、「眾學」，見卷中之三；八、「七滅諍」，見卷中之三。

〔二〕有境斯是，緣則縣亘，攝心通漫　鈔批卷一四：「立謂：以受時遍法界，情、非情而發。今論戒相，亦遍一切情、非情境並是，故曰有境斯是。此境既寬，

堅通三界，橫亙十方，故曰綿亙。綿者，遠也。」（六四一頁上）資持卷中一下：「初敘相廣難持。有境是者，彰其遍也。緣者，或指上境，或約心緣。綿，猶遠也，通過未故。亙，即遍也，周法界故。攝心漫者，凡心微劣，持奉難故。」（二七四頁下）簡正卷一〇：「有境斯是者，以初受要期，遍情、非情而發。斯，由此也。今論戒相，但有境，皆是此之戒相綿遠也。」（六一六頁上）

〔三〕今約戒本，人並誦持，文相易明，持犯非濫　資持卷中一下：「『今』下，明本文顯要，則有三易：一、人誦常聞；二、文相有據；三、條別不濫。」（二七四頁下）簡正卷一〇：「約其戒本，人並誦得，以常誦習，所以文相易明。准律對緣而釋，故持犯非濫。」（六一六頁上）

〔四〕自餘萬境，豈得漏言　鈔批卷一四：「謂豈直但持二百五十，自餘塵沙萬境，豈得漏而不論耶？故使前文，有境斯是，義意同也。」（六四一頁上）資持卷中一下：「『自』下，遮疑。恐謂戒相既廣，但釋戒本已外，持犯何由可通？故此釋之。」（二七四頁下）簡正卷一〇：「謂戒本但列二百五十餘之戒，境境亙玄沙（原注：『沙』疑『何』。）可得脫漏不明也。」（六一六頁上）

〔五〕準例相承，薄知綱領　鈔批卷一四：「立云：古來諸師，體相承依二百五十戒。且復解釋，以為持犯之綱領也。又云：此篇本意，為擬釋戒相。上來諸門，並是將欲釋相。（六四一頁上）且前明由漸方便故，使辨體相狀，明戒法差別，戒行進否。欲使持者，識知功業高廣，持心決徹故也。已下正釋戒相。既約戒本『五篇』以釋，即為五段文也。」（六四一頁下）

初篇淫戒〔一〕

已下，例分為三〔二〕：一、謂所犯境〔三〕；二、成犯相〔四〕；三、開不犯法〔五〕。略知持犯，廣如下篇〔六〕。餘義並如戒本疏中〔七〕。

初，明犯境者

僧祇云：可畏之甚，無過女人〔八〕。敗正毀德，莫不由之〔九〕。染心看者，越毘尼〔一〇〕；聞聲起染，亦爾。智論云：婬欲雖不惱眾生，心心繫縛，故為大罪〔一一〕。故律中，婬欲為初〔一二〕。又比丘法，今世取涅槃〔一三〕故。

四分中，犯境謂人、非人、天子、鬼、神等〔一四〕。畜生三趣〔一五〕。據報，則男、女、二形〔一六〕；據處，則女人三道〔一七〕，謂大小便道及口，男子二道。此等婬處，若覺、睡眠，若死未壞、少壞〔一八〕，但使入婬處如毛頭〔一九〕，皆波羅夷〔二〇〕。律云：牛、馬、猪、狗、雁、雞之

屬〔二一〕，莫問心懷想、疑〔二二〕，但是正道，皆重。餘摩得伽論，具明犯之分齊〔二三〕。

然淫過麤現，人並知非。及論問犯，犯皆結正〔二四〕。約相示過，耳不欲聞，或致輕笑，生疑生怪〔二五〕。故善見云，法師〔二六〕曰：「此不淨法語，諸聞說者，勿驚怪；生慚愧心，志心於佛〔二七〕。何以故？如來慈愍我等。佛是世間王，離於愛染，得清淨處，為愍我等，說此惡言，為結戒故。又觀如來功德，便無嫌心。若佛不說此事，我等云何得知波羅夷罪？有笑者驅出〔二八〕。」

次，成犯相〔二九〕

有二緣〔三〇〕：

一、自有婬心向前境。縱有裏隔互障〔三一〕，但入如毛頭，結成大重〔三二〕。具四緣成〔三三〕：一是正境，男則二道，女則三處。二興染心，謂非餘睡眠等〔三四〕。三起方便，四與境合，便犯。

二者，若為怨逼〔三五〕，或將至前境〔三六〕，或就其身〔三七〕。佛開身會，制令不染。亦具四緣：一是正境，不問自他〔三八〕。二為怨逼，三與境合，四受樂，便犯。善見云：婬不受樂者，如以男根納毒蛇口中，及以火中，是不染之相〔三九〕。

問：「此淫戒結犯，通戲笑不？如以小兒根，納口中弄，故無婬心〔四〇〕。」答：「婬心難識。準律云：愛染汙心，是婬欲意〔四一〕。並犯重罪。五分：若刺者是戲，偷蘭〔四二〕；非戲者，重。受刺者亦爾。十誦云：口中要過齒，成犯〔四三〕；餘二道，無開〔四四〕。」

四分云：若為怨家，彊持男根，令入三犯境〔四五〕，於三時，心無有樂，皆不成犯。隨始入、入已、出時，一一時中有婬意，皆重。若為怨家強捉，比丘二處行不淨，初入覺樂，犯重〔四六〕。乃至裏隔四句亦爾〔四七〕。脫有其事，納指口中齧之，唯覺指痛，則免重罪〔四八〕。如前論說「蛇口」「火中」〔四九〕，可也。

律云：死尸半壞、多分壞，及骨間行不淨，偷蘭。此婬戒結犯，不待出精，但使骨肉間行者，皆偷蘭〔五〇〕。若元作出精意，精出，犯僧殘，如戒本疏說〔五一〕。由元非僧殘意故，但是正道皆犯〔五二〕。故善見：縱使斫頭斷，及死人口中、頸中行婬，亦重〔五三〕。

律云：若僧尼互相教，作者，能教犯偷蘭；不作，犯吉羅〔五四〕。下

三眾相教，作、不作，俱犯吉羅〔五五〕。作者，滅擯吉羅為異〔五六〕。乃至下篇同犯吉羅〔五七〕。

三、明不犯〔五八〕中

若睡眠無所覺知，謂開怨來逼〔五九〕已身分。不受樂，謂開怨家將造他境。一切無有婬意〔六〇〕，無愛染污心故。並不犯。

【校釋】

〔一〕婬戒　資持卷中一下：「（佛在毘舍離國，須提那子出家已，還本村，與故二共行不淨，因制。僧祇：婬戒五年冬分制，餘三戒並六年冬分制。）」（二七五頁上）簡正卷一〇：「謂一戒皆令有四段，然古安設不同。若玄記：初，且緣起；二、釋戒名；三、述制意。若明戒本，待消抄文意，方乃科云，似違文也。且抄文本為解釋戒本，若將在後，全成顛倒，未成法軌。今依京師供奉：先制意，二釋名，三緣起，四戒本，然後解鈔。然制意或鈔文引論自辨。若文中無，即引羯磨戒心兩疏明之。今意恐繁不敘，亦得四段。今初理合制意，鈔文自（六一八頁上）辨也。次釋名者。婬者，蕩逸也，躭著也。謂色境蕩逸情壞（原注：『壞』疑『懷』。）躭染不離，故名婬也，是所防之境。戒是能治之行，能所通舉，故云婬戒。三、緣起，四、戒本，并十句義，廣如注戒中述之。」（六一八頁下）鈔批卷一四：「謂此四重戒，居五篇之首，故曰初也。篇謂五犯聚之通稱，婬謂四棄中之別名。首疏云：然婬欲之性，體是鄙穢，愛染纏心，躭惑難捨。既能為之，則生死苦增，熾然不絕，沉淪三有，莫能出離。障道之源，勿過於此。患中之甚，寧容不救。釋名者。愛染污心，作不染行曰婬，離染行成曰戒。戒是能防之行，（六四一頁下）婬是所防之過。能所通舉，故言婬戒。心疏云：然此中、邊，喚名不同。至如西梵所傳，先列其境，後心緣，謂先所後能也。如欲喫食云『餅喫』，『彼岸到』、『鐘打』、『佛禮』之類。若據東夏，先能後所，故應號之為戒婬也。若謂婬戒，從本從義，若謂戒婬，從未從時，兩通俱得，慎勿迷名。今欲准本名，故言婬戒。然婬非是戒，謂將戒防其婬也。以邪私曰婬，故書云：男女不禮交曰婬。『婬』字要從『女』邊作也。若存『水』邊作，則有兩義：滯雨多者，名為雨淫；滯書多者，名為書淫。如皇甫士安三年讀書，經時不識春秋，乘馬不知牝母，引（【案】『引』疑『此』。）名『書淫』。故知『女』邊作者，即名邪婬故。滯於『色』者，名為色淫。即此淫者，亦名淫荒。故書云『內作色荒，外作禽荒……有一於此，未或弗亡』，即其證也。言此比丘，性無正慧，隨塵封附，迷著深

結，名之為婬。聖知非法，制教防約，依教修行，無由可染，故名為戒，故言婬戒。立謂：律文云『為調三毒令盡，故制增戒學』。然今一篇，對治三毒。何者？物有兩戒，對治於貪。第三殺戒，對治於嗔，第四妄語，對治於痴。然於貪中，復有內外，內謂婬迭，婬是軏滯，專固為名；外謂貪著資產，此戒防內貪。次下盜戒，防外貪也。」（六四二頁上）【案】「淫戒」，四分卷一，五六八頁下開始。

〔二〕**例分為三**　資持卷中一下：「義通文別。言義通者，終盡『眾學』，一一皆然。文或有缺，義必當具。言文別者，隨一一戒，境緣不同。」（二七五頁下）簡正卷一〇：「玄云：抄意離繁，但科云段，遍下諸戒，約文節義，足可稟承等。」（六一八頁下）

〔三〕**所犯境**　資持卷中一下：「所犯者別，簡境也。」（二七五頁上）鈔批卷一四：「即人、天、非畜三趣，是犯境也。」（六四二頁上）

〔四〕**成犯相**　資持卷中一下：「心境合也。」（二七五頁上）鈔批卷一四：「謂入如毛頭也。」（六四二頁上）

〔五〕**開不犯法**　資持卷中一下：「心境互缺也。」（二七五頁上）鈔批卷一四：「即被逼開與境合等也。此戒既爾。餘下二百四十九戒例然，更不具張。故前序云：或略指以類相從，即此義也。謂若明心境想疑等，如下持犯方軌中；若科釋篇聚名相，即如前篇聚名報中。此問（【案】『問』疑『開』。）直明成犯、不犯之相也。」（六四二頁上）

〔六〕**略知持犯，廣如下篇**　資持卷中一下：「『略』下，指廣。欲彰此處，不涉義章，下篇猶略，故復指疏。釋名制意，義門開制，古今別解，釋疑會異，盡在彼文，今多不引。或須相照時，有抄撮釋通文相，無他意焉。」（二七五頁中）簡正卷一〇：「此但約境，母（原注：『母』疑『双』。）持雙犯，故曰略知，正申文意。若明心境想疑，即如下持犯篇也。餘義如戒疏者，指廣文如彼也。」（六一八頁下）

〔七〕**戒本疏中**　鈔批卷一四：「彼疏廣作十門，料簡五篇名義，得名廢立、（六四二頁上）諸部同異等，至時須略引也。（云云）。今鈔對此何不廣序者？為鈔文上下，亦已具也。如篇聚離合，前篇已明，心境差互，後篇當辨。三段不同，今即是初。」（六四二頁下）

〔八〕**可畏之甚，無過女人**　資持卷中一下：「犯境。初科，僧祇上二句示來報。……言可畏者，訶欲經（【案】即菩薩訶色欲法經，後秦鳩摩羅什譯。）云：女色

者，世間之枷鎖，凡夫戀著，不能自拔。女色者，世間之重患，凡夫因之至死不免。女色者，世間之衰禍，凡夫遭之，無厄不至。行者既得離之，若復顧念，是為從地獄出，還復思入。又云：女人之相，其言如蜜，其心如毒。譬如清淵澄鏡，而蛟龍居之，金山寶窟，而師子處之。當知，此害不可近也。」（二七五頁中）鈔批卷一四：「<u>立</u>謂：如劫初時，人食地肥。次食自然粳米，身漸麤重，失去神通，遂生女人。于時眾人唱言：此中惡物生，即女人也。又如佛言：女人於我法中，無所長益。譬如有人無男多女，當知其家衰滅不久。<u>直疏</u>引多論云：女人如蚖毒，有三種害人：一、見害，二、觸害，三、囓害。女人亦三種害人善法：一、若見女人心生欲想，滅人善法；二、若觸女人，犯僧殘罪，滅人善法；三、若共女人交會，犯波羅夷，害人善法。若為蚖害，但害一身，女人所害，害無數身。又，蚖但害人身，女人害人心。又，毒蚖害，猶足僧數，女人害者，不足僧數。又，毒害不障生人、天，女害生三途。是故勸汝，寧犯毒蚖，莫犯女人。即下如文以男根內毒蚖口中等是。又，如經云：惡從心生，反以自賤。如鐵生垢，消毀其形。樹繁華果，還折其枝。蚖蚖含毒，反害其軀。欲不久停，猶如假借。枯骨無膩，痴狗便之。欲無罪美，凡夫妄著。」（六四二頁下）<u>簡正</u>卷一○：「謂能劫人功善財，故云可畏。祇云：劫初無人，上界天來下食膏。食膏既盡，次食自然粳米，身漸麤重，不能飛行，即有女人生。眾人唱云：此中有惡物生，即女人也。尼眾反之，即云『男子』。」（六一八頁下）【案】「犯境」文分為三：初，「僧祇」下示過相；二、「四分」下，列諸境；三、「然淫」下，誡輕笑。僧祇引文見卷一，二三二頁下。

〔九〕**敗正毀德，莫不由之**　<u>資持</u>卷中一下：「次二句，彰現損。……敗正者，立事公正，苟荒女色，則無所成。即彼經云：室家不和，婦人之由。毀宗敗族，婦人之罪。毀德者，修身立行，或著女色，則皆喪失。即經云：凡夫重色，甘為之僕，終身馳驟，為之辛苦。淨心觀云：貪色者憍，貪財者吝。既憍且吝，雖有餘德，亦不足觀。」（二七五頁中）<u>簡正</u>卷一○：「謂販（【案】『販』疑『敗』。）其正念、正行，毀其自、共，云德如俗，已家破國，自古如然也。」（六一八頁下）

〔一○〕**染心看者，越毘尼**　<u>資持</u>卷中一下：「『染』下，明制急。然心行微細，麤情不覺，縱知違戒，制御猶難。豈況悠悠，終無清脫？請臨現境，自審狂心。或宛轉迴頭，或殷勤舉眼，或聞聲對語，或吸氣緣根，雖未交身，已成穢業。」（二七五頁中）

〔一一〕**婬欲雖不惱眾生，心心繫縛，故為大罪**　資持卷中一下：「智論中，彼謂殺戒，違惱過重，何以律中婬戒在初，故此通之。文有二義：初約染著義，若望違惱，則殺重婬輕；若論染著，則殺輕婬重。」（二七五頁下）簡正卷一○：「如煞、盜、妄，惱於前境。婬則共和而作，是不惱也。心心繫縛者，但以繫縛人心，躭染難捨。繫縛當更結於戒愆，故云大罪也。且三義，故名大：一、能發業，二、能潤生，三、是黑業。」（六一八頁下）鈔批卷一四：「殺、盜、妄等，則惱於前境。婬則共和而作，非惱前境，故曰不惱眾生。但以繫縛人心，躭染難捨，故曰也。言大罪者，波羅夷也。」（六四二頁下）

〔一二〕**婬欲為初**　鈔批卷一四：「立謂：由出家僧尼喜犯婬故，故置初戒。如五、八戒，用殺為初，亦就數作喜犯故也。以俗則無慈喜殺，道則習樂多婬，故此戒而居初也。故戒疏云：所以戒列有先後者，意有所以。有人言：由愛染氣分無始故，習喜懷犯故，所以婬戒先明。如是次第，終於大妄語也。如諸篇首，漏失、長衣、小妄等類，可以求也。又有人言：對毒立戒，貪既在初，故婬第一。如僧祇中，佛成道後第五年中十月二十七日，制於婬戒；第六年九月十日，制盜戒；亦以其年九月二十四日，制殺戒；亦以其年十月三日，制大妄戒。若如上判，從犯次第，文相甚明。若准智論云，婬法不惱眾生，心自繫縛，故為大罪。律中初也。問：『同是出家之人，戒法不異。何為下三眾，殺為初禁，與僧不同？』解云：『下眾十戒，前五本俗戒，後五出家增之，故所以爾。』問：『戒法是通，道俗無別，何義次第，二種不同？』答：『出家所為，要斷煩惱，道分為障，勿過此欲，故婬在初。俗不修道，斷婬非分，畜妻行福，不妨世善。或乖慈行，有懷殺害，故偏制約，以令斷故。』『若爾，下三眾者，既修智分，應婬在初，亦令斷故。如何同俗者？』『有人解云：年少惑微，婬惱未發，不妨無慈，故殺在初。又有人言：小學未通，教非極制，現有禁者，從俗無過。』」（六四三頁上）

〔一三〕**又比丘法，今世取涅槃**　簡正卷一○：「智論云：婬是障道之原，若犯，不得涅槃之果。聲聞之戒，制在初也。」（六一八頁下）資持卷中一下：「『又』下，次，約障道義。以障道中，貪欲重故。比丘法者，對簡菩薩歷劫度生，不專自利，故大乘戒殺初，婬後。比丘不爾，所以反之。然今所引，但彰過重耳。」（二七五頁下）鈔批卷一四：「立謂：比丘三界貴客，非久住於三界，豈唯剃染、食食、著衣？本意為無上菩提，以上求佛道，下化眾生故也。又如經言：若不與女人行婬，當來不入胎獄蓮華化生。又智論云：下品持戒，生人；中品

持戒，生天；上品持戒，得佛道也。<u>首疏</u>云：諸比丘呵<u>須提那子</u>言：『汝應喪
生死因，壞生死果，修出離因，證出離果。是汝所應。云何反之，行不淨行？』」
（六四三頁下）【案】智論卷四六，三九五頁下。

〔一四〕**天子、鬼、神等**　<u>資持</u>卷中一下：「即修羅、地獄，四合為一。」（二七五頁下）

〔一五〕**人、非人、畜生三趣**　<u>鈔批</u>卷一四：「<u>立問</u>：『既有六趣，今何有三者？』解云：
『天與修羅、鬼神、地獄，攝在非人一趣，并人與畜生，為三也。明今四戒三
趣，三重不同。（六四三頁下）若婬，三趣齊犯，罪無無（【案】『無』疑剩。）
輕重。下三戒者，昇降不同。如下方軌中明也。』」（六四四頁上）<u>簡正</u>卷一
〇：「問：『犯境既六，今何言三？』答：『人、畜兩境，不攝自分。『非人』趣
攝天子。修羅、鬼神、地獄，雖則不言，亦是鬼趣攝也。戒疏云：此四趣，神
用齊故，合為一『非人』趣也。以門（【案】『門』疑『四』。）律合為三趣，
論開為六道者：論據善惡故分，此律據舉用故，合並約三趣，以解釋也。」（六
一九頁上）【案】「四分」下明諸境，分四：初列境；二、『此等婬』下，定犯
分齊；三、『律云』下；四、『餘摩』下。

〔一六〕**據報，則男女二形**　<u>資持</u>卷中一下：「約報有三，該上六趣。」（二七五頁下）
<u>鈔批</u>卷一四：「謂男女之身俱是報形也。」（六四四頁上）<u>簡正</u>卷一〇：「以二
分五：人女、人婦、人童女；二形：人男、黃門。非畜亦爾。據女三男二，此
等婬處，是所犯境也。於上十五種境，皆有學（【案】『學』疑『覺』。）、睡等
四種境也。」（六一九頁上）

〔一七〕**據處，則女人三道**　<u>資持</u>卷中一下：「約處亦三，須通三報。」（二七五頁下）
<u>鈔批</u>卷一四：「<u>羯磨疏</u>問：『殺、盜隨境，各唯一戒。云何於婬遂分三境？』
答：『隨境行婬，皆有染故。』若爾，死有四處，亦應一身立四殺戒？』答：
『不可也。隨殺一處，諸根並死。可隨婬一處，餘境同壞。故四死同一戒，一
婬分三犯也。』」（六四四頁上）

〔一八〕**此等婬處，若覺、睡眠，若死未壞、少壞**　<u>資持</u>卷中一下：「『此』下，二、定
犯分齊。文列四相：二生二死，相別可見。」（二七五頁下）

〔一九〕**如毛頭**　<u>資持</u>卷中一下：「斷犯處也。」（二七五頁下）<u>簡正</u>卷一〇：「舉犯云
分齊相貌。小微尚犯，何況餘者？」（六一九頁上）

〔二〇〕**波羅夷**　<u>簡正</u>卷一〇：「所犯罪名也。如前分別。（云云。）律文：自造他境，
有六百二十四句，怨逼有三千七百四十四句，都計四千三百六十八句，並犯。
但略知大數，不在繁敘也。」（六一九頁上）

〔二一〕**牛、馬、猪、狗、雁、雞之屬**　資持卷中一下：「『律』下，三、明不開疑想。律云：若道作道想，若疑、若非道想，並波羅夷。文舉畜趣，餘趣同然。」（二七五頁下）【案】四分卷五五，九七二頁上。

〔二二〕**莫問心懷想、疑**　鈔批卷一四：「立明：婬戒不開想、疑。但是正道，縱作非道想、疑，皆犯夷也。」（六四四頁上）

〔二三〕**餘摩得伽論，具明犯之分齊**　資持卷中一下：「『餘』下，四、示異。彼約根節，論犯分齊，口要過齒，二道過皮。此律毛頭微入，即犯性重，宜急不必待過。戒疏云：極微尚犯，何況餘者是也。」（二七五頁下）簡正卷一〇：「犯之分齊者，彼云：波離問佛，佛言：『大便道過彼（【案】『彼』疑『皮』。），小便道過節，口過齒，皆夷，為分齊也。』」（六一九頁上）【案】摩得伽論卷三，五八二頁下。

〔二四〕**及論問犯，犯皆結正**　資持卷中一下：「『及』下，示其制重。問犯，謂究問教法也。」（二七五頁下）鈔批卷一四：「濟云：謂曾有人來問鈔主：『我作如此心，戲笑而作為犯，以不細細窮覈，皆已階犯位。』謂此過相易識，故曰也。言犯皆結正者，謂結大重也。夷非方便之罪，故曰正也。」（六四四頁上）簡正卷一〇：「結正者，謂是究竟果罪，不是方便生類。」（六一九頁上）

〔二五〕**約相示過，耳不欲聞，或致輕笑，生疑生怪**　資持卷中一下：「『約』下，述其愚暗。此有四過：一、生厭惡不欲問故，二、無尊重生輕笑故，三、無深信疑非佛說故，四、不正見怪作是說故。」（二七五頁下）簡正卷一〇：「生恠者，謂同道此是佛說，便致疑云『愛染心說，增嫌生恠，佛是世間尊尚之王，何得說此麤惡之言』等。」（六一九頁上）

〔二六〕**法師**　資持卷中一下：「法師即論主。將集此戒，故先約勒。」（二七五頁下）簡正卷一〇：「法師者，論主也。（六一九頁上）若佛不說戒等，今日云何得知波羅夷罪有。」（六一九頁下）【案】「善見」下文分為三：初，「此不淨」下遮眾情，二、「又觀如」下觀佛德；三、「若佛不」下觀佛教。善見引文見卷七，七二一頁下。

〔二七〕**生慚愧心，志心於佛**　資持卷中一下：「『生』下，教觀察。生慚愧者，克己自責也。世間愚人誰能反照身行鄙穢，殊不省非？及聞教說，反生驚怪：汝必惡聞，何如不作？汝既自作，何得惡聞？此由不知於大慈門說毘尼藏，全是指出眾生惡業。若能知業，豈復有教！嗚呼，凡愚迷倒至此。『志』下，令觀勝境。初，觀佛慈。」（二七五頁下）

〔二八〕**有笑者驅出**　資持卷中一下：「『有笑』下，明立制。」（二七六頁上）簡正卷一〇：「若講法者，以扇遮面，慎勿露齒笑。若有笑者，駈出。何以故？佛怜愍眾生，金口所說，汝等應生慚愧心而諦聽。何生笑？有斯緣故，所以駈也也（【案】次『也』疑剩。）。」（六一九頁下）鈔批卷一四：「見論文解婬戒犯相分齊竟，乃云法師曰：引（【案】『引』疑『此』。）行不淨法，何以故此惡不善語？諸長老聞說此不淨行，慎勿驚恠，是沙門慚愧心，應至心於佛。何以故？如來為慈愍我等。佛如世間中王，離諸愛欲，得清淨處。為怜愍我等輩，為結戒故，說此惡言。若人如是觀看如來功德，便無嫌心。若佛不說此事，我等云何得知波羅夷罪、偷蘭、突吉羅？若法師為人講，聽者、說者，以扇遮面，慎勿露齒笑，有笑駈出。何以故？佛怜愍眾生，金口所說，汝應生慚愧心而聽，何以生笑？有斯緣故，所以駈出。」【案】善見卷七，七二一頁下～七二二頁上。

〔二九〕**犯相**　簡正卷一〇：「犯謂所犯，相謂相狀。未知自造、他及怨逼等。各具幾緣，而犯成相，故次辨也。」（六一九頁下）

〔三〇〕**有二緣**　資持卷中一下：「以自造他逼，犯相有異，故列兩緣。前約趣境論緣，由本有心故，就身明犯；後約境合辨緣。既開身交，故就心明犯。」（二七六頁上）簡正卷一〇：「一、自造他；二、是怨逼緣也。」（六一九頁下）

〔三一〕**裹隔互障**　資持卷中一下：裹隔者，用物裹根以隔之。律文四句，皆犯：一、有隔有隔，（彼此俱有；）二、有隔無隔，（此有彼無；）三、無隔有隔，（此無彼有；）四、無隔無隔，（彼此俱無。）善見云：於女三道，或以樹葉、或衣、或熟皮等，隨得物而用隔也。」（二七六頁上）簡正卷一〇：「云我今有隔，應無犯故，是以言也。」（六一九頁下）

〔三二〕**大重**　鈔批卷一四：「以波羅夷罪，名為斷頭，故言大重也。」（六四四頁下）

〔三三〕**具四緣成**　簡正卷一〇：「闕緣者，初緣非道想，及疑，得二蘭。闕二、三兩緣，無犯。闕第四緣，有二：偷蘭遠近，二方便蘭也。」（六一九頁下）鈔批卷一四：「心疏對此明闕緣義。一、闕初緣，非道道想及疑，得二蘭，闕境還立，是正境界。闕第二緣，無染心者，則無有犯，謂入無記、昏、睡、無心及明觀故也。闕第三緣，未起方便，威儀不破，犯吉羅；若動身相，則有遠近二方便可解。闕第四緣，未與境合，有二偷蘭：從破威儀吉，至對境來犯輕蘭；從境交對，毛分未侵，便止心者，得重蘭。」（六四四頁下）

〔三四〕**謂非餘睡眠等**　資持卷中一下：「『等』者，即不犯中『一切無婬意』，癡、狂、心亂等。」（二七六頁上）

〔三五〕**若為怨逼**　資持卷中一下：「示相有二：一、逼己婬他，二、為他婬己。」（二七六頁上）

〔三六〕**或將至前境**　簡正卷一〇：「即自造他境也。」（六一九頁下）鈔批卷一四：「謂被女人逼也。」（六四四頁下）

〔三七〕**或就其身**　簡正卷一〇：「即他造自境。」（六一九頁下）鈔批卷一四：「謂被男子逼己身也。」（六四四頁下）

〔三八〕**不問自他**　簡正卷一〇：「或就其身者，是前二逼也。自將正境入他正道，他將正境入己正道。闕緣，如前比知也。」（六一九頁下）鈔批卷一四：「深云：自將正境入他正道亦犯，他將正境入已二正道亦犯，故曰不問自他。又或可云：不問自他者，應是不問自造自境，如弱脊等，是及自造他境亦犯也。」（六四四頁下）

〔三九〕**婬不受樂者，如以男根納毒蛇口中，及以火中，是不染之相**　簡正卷一〇：「『善見』下，明不染之相也。」（六一九頁下）資持卷中一下：「『善』下，示護心法。本謂女根，故生染著，今為蛇火，乃生厭懼。以心隨境轉，必其然乎？」（二七六頁下）【案】「之」，底本為「之之」，據大正藏本、敦煌甲本、敦煌乙本改。善見卷七，七二一頁下～七二二頁上。

〔四〇〕**如以小兒根，納口中弄，故無婬心**　資持卷中一下：「『如』下，示戲笑之相。然大小二道，難論戲笑，故但約口道明之。」（二七六頁上）

〔四一〕**愛染汙心，是婬欲意**　資持卷中一下：「初，示婬心。即摩觸戒釋婬意文。」（二七六頁上）【案】四分卷二，五八〇頁下。

〔四二〕**若刺者是戲，偷蘭**　鈔批卷一四：「撿五分，時有比丘以男根刺他比丘口中，後俱生疑，問佛。佛言：若刺者戲，偷蘭；非戲者，夷；受者俱戲，偷蘭；非戲，俱重。」（六四五頁上）資持卷中一下：「刺者，即毛頭相同，今宗也。非戲者，即有欲心，同上所判。受刺亦爾，約比丘言之。」（二七六頁上）【案】五分卷二八，一八二頁中。

〔四三〕**口中要過齒，成犯**　資持卷中一下：「上論戲笑，皆約口道，觀其引意，似決上犯，復似顯別。學者詳之，口道同伽論（【案】摩得伽論卷三。）。」（二七六頁上）簡正卷一〇：「彼律，波離問佛。佛言：節過齒，得夷。」（六二〇頁上）【案】十誦卷五二，三七九頁上。

〔四四〕**餘二道，無開**　資持卷中一下：「二道，同四、五二律。」（二七六頁上）簡正卷一〇：「餘二無開者，謂不開戲，但入毛頭即犯也。」（六二〇頁上）

〔四五〕**若為怨家，彊持男根，令入三犯境**　資持卷中一下：「怨逼中，三。初，示犯

相，又二。前明逼已造他。律中但據初入覺樂，今約三時，收始終故。『若』下，二、約為他造己。文依律引，不云三時。準前類解。」（二七六頁上）【案】「四分」下分三：初，「若為」下；二、「乃至」下；三、「脫有」下。

〔四六〕**初入覺樂，犯重** 　鈔批卷一四：「此明若比丘自造他境，不論受樂不受樂，俱入如毛頭，結重。今言覺樂者，據怨逼故也。既有三時，便六句皆犯：初一句，始入已樂，出時樂，三時俱樂，夷；第二，始入樂，入已樂，出時不樂；第三，始入樂，入已不樂，出時樂；第四，始入樂，入已不樂，出時不樂；第五，始入不樂，入已樂，出時樂；第六句，始入不樂，入已不樂，出時樂。六句皆重。」（六四五頁上）

〔四七〕**乃至裏隔四句亦爾** 　資持卷中一下：「『乃』下，次明裏隔。四句同前，造他造己，並同犯故。」（二七六頁上）鈔批卷一四：「一、有隔有隔，二、有隔無隔，三、無隔有隔，四、無隔無隔。將前六句，歷此四種裏隔，通該三趣之境，總得四千三百六十八句。謂自造前境，得六百二十四句也。若為怨逼，得三千七百四十四句。先明怨逼句：謂正境有十五種，即人、非人、畜生三趣。一趣各五，謂人婦、人童女、人二形、人男、人黃門也。非人亦五，謂非人婦、非人童女、非人二形、非人男、非人黃門也。畜生亦五，謂畜生婦、畜童女、二形、男、黃門也。此合成十五。（六四五頁上）且就人婦上，有三瘡門上有隔等四句，成十二句。一一句上，復有樂等六句，成七十二句。人童女，亦七十二，人二形亦七十二，此三個七十二，合成二百一十六也。謂三七二十一，故有二百一十。又二三如六故也。人男、黃人（【案】『黃人』疑倒。）門，各二瘡門，合成四瘡門。一一瘡門，亦有隔等四句，四四成十六句。一一句上，亦有樂等六句，合成九十六句。謂樂等六句，歷十六句。十句自得六十，又六六三十六，成九十六也。并前三境，二百一十六句，總成三百一十二句也。非人五境，亦三百一十二。畜生五境，亦三百一十二也。三個三百一十二，應是九百三十六句也。即於覺境、睡眠、新死、少分壞四境上，一一境上各有九百三十六，合成三千七百四十四句也。自心造境，有六百二十四句者，謂正境，還有十五，同前作之。謂人婦、人童女、人二形。此三境，各三瘡門，合九瘡門，一一瘡門，有隔等四句，成三十六句，謂四九三十六也。人男、人黃門二境，合四瘡門，一一瘡門有隔等四句，成十六句，謂四四十六也。配前三十六，成五十二句也。非人、畜生亦各五十二也。（六四五頁下）三個五十二，成一百五十六也。還對覺境、睡眠、新死、少分壞四境也。一境既有一百五十六句，四境成六百

－1334－

二十四句也。此自造境，既非怨逼，故無樂等六句，故異前也。合明婬戒，總有四千三百六十八句也。」（六四六頁上）【案】四分卷一，五七二頁上。

〔四八〕脫有其事，納指口中齧之，唯覺指痛，則免重罪　資持卷中一下：「『脫』下，後教對治方法。」（二七六頁上）

〔四九〕前論說「蛇口」「火中」　簡正卷一〇：「『蛇口』『火中』是不犯相。如律，蓮華色尼為人所逼。佛問樂相。答言：如熱鐵入身。佛言：不犯。」（六二〇頁上）【案】「前論」指善見。

〔五〇〕此婬戒結犯，不待出精，但使骨肉間行者，皆偷蘭　資持卷中一下：「壞境中。初，示犯。『此』下，二、簡濫。以境通兩戒，犯隨心別，故須辨之。文又分三，初，示當戒分齊。」（二七六頁中）簡正卷一〇：「骨中蘭者，律中有女人，犯罪於王，令剝女根肉。有比丘欲心，於骨間行不淨行，佛言蘭。骨中非正道也。『若爾，既非正境，何不犯殘？』答：『若作憙樂出精意，即殘。由無作殘意故，但蘭。此則非道道想，故得蘭也。』」（六二〇頁上）

〔五一〕若元作出精意，精出，犯僧殘，如戒本疏說　資持卷中一下：「『若』下，二、約心簡濫，前簡漏失。……指戒疏者，彼問：『死屍半壞，行染得何罪？』答：『有二緣。若唯重婬意，入便偷蘭，縱出不淨，不犯僧殘。若欲喜樂意者，如士誦、五分，乃至骨間出不淨，殘；不出，上蘭。』」（二七六頁中）

〔五二〕由元非僧殘意故，但是正道皆犯　資持卷中一下：「『由』下，後顯今戒。」（二七六頁中）

〔五三〕縱使斫頭斷，及死人口中、頸中行婬，亦重　簡正卷一〇：「引見論。證上文但是正道義也。雖頸中未壞，亦是境也。」（六二〇頁上）資持卷中一下：「斫頭即少壞，死即未壞，同前結重。然引重證輕，文似不合。但由彼論既約婬心，可證非僧殘意，止就婬戒結蘭，明矣。」（二七六頁中）

〔五四〕若僧尼互相教，作者，能教犯偷蘭；不作，犯吉羅　資持卷中一下：「初，明僧尼。蘭、吉二罪，皆結『能教』。『所教』可知。通論四重，『能教』不同：婬則樂在前人；妄則名利擁彼，二犯並輕；殺、盜二戒，損通自、他，能、所皆重。」（二七六頁中）簡正卷一〇：「此明僧尼相教，及下三眾自相教，得罪分齊。能教蘭者，謂受樂非已，教者但蘭。雖教他，不作能教，犯吉，此約能教人。」（六二〇頁上）鈔批卷一四：「謂受樂在己，教者但蘭。若雖教他，他若不作能教，但吉。殺、盜二戒，能教、所教，俱夷。妄則不定。教稱己聖，希招利養，能教犯重，直教前人自稱被聖，應得蘭也。」（六四六頁上）

〔五五〕下三眾相教，作、不作，俱犯吉羅　資持卷中一下：「次，示三眾，罪唯一品。上明能教。」（二七六頁中）【案】四分卷一，五七二頁上。

〔五六〕作者，滅擯吉羅為異　資持卷中一下：「『作者』下，簡所教。」（二七六頁中）簡正卷一〇：「若作滅擯為異者，此約所教者作，謂樂在己故滅擯。」（六二〇頁下）【案】四分卷一，五七二頁上。

〔五七〕乃至下篇同犯吉羅　鈔批卷一四：「從夷至吉，越卻三篇，故云乃至。」（六四六頁上）資持卷中一下：「注中通示下眾犯相，不論相教。」（二七六頁中）簡正卷一〇：「謂下三眾犯五篇罪，同得吉羅。唯初篇滅為異也。」（六二〇頁下）

〔五八〕不犯　資持卷中一下：「三：初，開無記；二、開對治，覺知遭逼，亦此所攝；三、開非意，如上戲笑，非重之類。」（二七六頁中）簡正卷一〇：「戒疏云，通括有五：一、作事無違，說為不犯，如痴狂等；二、說犯為不犯，如最初人違『略』起非，無『廣』可犯；三、說不犯為不犯，如律一切無婬意，正念攝心故；四、開前禁後不犯，如怨逼等三時，無染等是；五、當戒別開不犯，如睡等無覺知故。」（六二〇頁下）

〔五九〕開怨來逼　簡正卷一〇：「怨逼有二：初，怨逼向己；二、『不受』下，被逼向他。」（六二〇頁下）

〔六〇〕一切無有婬意　簡正卷一〇：「戒疏云：開自身造境，既無有心，亦無有境也。」（六二〇頁下）

　　第二，盜戒〔一〕

　　性戒，含輕重〔二〕也。性重之中，「盜」是難護〔三〕。故諸部明述，餘戒約略，總述而已。及論此戒，各並三卷、五卷述之〔四〕。必善加披括〔五〕，方能免患。有人別標此「盜」，用入私鈔〔六〕，抑亦勸誡之意也。終須遍覽〔七〕，故詮次列之〔八〕。

【校釋】

〔一〕盜戒　資持卷中一下：「（佛在羅閱城，檀尼迦比丘在靜處作瓦屋。佛令打破，遂取王材。王臣呵責，因制。）疏云：非理損者為盜，公白取者曰劫，畏主覺知為偷。盜名通攝，故特標之。」（二七六頁中）鈔批卷一四：「就防三毒中，前戒防內貪，此戒防外貪。然亦通瞋、痴，如盜怨物，是瞋心成，及燒埋壞色等，本非潤已，不得成貪。（六四六頁上）又如，盜下姓物，是名從痴，謂俗人、外道、計梵天，為父母。以劫初時，四姓人民皆從梵天生也：婆羅門種從梵王口生，剎帝利種從梵王齊（【案】『齊』疑『臍』。）生，毗舍從膝生，首陀從腳跟

生。故將婆羅門為大姓。亦有將剎利為大。據實，婆羅門大。以劫初時，<u>梵天</u>散諸珍寶以布世間，與我四姓受用。後時，首陀等各自分取將去。據其根本，皆屬我物，今取本物，何有盜罪？此是邪見痴計也。先明制意。資財形命之大，非此不濟。人情保重，戀著處深。出家之士，理須捨己所珍，以濟於物。今反侵奪，以自壅己，自惱惱他，過中之甚，是以聖制。釋名者。心疏，問：『盜、劫、偷竊、不與取等，無非損財。所以此戒標盜名者，一解云：不可具頒，故且標盜。又解：餘三名濫，故不得題。如言非理損財，名之為盜；公白強奪，名之為劫；私竊而取，畏主覺知，名之為偷；物主不捨，名不與取。然則偷之與劫，名局義乖。不與取者，雖是名通，然於義則有非盜之濫。何者是也？應作四句：初，與取不是盜，可知；二、與取是盜，如儉時貪心受二餅也；三、不與取是盜，可知；四、不與取非盜，如親厚意取輒用等是也。今言盜者，義則收盡，該通彼此，但是非理損財則名為盜，故言盜也。首疏云：若劫與偷，名各是局，義不相攝。今言盜者，但非理損財，無有非盜之濫，故就通以標名，故云盜戒。盜是所防之過，戒是能防之行，能所通舉，故曰戒盜。』（六四六頁下）<u>簡正</u>卷一〇：「戒疏：資財形命。然就戒文中，詞句安布，次第不定。今師刪定戒文中，煞最在後。謂依<u>西國瓶沙王</u>遠祖治賊，但令<u>栴陀羅</u>拘頭捉手，名之四捉。次令以灰圍之名縛。<u>火王</u>引駈出法，<u>沙王</u>登作斷指，<u>闍王</u>引戮名煞。今依此次第。故<u>大德</u>云，<u>新章</u>云：南山不合迴互聖言，前後顛倒，此不達意，妄致斯也。」（六二〇頁下）【案】「盜戒」，<u>四分</u>卷一，五七二頁中開始。「盜戒」全文結構複雜，茲列表示之。

二、盜戒									
初敘意	二、「初犯境」下列釋								
	初所犯境	二成犯相							三開不犯
		初「總緣」下總列六緣					二「今料簡三」下隨釋五種	三「然盜戒相隱」下結非囑累	
		一有主物	二有主想	三有盜心	四重物	五興方便	六舉離本處		
		一盜三寶物　二盜人物　三盜非畜物							

〔二〕**性戒，含輕重**　資持卷中一下：「初示相難護。上句總示性戒。……含輕重者，通夷、殘、蘭、提故。」（二七六頁中）鈔批卷一四：「立謂：此篇四重之戒是性重戒。（六四六頁下）若下諸篇，所有性戒，如殺畜、盜物等，如此種類，亦名性戒，則是輕也。然輕重雖異，性義是同，故重性戒之中，含輕重也。據理，遮戒豈無輕重？今文對性戒而明故，且略不明遮戒之輕重也。如第二篇，二房是重遮也。三十、九十、眾學中，遮名輕也。又解：然此四戒是性戒。但此戒中，則有想、疑非畜之別，故言含輕重也。若如前婬戒，則三趣齊重，想疑亦重。下之二戒，各有昇降。」（六四七頁上）簡正卷一〇：「此通下諸篇，如煞畜、打搏等，亦是性戒。望初篇四戒，下篇則輕，（六二〇頁下）初篇則重。」（六二一頁上）

〔三〕**性重之中，「盜」是難護**　資持卷中一下：「次句局就四夷。下句獨顯今盜。」（二七六頁中）簡正卷一〇：「謂只就初篇四戒俱重之中，盜戒復是微細，難以防護。如燒、壞等，非分損失，總名為盜等。」（六二一頁上）

〔四〕**各並三卷、五卷述之**　資持卷中一下：「『故』下，二、據諸文顯難。」（二七六頁中）簡正卷一〇：「准南云：十誦三卷或四卷，僧祇五卷，善見三卷。謂難護持，是以委細，致卷軸多也。」（六二一頁上）

〔五〕**善加披括**　簡正卷一〇：「勸令披尋撿括，識達無疑也，方免斯過患也。」（六二一頁上）

〔六〕**有人別標此「盜」，用入私鈔**　資持卷中一下：「『有』下，次指別鈔，未詳何人。」（二七六頁中）簡正卷一〇：「古來失（【案】『失』疑『大』。）德，別自纂錄盜戒之抄，常在左右，私屏恒看，貴記持用意等，抑亦誡勸之意者。抑，由按也。今師云：按此亦是古德誡勸後人之意也。」（六二一頁上）

〔七〕**終須遍覽**　資持卷中一下：「『終』下，三、生下所述。上句明考前諸文。」（二七六頁中）簡正卷一〇：「謂盡理言之終須遍尋披覽。諸部律教，不准此之私抄也。」（六二一頁上）

〔八〕**詮次列之**　簡正卷一〇：「銓，手則權衡，衝也。如世之秤，分銖斤兩，輕重不差。今師准依諸部教，又銓手次第行列。於下文中，亦復如是，使挂重揩定，分毫不差也。」（六二一頁上）

初，犯境之中

謂六塵六大〔一〕，有主之物，他所吝護，非理致損，斯成犯法。若無主物及以己物，或為緣差、境奪〔二〕，心想疑轉〔三〕，雖有盜取之心，而

前非盜境，並不結犯，唯有本心方便〔四〕。

問：「何名無主物〔五〕？」答：「善見云：子作惡事，父母逐去。後時父母死者，是物無主，用則無罪〔六〕。薩婆多云：二國中間，兩邊封相〔七〕，其間空地有物，是名無主；又云：若國破王走，後王未統，此中有物，又是無主〔八〕。即如俗令，山澤林藪，不令占護〔九〕；若先加功力，不得盜損〔一〇〕。」

【校釋】

〔一〕六塵六大　簡正卷一〇：「六塵即色、聲、香、味、觸、法。污坌根識如塵也。六大即地、水、火、風、空、識。此六寬廣，故名為大。」（六二一頁上）資持卷中一下：「初示境。六塵、六大攝盡一切。」（二七六頁中）【案】「初所犯境」文分為二：初，「謂六」下，總列諸境；二、「問」下，別問無主。

〔二〕若無主物及以己物，或為緣差、境奪　資持卷中一下：「『若』下，二、明闕緣。又二。初，別示闕相。上二句及下境奪，並名闕境。非畜物替，故云奪也。言緣差者，互闕不定，或心息物移、前事阻礙等。」（二七六頁中）簡正卷一〇：「緣差者，欲盜彼物，即值異（【案】『異』疑『無』。）人，恐事影露也。或有餘緣來差，此心不遂盜事，但結前（六二一頁上）心人物上蘭也。境奪者，本盜人物，後無主物境來替人物處，心中常作有主想，取得無罪。但有人物境上，前心蘭也。」（六二一頁下）扶桑記：「緣差：或欲取李氏物，錯取張家物等，是境差也；或於非畜物，想人物取等，即心差也；通名緣差。境奪：始見人物，心要夜分盜之，主人移其物跡，置非人物，然於夜分，彼盜之等，雖有盜取之心，不結本罪，乃名境奪。」（一七四頁上）【案】此為闕緣之一。緣差：因緣變化而致盜事中止。境奪：因所盜目標物發生變化，致使欲盜之境與實盜之境不合。

〔三〕心想疑轉　資持卷中一下：「想疑者，即闕心也。於人初上（【案】『初上』疑『上初』。）異想有三，謂非人、畜生及無主也。疑亦同之。」（二七六頁下）簡正卷一〇：「謂本是無主物作人物盜想，中間轉作非畜想。（此元想轉也。）疑轉者，謂本是無主物作人物想，取中疑，轉為是非人物，為是畜物？既是無主，及以己物，且非盜境也。」（六二一頁下）

〔四〕雖有盜取之心，而前非盜境，並不結犯，唯有本心方便　鈔批卷一四：「立謂：己物及無主物，盜全無罪，名為非罪境也。故戒心疏云：自盜不成，以無他境故；自惱則成，慳自物保自故；自施不成，施自貪增自故。可以例知。」（六

四七頁下）資持卷中一下：「『雖』下，通結非犯。一往觀文，似結闕境。然據闕心，前境雖定，若望正作，非畜物疑想時，心不相當，亦非盜境，故下總云『唯有本心方便』，驗非偏判也。方便即偷蘭。廣如下篇明之。」（二七六頁下）【案】此為闕緣之二。

〔五〕**何名無主物**　簡正卷一〇：「向（【案】『向』疑『問』。）意躡前而生。前云己物，其相易知。未審無主相貌如何似，故生斯問也。」（六二一頁下）

〔六〕**後時父母死者，是物無主，用則無罪**　資持卷中一下：「初，見論約人家以明。西天可爾。此土屬官，則非無主。」（二七六頁下）鈔批卷一四：「案見論中：若人兒落度，父母以水灌頂遣去，後時父母死已，比丘盜如是人物，無罪。引據盜其兒無罪也。今鈔准義：引（【案】『引』疑『此』。次同。）兒既不屬父母，父母死後物不屬兒。其物無主，比丘得取無罪也。濟云：引外國法爾。今此唐國如此之物即屬於官，不得名為無主也。」（六四八頁上）【案】善見卷九，七三九頁上。此為無主四相之一。

〔七〕**二國中間，兩邊封相**　資持卷中一下：「婆論二種。初，即可用。……封相，即封土作疆界處。」（二七六頁下）鈔批卷一四：「二國中間者，立有兩解。初云：前王已終，後王未立，其中時節，名二國中間也。又解，約地界論之。如昔秦、晉二國中間壃界上齊花岳山，晉家據山東，秦據山西，中間山有七八許里，兩國不攝是也。」（六四八頁上）簡正卷一〇：「如五天之外，二國分壃，中間有隔，或河、或山、或林、或樹，此處有物，不屬兩邊，是名無主。此亦西天之事也。」（六二一頁下）【案】此為無主四相之二。「邊」，底本作「過」，據大正藏本、貞享本、敦煌甲本、敦煌乙本、敦煌丙本及弘一校注改。

〔八〕**若國破王走，後王未統，此中有物，又是無主**　簡正卷一〇：「前王已去，無我所心，後王未統，未為正主。於其中間，是物無主。」（六二一頁下）資持卷中一下：「須約國亂。無主物處，亦無官典守護，取則無過。」（二七六頁下）【案】此為婆論之二，為無主四相之三。

〔九〕**即如俗令，山澤林藪，不令占護**　簡正卷一〇：「南山指此方俗律。山澤是國內，不合占獲，其間住取，猶名無主。反顯前文『二國中間』故成無主也。」（六二一頁下）資持卷中一下：「『即』下一種，據俗令者，恐是唐令。既不令占，即無所屬，故是無主。」（二七六頁下）【案】此為無主四相之四。「林」，底本作「果」，據大正藏本、貞享本、敦煌甲本、敦煌乙本、敦煌丙本及弘一校注改。

〔一〇〕**若先加功力，不得盜損** 簡正卷一〇：「差（【案】『差』疑『若』。）先加功力者，更進退解。」（六二一頁下）資持卷中一下：「『即』下一種，據俗令者，恐是唐令。既不令占，即無所屬，故是無主。『若』下今判加功，占據還成有主。」（二七六頁下）

二、成犯相中

總緣具六種〔一〕：一、有主物，二、有主想，三、有盜心，四、重物，五、興方便，六、舉離本處，必具成犯〔二〕。

【校釋】

〔一〕**總緣具六種** 資持卷中一下：「準疏但有五緣，無今『第五』。彼問云：『今此盜緣無方便者？』答：『損財明盜，便成重罪。有盜成重罪，不假方便，恐涉濫故。縱有方便，亦俱不明。但知未離已前，並方便攝。今鈔不釋，意亦可見。總括犯緣，不出心境。一、四即境，二、三及五是心；六中兼二，心境合故。』」（二七六頁下）簡正卷一〇：「問：『前後諸戒，犯緣皆須，何以此戒不五？』答：『損財明盜成重，不假方便，恐涉濫故，縱有方便，亦俱不明。但未舉離已前，並方便攝。』（玄記對此廣辨闕緣義，今恐繁，故不敘。）」（六二二頁上）鈔批卷一六：「戒疏對此立五緣：一、是人物。以盜餘趣，不成重故，物雖人主，及至盜損，還須人想。若生餘想、疑，謂別境是輕犯，非此戒收，故須第二作人物想。（六四八頁上）想雖當境，若無盜心，本自無咎，故須第三明有盜心。雖有盜心，若盜輕物，不成重罪，次第四明是重物。財雖滿五，若未離處，損主未就，屬己不顯，亦未成重，故須第五明舉離處。今鈔中雖列六緣，至下解釋，亦但解五緣也。不解第五與方便緣，意同心疏。故疏問云：『其餘諸戒，成緣方便，今此盜緣，無方便者？』答：『盜就損財，即成重罪，自有盜重，不假方便，恐涉濫故。縱有方便，亦俱不明，但知未離已前，並方便攝。今鈔不解此一緣義在此意也。賓云：興方便者，或如寄物，先在箱篋，後主來索，卒爾不還，即無方便。猶不定故，故今除之。』上言有主物者，南山云：於物自在，集散皆得，故曰主也。次辨闕緣義。若闕初緣，三蘭，（初緣，人主物也。）謂非畜及無主物替處也。於此三境，作人物想取，得境差方便蘭，望盜人主物，方便蘭也。於此非畜等三境，本自無心，則無罪也。若闕第二緣，有九蘭。然有第一緣，始得辨第二緣。言九者：一、盜人物，臨至物所，作非人物想；（取，得一蘭。謂結本人家方便。又得後心，盜非人物，方便吉也。）二、畜生物想亦爾；（結本方便蘭；後心畜物，方便吉。）

三、無主物想亦爾；（本心盜有主物，臨至物所，作無主想，取但結本方便，一蘭也。）（六四八頁下）此上名想心，三句。（亦名『轉想』也。）次，疑心，亦三：一、盜人主物，臨至物所，作非人物疑，（為人物、為非人物？）下二准知，（為人物、為畜物、為人為無主物？）次，雙關，亦三：一、盜人主物，非人物來替處，即生疑：為人物、為非人物？一蘭，下二句亦爾。（謂本盜人物、畜物替處，即疑為人物、為畜物？三、無主物替處，疑為人主物，為無主物？並蘭也。）然此雙關，寄前關境中明亦得。故礪云，單雙俱關境：一、六想疑，並關心一六。礪問：『初緣關境，第二關心，復何須雙關耶？』答：『異境上生疑，不同關初緣，疑當於異境別前關第二。（謂初緣者，對異境而作本境想，故三蘭。若第二緣者，對本境作異境想疑。今雙關者，則對於異境，則是關境而復生疑，即是關心也。）若關第三緣，有盜心、無盜心，則無罪。關第四緣，重物作輕物報（原注：『報』疑『疑』。），結方便蘭。第五緣未離處，輕重二蘭，隨相分別可解。』（六四九頁上）

〔二〕犯　【案】「犯」，底本為「重」，據大正藏本、貞享本、敦煌甲本、敦煌乙本、敦煌丙本改。

今依犯緣，次第解釋。

就初緣中，大分三位：一、盜三寶物，二、盜人物，三、盜非畜物。

初中，先明知事人是非，然後解盜用差別。

所以然者？若不精識律藏、善通用與者，並師心處分，多成盜損〔一〕。相如後說〔二〕。故寶梁、大集等經云〔三〕：僧物難掌，佛、法無主，我聽二種人掌三寶物〔四〕，一阿羅漢、二須陀洹。所以爾者？諸餘比丘，戒不具足，心不平等〔五〕，不令是人為知事也。更復二種〔六〕：一、能淨持戒，識知業報；二、畏後世罪，有諸慚愧及以悔心。如是二人，自無瘡疣，護他人意〔七〕。此事甚難等。聖教如此，即為大誡〔八〕。因即犯者，愚癡慢故。所以律云「我說此人愚癡波羅夷」等。並謂不依佛教，師心冥犯大罪〔九〕。

今料簡三寶物〔一〇〕。

四門分別：一、盜用，二、互用，三、出貸〔一一〕，四、將三寶物瞻待道俗法。

初中

盜佛物〔一二〕者

正望佛邊無盜罪〔一三〕，由佛於物，無我所心〔一四〕，無惱害故。但得偷蘭，以同非人物攝〔一五〕故。十誦：盜天神像衣，結偷蘭〔一六〕。涅槃亦云：造立佛寺，用諸華鬘供養〔一七〕，不問輒取，若知、不知，皆犯偷蘭〔一八〕。

若有守護主者，三寶物邊，皆結重罪〔一九〕。無守護主，望斷施主福邊結罪〔二〇〕。故鼻奈耶云：若盜佛塔、聲聞塔等幡蓋，皆望斷本施主福邊結罪〔二一〕。故五百問中：塔上掃土，淨地棄之〔二二〕；不得惡用。摩得勒伽云：盜非人廟中物，有守護者犯重〔二三〕。十誦：盜佛圖物，精舍中供養具〔二四〕，若有守護，計直成犯〔二五〕。善生中，亦從守塔人得重罪，不望佛邊結之〔二六〕。所以約守物人結者，如「盜人物」中分別〔二七〕。

必盜而供養無犯。薩婆多論「盜佛像」、十誦中「偷舍利」，並淨心〔二八〕供養，自作念言〔二九〕：彼亦是師，我亦是師。如是意者，無犯。摩得伽中：盜佛像、舍利，不滿五故，偷蘭；滿五，犯重〔三〇〕。薩婆多云，謂轉賣〔三一〕者。若佛塔中，鳥死，及得餘物，但供塔用〔三二〕。餘用犯盜。

盜法者

法是非情，無我所心〔三三〕。律中結重者，望守護主結也。文云〔三四〕：時有比丘盜他經卷〔三五〕，佛言計紙墨結重。佛語無價故。十誦、摩得伽、薩婆多並同，望護主結。五分：盜經者，計紙墨書功，滿五犯重。摩得伽云：偷經物，滿五得重，不滿犯輕。五百問中：不得口吹經上塵土〔三六〕；像上準同〔三七〕。若燒故經，得重罪，如燒父母〔三八〕；不知有罪者，犯輕。十誦：借經拒而不還，令主生疑者，偷蘭〔三九〕。此由心未絕，故爾。正法念云：盜寫祕方，犯重〔四〇〕。

問：「如論中，盜像、舍利供養，無犯〔四一〕；盜經亦同，一向結重者？」答：「佛得遙心禮敬〔四二〕，法須執文讀誦〔四三〕。故地持云：不現前供養，名大大供養等〔四四〕。若欲互舉，亦互結犯〔四五〕。如人造像，專心為己，不通餘人，可不結重？造經為他，隨能受用，豈可結罪！」

盜僧物者

有護主者，同上結重〔四六〕。若主掌自盜，準善見論，盜僧物犯重〔四七〕。

　　然僧有四種〔四八〕：一者，常住常住〔四九〕。謂眾僧廚庫、寺舍、眾具、華果、樹林、田園、僕、畜等〔五○〕，以體通十方，不可分用。總望眾僧，如論斷重〔五一〕。僧祇云：僧物者，縱一切比丘集，亦不得分〔五二〕。此一向準入重攝。二者，十方常住〔五三〕。如僧家供僧常食〔五四〕，體通十方，唯局本處〔五五〕。若有守護，望主結重。同共盜損，應得輕罪〔五六〕。僧祇云：若將僧家長食還房，得偷蘭〔五七〕。善見云〔五八〕：若取僧物如己物，行用與人，得偷蘭；準共盜僧食〔五九〕。若盜心取，隨直多少結。是名「第五大賊〔六○〕」。準似有主〔六一〕。毘尼母亦爾。薩婆多、善見：不打鐘，食僧食者，犯盜。又，空寺中，客僧見食盜啖者，隨直多少，結罪〔六二〕。準此，如上偷蘭〔六三〕。三者，現前現前〔六四〕。必盜此物，望本主結重〔六五〕。若多人共物，一人守護者，亦望護主結重〔六六〕。四者，十方現前〔六七〕。如亡五眾輕物〔六八〕也。善生經云：盜亡比丘物，若未羯磨，從十方僧得罪輕〔六九〕；謂計人不滿五，但犯偷蘭〔七○〕。若已羯磨，望現前僧得罪重〔七一〕；謂人數有限，則可滿五夷。若臨終時，隨亡人囑授物，盜者，隨約所與人邊結罪〔七二〕。

　　四分云〔七三〕：四方僧物，若僧，若眾多人，若一人，不應分，不應賣，不應入己；皆犯偷蘭。因即有人言：「若盜僧物，云不成盜」，便即奪取〔七四〕。此未見諸部明文〔七五〕；若奪，成重。四分：暫礙僧用，故結輕〔七六〕；若永入己，同善見斷重〔七七〕。五分：盜心貿僧好物，直五錢，犯夷。一錢已上，犯偷蘭。大集云：盜僧物者，罪同五逆〔七八〕。然盜通三寶，僧物最重，隨損一毫，則望十方凡聖，一一結罪〔七九〕。故諸部、五分中，多有人施佛物者，佛並答言：可以施僧，我在僧數〔八○〕，施僧得大果報。又，方等經云：五逆四重，我亦能救，盜僧物者，我所不救〔八一〕。餘如日藏分、僧護傳等經廣陳〔八二〕。五百問云：負佛法僧物，縱償還，入阿鼻，而得早出〔八三〕。何況不償者，永無出期。因說三藏法師還債事〔八四〕。云云。

【校釋】

〔一〕若不精識律藏、善通用與者，並師心處分，多成盜損　簡正卷一○：「謂於能詮不明也。若善（【案】『善』前疑脫『不』字。）通用與，於所詮壅滯，師心不師，於教便成盜損。」（六二二頁上）【案】「所以」下分二：初，「所以」下；二、「今料」下。如下表所示。

二、「所以然」下正釋														
初知事是非	二、「今料簡三寶物」下盜用差別													
	初，「四門分別」標分	二、「初中盜佛物」下隨釋												
		初盜用			二互用					三出貸			四將三寶物瞻待道俗法	
		初佛物	二法物	三僧物	初「又分」下標分	二就下隨釋				初「僧」下三寶互貸	二「十誦」下三寶出息	三「十誦別」下別人貸	初「四分」下釋	二「餘廣有」下結指
						初三寶互	二當分互	三像共寶互	四二物互					

〔二〕**相如後說**　資持卷中一下：「即『互用』及『瞻待』中。」（二七六頁下）

〔三〕**寶梁、大集等經云**　資持卷中一下：「兩經合引，文理同故。初示難護，僧物有主，用與多過，是故難掌。佛法無主，用與由人，又復難矣。」（二七六頁下）

〔四〕**僧物難掌，佛、法無主，我聽二種人掌三寶物**　簡正卷一〇：「寶云：佛久（【案】『久』疑『入』。）涅槃法，是非情，無正主故。問：『上言二種人，一是第四果、二是初果，何不見列二、三果人？』蜀川云：親撿彼文，初果至三為一，阿羅漢為二。今鈔但舉初、後，意攝中間亦盡也。』」（六二二頁上）資持卷中一下：「『我』下，簡人。初簡聖人，文舉初、後。二、三兩果，何以不明？或可知故，或約二惑究盡處。」（二七六頁下）鈔批卷一四：「案大集日藏分經護法品云，時頻婆沙羅王問佛言：『何等人堪為知事，守護僧物，供養供給如法比丘？』佛言：『大王，有二種人堪持僧事、守護僧物者：具八解脫，阿羅漢人；二者，須陀洹等三果學人。此二種人。堪知僧事，供養眾僧。諸餘比丘，或戒不具足、心不平等，不令是人為僧知事也。」（六四九頁下）【案】大集卷三一，二三八頁下～二三九頁上。本句初簡聖人，次簡凡夫。

〔五〕**戒不具足，心不平等**　簡正卷一〇：「謂凡夫持戒，但防身口，未得無漏，動思心念，微細有缺，名是不具足。又，凡人心有愛憎，故不平等。初果人已斷三界見道煩惱故，無愛憎分，得無漏，故平等也。」（六二二頁下）

〔六〕**更復二種**　資持卷中一下：「『故更』下，次簡凡夫。初人知因，後人懼果。或可上簡精持，下容犯悔。」（二七六頁下）簡正卷一〇：「玄云：是寶梁文也。彼久（【案】『久』疑『文』。）迦葉白佛言：『云何比丘營於眾事？』佛言：『聽二種比丘營於眾事：一能淨持戒，二畏後世罪。復有二種：一識知業報，二有諸慚愧及以悔心。後（【案】『後』疑『復』。）有二種：一阿羅漢，二修八背捨戒。聽如是二種比丘營於僧事。』」（六二二頁下）【案】寶積卷一百一十三，六四三頁上。

〔七〕**自無瘡疣，護他人意**　資持卷中一下：「無瘡疣者，喻能離過故。」（二七六頁下）鈔批卷一四：「立云：以持戒清淨，無破戒之瘡疣，亦可以能持戒，識達教相，凡所運動，無諸過患，故曰無瘡疣也。此人若為知事時，有俗人乞僧食者，能為善說因果，語以福食難消，不令前人起嗔、懷歡而退，故曰護他人意也。或可外道俗人侵損三寶物，比丘則隨時消息，不令損失，故曰護他意也。」（六四九頁下）簡正卷一〇：「今鈔合四為二，又將羅漢同大集經也。不平等心，名為瘡疣。能齊與食。不能齊者，示於因果，知非為怪，名護他人意。若不如是，令他便罪，長輪苦海。」（六二二頁下）

〔八〕**聖教如此，即為大誡**　資持卷中一下：「申誡中。初，指前經。『因』下，示制罪。」（二七六頁下）鈔批卷一四：「以非如上之人，不識教法，即互用三寶物也。」（六四九頁下）

〔九〕**師心冥犯大罪**　簡正卷一〇：「冥然犯於盜重，不以無知故免也。」（六二二頁下）

〔一〇〕**今料簡三寶物**　鈔科卷中一：「『今』下，盜用差別。」（五二頁上）【案】隨釋為四，即：盜用、互用、出貸、瞻待。「盜用」分盜佛物、法物、僧物。

〔一一〕**出貸**　鈔批卷一四：「謂將物與人，擬後返取也。若作『貣』（『他得』反），謂從他求物，後擬還也。」（六四九頁下）

〔一二〕**盜佛物**　簡正卷一〇：「盜是盜心，佛物是所盜境。能所俱彰，故云。」（六二二頁下）

〔一三〕**正望佛邊無盜罪**　鈔批卷一四：「景云：望法身非佛，是像也。謂望佛邊，同非人物，但蘭。今望本施主故，斷重。礪云：望佛於物，無我所心。但望守護

人邊得重者，如有人自作供養佛具，只自未捨入佛，我自守護時節之日，將供養竟，以自收取，此物未定屬佛，盜者得重。賓云：此盜佛物，諸部不同。祇夷損正；士據護夷；涅槃雖蘭，義准應吉。今文約斷，有少乖理。既言佛，於佛無我所心，又言同非人物攝，非人於物，寧成無我。然又無我，（六四九頁下）唯局北州。且如北州，衣食自然，豈同三方，功用方得。佛既受施，示攝財物，義同功用，何類北州？故有盜佛物者，佛在日重，滅後定無夷罪。以佛在日，有人主義；滅後，但有福田攝受，無人主義。今若盜者，望護結罪。又復，若言於物無我所，亦應許偷，羅漢等物，法相便亂。理不應然，故知無我。據方不得別判，下文引祇。摩摩帝用佛物重者，據佛在日，示同人趣，南州所攝，故同人夷。若言無我，應同北方，何以祇文唱言斷重？又言正望佛邊無罪者，此違婆沙百一十三。問：『若盜如來窣覩波物，於誰得根本業道？』『有說於國王處得，有說於施主處得，有說於守護處得，有說於能護天龍、藥叉、非人處得。如是說者，於佛處得。所以者何？如世尊言：若我住世，有於我所，恭敬供養。及涅槃後，乃至千歲，於我舍利如芥子許，恭敬供養，佛皆攝受。由此言故，世尊滅度，雖經千歲，一切世間，恭敬供養，佛悉攝受。』（述曰：）據此盜損定，不約佛而結罪也。」（六五〇頁上）簡正卷一〇：「疏云：若盜佛物，成波羅夷重。舉例云：如盜畜生物，境劣故得吉。若盜人物，境優故得重。既人物尚猶結重，佛境最強，何不得重。（六二二頁下）又，將佛物人（【案】『人』疑『入』。）僧，尚結夷愆，自盜豈不成重？法寶難云：『天猶勝人，理合更重，何結偷蘭？又，將佛物入僧得重者，自約互用邊結，與此令乖。二例俱非，不可依准。』二、東塔云：『佛在日，自為正，主盜即成重。涅槃後，唯有福田，無正主故，同非情攝，只合得蘭。』今難云：『若爾，縱使在日結重，即佛應有我所心耶？又，將入滅後佛判同非，良為不可！』今南山曰：『不論在世及與滅後，若盜此物，俱犯偷蘭。斯為定義。』（上且敘左，今判非不定。）次消文者。正望佛邊無盜罪者，此段正約無施、護二主，佛物境上，成犯之相。如久遠之物，雖無施護之，至以其物體，且屬佛故。」（六二三頁上）

【案】婆沙論卷一一三，五八五頁上。

〔一四〕由佛於物，無我所心　鈔批卷一四：「言無我所心者，我謂神也。我所者，即是陰也。神名為我，陰名我所。（策解。）」（六五〇頁上）簡正卷一〇：「若有二主，望二主結，下自有文。先須簡此犯境問故，何望佛邊，無盜罪耶。下句答云：由佛於物，無我所心，無惱害故，謂佛理平等，得失一如，於物無心，

失不為惱。如十誦云：盜北鬱單，越人物尚不結罪，彼人無我所心，豈況三界之至於物有恡？若據佛邊，一罪不得。今言但得偷蘭者，東陽幽釋云：望盜人心上結也。以進趣作盜佛物之心，舉離之時，自結蘭罪。約境無犯，如涅槃經：惡心斬截死屍，以境上無可惱，（六二三頁上）理合無罪。但起惡心，亦得偷蘭，所以為例。（已上正解竟。）次辨諸家解者。一、玄記望善神邊結也。佛雖無心，神攝此物。故鈔釋云：以同非人物攝。今難云：本明更有煞母、偷盜佛物罪，若望善神邊結之，卻成盜非人物也。況神護法攝於物，不可依承。二、淮南記云：望斷施主福，得蘭。以施主將供養，佛無作續生。今既盜除，無作不起，故結蘭也。今難云：現有施主可，然或經久遠，施主亦無，又望誰結？況復斷福犯重，下自有文，不合委解。更有解云：鈔文所結蘭罪，此據佛在世時，正望色身佛結，今文涅槃此蘭也。縱今寺內殿中形像，皆有施護二至，望主結之。今難云：如婆沙云以佛懸攝未來，冥然屬佛，如何會通？恐無理也。已上解因便敘之。若五釋文，初義為定。」（六二三頁下）

〔一五〕以同非人物攝　資持卷中一下：「若據非人，擲卜而取，非無我所，但望惱微，與人相降。今殿、塔、靈儀，有同神像，故得例同。」（二七七頁上）簡正卷一〇：「謂三義故，同非人物：一、犯緣。因盜非人物，具六緣：一非人物，二作非人物想，三有盜心，四重物，五興方便，六舉離處。今佛物六緣亦爾。二、望境。同盜非人物時，若有守護主，結之；無守護主，即正望非人境結。今此亦然。三、罪體。因盜非人物，是中只果蘭，今此亦爾，（六二三頁下）故云心（【案】『心』疑『以』。）同非人物攝也。豈同東塔將佛類於非人！又不比搜玄約神為於護主，名非人物攝等。」（六二四頁上）

〔一六〕盜天神像衣，結偷蘭　簡正卷一〇：「彼律第十六云：盜天神像衣，及以花鬘，佛言得偷蘭。及證上文佛物蘭，與此罪體同也。」（六二四頁上）鈔批卷一四：「立謂：此言證上盜佛物得蘭也。問：『據涅槃，盜佛物犯蘭，何故僧祇中，寺主互用三寶物，佛言夷。如何會通？』解云：『約佛邊，同非人，故蘭。祇中望損本施主福，故夷。（未詳。）賓云：祇律斷夷者，據佛在日同人趣故也。」（六五〇頁下）【案】十誦卷五八，四三〇頁下。

〔一七〕造立佛寺，用諸華鬘供養　鈔批卷一四：「應師云：梵言『摩羅』，此譯云『鬘』（音『蠻』）。案西域結鬘師，多用摩那華，行列結之，以為條貫，無問男女貴賤，皆此莊嚴。經云天鬘、寶鬘、華鬘等並是也。」（六五〇頁下）簡正卷一〇：「引此收文證上盜佛物，決定犯蘭，有教為據。不同西塔云犯盜重，全（【案】

　　『仝』疑『全』。）是師心也。准彼經第七云,迦葉問佛:『何名大乘偷蘭遮？』
佛答云:『有諸居士建立佛寺,用珠、花鬘供養世尊。比丘見花貫中縷,不問
輒取,犯偷蘭遮。』（六二四頁上）【案】「亦」底本為「又」,據大正藏及弘
一校注改。「諸」,底本為「現」,據大般涅槃經卷七及弘一校注改。北本涅槃
卷七,四〇五頁下。

〔一八〕**不問輒取,若知不知,皆犯偷蘭**　資持卷中一下:「言不問取者,即盜相也。
知即識法。故違不知,謂愚教迷犯。（古云大乘約境判者,非也。此即愚癡波
羅夷之類耳。）言犯蘭者,正望佛結。縱有主掌,經家不論。然罪名雖輕,據
業則重。」（二七七頁上）鈔批卷一四:「立云:比丘盜此縷,知得罪亦犯,不
知得罪亦犯。由事是可學,以出家人應合學於聖教。以不學故,不識此罪相,
故使知與不知,俱結罪也。不同了教之人,迷心不犯也。有人云:此檀越供養
物,以屬佛故,不問知是有施主縷,及不知是有施主縷,但望佛邊結蘭,由屬
佛故。佛邊結罪,由佛於物,無我所心,但得蘭也。（此解亦好。以順鈔文意
制盜佛物之義也）。又解云:若知不知者,知謂了教之人,不知謂迷教之人也,
以盜佛物故得蘭。而言知者,識知教相,故犯得蘭。若不學問,迷於教相,而
盜此物,謂言無罪。佛言不以無知故得脫,故曰知與不知,皆結犯也。此解為
正。」（六五〇頁下）簡正卷一〇:「不問輒取者,釋盜相也。不問施、護二主
也。若知不知者,玄記引山法師釋云:謂比丘明白,心中知是佛物,或冥然不
知是佛物,並犯蘭。大乘中,不論知不知也。若小乘:知是佛,故心而盜即犯;
若不知,或作物無主等,想無盜佛物之心,即不犯。若據法寶,不許此釋。若
知,即約明閑之人識知教相;不知,即據不學人不知教相,並皆是犯。若既明
練,如是故違,雖於教不明,不知有犯,然不以無知,便得解脫也。若犯罪結
根本,更增無知罪。今恐不然。鈔所引者,大乘經文適說義,卻作等乘律解。
既經律混然,如何分得大乘偷蘭？（六二四頁上）莫違他經文否？請思之。
（已上諸文,總是明無主佛物,結非之相。不論在世及滅後,並結蘭也。）」
（六二四頁下）

〔一九〕**若有守護主者,三寶物邊,皆結重罪**　鈔批卷一四:「立云:望知事護主,結
罪也。若盜佛物,縱無護主者,亦望損本施主福邊得蘭,文中自顯也。」（六
五一頁上）簡正卷一〇:「謂望知事人,是守護主,望此主結罪。若無護主,
望斷絕本施人無作福邊結重。」（六二四頁下）

〔二〇〕**無守護主,望斷施主福邊結罪**　資持卷中一下:「施主即本主也。結罪者,準

下犯夷。尼鈔亦直云結重。（有云犯吉，非也。）」（二七七頁上）

〔二一〕若盜佛塔、聲聞塔等幡蓋，皆望斷本施主福邊結罪　資持卷中一下：「彼因波離問佛，鈔引佛答。彼云：謂檀越施與塔寺，斷彼施主福，成棄捐，不受。（『波羅夷』翻為『棄捐』。『捐』亦『棄』也。不受，即不共住也。）」（二七七頁上）【案】鼻奈耶卷一，大正藏第二四冊，八五四頁中。

〔二二〕塔上掃土，淨地棄之　鈔批卷一四：「立謂：施主造塔，用功加土。今若掃棄穢處，損施主福故也。」（六五一頁上）資持卷中一下：「彼云：『佛塔上掃得土棄之，有罪不？』答：『得棄，不得餘用。』引此似證損福。」（二七七頁上）簡正卷一○：「此文證上斷福結義也，謂因施幡蓋得生天。今既盜之，斷他施福，得罪也。塔上云（【案】『云』疑『土』。）者，是施主物穢地，棄之亦損他福。」（六二四頁下）【案】五百問，九七二頁下。

〔二三〕盜非人廟中物，有守護者犯重　資持卷中一下：「初例證者，則知非人罪通兩結，佛亦同之。」（二七七頁上）簡正卷一○：「此文證上約守護人結義也。人廟中物者，謂如古來忠臣，於國有功置廟等也。守護主，即知廟之人，今比丘盜此物，未約正主。」（六二四頁下）鈔批卷一四：「立謂：五眾死，皆得造塔。塔中有物，名人廟中物也。又解：如公王卿相，死後立廟，其中有物。若盜望護主，及子孫等結重，即如衛王懿德太子等，並立廟在城內，是人廟也。」（六五一頁上）【案】摩得勒伽卷八，六一二頁中。

〔二四〕盜佛圖物，精舍中供養具　資持卷中一下：「士誦及下善生並是顯文。『佛圖』即全梵語，或召塔者，亦以藏佛遺身，從人為目。」（二七七頁上）

〔二五〕若有守護，計直成犯　簡正卷一○：「且望護主計直者，滿五，夷。」（六二四頁下）

〔二六〕亦從守塔人得重罪，不望佛邊結之　簡正卷一○：「守塔人者，示護主也。不望佛邊者，謂有護主故，不望正主而結。」（六二四頁下）

〔二七〕如「盜人物」中分別　資持卷中一下：「指如後者，下明不勒掌錄，有填償義故。」（二七七頁上）鈔批卷一四：「謂雖約守物人結罪，然守護有懃、墮。不同盜者結罪，亦有不定：護主若慢，望護主結；護主若懃，還望本正主結。至下『人物』中自辨。」（六五一頁上）簡正卷一○：「謂下文『盜人物』科中，有償護損，失主為他償錄，即是守護。『或有人盜此物，為望止（【案】『止』疑『正』。）主，為望護主？』下文斷曰：若護主勤是守護，而被賊比丘公白劫奪，或私竊穿窬而盜去者，非是護主。禁約之限，正主得令彼慎還。若徵覓

他錢財，財主卻犯重罪，即盜人望正主結罪，不望守護人。若護主為性慢緩，不為他償錄，致遭去失，即須填他。若不填之，護主犯重。即盜（六二四頁下）人但望守護邊結犯，不望正主也。人物既通此二，三寶亦然。且佛為正主，知事人為護主，盜相類例可知。今引此文，莫非為護守護，結罪犯之相也。」（六二五頁上）

〔二八〕淨心　資持卷中一下：「即非盜業。」（二七七頁上）

〔二九〕自作念言　資持卷中一下：「『自』下，示淨心相。」（二七七頁上）簡正卷一〇：「自作念者，是盜人作念：彼人佛亦是師，我今佛亦是師也。前約盜佛，供養嚴飾等物說，此改正約盜佛身，或銅像旗子之類也。」（六二五頁上）

〔三〇〕滿五，犯重　資持卷中一下：「初，伽論結犯，與上相違，下引婆論決之。」（二七七頁上）【案】摩得勒伽卷八，六一二頁中。

〔三一〕轉賣　鈔批卷一四：「深云：此言來意，證上伽論結罪義也。十誦何故無犯，伽論結犯。結犯謂轉賣故耳。」（六五一頁上）簡正卷一〇：「引此一句，證上伽論，約他轉賣佛像、舍利，得五錢犯重，不滿犯輕。若論舍利，有何價直？」（六二五頁上）資持卷中一下：「既為轉賣，明非淨心供養故犯。」（二七七頁上）【案】此處為省略句，義為：薩婆多中則言，如果是用來轉賣獲利（不是為了供養），則犯偷蘭遮。

〔三二〕若佛塔中，鳥死，及得餘物，但供塔用　資持卷中一下：「『若』下，明餘可轉賣，還歸佛用。」（二七七頁上）簡正卷一〇：「鳥死者，鴿、雀等。此在佛塔中死，便合屬佛也。餘物者，所稟云：謂遺落之物，前人已作捨心者，物既在此，即屬佛也。或可伏藏之類。古（原注：『古』疑『有』。）德而有，即無正主。先既不知死人守護，又闕護主，既在佛塔內，合屬佛為正主，後忽攝得，不可餘用。答（原注：『答』疑『若』。）」（六二五頁上）【案】底本無「物」，據敦煌甲本、敦煌乙本、敦煌丙本、敦煌丁本加。

〔三三〕法是非情，無我所心　資持卷中一下：「初科，佛是有情，可同非人。法則不爾，但望掌護，以論犯故。」（二七七頁上）

〔三四〕文云　資持卷中一下：「四、五二律，約計紙墨，言通兩主。」（二七七頁上）簡正卷一〇：「『此是餘斷盜經得重文也。首疏云：若據佛在時，未有經卷，不妨小小記錄，亦得名為經卷。」（六二五頁上）【案】四分卷五〇，九七六頁中。

〔三五〕時有比丘盜他經卷　鈔批卷一四：「首疏問：『結集後方有經卷者，何故條部律

云：諸比丘盜他經卷，計紙墨犯夷？』（六五一頁上）解曰：『佛在時，雖無都集三藏結集經卷，則不無諸比丘有小小別集、記錄經卷者也。』」（六五一頁下）

〔三六〕不得口吹經上塵土　簡正卷一〇：「謂恐口氣損色，又屬輕心。如將塔云（原注：『云』字疑剩。）棄，向不淨處，亦損施主福。」（六二五頁下）資持卷中一下：「損壞中。準論，此有兩節。前段中，彼問：『經上塵土、草穢，得吹去不？』答：『不得吹，吹犯捨墮。』」（二七七頁上）

〔三七〕像上準同　資持卷中一下：「恐成觸污，輕慢經法，須以淨物拂拭，不可口吹，故制罪耳。（舊云損色，未必然也。）」（二七七頁上）

〔三八〕若燒故經，得重罪，如燒父母　鈔批卷一四：「立明：如燒父母，約業但得逆罪，五逆之重，非夷重也。以經是佛母，解從此生也。今燒故經，同燒父母，逆也。故戒疏云：有人無識，燒毀故經，我今火淨，謂言得福。此妄思度也。半偈捨身，著在明典，『西』（【案】『西』疑『兩』。）字除惑，亦列正經。何得焚燒？殊失事在之福也。」（六五一頁下）資持卷中一下：「『若』下，即引後段。彼問：『戒律不用，流落，可燒不？』答：『不得。不知有罪，燒，捨墮；（今云犯輕是也。）若知燒有罪故燒，犯決斷。（即偷蘭。今云重者，對上墮故。）與方便破僧同，（以壞法故。）亦如燒父母，（法身由生故，舉此決上，犯蘭，同二逆故。）準此，且望無主為言，必是有主，理從上判。（多見錯解，故具引釋。）古云：如燒故經，安於淨處，先說是法因緣生偈已，焚之。此乃傳謬。知出何文？引誤後生，陷於重逆。疏云：有人無識燒毀破經，我今火淨，謂言得福，此妄思度。半偈捨身，著在明典，兩字除惑，亦列正經。何得焚除？失事在福也。準此明誠，足驗前非。必有損像蠹經，淨處藏之可矣。」（二七七頁中）

〔三九〕借經拒而不還，令主生疑者，偷蘭　資持卷中一下：「借拒，犯蘭。此結方便，若心決絕，則至果本。」（二七七頁中）鈔批卷一四：「謂借既不還，索又不與，主即生念：『為更還我，為永不還？』所以得蘭。若主絕心，定知不還，而犯夷也。」（六五一頁下）簡正卷一〇：「即借不送，來覓又不與。經主疑云：『為更還我，為不還耶？』前人生此心時，比丘結蘭。此由心未絕者，釋結輕所以也。答（【案】『答』疑『若』。）經主決心，作定不還想，比丘得犯重。」（六二五頁下）【案】十誦卷五八，四二八頁上。

〔四〇〕盜寫祕方，犯重　資持卷中一下：「盜寫祕方，此非經教，與法類故，須約前

人咯護，計直定犯。」（二七七頁中）簡正卷一〇：「秘方者，藥方、要呪術等
例。謂此秘方有其價直，盜寫得重。佛語無價，但約帋墨書功以論，故不類
也。」（六二五頁下）

〔四一〕**盜像、舍利供養，無犯**　資持卷中一下：「問中牒前多論，相例為問。」（二七
七頁中）鈔批卷一四：「此問意從前盜佛物中多論文生也。故前多論言盜將供
養無罪，此間何故得重，豈不相違？故有此問也。」（六五一頁下）

〔四二〕**佛得遙心禮敬**　資持卷中一下：「初，約禮誦以判。」（二七七頁中）簡正卷一
〇：「雖舍利、形像，被盜將別處，本主不妨送心敬禮，亦有福報。」（六二五
頁下）資持卷中一下：「過去色相，意可緣故。」（二七七頁中）

〔四三〕**法須執文讀誦**　資持卷中一下：「執文讀者，現前色塵，眼可對故。縱能暗誦，
亦容忘故。」（二七七頁中）簡正卷一〇：「經卷須執捉披讀，必若盜將，本主
無可執捉也。」（六二五頁下）

〔四四〕**不現前供養，名大大供養等**　資持卷中一下：「『故』下，證成。彼云：有三種
供養，所謂現前供養得大功德，不現供養得大大功德，共現前、不現前供養
（或眼觀或心緣）得最大大功德，是名菩薩自作供養。今取第二，以證上義。
二中，即鈔主義決在文。既局據義則通，故知佛法並具通塞。」（二七七頁中）
鈔批卷一四：「案地持論云：云何菩薩供養如來？略說多種：一者身供養，謂
於佛色身而設供養也。二者支提供養，謂若菩薩為如來故，若供養偷婆，若
窟、若舍、若故、若新，是名支提供養。三者現前供養，謂面見佛身及支提而
設供養也。四者不現前供養，謂若菩薩於不現前如來及支提，心念供養，為一
切佛故、為一切如來支提故，是名不現前供養。又，若菩薩於如來涅槃後，以
佛舍利起偷婆，若窟、若舍、若一、若二，乃至百千萬億，隨力所能，是名菩
薩廣不現前供養。以是因緣，得無量大果，常攝梵福，常於無量大劫，不墮惡
道。若菩薩於如來及支提，現前供養，得大功德；不現前供養，得大大功德。
若共現前、不現前供養，得最大大功德也。」【案】地持卷七，九二五頁下。

〔四五〕**若欲互舉，亦互結犯**　資持卷中一下：「『若』下，次，約互舉決通。」（二七
七頁中）簡正卷一〇：「此文一向恐通局以明犯不之相，不望境也。）」（六二
六頁上）

〔四六〕**有護主者，同上結重**　資持卷中一下：「初科兩結，望守護者，餘人盜也。」
（二七七頁中）鈔批卷一四：「立謂：十方常住物也。計理此都約四種常住為
言也。」（六五二頁上）

〔四七〕**若主掌自盜，準善見論，盜僧物犯重**　鈔批卷一四：「**立**謂：總望十方僧，通為一主。以此物不可分賣，故一化僧，俱有其分，通是一主，故盜時即重也。然此僧物者，餘人若盜，望護主結重，今既主掌自盜，則望十方僧，通為一主，亦得重。」（六五二頁上）資持卷中一下：「主自盜者，即知事輒用互用等，或無主掌餘人亦同。上通四種，下局初位。」（二七七頁中）簡正卷一○：「此段文為破古師義也。古師所判，望十方僧，無滿五理得輕。若有護主，望守即重。今師不然，若有護主，望主結重，如護主自盜。准善見論，知事人將僧物為佛法兩用。佛言波羅夷。此望十方僧通為一，並滿五結重也。」（六二六頁上）

〔四八〕**然僧有四種**　資持卷中一下：「僧物雖多，四種攝盡。初，屬處永定，不可分判，故雙疊之。二、雖局處，隨人分食，故云十方。第三，人局現數，物據即分，故雙云也。四、物雖即分，人無定限，羯磨遮約，故名十方。約名定體，物分四別，如下自明。」（二七七頁中）簡正卷一○：「東塔跏（原注：『跏』疑『疏』。）不許南山立於四種。彼破云，強加階級合為二：一是『十方常住』、二是『十方現前常住』，不用『常住常住』及『現前現前』二也。法寶反破彼云：云必若但分二者，今將眾具、田園等與十方僧共分應得，今謂此物，一局此界、二假使十方大地僧總集，亦不得分，名為『常住常住』。若不立此，何位攝之？又將『現前現前常住』攝歸『十方現前』者，且如有人將物直施此界現前僧。今更通十方僧分得否。今謂此物現到是『物現前』，人數有限是『人現前』。」（六二六頁上）若將此物通十方僧，望現在人，應得不得，合犯何罪？」（六二六頁下）

〔四九〕**常住常住**　鈔批卷一四：「亦名『局限常住』。局約此處，故曰『常住』，即此當處，亦不得分，復曰『常住』，故曰『常住常住』也。言局限者，唯約此界，限不通餘寺，恒供養別住，故云然也。」（六五二頁上）簡正卷一○：「體局當處，不通餘界，故名『常住』。二則但許受用，不許分賣，復名『常住』，故而言之。」（六二六頁下）

〔五○〕**謂眾僧廚庫、寺舍、眾具、華果、樹林、田園、僕、畜等**　資持卷中一下：「初，簡物體。疏加米、麵，準五穀、醬、菜、饌食，眾物皆此所攝。」（二七七頁下）簡正卷一○：「花果者，須分別也。大德云：若成熟之菓，已摘落者，十碩、五碩，此即屬十方常住。謂物體通十方故，不可不分。今此中，花果不可分者，且約在樹，未取之前，不得十樹、五樹分入於己也。抄中來（【案】『來』

疑『未』。）論量米、麵等，戒疏內加之。如米、麵百碩、五十碩，在庫倉中，此屬常住常住。若作飯及餅等，即入十方常住收。鹽、醬、醋等在庫內，是此科收。隨日料（【案】『料』疑『科』。）云：在供床者，即十方常住攝。此依疏文分之，誠非臆說也。謂十方常住，從常住常住中離云（原注：『云』疑『出』。）故。或有不許，在樹菓子及米、麵、鹽、醋等，是常住常住收，總判作十方常住攝。便妄解云：『菓子、米、麵等，堪喫之物，必至須分，以此物體通於十方，但是十方常住也。』今難云：『且如田稻未收割時，律云是常住常住，此之米稻亦應作食供僧。既體通十方，（六二六頁下）即與樹果子、倉中米、麵，有何差異？又，今師輕重儀中，亦有此意。彼云：若將生米等為十方常住者，鐘聲纔動，可將盆鉢來請米麵，可以分之。』（六二七頁上）

〔五一〕**總望眾僧，如論斷重**　簡正卷一〇：「謂生常自盜，則望十方僧，為一主得重。若餘人盜，望護主結，如上見論斷重文也。又，引祇文為證，前通望一切僧，為一至（原注：『至』疑『主』。）義假使集盡，亦不得分也。」（六二七頁上）鈔批卷一四：「案善見論云：佛告諸比丘，有五種重物：一、田，二、園地，三、鐵物，四、木物，五、土物，此五種物不應與，五人僧亦不得與，眾多人亦不得與，一人亦不得與。鈔據此義，故通望僧為一主也。南山云：古來斷者，皆望十方僧，無滿五理故輕，有護主者故重。今意不然。若有護主，望護結重，如無護主，滿五亦重。即善見、僧祇云：時有知事，以僧物佛法兩用，佛言波羅夷。此豈望四方僧而通方便也。若疑四方常住，交離（【案】『離』疑『雜』。）重輕者，又文云：假使能盡集十方僧，共分物亦不得，故知通望一切僧物為一主，畢竟無分此物也。如何約數？可更分之。言可分者，謂四方常住物也。約於見論而說，故曰如論斷重也。」（六五二頁下）【案】善見卷一二，七五五頁中。

〔五二〕**僧物者，縱一切比丘集，亦不得分**　資持卷中一下：「恐謂當界不可分，遍十方集則可分故。」（二七四頁下）【案】僧祇卷二七，四四三頁下。

〔五三〕**十方常住**　鈔批卷一四：「亦名四方常住。謂義通域外，（即曰四方。）事局方中，（即曰常住。）故云然也。若盜此物，望護主結重已，護主自盜，望十方僧無滿五理，故唯結蘭。同共盜損，應得輕罪者，謂約護主，同盜，望十方僧不滿五，故得蘭也。」（六五二頁下）簡正卷一〇：「體通法界僧用，故與十方之名。亦局害（原注：『害』疑『當』。）界之中，復言常住。既許分食，故單言之。」（六二七頁上）

〔五四〕**如僧家供僧常食** 簡正卷一〇：「戒疏云：如餅飯等現熟之食也。」（六二七頁上）資持卷中一下：「初，簡體。疏云：如飯餅等現熟之物，本擬十方，作相同食是也。有疑醫豉為熟物，判在十方者，今以意分，不問生熟，但使未入當日供僧限者，並歸前攝。如貯畜鹽醬，是常住常住取入日用，即十方常住」（二七七頁下）

〔五五〕**唯局本處** 簡正卷一〇：「解上『常住』二字也。望主結重，謂據別人盜此熟食，望守護人，滿五結重，同共盜罪。」（六二七頁上）

〔五六〕**同共盜損，應得輕罪** 資持卷中一下：「同共者，主客同心，無掌執故，得輕者即偷蘭罪。疏云：以僧分業無滿五故。問：『常住常住亦無滿五，何以重耶？』答：『分、不分異，重輕致別。』」（二七七頁下）簡正卷一〇：「玄云：此順古師義也。古云：無問生熟也，一切食具，盜者得蘭。望十方僧，無滿五義故。今云謂生食等物，佛不許分，通望十方僧，皆得為主，故結重也。若熟食，鳴鐘分食，即無盜罪。若一眾僧，不鳴鐘食，名同共盜損。既許分食，不望一人，皆有食分，約盜無滿五義，望僧結輕，以僧分業無滿五故。」（六二七頁上）

〔五七〕**若將僧家長食還房，得偷蘭** 鈔批卷一四：「立謂：以體是十方常住僧食，今食若長，即是分外，合返還僧。若將還房，（六五二頁下）如何非盜？計人不滿五，故且結蘭。若取僧物如己物，行用與人得蘭者，即如今綱維眾生，將於僧食，餉設私客者是也。以是護主，故但結蘭。若餘人用，理合重也。又復，雖是護主，約是十方常住物也。若是常住常住物者，護主自盜，即犯夷也。」（六五三頁上）簡正卷一〇：「玄云：僧（六二七頁上）食若長，江（原注：『江』疑『即二』。）是分外，合返還僧。今既不還，如何非盜？謂食若食、若長，還屬十方，證前同盜損，應得輕罪，謂望僧不滿五故。已上正義也。或依准淮南記云：是常住引（【案】『引』疑『此』。）長之食，合得明曰食，知事人自盜犯蘭。鉢中是己分食，將返不犯。此不正解也。」（六二七頁下）【案】僧祇卷三〇，四六八頁中。

〔五八〕**善見云** 簡正卷一〇：「善見等者，此約知事人，取僧物行用，如自己之物與人也。」（六二七頁下）

〔五九〕**準共盜僧食** 簡正卷一〇：「謂得蘭引前半句。准論意證，同共盜損，應得輕也。」（六二七頁下）資持卷中一下：「共盜者，文中但云取同己用，故後段犯重。」（二七七頁下）

〔六〇〕**第五大賊** 資持卷中一下：「善見五賊，並謂竊法求利。故彼云：非梵行自稱是梵行，受諸施者，名第一大賊；而惡比丘偷善比丘法，求名利養，名第二大賊；謗諸賢聖，偷竊聖法，名第三大賊；以僧重物，餉致白衣，妄取其意，是第四大賊。第五如鈔引。」（二七七頁下）【案】善見卷一一和卷一二，以及十誦卷五〇都有關於五種大賊之說。

〔六一〕**準似有主** 鈔批卷一四：「立謂：如上第五賊，取十方常住物，但合得蘭。」（六五三頁下）簡正卷一〇：「謂盜熟食，互合結蘭。論文既云：隨直多少結，多是滿五義得重，少即犯輕。此言應證有守護主，望主結也。」（六二七頁下）資持卷中一下：「有主者，文標盜心故。」（二七七頁下）

〔六二〕**空寺中，客僧見食盜啖者，隨直多少，結罪** 資持卷中一下：「空寺中，顯是無主，亦由不作相犯。準必作相，理得啖之。」（二七七頁下）鈔批卷一四：「應是有護主故，望護主結重也。賓云：此現熟之食，古來共許，望十方僧，皆各有分。今若盜者，必不滿五，得多蘭罪。今詳不然。分食雖然唯得一分，望為食主，實得遍為，展轉相望，無非是主。其猶一家，同居有物，父攝一家，一切諸財物，兒子兄弟等，各皆遍攝。盜此物時，如侵一主，但計滿五，即得夷愆。猶如一家，共營一食，分時雖復人得一分，未之分際，為主理同，即盜此食，（六五三頁下）滿五即犯。僧食同爾。若許十方僧，皆有分。必不滿五者，此言何據？若不別分，為眾多分者，即不應說不滿之言。若許別分，云不滿者，且如有人唯盜一食，其所屬僧，既如塵篳，分塵篳人無一毫，此中如何論其不滿，猶如唯識論中，於麤色相，漸次除折。至不可折，名曰極微。若更折之，便似空現。今此爾，更無所直。世尊但言：下至草葉，是有所直，而不許盜。若更分之，便無所直，如何結蘭？問：『若未分前，各遍為主，應盜一五，望多主故，亦得多夷？』答：『由物同攝，義同一主，他有自有，無差別故，但唯一罪。』問：『若遍為主，應得獨用？』答：『但使依時，如法受用，實無所遮。所以然者？十方凡聖，於同梵行，同許受用，故得無罪。由此善通，諸犯戒者，名盜僧食。十方凡聖，不與用故。非時打鐘，及全不打，並名盜食，計直成愆。（明相前打鐘，縱待天明，義同不打，非今日故。亦可但使打鐘，表無私曲，待明而食，亦是無有愆過等。）由此見論十七云：若比丘無戒，依僧次受施飲食，是名盜用。母論第二云：比丘受人施，不如法用，為施所墮，乃至若無三途受報，此身則腹壞食出。所著衣服，當即離身等也。』」（六五四頁上）【案】鈔批釋文「世尊但言」句引四分卷三五，八一五頁中。

〔六三〕**準此，如上偷蘭**　資持卷中一下：「以不打鐘。或結主掌，或通主客。」（二七七頁下）簡正卷一○：「謂准上文，將謂僧如己（六二七頁下）物引用，得蘭。既云盜取，隨直多少，准上見論合犯重，為見空等。無人守護，所以注言蘭也。」（六二八頁上）

〔六四〕**現前現前**　簡正卷一○：「謂一物是現前，謂奉施等。二人現前，謂現前僧奉施等物，即屬此僧，故重言也。」（六二八頁上）資持卷中一下：「不出物相。疏云：如今諸俗以供養僧，無問衣藥房具，並同現前僧也。文通二主。」（二七七頁下）鈔批卷一四：「宣亦云：當分現前僧物也，謂如供身眾具，限分衣食，猶事局別人，非通僧結。今言現前現前者，對下門十方現名得也。下門則義通內外，即曰十方。立法遮分，故曰現前。今此義局現在，故曰現前，更須分給，復曰現前，故曰『現前現前』也。有人云：一曰物現前，二曰僧現前，故曰現前現前也。下文十方現前者，十方屬人，現前則屬物也。立云：物體其相如何？如今訃齋，轉經得物，未分望本主結，以物猶屬本主，別人非望眾僧而結罪也。亦如有人施安居物未分，若盜亦望本施主結其重。」（六五四頁下）

〔六五〕**必盜此物，望本主結重**　資持卷中一下：「本主者，即本施主。」（二七七頁下）簡正卷一○：「此約施主雖捨，未付與僧。盜者，猶望本主結重也。」（六二八頁上）

〔六六〕**若多人共物，一人守護者，亦望護主結重**　鈔批卷一四：「立謂：此亦不定或蘭。若護主懃謹而盜者，則望眾多人而結，或容不滿五，即蘭也。若護主慢藏，後須慎備，使損護主，即得重夷，由計易滿五故。」（六五四頁下）簡正卷一○：「此約付捨了盜，亦望本受施僧結。若未分付，且付一人掌錄。盜者，亦望此守護人結也。」（六二八頁上）

〔六七〕**十方現前**　資持卷中一下：「初示物體，文出一相，或是檀越時非時施，並同此攝。」（二七七頁下）鈔批卷一四：「謂情通內外，立法遮分，故名十方現前物。以情通內外，即曰十方。以立法遮分，攝入現在，復曰現前，故曰也。」（六五四頁下）簡正卷一○：「戒疏曰：此物通有僧皆得，故曰十方作法界用。約隨現集者，皆有其分，故曰現前現前。」（六二八頁上）

〔六八〕**亡五眾輕物**　簡正卷一○：「戒疏云：如僧得施，及五眾亡物之物，體屬十方也。」（六二八頁上）

〔六九〕**盜亡比丘物，若未羯磨，從十方僧得罪輕**　資持卷中一下：「『善生』下，斷犯

三段。初中，未羯磨者，準下分衣，具列二法，約後付分，以定限齊。」（二七七頁下）鈔批卷一四：「此明治輕而業重也。謂今雖結蘭，以業道則重，（六五四頁下）謂十方僧不可集，無懺悔處也。」（六五五頁上）簡正卷一〇：「此約未作法前說也。」（六二八頁上）

〔七〇〕**謂計人不滿五，但犯偷蘭**　簡正卷一〇：「抄依佛語，諸謂未羯磨物屬十方，盜望滿十方，盜望十方，無滿五義，即結蘭罪。」（六二八頁上）資持卷中一下：「同上十方常住也。（二七七頁下）（古云結無邊蘭，準戒疏、尼鈔，止云犯蘭。若犯無邊，為結多少，太成浮漫，此無所出講者猶傳。）」（二七八頁上）

〔七一〕**若已羯磨，望現前僧得罪重**　鈔批卷一四：「此則治重而業輕，以人數可限，來業可懺。」（六五五頁上）資持卷中一下：「有人云：總望現僧，盜五成重，同前常住常住之倒。又云：現前百僧須盜五百，方成滿五，減則得輕。問：『秉羯磨已，即付五德，此同主掌，何不望結？』答：『此據出物正作法時，爾前必有知事看守，應從守護結重，後付五德，今為僧分，現物屬僧，即非掌護。』」（二七八頁上）【案】「已」，底本為「既」，據大正藏本、敦煌甲本、敦煌乙本、敦煌丙本、敦煌丁本、鈔批釋文、弘一校注改。

〔七二〕**若臨終時，隨亡人囑授物，盜者，隨約所與人邊結罪**　資持卷中一下：「『若』下，三、明囑授。既屬別人，不望僧結，準亡物中，囑授不決，還同僧物。如上所判。」（二七八頁上）鈔批卷一四：「立謂：如亡人物，許與前人已定，而未及將去。後若盜此物者，望所與人結重，非關現前僧事。若知事人，抑而不與，奪入現前分者，計直得重。」（六五五頁上）簡正卷一〇：「所與人邊結罪者，此約云人囑此物與某甲，即亡人為能與，彼為所與。盜者，望彼結也。」（六二八頁上）【案】次「隨」，底本無，據大正藏本、敦煌甲本、敦煌乙本、敦煌丙本及弘一校注加。善生卷六，一〇六八頁下。

〔七三〕**四分云**　簡正卷一〇：「四分房舍犍度云：時世尊與五百弟子，人間遊行，至羇連國，有僧伽藍。時比丘在彼上住：一、阿濕卑，二、迦留陀（六二八頁上）夷，三、馬宿，四、滿宿。彼聞說佛與身子、目連來此，遂生心云：佛是龍中龍，諸弟子又是賢德名聞，若到此間久住，我等必失名利，遂選一口上房留與佛。餘者，分作四分。遂將僧伽藍等為一，與第一比丘；瓶、盆等物為二分，與弟子二比丘；木床等為三分，與第三比丘；草、華等為四分，與第四比丘。貴圖客比丘來，無物受用，不得久住故。後時，佛與諸比丘到此國伽藍已。佛

告身子、目連：『汝可語舊住人，敷設臥具。』彼答云：『佛是法王，我先留上房供養，已外分為四分也。』身子具此白佛。佛言：『此是四方僧物。若僧、若眾多人、若一人，不應分賣，不得入己，犯偷蘭遮。』（引此律文，立為宗竟。）」（六二八頁下）扶桑記：「瓶，律作瓨。音釋曰：瓨，湖江切，長頸罌也。」（一七六頁下）【案】本節分兩層次。一、初，「四分」下；二、「然盜」下。各又分三。四分卷五〇，九四三頁中～下。

〔七四〕便即奪取　資持卷中一下：「彼執律文，言盜僧物不犯重罪，或有盜者，便即奪取。意謂律中不許奪賊物者，由成重故。既不成重，奪則無過。」（二七八頁上）鈔批卷一四：「立謂：此古師云，六群既分僧物，身子等往奪，故知前分者，定不成盜；必若成盜，身子、目連等，義不更奪。以此例知，今有盜僧物者，則不成盜，奪取無罪。今明不然。身子奪者，由知機故，具委六群，非永入己之意，但是權計故分。若永分者，奪則成重，以賊奪賊故也。礪亦同古師此義。故疏云：若盜僧物，一切得奪。據十方凡聖僧，遍是物主。無人的作捨心，既主心未捨，故得奪取也。」（六五五頁上）

〔七五〕此未見諸部明文　資持卷中一下：「『此』下，斥其寡薄。諸部明文，即見下科。」（二七八頁上）簡正卷一〇：「今師破古解也。謂古人未明諸律教有明文。若奪盜者之物，亦犯盜罪，以賊奪財物故也。『若爾，何故引前四分律文，六群分作四分入己，身子奪耶？』可引鈔答云：『四分暫礙僧用等。』（六二八頁下）謂前文約標心暫分，所貴客不久住，無分入己意，是暫礙僧用，故犯蘭輕。若有心作分入己攝，即成盜重，亦不許奪也。如善見文中，主掌盜物，望僧通為一主犯重，故云同善見斷重。」（六二八頁上）

〔七六〕暫礙僧用，故結輕　資持卷中一下：「初，通前本律結蘭之意。」（二七八頁上）鈔批卷一四：「當時權設斯計分物，且屬四人，令彼住無安所，內財既不有損，外迹彌復澄消。以此遮僧，可為明略。（六五五頁上）然本非長永，故罪事不成。律據本情，依情權結。然目連、身子深鑒斯緣，故即奪之，仍舊服用。」（六五五頁下）簡正卷一〇：「謂前文約標心暫分，所貴客不久住，無分入己意，是暫礙僧用，故犯蘭輕。」（六二九頁上）

〔七七〕若永入已，同善見斷重　資持卷中一下：「『若』下，次準他文，決通妄執。」（二七八頁上）簡正卷一〇：「若有心作分入己攝，即成盜重，亦不許奪也。如善見文中，主掌盜物，望僧通為一主犯重，故云同善見斷重。」（六二九頁上）

〔七八〕**盜僧物者，罪同五逆**　資持卷中一下：「大集化教，例同逆業，重可知矣。」
（二七八頁上）簡正卷一○：「玄云：謂破僧逆也。今十方眾僧，依食而住，
假食為緣，而得修道。今既盜損，僧無所依，修道斷絕，故同逆罪。」（六二
九頁上）

〔七九〕**隨損一毫，則望十方凡聖，一一結罪**　資持卷中一下：「『隨』下，示重相。十
方凡聖，總收五眾三乘因果也。一一結者，非謂多罪，但此一夷總望多境，故
云一一耳。」（二七八頁上）

〔八○〕**我在僧數**　簡正卷一○：「謂顯上文望十方聖凡，一一結罪也。」（六二九頁
上）資持卷中一下：「『故』下，引文示。四分瓶沙施佛園，末利夫人施佛衣。
佛答同此。僧有二種：一、羯磨僧，二、應供僧。佛不入僧秉法，而同僧受施，
故云我在數也。」（二七八頁上）

〔八一〕**五逆四重，我亦能救，盜僧物者，我所不救**　鈔科卷中一：「『又』下，業重。」
（五三頁下）資持卷中一下：「初，引經文，特舉逆重，以彰極惡。我不救者，
以佛威神不可加故，非捨棄也。」（二七八頁上）

〔八二〕**餘如日藏分、僧護傳等經廣陳**　鈔批卷一四：「案大集經日藏分中，佛說大集
經時，有無數諸龍，來至佛所，舉聲大哭。白佛言：『我今身中，受大苦惱，
日夜常為種種諸蟲之所唼食。居熱水中，無暫時樂。』佛言：『汝等過去，於
佛法中，曾為比丘，毀破禁戒。於無量劫，墮地獄中，復受龍身。』既聞佛語，
誠心悔過。佛為說法時，眾中有二十六億餓龍念過去身，皆悉雨淚。以佛力
故，皆識宿命。咸言：『世尊，我憶過去於佛法中，雖得出家，備造惡業。』
或有說言：『憶往昔或為俗人，與僧有親屬因緣。或復聽法，來去因緣，有餘
信心，捨施飯食。我時與僧，依次共噉。』或有說言：『我曾食噉四方僧眾花
果飲食。』或復說言：『我往寺舍，布施眾僧。或因禮拜，遂噉僧食。』或復
說言：『我毗婆尸佛法中，曾作俗人。』或言：『我尸棄佛法中俗人，乃至迦葉
佛時俗人，如是七佛法中各有俗人，或因親舊問訊因緣，或復來去，聽法因
緣，往還寺舍。有信心人，供養僧故，捨施飯食。比丘得已，迴施於我，我得
便食。（六五五頁下）此業緣故，於地獄中經無量劫火中燒煮、飲洋銅汁，或
吞鐵丸。從地獄出，墮畜生中，捨畜生身。生餓鬼中，備受幸苦。惡業未盡，
生此龍中，熱水爛身，熱風吹體，熱土沙熱，熱糞熱灰。受如是苦，不可堪
忍。願佛救濟。』佛告諸龍：『此之惡業，比五逆業，其罪如半。然此罪業，
受報未盡。汝今當共盡受三歸，一心修善。以此因緣，於賢劫中，值最後佛，

名曰樓至。於彼佛世，罪得除滅。佛對日藏菩薩說故，云日藏分。月藏亦是菩薩名也。」（六五六頁上）【案】僧護傳即佛說因緣僧護經，失譯人名，今附東晉錄。內容說僧護比丘隨商人入海採寶，見五十二地獄、五十僧尼獄，有沙彌、俗人為人寺作非法，入此獄事。大集卷三四，二三七頁下。僧護傳，五六八頁中。

〔八三〕**負佛法僧物，縱償還，入阿鼻，而得早出**　鈔科卷中一：「『五』下，報重。」（五三頁下）鈔批卷一四：「案五百問曰：『久負佛物，云何而償？』答：『直償本以佛不出入故，不加償也。雖爾如此，故入地獄。昔佛涅槃後，有一比丘，精進總明。有一婆羅門見比丘精進，將女施比丘，作尼修道。女既端正，比丘後時失意作不淨行，共為生活。用佛法僧物，各一千萬錢，用供衣食。此比丘能說法化人，使得四道果。忽自思惟，其罪深重，便欲償之。詣法沙國乞，大得財物，還欲償之。道路山中，為七步虵所螫（曰『釋』）。比丘知七步當死，猶六步裏，便向弟子分處償物，遣還本國。（六五六頁上）言：『汝償物已還，我住此待汝。』弟子償物訖，還來報之，即行七步死，便墮阿鼻地獄。……問：『等就盜中，僧物何義，得罪頓重？』解云：『據佛本意，開立常住僧物者為十方僧經遊來往。既無隔礙，得安樂修道，但使剃染，隨所至處，及施及分，皆得其分。故今作容聽學修道。離家十年，所至之處，皆有飲食、臥具、房舍，受用長道，則解脫可期。且如俗人，遊方學問，自將糧食一人背負，三千兩貫，未盈一月之間，食之都盡，即須卻還。緣茲身累，所欲學問，何有成日？比丘不爾。隨處得於衣食，安樂修道。引（【案】『引』疑『此』。）是如來大慈門中安立。此皆是佛果報故，流蔭末代。遺法弟子謂如來本合壽命百二十，所以八十入涅槃者，為留後分，利養果報，供諸弟子，故前捨壽。今言念報佛恩者，意在此也。然常住之食，既是十方僧眾和合修道資緣，今若盜損，失和合之益，類同破僧，故得罪亦重，或夷或蘭也。（六五六頁下）所以經云：五逆之罪，我悉能救，盜僧物者，我所不救等，即其義也。』」（六五七頁上）【案】五百問，九七二頁下。

〔八四〕事　【案】底本作「佛」，據大正藏本、貞享本、敦煌甲本、敦煌乙本、敦煌丙本及弘一校注改。

　　二、明互用

　　又分四〔一〕：一、三寶互〔二〕，二、當分互〔三〕，三、像共寶互〔四〕，四、一一物互〔五〕。

就初中。

如僧祇：寺主摩摩帝〔六〕，互用佛法僧物，謂言「不犯」，佛言「波羅夷」。謂知事人取僧糧食、器具及以牛馬，為佛像家營事使役，並得正重。將佛、法物僧用，亦爾。廣文如彼律。

寶梁等經云〔七〕：佛、法二物，不得互用，由無有人為佛、法物作主故，復無可咨白，不同僧物〔八〕。所以常住、招提互有所須，營事比丘和僧索欲行籌，和合者，得用〔九〕。若欲用僧物修治佛塔，依法取僧，和合得用，不和合者，勸俗修補。若佛塔有物〔一○〕，乃至一錢，以施主重心故捨，諸天及人，於此物中，應生佛想、塔想，乃至風吹雨爛，不得貿寶供養。以如來塔物，無人作價故。

若準此義，佛堂之內而設僧席，僧房之內安置經像，妨僧受用，並是互用〔一一〕。由三寶位別，各攝分齊故。若無妨暫安，理得無損。文云：不得安佛下房，已在上房〔一二〕也。

問：「『招提常住』等，是何物耶〔一三〕？」答：「中含：阿難受別房，用施招提僧〔一四〕；菴婆女以園施佛為首，及招提僧〔一五〕。文中不了〔一六〕。準此，房宇等是招提僧物，華果等是僧鬘物〔一七〕。」

五百問：本非佛堂，設像在中，比丘共宿臥，作障隔者，不犯〔一八〕。由佛在世，亦與弟子同房宿故〔一九〕。

十誦：佛聽僧坊畜使人〔二○〕，佛圖使人，乃至象馬牛羊亦爾。各有所屬，不得互使。

薩婆多：四方僧地，不和合，不得作佛塔，為佛種華果〔二一〕。若僧中分行得已，聽隨意供養〔二二〕；華多無限者，隨用供養〔二三〕。若經荒餓，三寶園田，無有分別，無可問白，若僧和合，隨意處分〔二四〕。若屬塔水，用塔功力得者，僧用得重〔二五〕；若功力由僧，當籌量多少〔二六〕。莫令過限，過則結重。十誦：僧園中樹華，聽取供養佛塔〔二七〕。若有果者，使人取啖。大木，供僧椽梁用；樹皮、葉等，隨比丘用〔二八〕。亦得借僧釜、鑊、瓶、盆等雜用〔二九〕。昆尼母云：已處分房地，種樹得木，後用治房，不須白僧〔三○〕。僧樹治塔，和僧者，得〔三一〕。僧祇：院內樹薪，應準多少，供溫室〔三二〕、食廚、浴室、別房，不得過取〔三三〕。若無定限，隨意多少，應取乾枯〔三四〕者。若僧須木用〔三五〕，或有樹在妨地，而施主不許者，使淨人以魚骨刺灰汁澆〔三六〕，令死，然後語施主

知，後乃斫用。若僧田宅，連接惡人，得語檀越轉易〔三七〕。**四分**：**瓶沙王**以園施佛，佛令與僧等〔三八〕。故知三寶不得互用，便勸施僧，僧猶得供佛、法也。若本通三寶施者，隨偏用盡，不得破此物以為三分，則乖本施心故。**善見**云：伏藏中物，若為三寶齋講設會，得取無罪〔三九〕。

上律中，乃至別人得用僧薪艸〔四〇〕者，此要須具戒清淨，應僧法者，如律所斷，財法皆同〔四一〕。若行少缺，乖僧用者，得罪無量〔四二〕。廣如前經中〔四三〕。又如傳云〔四四〕：由取僧樹葉，染作雜用，罪藉藏在石函，身皆入地獄受苦。斯由戒非全具，心無慚愧故耳。有心行者，自隱而參取〔四五〕焉。

二、當分互用〔四六〕

謂本造釋迦，改作彌陀〔四七〕；本作大品，改作涅槃〔四八〕；本作僧房，改充車乘〔四九〕。皆望前境，理義可通〔五〇〕，但違施心，得互用罪〔五一〕。**律**云：許此處乃與彼處，及現前堂直，迴作五衣，並得罪也〔五二〕。

若本作佛，迴作菩薩，本經未論等〔五三〕，則情理俱違〔五四〕。本造正錄，雜錄真經，乃造人集偽經者，因果全乖，決判得重〔五五〕。福無福別〔五六〕，邪正雜故〔五七〕。若東西二龕，佛、法財物，有主不合，無主通用〔五八〕。若元通師徒及眾具供養〔五九〕者，理通得作，而不通牛、馬、雜畜、非義之人〔六〇〕。**五百問**云：用佛彩色作鳥獸形，得罪，除在佛前為供養故〔六一〕。

善見：若施主本擬施園果，為衣服、湯藥等，盜心迴分食者，隨計結重〔六二〕。若擬作僧房舍重物，而迴作僧食，犯偷蘭〔六三〕。若住處乏少糧食，各欲散去〔六四〕，無人守護者，和僧減用上園果等重物作食〔六五〕，主領守之；乃至四方僧房亦得〔六六〕。若房破壞，賣麤者以相治補〔六七〕。若賊亂世，聽持隨身〔六八〕；賊去靜時，還復本處。欲供養此像，迴與彼像，吉羅〔六九〕。第八、第九、第十卷中，論盜戒大微密。

十誦、**勒伽**云〔七〇〕：持此四方僧物，盜心度與餘寺，吉羅。以還與僧，不犯重也。**僧祇**〔七一〕：若在近寺破，無臥具供養者，通結一界，彼此共用。

五百問中：白衣投比丘，未度者，白僧，與食〔七二〕。若為僧乞，白僧，聽將僧食在道〔七三〕；若僧不許，或不白行，還須償；不者，犯重。

若供僧齋米，僧去，齋主用供後僧〔七四〕，打犍稚得食；若不打者，一飽犯重〔七五〕。準上：不得輒將僧食出界而食〔七六〕。本無還心者，犯重。雖復打鐘，猶不免盜，以物體攝處定故〔七七〕。律中〔七八〕，共利養，別說戒者，須作羯磨和僧，方得。「若直得者，何須同界同法也？」「若為僧差遠使〔七九〕，路非乞食之所，和僧將食在道，亦不必作相〔八〇〕。準善見守寺之文〔八一〕。」若寺莊磑〔八二〕，不必和僧，彼此通用。住處各鳴犍稚通食〔八三〕。若行至外寺〔八四〕：私有人畜，用僧物者，犯重，以施主擬供當處住僧，不供別類，非是福由故。僧家人畜，犯吉羅〔八五〕。

三、像共寶互〔八六〕

謂「住持三寶」與「理寶」互〔八七〕也。

薩婆多，問：「佛在世時，諸供養三寶物中，常受一人分，何以滅後，偏取一大分〔八八〕？」答：「佛在時，色身受用，故取一人分；滅後，供養法身，功德勝僧，故取一寶分。又，佛在時，言施佛者，則色身受用〔八九〕；言施佛寶者，置爪髮塔中，供養法身，法身常在世間〔九〇〕故。若施法者，分作二分〔九一〕：一分與經法，一分與誦經說法人〔九二〕。若施法寶，懸置塔中。若施僧寶，亦著塔中，供養第一義諦僧〔九三〕。若施眾僧者，凡聖俱取分〔九四〕，以言無當〔九五〕故。」

準此，受施之時，善知通塞，勿令互用，致有乖失〔九六〕。

四、隨相物中自互〔九七〕

先約佛物，有四種〔九八〕：

一佛受用物。不得互轉〔九九〕，謂堂宇、衣服、床帳等物，曾經佛用者，著塔中供養，不得互易。如前寶梁經說〔一〇〇〕。五百問事云：不得賣佛身上繒，與佛作衣〔一〇一〕；又，佛堂柱壞〔一〇二〕，施主換訖，故柱施僧，僧不得用。律中，佛言〔一〇三〕：若佛園坐具者，一切天人供養，不得輒用，皆是塔故〔一〇四〕。廣敬如僧像致敬法中〔一〇五〕。

二施屬佛物〔一〇六〕。五百問云：佛物，得買取供養具供養〔一〇七〕。十誦：以佛塔物出息，佛言「聽之」。五百問云：佛物不得移至他寺，犯棄〔一〇八〕；若眾僧盡去，白僧，僧聽，將去無罪。比丘客作佛像、書經，得物不得取〔一〇九〕。若得佛家牛畜，亦不得使。使佛牛、奴，得大罪〔一一〇〕。

三供養佛物〔一一一〕。僧祇：供養佛華多，聽轉賣，買香、燈；猶故多

者，轉賣著佛無盡財中。五百問云：佛旛多，欲作餘佛事者，得〔一一二〕；施主不許，不得。準此，迴改作故，不轉變本質〔一一三〕。如大論云：如畫作佛像，一以不好，故壞得福；一以惡心壞，便得罪也〔一一四〕。

　　四者獻佛物〔一一五〕。律云：供養佛塔食，治塔人得食〔一一六〕。善見云：佛前獻飯，侍佛比丘食之；若無比丘，白衣侍佛，亦得食。準此，俗家佛盤，本不屬佛，不勞設贖；言贖，偽經〔一一七〕。

　　次，明法物。亦有四別〔一一八〕：一法所受用〔一一九〕。如箱函、匱簏、巾帊之屬，本是經物，曾經置設，不可迴改。餘三得不，準上可知〔一二〇〕。

　　三、明僧物〔一二一〕。若二種常住，局處已定〔一二二〕，不可轉移，如上所明〔一二三〕。若通濟他寺，羯磨和得。初之常住，止得受用〔一二四〕。十方常住，鳴稚同時，即預食分。若惡戒及時、有德非時，非法而用〔一二五〕，並結偷蘭。二種互用，通和得不，準上可知〔一二六〕。常住人畜，必無賣買，準經罪重〔一二七〕。諸律無文。故僧祇中：施僧婢，並不合受〔一二八〕。可以意知。若論二種現前，罪互如上〔一二九〕。就輕重二物，斷割非文〔一三〇〕，違者雙結二罪〔一三一〕。

【校釋】

〔一〕分四　資持卷中一下：「互用四門，從寬至狹。」（二八七頁下）

〔二〕三寶互　鈔批卷一五：「立謂：佛法僧物，互用得夷也。」（六五七頁下）

〔三〕當分互　鈔批卷一五：「立云：得吉也。」（六五七頁下）資持卷中一下：「各就一寶，論彼此故。」（二八七頁下）

〔四〕像共寶互　資持卷中一下：「像寶者，各就彼此，分事理故。」（二八七頁下）

〔五〕一一物互　資持卷中一下：「各就事中，物類別故，隨釋自見。」（二八七頁下）

〔六〕摩摩帝　鈔批卷一五：「案祇文云：若比丘作摩摩帝，塔無物，眾僧有物，便作是念：『天人所以供養眾僧者，皆蒙佛恩。供養佛者，便為供養眾僧。』即持僧物修塔得夷。若塔有物，眾僧無物，便作是念：『供養僧者，佛亦在中。』便持塔物，供養眾僧，得夷。宣云：此據佛在日，示同人趣，故同人夷。如前已辨也。言摩摩帝者，此翻經營人也。」（六五七頁下）【案】「三寶互」文分為二：初「如僧」下；次「寶梁」下。僧祇卷三，二五一頁下。

〔七〕寶梁等經　鈔科卷中一：「『寶』下，廣辨通塞（三）。初，明受用物。」（五三

頁中）簡正卷一○：「『等』取大集也。寶梁上卷云：（六二九頁下）若如來塔，
或有所須，或有敗壞，若常住物、若招提物多，營事比丘應集僧行籌取欲，作
如是言：『佛塔破壞，今有所須，此常住僧物多。若招提僧物二（原注：『二』
疑『多』。），今用修治佛塔。若僧和合者便用，若不和允，即勸俗修，往在家
人處求及錢物等。即反顯佛法二物無正主、無可諮兒，向不合也。」（六三○
頁上）【案】「寶梁等」下分三：初，「寶梁等」下；二、「十誦」下；三、「薩
婆多」下。初又分四：初，「寶梁等」下；二、「若準」下；三、「問」下；四、
「五百問」下。寶積卷一百一十三，六四三頁下。

〔八〕佛、法二物，不得互用，由無有人為佛、法物作主故，復無可咨白；不同僧物
　　　資持卷中一下：「初文三節：前明佛法不互，文列二義：一、無主，二、無可
　　　白。『不同』下，次，簡僧物開通。初句顯異，反上二義，故云不同。」（二七
　　　八頁下）

〔九〕所以常住、招提互有所須，營事比丘和僧索欲行籌，和合者，得用　　資持卷中
　　　一下：「『所以』下，明互，有二：一者，僧別互，常住招提是；二者，通佛用，
　　　僧物治塔是。以法白和，皆非互故。」（二七八頁下）鈔批卷一五：「常住是僧
　　　祇（大眾）物，招提別房物。下引阿難受別房，及菴羅女施等，名為招提。唐
　　　三藏云：『招提』者，訛也，正音『招鬪提奢』，此云『四方』。譯者云：去『鬪』
　　　去『奢』，『招』『柘』二聲，復相濫故，有斯誤也。」（六五七頁下）

〔一○〕若佛塔有物　　資持卷中一下：「『若佛』下，三、示不開之意。文敘佛物，法物
　　　準同。」（二七八頁下）鈔批卷一五：「立謂：引（【案】『引』疑『此』。）既
　　　佛受用物，以天人瞻仰，事同法身。又施主重心施故，不聽轉易。」（六五七
　　　頁下）

〔一一〕若準此義，佛堂之內而設僧席，僧房之內安置經像，妨僧受用，並是互用　　鈔
　　　科卷中一：「『若』下，準安設。」（五三頁下）鈔批卷一五：「立謂：准上所明
　　　三寶物，（六五七頁下）不得互用之義也。謂若三寶位別，不許互用者，今佛
　　　堂內，安僧席，僧房置佛像，理令不應。然若不妨僧用，暫時通許。佛堂置僧
　　　敷，不妨佛用，亦應得也。故下引戒本云：不得安佛在下房等，明知暫時安佛
　　　在房，理亦得也。以房有好惡，名為上下也。」（六五八頁上）簡正卷一○：
　　　「若准此義者，謂准上文，不得互用義也。佛堂之內而設僧席者，此即妨他佛
　　　家之事。僧房之內安經像者，此即妨於僧家之事也。豈非互用？此約久永以
　　　說。若暫時，即如鈔開許。」（六三○頁上）

〔一二〕**不得安佛下房，已在上房** 資持卷中一下：「引戒文顯知佛在僧房，可證暫安無妨。」（二七八頁下）簡正卷一〇：「若有樓閣處，樓上為上，樓下為下。若但尋常房院，但取好房為上，麤壞者為下。引此文意，證前暫取總得。反顯前來，若將僧房長時安佛，及經關鏁，不與僧住，即是互用也。」（六三〇頁上）【案】四分卷二一，七一二頁下。

〔一三〕**招提常住等，是何物耶** 資持卷中一下：「三中。前云招提，恐昧其相，故特問之。」（二七八頁下）簡正卷一〇：「此段文意，謂前文中云：常住、招提互所須，和僧得用，未審常住與招提二僧，如何分判。故興此問也。」（六三〇頁上）

〔一四〕**阿難受別房，用施招提僧** 簡正卷一〇：「謂諸居士於伽藍內起房堂，四事供給與阿難，阿難轉施作招提色（【案】『色』疑『也』。）。」（六三〇頁上）資持卷中一下：「初，引經兩節。前引阿難轉施，名相甚顯。疏云：中含施招提僧房，所謂別房施是也。謂施主置房，施十方僧別自供給，不涉眾僧常住，故有和送而非私房，故名招提常住也。」（二七八頁下）鈔批卷一五：「答云阿含，經文不了。據理，華果等是僧鬘常住之物也，房舍是招提物也。謂道俗七眾，造立房舍，用施眾僧，通於三世，於中四事供養不絕，擬十方僧經遊來往，名招提也。羯磨疏云：招提僧房者，或是七眾，為招提僧，於坊寺中，別置房宇，有來入住，別有供養故。律文，幾房有福饒是也。幾房無福饒，即僧常住房也。賓云：准五分第十『捉遺寶戒』云：毗舍佉母以所遺寶持施四方僧，白舍利弗可以作招提僧堂，佛言聽受，此即四方僧堂。又唐三藏云：招提者，此云『四方』。」（六五八頁下）

〔一五〕**菴婆女以園施佛為首，及招提僧** 資持卷中一下：「即頻婆娑羅王女以金瓶行水白佛，毘舍離城所有園苑最勝，並以奉佛應是最初園施，故云為首。」（二七八頁下）【案】長含卷二，十三頁中。

〔一六〕**文中不了** 資持卷中一下：「但云園施相不顯故。」（二七八頁下）簡正卷一〇：「鈔主意謂經文不了。據理，房舍等是招提物。故羯磨疏云：招提僧房者，或是七眾為招提僧，於坊寺中別置房宇。有來入住，別有供養。故律云：幾房有福饒。（即檀越造者，即常住房。）今抄中云：房宇是招提物，即定華菓等，是僧鬘物，是引古義，喚華菓作僧鬘常住物。」（六三〇頁下）

〔一七〕**房宇等是招提僧物，華果等是僧鬘物** 資持卷中一下：「『準此』等者，以園中必有房宇、華果等物，故作兩判。僧鬘者，今鈔且取華果結鬘之義。疏云：經

中『僧鬘物』者，（名出涅槃。）此梵本音，據唐言之『對面物』也，即是現前對面之施耳。鈔引昔解，謂華果者，隨字顯相，乖事義也。（疏文。）準此經中，園施言招提者，但是別指房宇耳。」（二七九頁上）簡正卷一〇：「若准戒疏。抄主親問大唐三藏，三藏云：梵語『僧鬘』，此云『對面施』。四種僧中，是『現前現前僧』物。故涅槃云：不犯僧鬘物，當生不動國。抄云依古呼為『常住物』，由未曉了，戒疏之中，方為決定，但為鈔已流行，不可更有勾改，今依疏為元也。三藏又云：若據梵語，應云『招鬭提奢』，此云『四方僧物』，譯家存略，除卻『鬭奢』二字，今亦合云『招提』，後人抄寫濫傳，錯書『招』字，迄今不改『招提』也。又准五分，毗舍佉母以貴寶，施四方僧。白舍利弗云：可招提僧堂。佛聽受之，准此即四方僧房，但為常住名通，一切並是，招提名局。唯約房堂，並四事供，設若互有所須，聽和僧用等。」（六三〇頁下）

〔一八〕**本非佛堂，設像在中，比丘共宿臥，作障隔者，不犯** 鈔科卷中一：「『五』下，證暫用。」（五三頁下）資持卷中一下：「此似復示暫安之義，但文不相接。彼論具問：『非佛屋佛像在中，可在前食臥不？』答：『得食。若佛在世，猶於前食，況像不得，但臥須障。今止引臥文，彼不明罪相。今云不犯者，與佛同處，本得小罪故。』」（二七九頁上）簡正卷一〇：「僧障隔不犯者，玄云：則敬儀雖同室中，（六三〇頁下）亦非互也。」（六三一頁上）【案】五百問，九七三頁中。

〔一九〕**由佛在世，亦與弟子同房宿故** 鈔批卷一五：「謂羅云作沙彌時，諸比丘緣佛制戒，不得與非具人同宿，遂趁（【案】『趁』疑『趣』。）。羅云夜宿廁中，世尊夜見喚歸，夜同房宿等。雖喚歸房宿，世尊竟曉面坐，以與比丘同制戒故。佛不敢違，四攝之中，此名同事。又迦旃延弟子億耳比丘亦與同宿。如下『九十』中與未受具人同宿戒，廣釋此義也。」（六五九頁上）簡正卷一〇：「大德云：最初羅云，二是億耳，三是目連、舍利弗也。」（六三一頁上）

〔二〇〕**佛聽僧坊畜使人** 鈔科卷中一：「『十』下，明人畜。」（五三頁中）資持卷中一下：「但明僧、佛二寶，法亦同之。」（二七九頁上）簡正卷一〇：「引十誦文，謂僧坊佛圖，既有各使人，乃至六畜，故不合互使也。」（六三一頁上）【案】「各有所屬，不得互使」後，敦煌甲本、敦煌乙本和敦煌丙本有「大集經云：寺無五僧，不得受他田宅、奴、畜等所施之物」一句二十一字。十誦卷五六，四一三頁下。

〔二一〕**四方僧地，不和合，不得作佛塔，為佛種華果**　資持卷中一下：「田園中。初科，多論文有四段。初，明僧地不和，不得佛用，和則通得。」（二七九頁上）【案】「薩婆多」下分二：初，「薩婆多」下；次，「上律中」下。

〔二二〕**若僧中分行得已，聽隨意供養**　鈔批卷一五：「謂僧物雖不得通佛法互用，今若別人依時，堂頭分行得者，即是己分。將供養佛法，任得也。」（六五九頁上）資持卷中一下：「『若僧』下，二、明僧園花果得供佛用。言分行得者，別人已分故。」（二七九頁上）簡正卷一〇：「謂僧物雖不得通佛法互用，今若別人依時，堂頭分行得者，便是已分物也，將供養佛法者任得。」（六三一頁上）

〔二三〕**華多無限者，隨用供養**　資持卷中一下：「言無限者，有餘剩故。」（二七九頁上）簡正卷一〇：「華多無限者，謂無所直，故隨意供養。又，須知不是結子之華。若結果者，損他僧利，亦不可也。」（六三一頁上）

〔二四〕**若經荒餓，三寶園田，無有分別，無可問白，若僧和合，隨意處分**　資持卷中一下：「『若經』下，三、明園田混雜，開不成互。」（二七九頁上）鈔批卷一五：「無可問白者，立謂：晚生不知失物，三寶分齊。若和僧，得將作常住之用也。」（六五九頁上）簡正卷一〇：「無可問白者，謂後來比丘，不委先日三寶分齊。若和，隨意處分，若干與佛、若干法僧等。」（六三一頁上）

〔二五〕**若屬塔水，用塔功力得者，僧用得重**　資持卷中一下：「『若屬』下，四、明用水得否。屬塔水者，或在塔地，或但屬塔用。塔功力者，即治塔人經營而得。彼言：若致功力是塔人者，應賣此水以錢屬塔，不得餘用，用則計錢。今但略云僧用得重。」（二七九頁上）簡正卷一〇：「屬塔水者，此約本來是佛塔地中，水屬佛塔，不可別用。或雖是塔地，僧曾用功修治造得，當計功勞取水。若過直五錢，犯重，此約無水時說也。」（六三一頁上）

〔二六〕**若功力由僧，當籌量多少**　鈔批卷一五：「立謂：是塔家井，造井之時，復用僧功力，計錢若干。如河東蒲州造井，當二十、三十千，用功則多也。灌索一驢馱乃昇，後時僧取此水，計滿若干錢則止。過直五錢，犯夷。」（六五九頁上）資持卷中一下：「『若由僧』下，彼云：若塔無人致水功力，一由僧人，（謂無營塔人，即顯功由僧得，故從僧用。）過限重者，亦據用有制限，約水多少，計直判罪。」（二七九頁上）【案】薩婆多卷三，五二一頁中。

〔二七〕**僧園中樹華，聽取供養佛塔**　資持卷中一下：「初，明華通供佛，如上。或已入己，或有餘剩故。」（二七九頁上）簡正卷一〇：「彼律云：從今日後，僧園中樹華，應取用供養佛塔，及羅漢等。」（六三一頁上）

〔二八〕**樹皮、葉等，隨比丘用** 　資持卷中一下：「『樹皮』下，明雜物開別。皮、葉等物，理得永用。」（二七九頁上）鈔批卷卷一五：「此約死壞，無任僧家用者，（六五九頁上）開別人得取葉染等也。或可約無住僧家用者，開別人得取葉等也。或可約多無限，故許取用。猶如山寺多樹木處，又要是淨戒，故開用之。」（六五九頁下）簡正卷一○：「此約多根木處，僧家不用，故得隨意。」（六三一頁上）

〔二九〕**得借僧釜、鑊、瓶、盆等雜用** 　資持卷中一下：「釜、鑊等物，但開暫用。」（二七九頁上）鈔批卷一五：「立謂：此要是新淨、赤染、膩，故得也。若曾經僧家用者，即有惡觸之罪，義不得借。或可雖得借僧器物用，據比丘手不自觸，使淨人用耳。」（六五九頁下）簡正卷一○：「若曾經用，便有惡觸也。」（六三一頁上）

〔三○〕**已處分房地，種樹得木，後用治房，不須白僧** 　資持卷中一下：「母論：僧樹初開私用，不須白者，先已得法，即同白故。」（二七九頁上）簡正卷一○：「玄云：地已處分，樹木隨地，故不須白也。外難云：『凡乞處分之地，纔乞法竟，（六三一頁上）便須造房，不許越季。今何有樹，堪修房舍？』一解云：『舊時有故。今難云：乞處分地，平如皷面，何容於樹，良不可也。寶云：此是種得。謂本擬造如量房，今為材木未辦，且造小。夫頭容身之屬，四邊空地，種得此樹堪為木用。或後時治房，不要治房白僧，已是己分地上木也。』」（六三一頁下）

〔三一〕**僧樹治塔，和僧者，得** 　資持卷中一下：「明治塔。即通佛用作法開故。」（二七九頁上）【案】「樹」，底本為「木」，據大正藏本、敦煌甲本、敦煌乙本和敦煌丙本及弘一校注改。

〔三二〕**溫室** 　資持卷中一下：「僧祇有三。初，明取薪通局。溫室，即今火閣也。」（二七九頁上）鈔批卷一五：「供溫室等者，此非浴室，謂寒時別作此室，於中然火取煖也。今時此方諸浴室為溫室，義亦應得。此中得取用僧物也。若准僧祇，洗浴僧時，須作相，以用僧物故。今時維那晨起唱白者，其理亦通，不唱不合，即犯盜罪。」（六五九頁下）

〔三三〕**不得過取** 　簡正卷一○：「祇云：有客比丘斫乾草木，房前積燃，乞食比丘還見呵責，白佛。佛言：『然薪法則，爾許供溫室，爾許供廚下，爾許浴堂，爾許別房，當分應從限。』不得過（平呼）取。若多，隨意取，不得斫活樹等。」（六三一頁下）鈔批卷一五：「立謂：今時僧坊樹枝、葉等，別房既是淨戒，

理應得用，仍不得無，趣（原注：『趣』疑『輒』。）過限取也。此出僧祇明文。」（六五九頁下）

〔三四〕**應取乾枯**　資持卷中一下：「護壞生故。」（二七九頁上）簡正卷一〇：「應取乾者，謂寒雪國，多有溫室也。」（六三一頁下）

〔三五〕**若僧須木用**　資持卷中一下：「『若僧』下，次示取樹方便。或僧須用，（二七九頁上）或在妨處，有此二緣，故開取用。」（二七九頁中）鈔批卷一五：「立明：西國諸寺，多是俗人所造，與僧受用，而寺猶屬施主，故此諮白，問其施主。今時此方不准此也。」（六五九頁下）

〔三六〕**使淨人以魚骨刺灰汁澆**　資持卷中一下：「魚骨灰汁，生樹所忌。然使淨人，須作知淨。」（二七九頁中）鈔批卷一五：「要先去少皮，然後澆之，用桂屑塞其孔，大易死，調去塵灰汁最好。」（六五九頁下）簡正卷一〇：「施主不許者，謂西天俗人多於寺中造院，雖與僧受用，猶屬施主，所以作此方便也。灰汁者，謂取調莧灰汁，先傷皮破，洗之即死。」（六三一頁下）【案】僧祇卷三三，四九五頁下。

〔三七〕**若僧田宅，連接惡人，得語檀越轉易**　資持卷中一下：「『若僧田』下，三、開轉易。」（二七九頁中）簡正卷一〇：「謂僧田等，假使一切僧集不許賣，此是木末（原注：『末』一作『未』。）施主捨之。仍須卻語本主，合他為轉易也。」（六三一頁下）【案】僧祇卷二七，四四三頁下。

〔三八〕**瓶沙王以園施佛，佛令與僧**　鈔批卷一五：「立明：若園屬佛則，不通法及僧受用。若施與僧，僧得白和，通於佛法也。」（六五九頁下）【案】四分卷三三，七九八頁中。

〔三九〕**伏藏中物，若為三寶齋講設會，得取無罪**　資持卷中一下：「善見：伏藏應在三寶地中，還歸三寶用，故無罪。反明自入取離，成盜。若非三寶地，如人物中，無我所心，無守護望主，成犯。」（二七九頁中）鈔批卷一五：「立謂：要是上有鐵劄，云若作齋、若講等，任取者，方得用。若不爾者，即屬主。若無主，屬王，故不得取。然今引此伏藏文意者，謂藏中雖是三寶物，後隨偏所用，不必要分為三分，證上不得破為三分文也。」（六六〇頁上）簡正卷一〇：「彼第九云：得伏藏物作得想，云為三寶齊（【案】『齊』疑『齋』。）、講等用，無罪。此但取於標心，通為隨作，無互用罪。不論伏藏，別有所屬、望主結犯等義。」（六三一頁下）【案】善見卷九，七三三頁上。

〔四〇〕**上律中，乃至別人得用僧薪艸**　鈔科卷中一：「『上』下，準文誡誥。」（五三

頁中）資持卷中一下：「初牒前文，即<u>十誦</u>隨比丘用，<u>僧祇</u>供別房也。」（二七
九頁中）

〔四一〕**此要須具戒清淨，應僧法者，如律所斷，財法皆同** 資持卷中一下：「『此』
下，明可否。初，簡合用。言具戒者，成就自行也。應僧法者，堪入眾法也。」
（二七九頁中）<u>簡正</u>卷一〇：「同一利養是財同，亦說戒（六三一頁下）是法
同。」（六三二頁上）<u>鈔批</u>卷一五：「據不犯重，同一利養，即是財同。同一說
戒，即是法同。若犯重者，財、法不共可知，得罪無量。」（六六〇頁上）

〔四二〕**若行少缺，乖僧用者，得罪無量** 資持卷中一下：「『若』下，次明不合，反上
二行。」（二七九頁中）

〔四三〕**廣如前經中** <u>簡正</u>卷一〇：「如前<u>大集</u>、<u>僧護</u>等經云：盜僧物者，我不能救等。」
（六三二頁上）

〔四四〕**傳云** <u>簡正</u>卷一〇：「<u>齊州靈巖寺</u>有僧暴死，死後見觀音菩薩，為舉一石函，
函內並是文書，為記眾僧罪籍，並是取僧家樹葉等染作雜用，身皆入地獄受
苦。此僧再蘇，具說此事，斯由戒不清淨，故不合取也。」（六三二頁上）

〔四五〕**有心行者，自隱而參取** 資持卷中一下：「『有』下，伸誡。信法向道名有心，
勵己攝修名行者。自隱者，令審己也。參取者，令詳教也。前引經律，緩急互
見，量德全缺，隨依用之。」（二七九頁中）<u>鈔批</u>卷一五：「<u>立</u>謂：隱是審義，
參是同也。明其自審業行，合不合取也。亦有作隱（『於疊』反），謂自隱當
淨，非淨也。」（六六〇頁上）<u>簡正</u>卷一〇：「上言別人得用僧人得（原注：
『得』字疑剩。）家樹葉，要是持戒而方得，應當私自隱側，為持為破？如是
參詳，然後而用也。」（六三二頁上）<u>扶桑記</u>：「參謂參校、對考經律緩急也；
取謂取用經律開遮，各有義旨，應詳義旨依行，勿濫用。」（一七八頁上）

〔四六〕**當分互用** <u>鈔批</u>卷一五：「此言當分，對上得名。上門是三寶更互，互用獲罪。
今門則佛佛自互、法法自互、僧僧自互，故曰當分互也。」（六六〇頁上）<u>簡</u>
<u>正</u>卷一〇：「謂佛中自互、法中自互、僧中自互，故云當分，與前三寶互有異
也。」（六三二頁上）【案】「當分互」文分為二：初「謂本造」下；次「若本
作佛」下，又分二。

〔四七〕**謂本造釋迦，改作彌陀** <u>簡正</u>卷一〇：「本造<u>釋迦</u>，改作<u>彌陀</u>者，此於佛當分
中互也。」（六三二頁上）

〔四八〕**本作大品，改作涅槃** <u>簡正</u>卷一〇：「<u>大品涅槃</u>者，此於法中，當分互也。」
（六三二頁上）資持卷中一下：「<u>大品</u>即<u>般若經</u>。」（二七九頁中）

〔四九〕**本作僧房，改充車乘**　簡正卷一〇：「此於僧當分中互也。」（六三二頁上）

〔五〇〕**皆望前境，理義可通**　資持卷中一下：「『皆』下，斷犯。理可通者，<u>釋迦</u>、<u>彌陀</u>並是果人，般若、涅槃，皆出正錄。房舍、車乘，並常住常住故。」（二七九頁中）鈔批卷一五：「立謂：此當分互，得罪不定。<u>釋迦</u>、<u>彌陀</u>，雖復少異，通是佛義，俱得福田。（六六〇頁上）僧房、車乘雖殊，通是為僧之義，故曰理義可通。今但違施主心，得互用罪，但結不應之吉也。」（六六〇頁下）簡正卷一〇：「總釋上十三，雖復少異，於理及義具足可通。以<u>釋迦</u>、<u>彌陀</u>並是佛，六德十號俱圓滿故。又涅槃、<u>大集</u>，亦俱是大乘之教。生福齊等，僧房車乘，同僧用故，如此理以義可通融，不合名互。今結他互用之罪據何判？抄下句釋云：『但違施心，得互用罪。』但結不應吉，非謂同前得夷罪也。」（六三二頁上）

〔五一〕**但違施心，得互用罪**　資持卷中一下：「違施心者，乖本願也。文中不出罪名，準下<u>善見</u>，迴供彼像，<u>十誦</u>盜與餘寺，皆犯吉羅。」（二七九頁中）

〔五二〕**許此處乃與彼處，及現前堂直，迴作五衣**　資持卷中一下：「初，引迴僧物戒，準律犯吉。『及』下，引尼律。尼在露地說戒，居士施錢造堂。彼云：說戒隨處並得，今可迴作五衣。施主知已，譏嫌。佛制，尼提僧吉。二文並證，違施心犯。」（二七九頁中）簡正卷一〇：「引此律文，證上違施結吉也。尼律二十四云：有眾比丘尼，於露地說戒。有居士見，問云：『阿姨何故露地說戒？』尼答云：『我無說堂。』居士因施堂直，令造。尼既得物入手，遂生念言：『其說戒半月一度，但隨得一處所便得，衣服難得，無時不須，可迴此錢物作五衣。』受持後，招俗譏嫌，因茲制也，尼犯提、僧犯吉也。此由是施現前僧堂，迴作依（原注：『依』疑『衣』。下同。），即犯提吉。合施四方僧尼作戒堂，若迴作定，結盜重也。」（六三二頁下）【案】四分卷二四，七二九頁上。

〔五三〕**若本作佛，迴作菩薩，本經未論等**　簡正卷一〇：「謂本施寫經，後卻寫論，故曰本經未論。（已上正解。）或云：謂經為論本，菩薩造論解經，今將論望經，即是末也。（此釋違抄。）」（六三二頁下）資持卷中一下：「初科，前明經像本末互。」（二七九頁中）【案】「若本作佛」下分二：「若本」下；次「善見若」下。初又分三：初，「若本」下；二、「若東西」下；三、「若元」下。

〔五四〕**情理俱違**　資持卷中一下：「違情即乖本施心，違理即本末全別。顯其過重，須同下判。」（二七九頁中）簡正卷一〇：「以人情、道理二俱違故。」（六三二頁下）

〔五五〕**本造正錄，雜錄真經，乃造人集偽經者，因果全乖，決判得重**　資持卷中一下：「『本造』下，次，明經卷真偽互。文中二『錄』，通指藏錄，謂入此錄中經，皆真經也。（二七九頁中）『因』下，判犯。」（二七九頁下）鈔批卷一五：「立明：本造正經，今造偽經，人造非佛所說，今則不名，當分互用，故結重夷。以真偽全乖，不名當分也。上文云：若本作佛，迴作菩薩，還結重者，此乃菩薩是因身，佛是果身。又，師弟有異，此亦非當分互用，故結重夷。從此菩薩已下，盡因果全乖，來並判得重。」（六六〇頁下）簡正卷一〇：「菩薩是因，佛身是果，師弟有異，此非當分。（此且一解。）又有釋云：約真經正錄，是出世因果；偽經雜錄，非出世因果。此之因果，則全乖也。（此釋亦通。）」（六三二頁下）

〔五六〕**福無福別**　鈔批卷一五：「立謂：真經曰正造者有福，偽經是邪造者無福，故曰也。又造經多福，造論少福。然論復有二種，謂或菩薩聲聞造、或人造等，亦福、無福別也。上來將經望論，經則是福，論則非福。然經分真偽，亦分凡聖造，故福各異。」（六六〇頁下）

〔五七〕**邪正雜故**　簡正卷一〇：「此解雜錄，並非當分互，恐人迷意，故此簡出也。」（六三二頁下）

〔五八〕**若東西二龕，佛、法財物，有主不合，無主通用**　鈔科卷中一：「『若』下，二處通塞。」（五三頁中）資持卷中一下：「龕即是塔。『有主』謂各有掌護，『無主』謂無別主管。」（二七九頁下）鈔批卷一五：「立明：有兩施主，各施東西兩龕。佛之財物，供養具等，不許互用。施主若在（原注：『在』疑『存』。），一向不合。若死得，即有二義，謂：施主雖死，若復比丘知本施主心局不通者，還不得互；今直約後比丘，不知本施主心，故得通用。此中名當分互，得吉羅。」（六六一頁上）簡正卷一〇：「謂同一佛，但東西二龕異也。若施主在以心局於彼，此即不合。若無施主，並是（六三二頁下）比丘自經營，雖二龕有殊，通無互也。」（六三三頁上）

〔五九〕**若元通師徒及眾具供養**　鈔科卷中一：「『若』下，本通可否。」（五三頁中）資持卷中一下：「元通者，如人施財，擬造下殿，不定在佛。師即是佛，徒即菩薩、弟子之類。牛馬等物，並非佛家所宜，故不通也。」（二七九頁下）鈔批卷一五：「即侍佛、菩薩、聖僧、金剛師子八部等是也。」（六六一頁上）簡正卷一〇：「師是佛，徒是弟子、菩薩、聖僧等眾是也。眾具則樹林、池沼、華菓、臺座、靈禽、異鳥，乃至金剛神、天龍八部等，謂本擬畫彌陀變相，便

合有如許眾具，道理得作也。」（六三三頁上）。

〔六〇〕**非義之人**　資持卷中一下：「除神王部從，餘不合者，皆名非義。」（二七九頁下）簡正卷一〇：「謂男女非法之形像也。」（六三三頁上）

〔六一〕**用佛彩色作鳥獸形，得罪，除在佛前為供養故**　資持卷中一下：「『五』下，引證。初制罪者，謂別用也。除供養者，開元通也。引此決上所宜用者，亦得作之。彼又問：『佛物得作天人、世人、畜生像否？』答：『佛邊得作。』」（二七九頁下）鈔批卷一五：「如彌陀變作白鶴、孔雀、鸚鵡、舍利，作涅槃變。還依經文，作雜類眾等即得也。」（六六一頁上）

〔六二〕**若施主本擬施園果，為衣服、湯藥等，盜心迴分食者，隨計結重**　資持卷中一下：「初科二段：初，明互僧物。『欲供』下，次明互佛物。初中又二，前明迴互。擬施園果等者，謂施主施園果，所出財利，供僧四事，主者分食。此迴『常住常住』為『現前現前』，而有盜心故，犯重罪也。」（二七九頁下）鈔批卷一五：「『立明：有護主望護主結夷。景云：此舉施常住僧，為僧衣服，今違施主心作食，故結重也。若擬作僧房重物，迴作僧食犯蘭者，景云：此舉施主心未定，故輕也；若施心定，應同上得重。云此約損福邊結蘭，以施主本心造房，有長時無作之福。今迴作食，闕事在無作，以福短故。」（六六一頁上）簡正卷一〇：「若施主本擬施園菓，迴分食結重者，玄記兩解：一云：此四事供現前僧受用，既盜分食，違施本心，計直成重。二云：約施四方貧僧衣藥，今既盜心食盡，令他後時應得不得，故重。表云：此二解苦（原注：『苦』一作『若』。）未有理。若約四方僧說，不合犯重。今但據施主施此寺內現前三五十人。若迴此物，召十方僧食盡，卻望現在人應得不得邊，故結犯也。此蓋望境，非謂約心。」（六三三頁上）【案】『善見』下文分為三：初，「善見」下；二、「十誦」下；三、「五分」下。初又分二：初，『若施』下；次，『若擬』下。

〔六三〕**若擬作僧房舍重物，而迴作僧食，犯偷蘭**　簡正卷一〇：「謂房舍受用，無有別屬，通望四方僧，故結輕也。」（六三三頁上）資持卷中一下：「此迴『常住常住』為『十方常住』，而不云盜心。或是僧食有闕，但不和僧輒用，故犯蘭也。」（二七九頁下）

〔六四〕**若住處乏少糧食，各欲散去**　資持卷中一下：「『若住』下，次明開互，為護住處，和僧故開。初，迴園果作食。」（二七九頁下）簡正卷一〇：「謂見論施園，將供依服，而迴食犯重。今既乏少欲散，即開和僧得用，僧房和賣等。」（六三三頁上）

〔六五〕**和僧減用上園果等重物作食**　鈔批卷一五：「<u>立</u>明：上<u>善見論</u>中，施主施園，將供衣服，而迴作食得重。（六六一頁上）今此既乏少食糧，人欲四散，故開和白得用也。」（六六一頁下）

〔六六〕**乃至四方僧房亦得**　資持卷中一下：「『乃』下，開貿現房作食。」（二七九頁下）鈔批卷一五：「謂若欲守護住處，以無食故，賣房舍，覓錢供僧食也。」（六六一頁下）

〔六七〕**若房破壞，賣钁者以相治補**　資持卷中一下：「『若』下，明貿房治房治。」（二七九頁下）【案】<u>善見</u>卷一〇，七四二頁上。

〔六八〕**若賊亂世，聽持隨身**　資持卷中一下：「『賊』下，明暫移糧食。」（二七九頁下）鈔批卷一五：「<u>立</u>謂：僧家臥具等，諸物隨身，亂靜可復本處。」（六六一頁下）<u>簡正</u>卷一〇：「此是臥具輕物得，且隨身亂靜。」（六三三頁上）【案】<u>十誦</u>卷六一，四六三頁上。

〔六九〕**欲供養此像，迴與彼像，吉羅**　<u>簡正</u>卷一〇：「彼此俱是像，其體不殊。據理無過，但結越處，不應結也。」（六三三頁上）資持卷中一下：「迴互彼此，違施心故。」（二七九頁下）鈔批卷一五：「因說<u>襄州</u>人作佛，各有施主，造佛像安景（原注：『景』疑『置』。）寺中，別作房戶安置，至時節日，自將香華、飲食，各各供養。忽若施主身死，子孫絕嗣者，其像至竟，常忍飢渴，亦有奴婢造像。在寺中供養者，良人若知是奴佛，無肯作禮者也。」（六六一頁下）【案】<u>善見</u>卷一五，七七九頁上。

〔七〇〕**十誦、勒伽云**　資持卷中一下：「引<u>十</u>、<u>伽</u>結吉，不作法故。」（二七九頁下）

〔七一〕**僧祇**　資持卷中一下：「引<u>祇律</u>通結免出界故。」（二七九頁下）

〔七二〕**白衣投比丘，未度者，白僧，與食**　資持卷中一下：「初，明供給未度。彼云：白僧得不白犯墮。」（二七九頁下）鈔批卷一五：「<u>立</u>謂：此人欲入佛法出家，眾僧緣事，未及得與剃髮，白僧與食。若汎爾俗人，不得白僧與食。」（六六一頁下）<u>簡正</u>卷一〇：「彼論問曰：『白衣投身為道，未受戒，得食僧食否？』答曰：『須白僧。僧聽許，方得食，不白犯墮。』若汎爾俗人，不得白僧與食。今此是欲出家者，身雖是俗，心已為道，故開白與食也。論文下卷又問云：為僧乞在於道路，得食僧食否？』答曰：『若去時先白僧。僧聽者，好。若去時不白，還來白亦好。若去時，雖白不聽，還來須償，不者犯重。〔<u>玄</u>云：此道道（【案】次『道』疑剩。）俗互也。〕』論上卷又問：『供僧齋米，僧去後，齋主得用供後僧否，後人得食否？』答：『打揵槌得食。若不打，一飽犯重。

（上且引論。）此謂施主將米供十方僧，僧已去，將來供後僧，為米屬十方已定。若後僧無盜心，但打鐘普召集十方共食，不犯。若作盜心，不鳴鐘食，一飽犯重。（玄云：此三重者，是偷蘭也。）又，准上多、見二文，不作相犯盜。鈔亦准是偷蘭。」（六三三頁下）【案】「五百問」下文分為二：初，「五百」下；次，「準上」下。各又分三。五百問，九七九頁下。

〔七三〕若為僧乞，白僧，聽將僧食在道　資持卷中一下：「『若』下，二、明將持在道。還須償者，準持去時，先作還心。不爾，離處即犯。此為僧乞尚爾，今多為己輒取僧物，制罪雖同，來報不等。」（二七九頁下）鈔批卷一五：「立謂：雖白僧同和，要須償方得。若雖和不償，或雖償不和，俱不得也。然和者，以求僧聽許耳，非即不須償也。若和而不償犯重；償而不和，得不應之吉也。（意恐太急。）案彼論云：問：『為僧乞道路，己身得食僧食不？』答：『若去時先白僧，僧聽者好。（六六一頁下）不白，還白亦好。若不聽還償，不償犯重。景云：此通道俗使也。』」（六六二頁上）

〔七四〕若供僧齋米，僧去，齋主用供後僧　資持卷中一下：「『若』下，三、明食用齋米。供僧米者，即屬『常住常住』，前後得食，作相免過，準前不作相，例須結蘭。今云犯重。應望盜僧齋米，非盜食也。（舊云熟食應蘭，論云犯棄，故知非矣。）」（二七九頁下）鈔批卷一五：「案彼論云，問：『供僧齋米，僧去後，齋主得用供後僧不？後人得食不？』答：『打犍槌得食。』」（六六二頁上）

〔七五〕若不打者，一飽犯重　資持卷中一下：「一飽者，彼論結犯。以一食為限，然飽無分齋，準須計直。」（二八〇頁上）鈔批卷一五：「立謂：施主將米，前若干僧食既不盡，其僧與共此餘米即屬十方僧，盜者合得偷蘭。以本能施人在中守護，今望此護主結重，非望前結也。且舉貴時直五錢，必也賤不直五應輕。」（六六二頁上）

〔七六〕不得輒將僧食出界而食　資持卷中一下：「初科為二。前明不白定犯。初牒前論文。」（二八〇頁上）簡正卷一〇：「准上，在道白僧方得，不白不得也。」（六三三頁下）【案】『準上』下文分為三：「不得」下；二、「若寺」下；三、「若行」下。

〔七七〕雖復打鐘，猶不免盜，以物體攝處定故　資持卷中一下：「『雖』下，斷犯。雖打鐘者，恐謂在道作相無過故。『以』下，示犯所以。」（二八〇頁上）簡正卷一〇：「謂將出界便犯，非以界外打鐘，便得免也。」（六三三頁下）

〔七八〕**律中** 　資持卷中一下：「四種界中，食同法別。如結界所明。」（二八〇頁上）

〔七九〕**若為僧差遠使** 　鈔科卷中一：「『『若』下，莊所通用。」（五三頁下）資持卷中一下：「『若為』下，二、明白已，免過。」（二八〇頁上）簡正卷一〇：「上來善見：守寺和僧，得用四方僧物。今為僧使，亦得和僧，將食出界。亦不須作相，為表無和僧說。」（六三三頁下）

〔八〇〕**路非乞食之所，和僧將食在道，亦不必作相** 　鈔批卷一五：「立謂：要無乞食處，方得白僧將去。雖白復須償，白僧求許，但免輒用之罪，行還須償。策云：大有人不許此義。且如雇作人，既全與錢食，豈要局界中與之？今此比丘，專為僧使，於僧實有功。夫非為倚傍者，理合與食無過。」（六六二頁上）

〔八一〕**準善見守寺之文** 　鈔批卷一五：「謂准上善見論知取園果，為僧作食，為護住處故，及白和四方僧房作食等，以是白和僧故，即得用者。今亦向和僧故，將食在道，理宜得也。亮云：此上皆約為僧故得。今時綱維，為當寺徒眾，入臺省、向州縣，乘常住人畜船車等，皆犯重也。（六六二頁上）以當寺僧是現前，非關常住。常住則通十方，現前局在，何得使他常住人畜？」（六六二頁下）

〔八二〕**若寺莊磑** 　簡正卷一〇：「謂寺家莊令處，即但作相，復不償之。謂莊與寺通一家故。」（六三三頁下）資持卷中一下：「寺莊者，處別物通，不勞和法。磑，『五內』反，磨也，謂磨米麵之處。」（二八〇頁上）

〔八三〕**住處各鳴犍稚通食** 　鈔批卷一五：「立謂：是寺家莊舍中，必須作相，後不用填，以莊與寺通一家故。」（六六二頁下）

〔八四〕**若行至外寺** 　資持卷中一下：「即如世中將帶僕畜往至他寺用常住物。文有二判，初明私有犯重。」（二八〇頁上）簡正卷一〇：「雖僧家人畜，亦犯吉。故戒疏云：『聲鐘告集是僧皆飯，未知他寺奴畜合否？』答：『若合僧具六和，諸處皆是，人畜別屬，義非通使，使即是局食，亦如之。』問：『何犯重？』答：『以俱是常住物故。如上十誦，將僧物與餘寺，同是常住，但不合生盜心，故犯吉也。此亦同之。』」（六三四頁上）

〔八五〕**僧家人畜，犯吉羅** 　資持卷中一下：「『僧家『下，次，簡僧者，結輕。彼此通給，但不白故。又須所營，同是僧事，雖云僧僕，私幹亦重。今時禪講，殊不避此，可為悲哉！」（二八〇頁上）鈔批卷一五：「立謂：彼此雖別，同是常住，故不犯重。以彼此異，但得吉也。戒疏問云：』十方常住之食，如現熟餅飯，聲鐘召集，是僧皆得，未知他寺奴畜得不？』答：『不合也。僧具六和，

隨處皆是，人畜別屬，義非通使，使即是局，食亦如之。」（六六二頁下）扶桑記釋「幹」：「意云：此寺僕往彼寺營彼僧事可也。苟私幹受用僧食，犯大罪也。幹者，猶曰私使。」（一七八頁下）

〔八六〕像共寶互　鈔批卷一五：「像謂住持。別相三寶，即泥龕素像，黃卷赤軸，剃髮染衣是也。寶謂真如，一體三寶也。新經論中，名『勝義三寶』『世俗三寶』也。」（六六二頁下）【案】「像共寶互」文分為三：初「謂住」下；次「薩婆」下；三、「準此」下。

〔八七〕謂「住持三寶」與「理寶」互　資持卷中一下：「三寶有四位：初，一體，（眾生心性具覺了，軌持和合義，故此局大乘；）二、化相，（釋迦四諦、五俱鄰也；）三、理體，（五分法身、滅諦涅槃、學無學功德也；）四、住持，〔形像、經卷、削（【案】『削』疑『剃』。）染也。〕上之二種，則非所論。三、四兩位，俱通末代，施心不同，故必簡濫。然寶名乃通，今且就局：『像』即住持，『寶』唯理體。」（二八○頁上）簡正卷一○：「理是（【案】『是』疑『實』。）三寶者，謂真如一體三寶也。」（六三四頁上）扶桑記釋「俱鄰」「五分法身」和「就局」：「五俱鄰：名義云：阿若憍陳如，亦曰俱鄰。通釋云：以五人首長別乎之也。……五分法身：謂戒、定、慧、解脫、解脫知見也。初三因，後二果也。謂三十四心斷結，即是成佛故。就局：約局論之，寶名唯局理體。真德常住，三世不毀壞，故名寶住持，變壞不名寶。」（一七八頁下）

〔八八〕佛在世時，諸供養三寶物中，常受一人分，何以滅後偏取一大分　簡正卷一○：「謂佛在日，受利同僧，但得一人分；滅後，一大分者，為受一定分，獨當眾僧。如今平施三寶物，分為三分：僧十子，法十阡，佛便攝十阡之類。」（六三四頁上）資持卷中一下：「約化相佛，以難理佛：一人分者，應供同僧故；一大分者，三寶位別故。」（二八○頁上）

〔八九〕佛在時，言施佛者，則色身受用　資持卷中一下：「『又』下，次約現在，施語有異。然文中但約『化』『理』相對。不言像者，以『化』例『像』，可以準同。」（二八○頁上）

〔九○〕施佛寶者，置爪髮塔中，供養法身，法身常在世間　鈔批卷一五：「景云：以色、法二身別故，此舉在世，已有斯事也。」（六六二頁下）簡正卷一○：「謂佛成道已後，所有剃髮剪爪，並令起塔供養故。」（六三四頁上）

〔九一〕若施法者，分作二分　資持卷中一下：「法中亦約施者之意。初言通故，人法兩用。」（二八○頁上）簡正卷一○：「多論云：若言施三寶者，應分三分與佛

寶，一分與法寶。應懸安佛塔中，不得佛經用與法、誦經人。一分與僧寶，僧不得取此物，應還付施主，應著塔中，供養第一義諦僧等。問：『此論文不言施法，分為二分，今抄文何故輒分？』答：『論言：法寶令著塔中，不與說法、誦經人。若但言（六三四頁上）施法者，令分為二分：一分與經法，一分與說人也。故戒疏云：准多論，有施法者，法師說法、誦經人，亦得取其分，謂法須人弘也。今時轉經得錢，須准此法，則合分半。望益僧邊七人轉經，分為八分，將此一分入法。猶為表敬。若都不與，不合分也。』（六三四頁下）

〔九二〕**一分與誦經說法人**　鈔批卷一五：「<u>立</u>云：以人能弘法，法不自宣，藉人弘通。故今受施，即分一分與說法人。」（六六二頁下）

〔九三〕**若施僧寶，亦著塔中，供養第一義諦僧**　簡正卷一〇：「第一義諦，謂理無違淨體，當起和合，亦名勝義也。」（六三四頁下）鈔批卷一五：「謂理無違諍，體常和合，故曰也，亦名勝義僧。<u>賓</u>云：若盜此物，並得吉羅。由勝義僧，性無攝物之義，然此吉羅，極重難計。」（六六二頁下～六六三頁上）資持卷中一下：「寶者，以別指故。準知。<u>西竺</u>三寶，皆置理塔。僧中兩判，在文可解。初果已上，號『第一義僧』。內凡已下，名『世俗僧』。」（二八〇頁上）

〔九四〕**若施眾僧者，凡聖俱取分**　鈔批卷一五：「<u>立</u>謂：正是施今常住僧也。凡聖同集，故曰眾僧。以常住僧物，體通凡聖受用也。」（六六三頁上）

〔九五〕**以言無當**　鈔批卷一五：「<u>立</u>謂：既不的言此施事，然此施理寶也。又解：以施時不的定言『我施凡僧，我施聖僧』，故曰以言無當也。」（六六三頁上）資持卷中一下：「無當，謂不的指也。」（二八〇頁上）

〔九六〕**受施之時，善知通塞，勿令互用，致有乖失**　鈔批卷一五：「<u>立</u>明：須問能施之人，汝為施理寶，為施事寶？彼若不解，為說事理兩理、泥龕卷軸等，及至理一體三寶等。<u>賓</u>云：受施之時，應須撿審施主本心，不得懸依主（原注：『主』上應有『施』字。）口語。恐彼不解，浪標施物。」（六六三頁上）簡正卷一〇：「謂上真俗寶異、凡聖途殊，受施之時，差知通塞。物施三寶，施為通；唯局佛寶，塞。又，施住持：佛像為通，若彌（【案】『彌』疑『施』。）佛寶為塞。法者：若言施法，通分二分為通，施法寶者為塞。僧者：若言施眾僧，凡聖俱取為通；若云僧寶為塞。應須分別窮問，令使分明，彼此無濫者，免有互用之咎也。」（六三四頁下）資持卷中一下：「上座知事，審究施主，此土道俗不知像理受用不同，所施通汎，言無指的。止是住持，絕聞理寶矣。」（二八〇頁上）

〔九七〕**隨相物中自互**　資持卷中一下：「此與當分不同。如佛一種當分，乃對餘（二八〇頁上）佛明之。此門即就一佛自辨。」（二八〇頁中）【案】本「自互」文分為三：佛物、法物、僧物。

〔九八〕**先約佛物，有四種**　資持卷中一下：「佛法二位，所有之物，不出四種。前二重物，但望受用可不可別；後二輕物，永暫不同，至於物體。四種條別，臨文簡之。」（二八〇頁中）鈔批卷一五：「文中四門，下一一自出。深云：若佛受用物，一向不得移易，下三隨緣改張，容得不得也。」（六六三頁下）

〔九九〕**不得互轉**　簡正卷一〇：「謂若是佛受用物，一向不合移易等。」（六三四頁下）

〔一〇〇〕**如前寶梁經說**　鈔批卷一五：「如前言佛法無主，無人作價，故知此中不得互易。」（六六三頁下）簡正卷一〇：「彼云：佛塔有物乃至錢（【案】『錢』前疑脫『一』字。），以施（【案】『施』後疑脫『主』字。）重心故捨，諸天及人於此物中常生佛相等。」（六三四頁下）

〔一〇一〕**不得賣佛身上繒，與佛作衣**　資持卷中一下：「初云『繒』者，即是繒蓋。準論，無『身』字，但云『佛上』。」（二八〇頁中）簡正卷一〇：「大德云：謂西天俗家，蚕了乃作繒來施佛，此體純是綿作，似六釋床子大，或有方者。今時盡（【案】『盡』疑『畫』。）人畫佛，通肩披漫衣者，此依勝、蘭尊者（原注：『勝』疑『騰』。）將來之樣，此即是僧也。又，西天三藏此表著，皆號為離垢僧，相狀似被綿，多染作紫赤之色等。今時講人，問著總不識。知之。今總有人將來施佛，比丘見剩長，便將貨賣卻買絹帛，為佛作袈裟等，良不可也。」（六三五頁上）

〔一〇二〕**佛堂柱壞**　資持卷中一下：「準論，但云『佛堂壞』，下云『故材施僧』。今兩加『柱』字，疑是傳訛。」（二八〇頁下）【案】五百輕重事經卷上，九八四頁上。

〔一〇三〕**佛言**　資持卷中一下：「『律』下，即瓶沙施園，佛勸施僧之詞。」（二八〇頁下）【案】四分卷五〇，九三六頁下。

〔一〇四〕**若佛園坐具者，一切天人供養，不得輒用，皆是塔故**　鈔批卷一五：「立謂：園是佛華菓、園林也，坐具即佛所坐之物。欲明此佛受用物，人天敬仰。戒心疏中亦明四種差別。第一，明佛受用物不得差互。常擬供養，生世大福。故律云：若是佛園坐具等者，約一切天人供養同塔事故。所以不許互易者，莫不即體法身之相，表處是深，不可輕故。」（六六三頁下）簡正卷一〇：

「問：『且如園、井、田地、堂，以屬佛之物，而同坐具受用攝耶？』答：『如律云，瓶沙王捨竹園施佛立精舍。佛告王言：汝今持此佛竹園施佛及四方僧。何以故？若如來有園物、房舍、物、衣鉢等，即是其塔，諸天世人所不敢用。（已上律文。）玄曰：此言園者，即所受用伽藍之園，非謂寺外餘井園也。』」（六三五頁上）

〔一〇五〕**廣敬如僧像致敬法中**　資持卷中一下：「大同寶梁所說。」（二八〇頁中）

〔一〇六〕**施屬佛物**　資持卷中一下：「即錢寶、田園、人、畜等物，不堪受用，但係屬耳。」（二八〇頁中）簡正卷一〇：「此物施佛，即屬於佛也。」（六三五頁上）

〔一〇七〕**佛物，得買取供養具供養**　資持卷中一下：「初，引論明貿易。」（二八〇頁中）簡正卷一〇：「戒疏云：此屬物所以得也，由本施主，通擬佛用，故得貨易。不同前科，曾為勝想，故令一定也。」（六三五頁上）

〔一〇八〕**佛物不得移至他寺，犯棄**　資持卷中一下：「『五』下，三、復引論。有二節：初，明移處通塞；『比丘』下，次明別人受用。論中自為三節，初客作得物。」（二八〇頁中）鈔批卷一五：「景云：此舉違施主心結也。以施主心，局此處故。棄謂犯重，皆僧作羯磨，擯棄眾外，故曰也。」（六六四頁上）簡正卷一〇：「謂施主心局此處，違他心故，犯重。」（六三五頁上）

〔一〇九〕**比丘客作佛像書經，得物不得取**　資持卷中一下：「不得取者，以屬佛故。鈔加『書經』字，彼論本無。」（二八〇頁中）鈔批卷一五：「立謂：若用此物，與用佛物、經不異也，決定得夷。」（六六四頁上）簡正卷一〇：「大德云：比丘作佛書、經無過，（六三五頁上）但不許取錢。謂此錢本是經佛錢，比丘為書故取，一向不合。若俗人自為施，不為此事，取亦不犯。有云：比丘一向不合寫經。若爾，結集場中，抄上貝葉，莫須令白衣書否？」（六三五頁下）扶桑記：「『書經』字論自出，非鈔主加，但別處文，連書一所故耳。」（一七九頁上）

〔一一〇〕**使佛牛、奴，得大罪**　資持卷中一下：「彼文但云不得，不明罪相。今言大罪，必須準前盜佛斷之。下又云：佛奴小兒不得使，便是佛物。今鈔不引。』」（二八〇頁中）

〔一一一〕**供養佛物**　資持卷中一下：「即香燈、花幡、供具之物。」（二八〇頁中）鈔批卷一五：「心疏云：以幡、華等得貿易者，事同屬佛物，可以義求。」（六六四頁上）

〔一一二〕**佛幡多，欲作餘佛事者，得**　資持卷中一下：「引論明轉變。」（二八〇頁中）鈔批卷一五：「立謂：幡多故，將幡作佛衣帳，或廉（【案】『廉』疑『敷』。）佛床，或作敷具。但莫折破，以相連合，即名不轉變本質也。」（六六四頁上）【案】五百輕重事經卷上，九八五頁上。

〔一一三〕**準此，迴改作故，不轉變本質**　資持卷中一下：「『準『下，義決。上云得作餘佛事者，謂改作繒蓋、幢幡等物，然曾供佛，體不可變。恐將別用，故特示之。不同前花，可持轉貿。」（二八〇頁中）簡正卷一〇：「或將多幡蓋縫合為帳，或裨接，小幡作大幡，或造佛床等用，並得，猶不斷施主福故。若折破之，即壞本質，福田斷絕也。」（六三五頁下）

〔一一四〕**如畫作佛像，一以不好，故壞得福；一以惡心壞，便得罪也**　資持卷中一下：「好心壞者，意是故變，還令好故。」（二八〇頁中）簡正卷一〇：「引此論文，釋成以不好故壞，令其嚴好，則不變本質。准此迴改不違施心，故無罪有福也。」（六三五頁下）【案】智論卷六三，五〇六頁上；薩婆多毘尼毘婆沙卷一，五〇九頁中。

〔一一五〕**獻佛物**　資持卷中一下：「即飲食之物。」（二八〇頁中）鈔批卷一五：「心疏云：此獻佛物，開待（【案】『待』疑『侍』。）衛者用之，義同佛家之所攝故。如薩婆多，有施法師（原注：『師』字疑衍。）、說法、誦經者，亦取分故。」（六六四頁下）簡正卷一〇：「直疏云：『獻佛物與供養佛物，如何分之？』答：『供養佛物，永屬於佛。獻者，暫時卻歸本主，故有別也。』」（六三五頁下）

〔一一六〕**供養佛塔食，治塔人得食**　資持卷中一下：「律取營治，似局道人。」（二八〇頁中）簡正卷一〇：「鈔引律文『治塔人得食』，又引論文『侍佛比丘得食』。此二並約有功勞故。若不屬佛，不應與人也。故知此中，據暫獻故。」（六三五頁下）【案】四分卷五二，五〇六頁上。

〔一一七〕**言贖，偽經**　資持卷中一下：「『準』下，次，斥濫。有執偽經，用錢贖食。準論，白衣侍佛，直云得食。良可決正。」（二八〇頁中）簡正卷一〇：「謂准上文，獻飯不永屬佛，但屬本主。即今時白衣舍設齋了，主人自收，無犯，不將錢屬等。有言屬者，是偽經也。佛槃既爾，餘二同然，皆返歸主也。」（六三五頁下）

〔一一八〕**亦有四別**　鈔批卷一五：「若是法家受用物，一向不得轉易故。」（六六四頁下）

〔一一九〕**法所受用**　簡正卷一〇：「戒疏云：紙、素、竹、帛、木上，書經像，或箱函器璞，曾經盛貯，尅定永施，不許改轉。此則一定，故同聖教，皆滅理之所依故。若有損益，並望涅槃而生罪福也。」（六三六頁上）

〔一二〇〕**餘三得不，準上可知**　鈔批卷一五：「『三種』即屬法物、供養法物、獻法物。此三同上佛物，隨緣進否，故曰『餘三得不，准上可知』。」（六六五頁上）【案】法物有四，此處說「法受用」，余者同上佛物。

〔一二一〕**僧物**　資持卷中一下：「據理亦應同上具四。（二八〇頁中）然此四物，不出常住現前。四位所收，故不論耳。」（二八〇頁下）【案】本節，「若」下，別釋，分二：初，「二種常住」下；二、「若論二種」句下。「二種常住」下又分三：初，明局處；二、「初之」下；三、「常住」下。

〔一二二〕**若二種常住，局處已定**　鈔批卷一五：「即『常住常住』『十方常住』，故曰二種，皆不得輒將出界，故言局處。」（六六五頁上）簡正卷一〇：「謂常住故，云二也。皆不許輒將出界，故曰局處定也。」（六三六頁上）

〔一二三〕**如上所明**　資持卷中一下：「言如上者，即指善見。世有講者，或遷住處，隨意持去，不敬佛言，不識因果，不畏來苦。地獄罪人，何可語也？」（二八〇頁下）

〔一二四〕**初之常住，止得受用**　資持卷中一下：「次科，分二：初，明別用；二、位用別。在文可見。惡戒有德，須約四重，持破以簡，時及非時，即據日中前後以論。」（二八〇頁下）

〔一二五〕**非法而用**　資持卷中一下：「非法用者，主掌過也。」（二八〇頁下）

〔一二六〕**二種互用，通和得不，準上可知**　資持卷中一下：「『二種』下，次，指互用。『準上』，即當分互中。然前文止開四方互作十方，如減園果、賣房、作食之類。若論十方物非停久，即無互作四方之義。若約二位各論互者，如賣房、治房、持重物與餘寺，此四方自互也。又如四分，法別食同，即十方自互也。然上三互，並須和僧則開，不和則閉，故云得不也。」（二八〇頁下）鈔批卷一五：「立云：此指上來二種常住中，和白與招提，通用得不如彼也。深云：謂指上見論守寺之文，和僧用園果作僧食，及將僧房作食等是也。」（六六五頁上）簡正卷一〇：「玄曰：准上見論守寺之文。彼云：乏少食粮者，即是十方常住物少，聽和用園田、房舍、常住常住之物賣而充食，即入十方常住也。」（六三六頁上）

〔一二七〕**常住人畜，必無賣買，準經罪重**　資持卷中一下：「唯明四方常住。初二句，

約義判定，下準文決通。初句指經。言罪重者，即上涅槃等。」（二八〇頁下）簡正卷一〇：「准涅槃、梵網經，買賣奴婢、牛馬、畜生，犯輕垢罪等，可以意知。」（六三六頁上）

〔一二八〕**故僧祇中，施僧婢，並不合受**　資持卷中一下：「『故』下，取義。謂若許賣者，必應開受。既不合受，驗不可賣，故云意知。若準五百問，施佛牛奴，得受使用，不得賣，即為明據。」（二八〇頁下）簡正卷一〇：「祇云：若云我施奴婢，不聽受；若言我施園民、奴婢，若施僧奴，若僧使人，並不應受。若言施供給僧男淨人，聽受。謂經文則結罪，律之云『不聽』。不聽之言，意即可見，莫恐有賣買之過也。」（六三六頁上）【案】僧祇卷三三，四九五頁中。

〔一二九〕**若論二種現前，罪互如上**　鈔科卷中一：「『若』下，二種現前。」（五四頁下）資持卷中一下：「罪如上者，例同二種常住也。『現前現前』同初常住，『十方現前』同次常住。或二種更互，或各自論互，亦約僧和則開，不和得罪，大同於上，故略指之。」（二八〇頁下）鈔批卷一五：「自謂：盜僧物中，明其施『現前現前』及『十方現前』也。言罪互者，如亡比丘物，是十方現前，將現在僧，更不作法。直准『現前現前』物分是互也。若本是『現前現前』之物，謂施主唯局此界現前安居之人，今即普召十方而分，是互用也。」（六六五頁上）簡正卷一〇：「古記如別，今但取盜僧物中『現前現前』『十方現前』來此明互用也。如已五眾物，本是『十方現前』，今不作法，直入現前共分，得無數蘭，此是互也。若本是『現前現前』之物，（六三六頁上）如施前安居人衣等，今卻『十方現前』，普召十方共分，亦是互也。次，則別損。若滿五，重；不滿五，輕。此之二罪，容有互故。指上文成互中說也。」（六三六頁下）

〔一三〇〕**就輕重二物，斷割非文**　資持卷中一下：「『就』下，別示亡物，即『十方現前』自論互也。」（二八〇頁下）簡正卷一〇：「如亡人物，斷重入輕，則損常住結夷，斷輕入重，得無數蘭，此則斷割交互也。」（六三六頁下）

〔一三一〕**違者雙結二罪**　資持卷中一下：「『斷重歸輕夷，斷輕歸重蘭，一一各兼非法吉羅，故云雙結也。（有云『不學、無知』，非也。）」（二八〇頁下）鈔批卷一五：「立云：言雙結者，是出法家意，為欲義有該含，故言雙結二罪。此句從上二種『現前』文生，故田（案：『田』疑『云』）『就』也。賓云：對此因明此方施聖僧物。崇云：盜聖人錢，必得重罪。以上座身，現在自為物

主，若盜餘般圓寂者之財，非親為主，但獲業罪。今詳<u>西方</u>本無此施，教闕明文，難為裁斷，文准崇斷，理復不然。本施聖僧，非專上座。又施雖捨，聖未必來，以錢並是不淨物故。若當受者，自付檀越，或須說淨。」（六六五頁下）<u>簡正</u>卷一○：「<u>玄記</u>但取前輕、重為二罪也。今難曰：『如斷輕入重時但蘭，又斷重入輕時只犯重。此則互有一罪單結，不名雙結二罪也。今云斷重入輕時，本結夷重。於此罪上，更加無知，豈非二罪雙結、斷輕入重？』反之可知。諸記中，相承對此辨盜<u>賓盧</u>物，有兩說。一解云：謂<u>賓盧</u>是第一義諦僧，受佛教勅，現在於世。今若盜此物，望他自為主，犯重。縱施主將物擬親上座，雖未攝受，冥然屬彼已定，謂施主決心了。若盜餘圓寂僧物，但有業罪，以非親為主故。」（六三六頁下）

三、出貸〔一〕三寶物

<u>僧祇</u>〔二〕：塔、僧二物互貸，分明券記〔三〕，某時貸，某時還；若知事交代，當於僧中讀疏〔四〕；分明唱記，付囑後人。違者結犯〔五〕。

<u>十誦</u>、<u>僧祇</u>：塔物出息取利，還著塔物無盡財中〔六〕。佛物出息，還著佛無盡財中，擬供養塔等。僧物，文中例同。不得干雜〔七〕。

<u>十誦</u>：別人得貸塔、僧物，若死，計直輸還塔、僧〔八〕；<u>善見</u>：又得貸借僧財物，作私房。<u>善生經</u>〔九〕：病人貸三寶物，十倍還之〔一○〕。餘不病者，理無輒貸，與律不同〔一一〕。疑是俗中二眾，文似出家五眾〔一二〕。<u>五百問</u>云：佛物人貸，子息自用，同壞法身。若有施佛牛奴，不得受用及賣易之〔一三〕；若施軍器，亦不得受。餘並如畜寶戒〔一四〕。

【校釋】

〔一〕出貸　<u>資持</u>卷中一下：「謂暫借也。」（二八○頁下）<u>鈔批</u>卷一五：「<u>立</u>云：此字（【案】『字』指『貸』字。）兩用，若出物與人曰『態』（【案】即『貸』發『態』音。），從人借物曰貸（入聲）。若准斯文，開貸借三寶物，但令僧要須分明券記耳。」（六六六頁上～下）<u>簡正</u>卷一○：「『貸』字兩用。若出物與人，即去呼；若從借物曰貸，入聲呼也。」（六三六頁下）

〔二〕僧祇　<u>鈔科</u>卷中一：「初，三寶互貸。」（五四頁上）

〔三〕塔、僧二物互貸，分明券記　<u>資持</u>卷中一下：「初文且約塔、僧，法物亦爾。券即契書。」（二八○頁下）<u>簡正</u>卷一○：「券記者，如今時分支契是也。」（六三六頁下）

〔四〕讀疏　<u>資持</u>卷中一下：「歷帳告僧。」（二八○頁下）<u>簡正</u>卷一○：「即帳目出

入數等是。」（六三六頁下）

〔五〕**違者結犯** 資持卷中一下：「一違此教理須得吉，一不還三寶隨物結犯。」（二八〇頁下）簡正卷一〇：「不應，吉也。」（六三六頁下）【案】僧祇卷三，二五一頁下。

〔六〕**塔物出息取利，還著塔物無盡財中** 鈔科卷中一：「『十』下，三寶出息。」（五四頁上）資持卷中一下：「以錢出利，如母生子，故名息也。西竺三寶各有無盡財，謂常（二八〇頁下）存供養，滋生不竭故。」（二八一頁上）【案】十誦卷五六，四一五頁下；僧祇卷三三，四九八上。

〔七〕**不得干雜** 資持卷中一下：「『干雜』謂相亂。此句通結上文。」（二八一頁上）

〔八〕**計直輸還塔、僧** 簡正卷一〇：「有則相當還，無則交絡還等。」（六三六頁下）

〔九〕**善生經** 鈔科卷中一：「『善』下，不開。」（五四頁中）【案】善見卷一〇，七四二頁中。

〔一〇〕**病人貸三寶物，十倍還之** 鈔批卷一五：「案善生經第三云：出家菩薩，若畜出家弟子，先當教告不放逸法。受苦樂時，常當共俱。設其窮乏，有所須者，六物之外，有不應惜。病時，當為求覓所須。瞻病之時，不應生厭。若自無物，應四出求。求不能得，貸三寶物，差已依俗十倍償之。如波斯匿國之正法。若不能償，復當教言：『汝今多負三寶之物，不能得償，應當勤修道，得須陀洹果，乃至羅漢果。若能至心發菩提心，若教千人於佛法中生清淨信，若壞一人慇重邪見，出家菩薩能教在家如是等事，是師、弟子二人俱得無量利。（述曰：）謂隨一事，非是俱作。」（六六六頁下）【案】優婆塞經卷三，一〇四六頁下。

〔一一〕**餘不病者，理無輒貸，與律不同** 資持卷中一下：「『餘『下，準判。以彼病者，尚須倍還，況不病者！不開明矣。『與』下，和會經律開制，極成相反，於義可疑，在文有妨。彼經云：出家菩薩若畜出家弟子，先當教告，令不放逸。若闕所須，病時當為求覓。若自無，應貸三寶物。若差，十倍還之。以出家弟子，猶通道俗，故云文似也。」（二八一頁上）鈔批卷一五：「謂此經與上十誦不同。十誦開貸計直輸還，不言倍數也。」（六六六頁下）

〔一二〕**疑是俗中二眾，文似出家五眾** 簡正卷一〇：「謂若令十倍還之，於義太急，疑是俗人貸三寶物。文云：差已，依俗十倍還之。若據經文，又云：畜出家弟子，又似出家五眾。今抄引文意：若也不滿，慎莫貸之，若病貸之，依律還直也。」（六三七頁上）

〔一三〕**若有施佛牛奴，不得受用及賣易之** 資持卷中一下：「論作得受使用，言為佛

受用也。今變其語，云『不得』者，遮餘人也。」（二八一頁上）

〔一四〕畜寶戒　簡正卷一○：「文云：有軍器令打破，不許賣，恐為惡用。比丘之法，應勸斷惡也，樂器得賣不得用也。」（六三七頁上）【案】「畜寶戒」，文見「三十捨墮」之十九。

　　第四，瞻待道俗法〔一〕

　　四分〔二〕：優波離至一住處，不迎接故，當日還出。佛言：若知法、知律、知摩夷〔三〕者，凡至所在，皆應迎逆，供給飲食等。亦不言「現前」「四方」僧物。準與知事人衣，是「十方現前」物〔四〕，故知非是「四方常住」物也。十誦云：以此人替補我處，故須供給〔五〕。

　　五分：若白衣入寺，僧不與食，便起嫌心〔六〕。佛言：「應與；」便持惡器，盛食與之，又生嫌心。佛言：「以好器與之。」此謂悠悠俗人見僧過者〔七〕。若在家二眾及識達俗士，須說福食難消〔八〕，非為慳吝。如眾網法中說〔九〕。

　　十誦〔一○〕：供給國王大臣薪火燈燭，聽輒用十九錢，不須白僧〔一一〕；若更索者，白僧給之。惡賊來至，隨時將擬，不限多少〔一二〕。僧祇：若惡賊、檀越、工匠乃至國王、大臣，有力能損益〔一三〕者，應與飲食。多論云：能損者與之，有益者不合，即是汙家〔一四〕。若彼此知法，如律亦得〔一五〕。廣如二篇下說〔一六〕。

　　十誦：病人索僧貴藥，聽與兩錢半價〔一七〕。

　　善見，瞻待淨人法：若分番上下者，當上與衣食，下番不得〔一八〕；長使者，供給衣食〔一九〕。

　　十誦：客作人雇得全日，卒遇難緣，不得如契〔二○〕者，佛令量工與之。準於俗法〔二一〕，從旦至中前有難事者，給食一頓，不與作直；中後已去，有難不役，則給全日作工。又，須準佛語〔二二〕，量其功勞，看其勤惰。雖復役經半日，而工敵〔二三〕全夫者，亦與本價。必墮者，亦減。

　　餘廣有僧食通局，如上卷中〔二四〕。

【校釋】

〔一〕瞻待道俗法　鈔批卷一五：「此文來意，且明用僧物看待道俗，應不應義。若接遇方法，下卷自立一篇，專明主客相待事也。」（六六六頁下）【案】本節分二：初，「四分」下，引教六種；二、「餘廣」下。

．

〔二〕**四分**　鈔科卷中一：「初，道人。」（五四頁下）簡正卷一○：「律明憂波離至
一住處，不瞻待，即日出。諸比丘白佛，言：『若知法等，應半由旬迎等。若
不爾者，如法治。』所言知法者，善修多羅；知律者，善毗尼。」（六三七頁
上）【案】本節分三：四分卷三六，八二五頁下。

〔三〕**摩夷**　鈔批卷一五：「立云：『摩夷』，梵音，此翻『理本』，謂此比丘明達阿毗
曇藏，故得用於僧物而支待也。」（六六七頁上）

〔四〕**準與知事人衣，是「十方現前」物**　資持卷中一下：「『準』下，例決。律中，
查婆為僧知事，僧以『十方現前』所得衣賞之。」（二八一頁上）鈔批卷一五：
「明用僧物供待三藏比丘，不知定用十方常住僧物、為用現前僧物？鈔意准
償知事比丘衣，但得將十方現前僧物，以羯磨攝入現前，故作白和與。今供給
知法人者，亦准此也，應是十方現前僧物。」（六六七頁上）【案】四分卷一
八，六八六頁下。

〔五〕**以此人替補我處，故須供給**　資持卷中一下：「『十誦』下，顯意。『此人』即
上知法等。」（二八一頁上）鈔批卷一五：「謂三藏比丘能宣佛教，代佛說法，
益利眾生，故云替補我處。所以經云『宣揚助法化』，此應合明與尼食得不。
多論第七『與尼衣戒』云：乃至一餅一果，皆突吉羅。除打犍椎，眾次第與
食，不犯。」（六六七頁上）簡正卷一○：「替我處者，謂人弘教，與佛不別。」
（六三七頁上）【案】「宣揚助法化」，見鳩摩羅什譯妙法蓮華經卷第三。十誦
卷二二，一五九頁下。

〔六〕**若白衣入寺，僧不與食，便起嫌心**　鈔科卷中一：「『五』下，白衣。」（五四
頁下）簡正卷一○：「五分中，初時，凡有食都不與（六三七頁上）白衣，彼
遂譏言：『沙門且解受人物，不解行施於他。』以此白佛。佛言：『應與客
食。』諸比丘乃著手中，不將器與彼。又慊，言者：『比丘以小兒意看我。』
佛（原注：『佛』下疑脫『言』字。）：『應將器貯食與之。』諸比丘又將麤破
器與，又生嫌。佛言：『與好器。』」（六三七頁下）【案】五分卷一八，一二三
頁中。

〔七〕**此謂悠悠俗人見僧過者**　資持卷中一下：「『此』下，義決。初指前文，且據無
信。悠悠謂遠離三寶無所歸者。」（二八一頁上）簡正卷一○：「此是游游之
人，覓僧過耳。」（六三七頁下）

〔八〕**若在家二眾及識達俗士，須說福食難消**　資持卷中一下：「『若』下，次，明有
信。『福食』謂檀越求福施眾僧故。」（二八一頁上）簡正卷一○：「在家二眾

者，受五、八戒者。識達俗士，雖不受戒，亦信知佛法，有於鑒識之類。」（六三七頁下）

〔九〕**如眾網法中說**　簡正卷一〇：「與說法示因果等。」（六三七頁下）

〔一〇〕**十誦**　鈔科卷中一：「『十』下，王臣等人。」（五四頁下）資持卷中一下：「引士誦明用分齊。」（二八一頁上）【案】士誦卷三四，二五〇頁上。

〔一一〕**供給國王大臣薪火燈燭，聽輒用十九錢，不須白僧**　資持卷中一下：「初，給王臣。十九錢者，彼土大銅錢，一當十六，當今三百也。」（二八一頁上）鈔批卷一五：「案十誦云：有時眾多王臣數數詣竹園房舍觀看。若來時索食、薪火、燈燭。若與，畏犯；不與，懼作損患。不知云何，以是白佛。佛言：『應立分處人。立分處人已，不白眾僧，得與十九錢供給。若更須者，白僧竟與。』立云：此據古大銅錢，一个當今十六錢也，合成三百四文。濟云：高僧傳中，周武帝當時與姚道安法師相看極好。其道安慈孝，常負其老母遊方聽學，供給所須。周武知其孝行，勸令還俗，言取為宰相。安不從之。周武曾幸房，安以席地，令帝坐，下食設之。帝王舉筋噉，即語安曰：『朕聞，常住僧食不合飡之，法師今日如何以罪相加？』安曰：『惡王盜賊，教亦開聽。』帝曰：『乃將朕處賊盜之流。』遂不食也。」（六六七頁下）

〔一二〕**惡賊來至，隨時將擬，不限多少**　資持卷中一下：「明賊難不可約數。」（二八一頁上）簡正卷一〇：「士誦云：有賊從知食比丘索，不與。言『為僧辨此食，不為汝等』。便搥比丘，手腳折兼腰斷。諸比丘白佛。（原注：『言』上疑脫『佛』字。）言：『若有如是怖畏處，少乞少與，半乞半與，多乞多與，都乞總與。莫與此緣，招於損命等。』」（六三七頁下）扶桑記：「將擬：謂纔將少物擬彼也。若彼忍恕則止；與已若尚不忍，更又加與，但以彼意止為限，故不限多少。」（一七九頁下）

〔一三〕**有力能損益**　簡正卷一〇：「祇云：損益俱聽與食。損，謂賊來詣寺，索種種飲食。若不與者，或便燒卻寺等。（云云。）益者，若治僧坊，匠工、畫人，及料理眾僧（六三七頁下）物者。應與前食、後食及非時漿等。若王及大勢者，應與飲食，不名為盜也。」（六三八頁上）資持卷中一下：「僧祇中通列五人，上三可解。下示王臣，須論勢力，必無力者，應非所開。」（二八一頁上）【案】僧祇卷三，二五二頁上。

〔一四〕**能損者與之，有益者不合，即是汙家**　資持卷中一下：「『多』下，引決。由上律云損益皆與。既是有益，理不當與，在文不了，故續決之。」（二八一頁上）

簡正卷一〇：「多論有益不合者，與祇不同。即是污家者，如下『污家戒』引多論云：以信施物與白衣故，即破前平等之心，又是倒亂佛法等。」（六三八頁上）【案】薩婆多卷四，五二四頁下。

〔一五〕若彼此知法，如律亦得　資持卷中一下：「『若』下，通上律意，俗知僧物難消，必無虛受。僧知污家非法，必無妄與。但有緣須給，微亦通之。十誦通開，諒在於此。」（二八一頁上）鈔批卷一五：「立謂：道俗相望名為『彼此』。謂僧既明閑聖教，俗又識知罪福，知其事不獲已而與，不壞俗信，情合與食，不名污家。」（六六七頁下）簡正卷一〇：「道俗相望為『彼此』。道俗知懷妊女人，及信心檀越，在獄中等，得與也。俗知法者，謂知我不合得他師僧之物，奈何窮尼比丘將來，蓋事不獲已且受，或可後倍更填償等。」（六三八頁上）

〔一六〕廣如二篇下說　資持卷中一下：「即下僧殘污家戒也。彼云：父母、病人、牢獄繫閉等，不犯。」（二八一頁上）

〔一七〕病人索僧貴藥，聽與兩錢半價　鈔科卷中一：「『十』下，病人。」（五四頁下）資持卷中一下：「兩錢半即今四十。準前應是齊此，（二八一頁上）不須白僧耳。」（二八一頁中）鈔批卷一五：「立云：亦據古大銅錢也。濟云：外國多用金錢銀（原注：『銀』下疑脫『錢』字。），不妨是金銀錢也。」（六六八頁上）【案】十誦卷三四，二四九頁中。

〔一八〕若分番上下者，當上與衣食，下番不得　鈔科卷中一：「『善』下，淨人。」（五四頁下）資持卷中一下：「淨人中，二：短作分番，長使通結。」（二八一頁中）簡正卷一〇：「謂無功勞也。」（六三八頁上）【案】善見卷一五，七七六頁下。

〔一九〕長使者，供給衣食　簡正卷一〇：「長使者，有功故制也。」（六三八頁上）【案】善見卷一五，七七六頁下。

〔二〇〕契　鈔科卷中一：「『十』下，作人。」（五四頁下）資持卷中一下：「契，即約也。」（二八一頁中）【案】十誦卷四八，三四九頁下。

〔二一〕準於俗法　資持卷中一下：「準俗法，約中前後。」（二八一頁中）

〔二二〕又須準佛語，量其功勞　資持卷中一下：「『又』下，準上律文，量功勤墮。」（二八一頁中）

〔二三〕敵　【案】底本為「故」，據大正藏本、敦煌甲本、敦煌乙本、敦煌丙本及弘一校注改。

〔二四〕如上卷中　鈔批卷一五：「如僧網大綱篇中具說所以也。」（六六八頁上）

大門第二，盜人物〔一〕中

由定有主，故望二主結〔二〕：一、損正主，二、損護主。

就正主物，要有三句：一、有我所心，有守護〔三〕——如匱中縣絹、財物等；二、有我所心，無守護〔四〕——田中五穀是；三、無我所心，無守護〔五〕——地中伏藏是。若盜此三，並損正主，結罪〔六〕。就守護主，二句不同〔七〕：一、有我所心，別守護〔八〕——如僧可分物，令人守掌者；二、無我所心，別守護〔九〕——如關頭奪得禁物，及比丘失物，為官奪得〔一〇〕。盜得此物，望守護結。

今總二主，分為七種〔一一〕：

一、掌護損失主〔一二〕

善見云〔一三〕：比丘為他別人，乃至三寶，守護財物。若謹慎掌護，堅鎖藏戶〔一四〕，而賊比丘從孔中、屋中竊取，或逼迫強取，非是護主能禁之限者，望本主結罪，不合徵守物人。若徵，犯重。若主常懈慢，不勤掌錄，為賊所偷者，守物比丘必須償之，不望本主〔一五〕；若不還者，守護結犯〔一六〕。

二、寄附〔一七〕損失主

十誦〔一八〕：有比丘遠處寄物，著道損破。佛言：若好心捉破者，不應償〔一九〕；惡心破者，須償。比丘寄居士物，不好看故，失者應索取〔二〇〕。若寄居士物，居士寄比丘物，如上二說〔二一〕。若借他物者，不問好惡二心，若損，一切須償〔二二〕。

今有為他洗瓶鉢，及誤破失者，並多索償，隨滿五結重〔二三〕。

三、被盜物主〔二四〕

十誦：若眾中失物者，眾主不得為其撿挍〔二五〕，及以投竄、誦呪而取〔二六〕。

義張二位〔二七〕：

一不現前盜。物主護心義弱〔二八〕，取者得想決徹。主雖有心不捨，後見此物，不得奪取。以離地屬賊義成，若奪犯重。故律云：時有比丘，奪劫者物，佛言波羅夷〔二九〕。僧祇〔三〇〕，面不現前：一、本主不捨〔三一〕，二、奪者未作得想〔三二〕，後得奪取；反上二緣，奪得重罪〔三三〕。縱自心不捨，前人決定，取者正成盜損，不得奪之〔三四〕。若先捨者，無主物故，亦不合奪，舉離屬於後取〔三五〕。

二對面現前奪〔三六〕。由守護義強，奪者猶預，得想未定〔三七〕。本主心弱，而未捨者，亦得追奪〔三八〕。僧祇〔三九〕：賊奪物去，比丘逐賊，奪得本物，無犯〔四〇〕。又，闇逐賊，彼藏物去，比丘即取將來〔四一〕。又，賊漸近村落，比丘逐賊，若和喻得，若恐嚇得，無犯〔四二〕。知有死事〔四三〕，不應告人。如上諸句，皆是對面被劫〔四四〕。若已作失想，不問奪者決定不決定〔四五〕，後還取者，便為賊復奪賊物，並由決屬賊故〔四六〕。縱不失想，而賊心決取無畏，亦是屬賊，不合追奪〔四七〕。毗奈耶云〔四八〕：若失物，官人奪得還比丘者，得取，無犯。準此，面不現前，乃至盜金像等，雖知藏處，亦不合取〔四九〕。十誦：若比丘為賊所獲，自偷身賊所，無犯〔五〇〕；若師奪弟子，將來，得重〔五一〕。

四、賊施比丘物主

十誦：賊偷物來，或好心施，或因他逐，恐怖故施，得取此物〔五二〕；莫從賊乞〔五三〕。自與者，得取之；取已，染懷色而著。有主識者，若索，還他。若賊比丘邊買得衣〔五四〕者，本主見衣，不得直奪，應還本直。

今或有偷三寶物〔五五〕，及以金銀經像，毀成器鋌，而乞比丘者，若準上文，應得受之。據理，已曾經佛受用，但可取之，依本處用〔五六〕。

五、收囚縛賊主〔五七〕

僧祇：官未收錄，未抄物名字，而寄附比丘者，得取〔五八〕。若已收錄者，不得〔五九〕。若云「施佛、塔、僧」者，得取〔六〇〕，露現持出〔六一〕，不得覆藏。若有問者，言：佛物、僧物、我物〔六二〕；若不許者，還之。

六、狂人施物主

摩得伽云〔六三〕：若狂人自持物施，不知父母親眷者，比丘得取；若父母可知，不自手與，不可取〔六四〕。

七、守視人作主〔六五〕

善見云〔六六〕：偷人無罪者，謂主人兒落度〔六七〕，父母所遣；若父母死〔六八〕，若負債等，將去者無罪〔六九〕。準此，私度王稅人，有福無罪〔七〇〕。盜奴，犯重〔七一〕。十誦：有守邏人與比丘衣，疑，不知成主不〔七二〕。佛言但隨施者受之。不合從乞。四分：他守視人，與比丘衣物〔七三〕，佛言：此即是主，得受。所以不合從乞〔七四〕，以物是別主。若受語而施，

即教他盜物故也。

　　明了論中，盜義極多〔七五〕。

　　且約眼、耳、鼻、舌、身、心，於六塵起不如法行〔七六〕，或犯重，或犯輕〔七七〕。若人食毒〔七八〕，或為蛇螫，犯如此罪〔七九〕。若人偷地、水、火、風、空等界，亦犯波羅夷，悉從盜戒判〔八〇〕。解云〔八一〕：有諸仙人，是胸行蛇、毒藥師，作仙人書字，見者皆愈〔八二〕。欲見者，須價〔八三〕直。比丘被害，偷看之，計直犯重。乃至他人學得，偷看亦爾〔八四〕。祕書疏等，偷看準此〔八五〕。若誦呪治病〔八六〕，欲學須直，比丘密聽，計直得重。偷齅、嘗、觸，亦如是知〔八七〕。若祕方要術〔八八〕，病者心緣即差，得直方示，得直聽寫；比丘受法就師，心緣得差，不與價直〔八九〕，故犯重也。次約六界〔九〇〕，前三可知。有呪扇藥塗，比丘偷搖，不與價直〔九一〕。若起閣，臨他空界，妨他起造，即名盜空〔九二〕。論云「等」者，等於識界〔九三〕。智慧屬識，人有伎倆，不空度他，須與價直。比丘方便，就彼學得，不與價直，即是盜識。謂盜智用〔九四〕。

　　自外諸緣，不可錄盡。但知「非理」「損財」解盜，無義不收〔九五〕。廣如戒本疏說〔九六〕。

【校釋】

〔一〕盜人物　資持卷中一下：「盜人中，通收道俗。」（二八一頁中）【案】「盜人物」文分為三：初，「由定」下總分。二、「就正」下別釋。三、「自外」下結指。初又分二：初，「由定」下；二，「明了」下。

〔二〕由定有主故，望二主結　資持卷中一下：「『正主』即是物主，損彼物故。『護主』即看守人，雖非彼物，失必填償，還成損護故。」（二八一頁中）簡正卷一〇：「謂由是人故有主，非正則護。今盜此物，望二結故。下列名字，一正、二護也。」（六三八頁下）

〔三〕有我所心，有守護　鈔批卷一五：「立謂：計是我物，名為有我所心。」（六六八頁上）簡正卷一〇：「計物是我所有也。我自守護掌，是有守護。抄下自舉物境，如櫃中綿等。」（六三八頁下）

〔四〕有我所心，無守護　鈔批卷一五：「立謂：如張、王家，各計是我田，但自無人守護。」（六六八頁上）資持卷中一下：「非無人守，謂此物不可藏貯故。」（二八一頁中）

〔五〕無我所心，無守護　資持卷中一下：「此望不知心不繫故，據此合有無我所心

有守護。此句見下文。」（二八一頁中）鈔批卷一五：「立謂：以無人知有此物，又無人護。今若盜者，直望藏處地主結罪，以藏屬地主故。又，有解望國王結罪也。」（六六八頁上）簡正卷一〇：「伏藏者，玄記引俗、僧二律，三藏（【案】『藏』疑『義』。）斷之：一、准士、見，若三寶地中得，約地為主斷。二、若是百姓地者，准律，藏刀刃異器，合屬國家，若金銀等即屬百姓。縱有古人名字，亦不合屬銘為主。三、若空山野澤中，是我所心無守護，正是無主物，取之無犯。今無心無守護者，非是第三無主之物，是其前二有主地上，約前人埋藏。其人已死，是無我所心，後人不知，是無守護主也。」（六三八頁下）

〔六〕**若盜此三，並損正主，結罪**　資持卷中一下：「『若』下，總判犯相。後二句中，上句僧物各有己分，故有我所。下句，官物不屬於己，故無我所。」（二八一頁中）【案】後二句，即「有我所心」和「無我所心」二句。

〔七〕**就守護主，二句不同**　鈔科卷中一：「『就』下二句，望護主。」（五四頁下）簡正卷一〇：「如現前可分物，謂是夏竟賞勞衣等。人人各計有分，故云有我所心。且令一人掌，故曰別守護。若比丘盜此物，望護主結重。」（六三八頁下）

〔八〕**有我所心，別守護**　鈔批卷一五：「立謂：如現前可分物，即夏竟賞勞衣等，人人各計有分，故曰有我所心。且令一人守掌，故曰別守護。若比丘盜此物，望護主結夷。」（六六八頁上）

〔九〕**無我所心，別守護**　鈔批卷一四：「立謂：如關鎮上，奪得違勅非法之物，（六六八頁上）前人既捨，是無我所心。關令既掌錄，名為別守護。比丘若盜此物，望關令結罪。又如比丘失物，官人為比丘於賊處奪得。失物比丘其心已絕，賊既被捉，心又復絕，是物名無我所心，官人則是別守護。今若有比丘，盜此物者，亦望官人邊，結重罪也。」（六六八頁下）

〔一〇〕**如關頭奪得禁物，及比丘失物，為官奪得**　資持卷中一下：「關，謂界上門也。『盜』下，總判可解。」（二八一頁中）簡正卷一〇：「謂為違勅非法之物，本主於此物已斷心，（六三八頁下）是無我所心，關官掌錄，名別守護。又如比丘失物，心斷故，亦名無我所心。官從賊邊奪得掌錄，名別守護。今盜此物，皆望守護人結重，引約心斷邊說，名無我所心也。古記不達，妄非鈔文。」（六三九頁上）

〔一一〕**今總二主，分為七種**　鈔科卷中一：「『今』下，分二主以辨相。」（五四頁中）

資持卷中一下：「前二約護主而兼本主，後五並本主亦通護主。」（二八一頁中）

〔一二〕掌護損失主　簡正卷一〇：「『賞』字，大德云：翻譯時錯書為『賞』字，今作『掌』字，即掌錄守護也。若准玄記云：償（『常』音，『式掌』反。）有二義：一、目瞻曰賞，以目瞻護於物；二、酬功曰賞，謂作事有功，以物賞睞。今二中，是初義也。」（六三九頁上）

〔一三〕善見云　資持卷中一下：「善見文為二：前明護主謹慎，則損本主，以無陪償理故；『若主』下，次明護主懈慢，則損護主，以須償故。」（二八一頁中）簡正卷一〇：「善見等，有兩段文。前段，約守護人，懃懃為守，不意被賊比丘穿墻孔穴竊之；或可對面奪，持杖劫奪，固非守護之限，即前盜者，卻望正主邊重，不望守護人。又，正主不合徵他，守護人物填備，以非情過故。若徵他物入手，本主犯重。第二段，即據守護人不勤掌護，致被偷盜。」（六三九頁上）【案】資持釋文中「若主下」即「若主常懈慢」下。

〔一四〕若謹慎掌護，堅鎖藏戶　鈔批卷一五：「謂堅牢鎖於庫藏門戶也。以守護既強，雖失此物，不償本主。今若比丘盜者，無損護主之理，但損本主，故望本主而結罪也。」（六六八頁下）

〔一五〕若主常懈慢，不勤掌錄，為賊所偷者，守物比丘必須償之，不望本主　鈔批卷一五：「此明守護既慢，失物已後，須償本主，今云（原注：『云』疑『若』。）盜者，便是損其護主，故望護主結罪。礪云：此上或望本主結，或望護主結，不得望於二主，雙結二罪。以其財無二屬，義無並損故也。」（六六八頁下）

〔一六〕若不還者，守護結犯　鈔批卷一五：「此謂護主既慢，須填本主。不者，結護主罪。」（六六八頁下）簡正卷一〇：「盜者，望守護人結犯，不望正主。其守護人，須依教填償。若不填他，守護人犯重。文中償字，（音『上』。）又，相疏云：已上二主，若望正，則不望護；若望護，則不望正主。不得通二主結犯，以財無二屬，罪不雙結也。」（六三九頁上）

〔一七〕付　簡正卷一〇：「鈔文作『付』字者，大德云：此亦是翻譯時抄寫錯也。」（六三九頁下）【案】從本處及鈔文他處，可見簡正所用版本與此不同。

〔一八〕十誦　鈔科卷中一：「初，正明寄附。」（五四頁中）資持卷中一下：「十誦二段：初，明寄附；『若借』下，二、明假借。」（二八一頁中）簡正卷一〇：「十誦等者，鈔文具出十誦四句：比丘寄比丘物與比丘；二、比丘寄居士物與比丘；三、比丘寄居士物與居士；四、居士寄比丘物與比丘。據十誦二十七緣

中，六群比丘與比丘為友。是比丘寄一鉢與六群，其人於路實勤掌護，偶悮打破，後見六群具說本緣。六群言：『汝鉢破否？』答：『我鉢不破。』六群苦就彼徵償彼徵償（原注：『彼』等三字疑剩。）。彼以白佛。佛言：『悮打破，不須償。若惡心破，取。』（釋初句了。）」（六三九頁下）【案】資持釋文中「若借下」即「若借他物者」下。

〔一九〕若好心捉破者，不應償　資持卷中一下：「初中。前明比丘受他寄物，則觀己心好惡，論償不償。『促』（【案】『促』疑『捉』。）字，律本作『投』字，傳寫之誤。」（二八一頁中）【案】十誦卷四八，三五一頁中～下。

〔二〇〕比丘寄居士物，不好看故失者，應索取　資持卷中一下：「次明比丘以物寄俗，則觀他心謹慢，論索不索。」（二八一頁中）簡正卷一〇：「謂比丘將物寄此居士，與餘居士也。」（六三九頁下）【案】十誦卷六一，四六七頁下。

〔二一〕若寄居士物，居士寄比丘物，如上二說　資持卷中一下：「『若寄』下，指例。初句，即居士受寄比丘物，例同前段償不償也。次句，即居士以物寄比丘，例同後段索不索也。二句同前，故指『如上』。」（二八一頁中）鈔批卷一五：「立謂：若好心誤損，不合索償。若惡心故損，應須索取。一是好心，一是惡心，名為二說。皆謂將物寄他處，他損之時，他有好、惡二心，故有索、不索兩別。」（六六八頁下）簡正卷一〇：「如上二說者，謂好心不須償是一說，惡心須償是二說。若借（入聲）他物，理合償他，不管好惡二心也。」（六三九頁下）

〔二二〕若借他物者，不問好惡二心，若損，一切須償　資持卷中一下：「假借中。既借他物，有損必償，恐濫寄附，故特標簡。」（二八一頁中）

〔二三〕誤破失者，並多索償，隨滿五結重　鈔科卷中一：「『今』下，斥世非法。」（五四頁中）資持卷中一下：「言誤破失者，明是好心，逼索成盜。今多有之，不知教故。」（二八一頁中）【案】底本無「五」，據敦煌甲本、敦煌乙本、敦煌丙本加。

〔二四〕被盜物主　資持卷中一下：「被盜物主者，此正對本主也。」（二八一頁中）【案】「被盜物主」文分為二：初，「十誦」下；次，「義張」下。

〔二五〕若眾中失物者，眾主不得為其撿挍　鈔科卷中一：「初，明檢校。」（五四頁中）資持卷中一下：「所以不得者，恐奪賊物反成盜故。」（二八一頁中）【案】十誦卷三九，二八六頁上。文明盜相為二，即下文所言「不現前盜」、「對現前奪」。

〔二六〕**及以投竄、誦呪而取** 資持卷中一下：「投竄者，古云：空其一室，夜暗，令眾人過投物於中。（二八一頁中）竄，即放也。誦呪者，世有呪術能獲盜者，卜筮、擲筊，義同不合。」（二八一頁中）鈔批卷一五：「案十誦三十九云：時六群誘他弟子。此六群各呪誓言：『我若誘汝弟子者，作佛呪、法呪、僧呪。』佛言：『從今比丘不得自呪、不得他呪，犯吉羅。』後文即言。爾時六群比丘失衣鉢，語諸比丘言：『我失衣鉢，當共投竄。』時諸比丘各各思惟，不知云何。白佛。佛言：『從今不得自投竄，亦不得令他投竄。若自作、令他作者，吉羅。何以故？呪與投竄一種故。』（已上律文）賓云：故知但是他呪之類不勞異釋。立云：竄者，玉篇云：藏也，匿也。景云：眾主失物，眾主不得令他方便投竄出也。和上云：投竄者，明其眾主於大眾中放言云：『我知有人盜，我識此人，我未忍道名字耳。若盜物者，可夜中方便竄著某處。』其賊恐怖，夜中竄著某處，令人投得其物者，眾主結罪。策云：古人解中，既失物，即令眾人夜暗中各各盡將房中所有衣物，集一空房中，至明且（【案】『且』疑『日』。），令眾人各各自認取己物，意令賊者夜竄將出。（六六九頁上）明旦，既各認己物，必長所失之物。如是知誰盜者，故曰投竄。言誦呪而取者，立謂：其人盜物藏訖，其眾主及失物人，或自誦呪，或令他誦呪，使呪神往彼物處取來也。今時人失物作誓深（【案】『深』疑『探』。）油者，此是相詃也。其鑊底著水，上安油，微著少火，水繞煖，其油似沸，將手探之，水猶不熱，意可見也。」（六六九頁下）

〔二七〕**義張二位** 鈔科卷中一：「『義』下，示盜相。」（五五頁中）資持卷中一下：「義張者，諸律非無盜奪之文，而無現、不現前結犯之相，故以義分，意令易解。」（二八一頁下）鈔批卷一五：「一、是不現前，二、是對面現前也。」（六六九頁下）簡正卷一○：「玄云：此是古來願師之義。」（六四○頁上）

〔二八〕**物主護心義弱** 資持卷中一下：「初文但約盜者，決與不決，定犯不犯。」（二八一頁下）簡正卷一○：「謂物在別處，不對比丘面前盜之。此約取者心決徹，失者不知，都無追物之心，即護心義弱，未作失意。是主於物有心，謂在庫中，心本未捨，後別處見此物，即不得奪取，此物離地。彼已結正，屬賊之義已成也。」（六四○頁上）鈔批卷一五：「如盜田中五穀，及暗中盜物者是也。」（六六九頁下）

〔二九〕**時有比丘，奪劫者物，佛言波羅夷** 資持卷中一下：「『劫』，合云『盜』，恐是寫訛。」（二八一頁下）簡正卷一○：「祇中，有比丘衣被賊，不知失物，即即

（原注：『即』疑『是』。）不對面盜。又，律調部云：時有比丘，他盜取物，而奪彼盜者物疑。佛言波羅夷。」（六四〇頁上）【案】四分卷五五，九七六頁下。

〔三〇〕僧祇　資持卷中一下：「僧祇三斷奪並成重。」（二八一頁下）簡正卷一〇：「祇律有四句：初，明主不捨，賊未作得想；二、『反上二』下，主捨，賊作得想；三、『縱自心』下，主不捨，賊作得想；四、『若無捨』下，主捨，賊未作得想。」（六四〇頁上）

〔三一〕本主不捨　資持卷中一下：「初，約彼此『得』『捨』二心。」（二八一頁下）

〔三二〕奪者未作得想　資持卷中一下：「奪者，亦合云盜者。」（二八一頁下）簡正卷一〇：「已上兩處，取捨未成，奪取不犯。」（六四一頁上）

〔三三〕反上二緣，奪得重罪　鈔批卷一五：「立謂：上明本主不捨，奪者未作得想。今反此句，一則本主已捨，二則奪者已作得想，故曰也。」（六六九頁下）簡正卷一〇：「主已捨，賊已作得心，一向不合奪也。」（六四〇頁下）

〔三四〕縱自心不捨，前人決定，取者，正成盜損，不得奪之　資持卷中一下：「『縱』下，二單。據盜者得心，不取主心。」（二八一頁下）簡正卷一〇：「盜者已作，得物心成，不得奪也，故彼律第三句不現前盜。四句之中，能盜比丘並結夷重。文云：有客比丘晨發出，遺忘衣鉢。時四（原注：『四』疑『舊』。）住人按行房舍，見此衣鉢，便生盜心，移向一處覆藏。此既有盜心，又舉離本處，即結夷也。更有異比丘尋至，見此衣鉢，又生盜心，復移安別處，亦結夷重等。（已上律也。）今准此意，若未屬賊，云何結夷？文既結夷，故知前人是決定取，何假物主生於捨意？故云縱自心不捨等。（云云。）祇律後文云：時彼衣物主行至前程，忽然憶得，還反取物，取得無罪。（已上律文。）古記多引此句，非於抄文。既云前人決取已結夷定，不用物主作捨心，後見此物，亦不合奪。今此律文，衣主亦不作捨心，返來將去，並皆不犯，何得有違（原注：『違』疑『違』。）？今和會者，然律據遺忘之物，再來取收，未有一念之心知有人盜取，但作自己物將去，有何犯耶？鈔據自藏舉物人盜取，後物至（原注：『至』疑『主』。下同。）知是賊盜，已作得想，定結夷愆。縱自心不捨，亦不合奪。」（六四一頁上）

〔三五〕若先捨者，無主物故，亦不合奪，舉離屬於後取　資持卷中一下：「『若』下，三單。約本主捨心，不論盜心。謂於己物作棄捨意，縱今不捨，以先捨故，亦不可奪。屬後取者，即能盜也。」（二八一頁下）簡正卷一〇：「第四句者，謂

有賊比丘物（六四〇頁下）將去，比丘心絕。賊於前路或被味，或為人趁捉，放物而去。物至（【案】『至』疑『主』。）與賊，二人於物，二俱無心，此物冥然是無主境。後仁收得此物，舉離於地，即屬後取之人。本主比丘，於後人邊奪取，正成犯重，故不許也。」（六四一頁上）

〔三六〕**對面現前奪**　鈔科卷中一：「初，可奪。」（五四頁下）簡正卷一〇：「謂賊對面而劫奪去，故云對面現前奪也。」（六四一頁上）【案】對面奪文分為二：初，「由守」下；次，「若已」下。

〔三七〕**由守護義強，奪者猶預，得想未定**　資持卷中一下：「初文，前明可奪之意。『猶』字去呼。」（二八一頁下）簡正卷一〇：「謂物直（原注：『直』疑『主』。）有心守護此物，故曰義強。」（六四一頁上）

〔三八〕**本主心弱，而未捨者，亦得追奪**　資持卷中一下：「『本』下，釋疑。恐謂護弱不可奪，故準此不問強弱。但心不捨，皆可奪之。」（二八一頁下）簡正卷一〇：「奪物之者，既對直（原注：『直』疑『主』。）奪，雖得物入手，心中猶豫，恐後卻被奪等。是以未作決徹得相，本主物被奪去，半作得心，而未全捨，故云心弱未捨。若如此心，亦得奪也。」（六四一頁上）

〔三九〕**僧祇**　資持卷中一下：「僧祇，初引句有三：初句直奪，二、即自取，三、即言教。」（二八一頁下）簡正卷一〇：「義分為二：初，律三句之文證成；二、『如上』，總結三句，想心得、不得之相。」（六四一頁上）

〔四〇〕**賊奪物去，比丘逐賊，奪得本物，無犯**　簡正卷一〇：「彼云：時有比丘在道行被賊劫，諸比丘自相謂曰：『今此賊少，我等人多，當共本（原注：『本』字疑剩。）併力，還取本物。』便捉塼石逐賊。比丘遙罵弊賊：『我等雖剃除鬚髮，汝今將謂我兩手也剃卻耶！』時賊恐怖，便放衣鉢，各自散去。彼比丘既未作失想，還取本物，無罪。若已作失想而還取者，便成賊，奪賊物。今抄將已作失想，向後總結三句也。」（六四一頁上）

〔四一〕**闇逐賊，彼藏物去，比丘即取將來**　簡正卷一〇：「有比丘道行，為賊所劫，失衣鉢（六四一頁上）已，入林中藏。時賊思惟：『我伴儻多，其物又少，寧可更求相添分也。』即藏衣鉢覆著一處。爾時，比丘見已，伺彼去後，便取衣鉢。是比丘若元心不作捨意，得取無犯；若作絕心，即不合取；若取，亦成賊奪賊物，滿五成重也。文中言『闇』者，謂隱於身，不令賊見，非謂夜黑名闇也。」（六四一頁下）鈔批卷一五：「立謂：賊盜將物去，比丘逐後趁賊，賊將此物藏著草中。又，比丘當時逐後而趁，心令不捨，賊去已後，比丘草中將

還。佛言不犯。由彼此心，得失俱未決故。案祇律第三云：諸比丘失衣鉢已，入林中藏。時賊即藏衣鉢，覆著一處，更劫餘人。比丘見藏，伺賊去。是比丘若先不作失想，還取無罪。若作失想，便為賊復奪賊物。又，比丘被劫，賊將衣鉢順道而去。諸比丘隨後遙望，追之不止。漸至聚落，語賊言：『出家人仰他活命，汝等何用此衣鉢為？』如是，得者無罪。（鈔取意，云若『和喻』取。）若賊罵言：『已乞汝命，何敢復來？』比丘念言：『已近聚落，必不害我。』當恐怖之。語賊言：『我當白王及諸大臣，得者無罪。』賊復嗔言：『欲去任意。若先捉賊，若縛若殺，不應告。若語聚落主，方便慰喻，得者無罪。』」（六七○頁上）【案】僧祇卷三，二五一頁中。

〔四二〕**賊漸近村落，比丘逐賊，若和喻得，若恐嚇得，無犯**　簡正卷一○：「有比丘道行，為賊所劫衣鉢。時賊順道而去，比丘隨後遙望，追之不止，漸近村落，賊便分物。比丘語言：『我出家人，只仰他活，汝可乞我衣鉢等？』賊言：『弊惡沙門，我與汝命由是望，豈合便覓衣。』比丘言：『今近村落，汝害我命，亦不可得。村落中，大臣長者，並是（原注：『是』下疑脫『我』字。）等眷屬門徒。我向彼說汝，汝必被損等。』如此恐怖，賊放物去，比丘取得，不犯。賊若嗔責：『任汝告人，我終不懼，不還汝物。』比丘方便語聚落主，慰喻得物，不犯。若告人令煞害等，即不可也。（已上三句，並約物主，未作捨心，奪取無犯。）」（六四一頁下）鈔批卷一五：「立明：語賊云『努力還我物來。若也不還，當來罪重』等，此曰『和喻』；或復語言『若不還我，我則告官等』，此曰『恐嚇』。」（六七○頁上）【案】僧祇卷第三，二五一頁中。

〔四三〕**知有死事**　資持卷中一下：「謂所盜物至於死刑，恐為人所獲故。」（二八一頁下）

〔四四〕**如上諸句，皆是對面被劫**　簡正卷一○：「謂前祇律，句句皆結，鈔意恐繁，但對此一時，總結上三句也。」（六四二頁上）

〔四五〕**若已作失想，不問奪者決定不決定**　鈔科卷中一：「『若』下，不可奪。」（五四頁下）資持卷中一下：「初科，前明主心決捨，不約賊心。」（二八一頁下）簡正卷一○：「謂直作失想，不論奪者決定不決定，不得奪。此作捨心，賊意決定也。決取無畏，（六四一頁下）抄主據前比丘盜物，明其重罪。今此決取畏無，亦約屬賊義成，縱不失想，亦不合取也。」（六四二頁上）

〔四六〕**便為賊復奪，賊物並由決屬賊故**　鈔批卷一五：「戒疏對此四句分別，皆望二主，心絕以不也。一、若財主已絕，賊主得定，此不可奪，如律賊復奪賊。二、

財主雖定，賊主不定，此則可取，（六七〇頁上）以緣不具故。三、財主遲疑，賊主已定，此不可奪，以緣成故犯重。亮云：此句鈔家斷錯。以與『奪衣戒』中四句相違。彼言與者不決，取者決，犯墮。據此義邊，今奪賊物，失者未定，得者已定，不合犯重。以我未作捨心，奪有何罪？若言彼得已定，奪即重者，三十文中，奪衣四句，第三句，取者決定，與者未定。如何非重而言犯墮？彼既得墮，義容可爾，此斷犯重，終乖道理。若言賊業已成，今我不奪，恐不應理。彼自業成，關我何事而不得奪？如律文中，使人取物，而其使者犯已，豈即今主不得還取？僧祇：藏物，伺去取來，賊豈當時不作得想。若未得想，寧肯舉藏。（指上引祇第三卷也。）賓說也可將此義破輕重儀，（云云。）何問本主？四、俱不定，此則得心不定故，業非通暢故也。」（六七〇頁下）

〔四七〕縱不失想，而賊心決取無畏，亦是屬賊，不合追奪　資持卷中一下：「『縱』下，次明賊心，決取不問主心。此同前斷，但約對面為異。」（二八一頁下）扶桑記：「縱不失想，通釋：現不現二段中，委察義味句法不異，前後各有三句：一本主不作捨心，盜者不作得想者，後得奪。二本主已作捨想，不論盜者得不得想，不得奪。三本主縱不作捨心，盜者決取無畏，亦不得奪，雖前後具齊此三句，但不現中，護心則弱，盜心則強，故律中多不許奪。後對面中，護心則強，盜心則弱，故諸部中多聞奪。此約多分，非不互通，故各得具三句。」（一八〇頁上）

〔四八〕毗奈耶云　資持卷中一下：「引證，有二。毘奈耶中，官奪得取，反明比丘自不合奪。」（二八一頁下）簡正卷一〇：「謂毗奈耶中，既言官奪得，還取無犯，故知官奪義強，賊獲心弱。以強奪弱，比丘卻望官為主取，即不犯也。」（六四二頁上）【案】鼻奈耶卷一，八五四頁中。

〔四九〕面不現前，乃至盜金像等，雖知藏處，亦不合取　資持卷中一下：「『準』下，決通前位。以上文中，官還方取，不還不得，可例知處亦不可取。」（二八一頁下）簡正卷一〇：「准毗奈耶，以強奪弱之義，則知賊心決徹，賊義則強。比丘守護心弱，奪強則不得也。雖知藏處，亦不合取。」（六四二頁上）鈔批卷一五：「立謂：賊偷佛去，得心決定，屬彼義成。比丘雖知處，不得取。」（六七〇頁下）

〔五〇〕若比丘為賊所獲，自偷身賊所，無犯　簡正卷一〇：「戒疏云：弟子已屬賊，是強奪故重也。弟子體是正報，賊約力用則弱。走時強報相逐，弱用隨來，故不犯也。」（六四二頁上）

〔五一〕**若師奪弟子，將來，得重**　資持卷中一下：「弟子屬賊是強，師是弱故。今引此文，但取下犯，以證不可奪耳。」（二八一頁下）扶桑記：「疏云弟子，鈔但云比丘。疏約弟子自偷身賊所，義全是同，故引證之。」（一八〇頁下）【案】十誦卷五八，四二七頁下。

〔五二〕**賊偷物來，或好心施，或因他逐，恐怖故施，得取此物**　鈔科卷中一：「初，別人物。」（五五頁上）資持卷中一下：「十誦中。初，明施與，制不從乞，開取自與。西天可爾，此土國禁，必有取者，雖佛教無違，而世刑可慮。」（二八一頁下）簡正卷一〇：「戒疏云：據理成受，以物非定屬，隨後作主。如似世錢可定屬，隨人隨處，隨用隨定，隨損隨結也。」（六四二頁上）

〔五三〕**莫從賊乞**　簡正卷一〇：「恐前人因乞故盜，即比丘屬能教也。」（六四二頁上）

〔五四〕**若賊比丘邊買得衣**　資持卷中一下：「『若』下，次，明買得。」（二八一頁下）簡正卷一〇：「謂從彼買得衣後衣見。雖知是己物，不直奪，應還直；不還直奪，計錢犯也。」（六四二頁上）

〔五五〕**今或有偷三寶物**　鈔科卷中一：「『今』下，三寶物。」（五五頁上）資持卷中一下：「上文開取不簡所盜，然既知是三寶之物，文雖得受，理不可用，不知應得。」（二八一頁下）簡正卷一〇：「謂本若知是佛物，還將作佛用，僧亦然。不得互。若冥然一不知，即不論也。」（六四二頁上）

〔五六〕**但可取之，依本處用**　資持卷中一下：「依本處者，或本盜處，或但是三寶處，皆可用之。別人之物，縱如來處，賊自為主，不妨受用。」（二八二頁上）鈔批卷一五：「謂若知是佛物，將作佛用，知是僧物，與僧家用。不得互用，及私入己，作餘用也。」（六七〇頁下）

〔五七〕**收囚縛賊主**　資持卷中一下：「謂犯王法，收禁牢獄者。」（二八二頁上）鈔批卷一五：「謂比丘見收囚縛賊之時，聚此賊囚之物，（六七〇頁下）或容犯重故，望此時結罪。此賊囚是物主，故曰也。」（六七一頁上）簡正卷一〇：「祇云：時有大臣犯王法，財物合入官，官遣人守門。時難陀尼乞食，次到其家，婦人語尼言：『阿梨耶，我家犯（六四二頁上）罪，罪應至死，財物入官，願寄少寶嚴飾之具。若我得脫，當相雇直。我若死者，即持相施。』比丘尼與鉢盛，山覆已而出。時守門人見已，問言：『鉢中何物？』而尼不示之。又復咄喚，畏而示之。比丘白佛。佛言：『從此已去，不得覆寶物。』」（六四二頁上）

〔五八〕**官未收錄，未抄物名字，而寄附比丘者，得取**　資持卷中一下：「初，明未收

面寄。言未收錄者，謂官未捉獲。」（二八二頁上）簡正卷一〇：「若犯王法人，未被收錄，寄者得取。」（六四二頁上）

〔五九〕**若已收錄者，不得**　資持卷中一下：「『若已』下，次明已收口囑。」（二八二頁上）簡正卷一〇：「語云：『世尊制戒，不許受之。』若云施塔，得取，不得覆藏，但顯路將去。若有問者，當言塔物等。若聽，將去善，不聽者即還。准緣中是尼。鈔云比丘者，僧、尼同戒也。若官未收，望本主；若已收，望護主。」（六四二頁下）

〔六〇〕**若云「施佛、塔、僧」者，得取**　鈔批卷一五：「立謂：約未抄前，得受也。」（六七一頁上）

〔六一〕**露現持出**　資持卷中一下：「示公顯故。」（二八二頁上）

〔六二〕**我物**　資持卷中一下：「彼既施僧，我亦預分故，此門且據佛教以論可不。此間王制，不可行之。」（二八二頁上）【案】僧祇卷四〇，五四七頁中。

〔六三〕**摩得伽云**　資持卷中一下：「伽論所明，具二得取：一、須自與，二、須不知。」（二八二頁上）簡正卷一〇：「伽論問曰：『狂人邊得取衣否？』答：『或得、不得。』『云何得？』『若比丘不知父母、兄弟、姊妹等所在，因持物施比丘，得取，此望正主也。』『云何不可取？』『若父母等可知，不自手與、不可取，此望護主也。』」（六四二頁下）【案】伽論卷七，六〇五頁中。

〔六四〕**若父母可知，不自手與，不可取**　資持卷中一下：「『若』下，反上二緣，故不得取。若反一緣，據理亦得。謂雖知親屬而自手與，或雖不自與而不知親屬是也。」（二八二頁上）鈔批卷一五：「謂知是某坊某村，識其父母，知非令施，故不得取，取得重罪。案伽論云：狂人施衣，若比丘不知其父母所在，兄弟、姊妹自持物施比丘，得取。若父母等可知，不自手與，不得取。」（六七一頁上）

〔六五〕**守視人作主**　資持卷中一下：「謂為他守物人。」（二八二頁上）

〔六六〕**善見云**　鈔科卷中一：「初，約盜人明主；二、『十』下，約守者與物。」（五五頁下）資持卷中一下：「初科。列三種人。……三種者：落度為一；父母死為二，謂非所遣者；負債為三，則不論父母，但望債主非守視故。」（二八二頁上）簡正卷一〇：「見論云，法師曰：『我欲現偷人無罪。』『云何無罪？』答：『無主人，故無罪也。若人兒落度（『徒各』反），父母以水灌頂遣去，或父母死亡，比丘取如是人，無罪。若負他債，比丘將去，不犯。』（已上論文。）」（六四三頁上）扶桑記：「落度：苃律師在唐口訣云『即放落不守家業者，遣

出。』今言初生赤子，灌頂棄捨之，故此兒是無主，將去無罪。」（一八〇頁下）【案】善見卷九，七三九頁上。

〔六七〕**主人兒落度** 鈔批卷一五：「依撿見論云，法師曰：『我欲現偷人無罪者。』『云何無罪？』答曰：『無主人，故無罪。若人兒落度（『徒各』反），父母以水灌頂遣去，或父母死已，比丘取如是人，無罪。若負他人債，比丘將去，無罪。（文止齊此。）」（六七一頁上）【案】「主」，底本為「王」，據大正藏本、貞享本、敦煌甲本、敦煌乙本、敦煌丙本、鈔批釋文及弘一校注改。

〔六八〕**若父母死** 鈔批卷一五：「立云：此兒縱非落度（『徒各』反），但父母已死，望無我所心。今盜此兒，亦不犯也。」（六七一頁上）

〔六九〕**將去者無罪** 資持卷中一下：「謂無守親也。」（二八二頁上）鈔批卷一五：「立云：父母負比丘錢，比丘將其兒去，無罪。恐此解非。論文既云若負他人債，比丘將去無犯，明知非是負比丘債也。（六七一頁上）有人解云：其兒既被父母逐卻，不屬父母，但為其兒，先負餘人之錢。今比丘盜此兒，望先債主，不關比丘事也。但是其兒負債，比丘不相負持，亦不須為還債也。下文准私度等者，以其兒負債，比丘盜此兒來，比丘既不相關，我亦為他私剃。私剃之人，雖負王謂（原注：『謂』疑『課』。），比丘無有負王課之義，事同不須為兒還債也。」（六七一頁下）簡正卷一〇：「玄云：准上論意，兒不屬國王，但屬父母。既父母遣，或父母死，事因無主，（六四二頁下）故今比丘將去不犯。又兒先負債，今但將人去，不將債去。」（六四三頁上）

〔七〇〕**私度王稅人，有福無罪** 資持卷中一下：「準負債人以決世疑。疑謂度王稅人出家，成犯盜故。如受戒篇說。」（二八二頁上）鈔批卷一五：「謂據上論文，父母於兒無我所心，即得將去者，計理真（原注：『真』疑『直』。）由父母，不由於王，故知私度不負王課。今若私度，有福無罪，由王不明於一人有我所心故。景云：百姓稅王役人，度之無罪也。故戒疏引薩遮經：不輸王課非盜。賓云：西國人課稅不同，謂若百姓占王地者，則輸稅，不佃王地者，但是寄王國內住，曾不輸稅。然多立關，彼處國法，其興易者，既有財物，關頭過，皆稅於關。王於後時，從關家索物，餘非興販者，雖過關亦不稅也。」（六七一頁下）簡正卷一〇：「准此私度，類彼偷兒，不輸王稅，有福無罪。故薩遮尼犍云：不輸王課，非盜攝也。外難曰：『鈔文本明守視義，何故說偷人無罪耶？』答：『視者明非正主，但是守物瞻視之人。今偷人者，望其父母已遣，亦非正主，如守視人因偷人，故來視義。若負債人者，但欠其財，身不繫彼，守視其

人知其所在，亦名守視。』」（六四三頁上）扶桑記：「稅謂官輸物。」（一八一頁上）

〔七一〕盜奴，犯重　資持卷中一下：「主為守親（【案】『親』鈔作『視』。）故。」（二八二頁上）簡正卷一〇：「此為因偷人故來，非守視義，亦是見論文也。彼云：若他奴，比丘語云：『汝在此辛苦，何不叛去？若至彼處，必獲安樂。』奴聞此語，初發心欲去，吉；舉一足，蘭；二足，重。若奴已叛，催令疾去，隨語得重。或云：『此儉彼豐。』奴即叛去，不教，不犯。或聞豐樂，逐比丘，便逢難喚追，皆不犯。唯此但無方便心，令伊背主等，一切不犯。」（六四三頁上）【案】善見卷九，七三九頁上。

〔七二〕有守邏人，與比丘衣，疑，不知成主不　資持卷中一下：「前引二律，開意大同。守邏者，舊云遊兵禦寇者。」（二八二頁上）簡正卷一〇：「守邏人與衣等者，即守視也。但呼召別耳。彼律云：守邏與比丘衣，不取受，以非正主。疑故，白佛。佛言：『隨施者處分。』」（六四三頁上）扶桑記引戒疏：「邏道者，相望通塞，防慮外人等。然今係守視人科，準記是遊兵禦寇，及守軍中資財人耳。」（一八一頁上）【案】本段分二，初，引律；次，「所以」下。資持釋文中「二律」即十誦和四分。十誦卷五八，四二七頁下。

〔七三〕他守視人，與比丘衣物　簡正卷一〇：「下文守視人及賊與比丘『佉闍尼』。比丘意言：此非彼食，不受。佛言：『此即是檀越食，聽洗手受。』」（六四三頁上）【案】「佉闍尼」，即非正食。

〔七四〕所以不合從乞　鈔批卷一五：「謂了知其人非物主故。今若從乞，令他作賊，起不如法行。」（六七二頁上）簡正卷一〇：「謂記知物不屬他。今從乞，便是教他盜物，故不合也。」（六四三頁上）

〔七五〕明了論中，盜義極多　鈔科卷中一：「『明』下，示所盜之物。」（五五頁上～中）簡正卷一〇：「盜義極多者，戒疏云：通情、非情攝也。俱舍云：若比丘，約眼、耳、鼻、舌、身、心因緣，於爾所塵，起不如法行，或犯重輕等。」（六四三頁下）【案】「明了」下分二，初「且約」下；二「解云」下。「盜」，底本為「道」，據大正藏本改。了論，六七一頁上。

〔七六〕且約眼、耳、鼻、舌、身、心，於六塵起不如法行　資持卷中一下：「『且』下，次約塵界統收。初，明六塵，三業成盜，名不如法行。」（二八二頁上）

〔七七〕或犯重，或犯輕　鈔批卷一五：「立謂：六根對六塵。若不如法視、聽、嘗、觸，皆結其罪。他有好色、好聲，若有看，約得直方與。而不與價看聽者，若

堪五錢已上得重，四錢已下得蘭，故言或輕或重。」（六七二頁上）

〔七八〕若人食毒　鈔批卷一五：「立謂：比丘被毒藥。他有好藥，能治此毒，嘗藥即差，須得價直。比丘偷嘗，計直結罪。（未詳。）」（六七二頁上）

〔七九〕或為蛇螫，犯如此罪　簡正卷一〇：「犯如此罪者，謂盜罪也。此約十二人判盜，謂能盜是眼等六根，所盜謂色等六塵之境。行與律有違，故云不如法行，犯如此罪。因彼食毒及被虵螫故，偷看色等，犯上重輕之罪，故云犯如此罪也。若人偷地、水、火、風等，此約六界判罪，皆從盜戒收之。」（六四三頁下）

〔八〇〕若人偷地、水、火、風、空等界，亦犯波羅夷，悉從盜戒判　資持卷中一下：「『若人』下，次明六界。疏解初六塵中，前標所盜。」（二八二頁上）簡正卷一〇：「此約六界判罪，皆從盜戒收之。」（六四三頁下）鈔批卷一五：「『等』取於識。識謂盜智結也。空者，謂起閣臨空，妨他事務也。水者，舉堪錢時也，塯中一擔水，直二、三文錢是也。」（六七二頁上）

〔八一〕解云　鈔科卷中一：「初，六塵；二、六界。」（五五頁下）簡正卷一〇：「此引真諦疏解也。盜六塵者，如內六根盜外六塵，約為四位：一、盜色；二、『若誦』下，盜聲；三、『偷嗅』下，盜香、味、觸；四、『若秘方』下，盜法。」（六四三頁下）

〔八二〕有諸仙人，是胸行蛇、毒藥師，作仙人書字，見者皆愈　資持卷中一下：「胸行者，謂蛇以胸當前而行。毒藥者，一切害人命者。謂諸仙人能治上二毒，故號為師。『作』下，列示盜相。……『書』字者，如今之符籙。」（二八二頁上）鈔批卷一五：「依撿了疏云：有仙人名斷嵐波也那，是諸胸行蛇等師。復有仙人，名阿死底（『張履』反。）何，是諸毒藥等師。若人為蛇等所螫，書作仙人身，書『心』上作『一』字，是呪語。呪語他有『一』字，被螫人若見此書，（六七二頁上）書色及色蛇等，即攝毒，此人病即差。中藥亦爾。若有人被蛇螫，欲見此畫，須與直，則不看書。比丘被蛇螫，不與直，偷看病得差，計直犯罪。滿五，夷，不滿，蘭。餘看色得罪，例此尋之。此約眼行盜，盜色義如此也。上言胸行蛇者，謂一切蛇無足，用胸抵地而行也。」（六七二頁下）【案】「胸行蛇、毒藥師」：能夠治療被胸行蛇和毒藥所傷害的一種仙人。

〔八三〕價　【案】底本為「償」，據大正藏本、敦煌甲本、敦煌乙本、敦煌丙本及弘一校注改。

〔八四〕偷看亦爾　資持卷中一下：「眼盜色也。」（二八二頁上）

〔八五〕**秘書疏等，偷看準此**　<u>簡正</u>卷一〇：「不許人傳，偷看亦爾。（此明盜色。）」（六四四頁上）

〔八六〕**若誦呪治病**　<u>資持</u>卷中一下：「『若誦』下，耳盜聲也。」（二八二頁上）<u>鈔批</u>卷一五：「<u>了疏</u>云：有人能誦呪治病，此呪是秘法，人若欲學，得直方教。比丘竊聽而得，不與價直，計直犯罪，滿五故夷。此呪能使病差，故言治病。（此約耳盜，盜聲也。）」（六七二頁下）

〔八七〕**偷齅嘗觸，亦如是知**　<u>資持</u>卷中一下：「『偷』下，略指三塵。類上說之。」（二八二頁上）<u>鈔批</u>卷一五：「<u>了疏</u>云：有師能作藥。若人有病，嗅此藥即差。若欲嗅，須與直，不與直，不得嗅。比丘有病，不與直，偷嗅藥，病得差，計直犯罪。（此約鼻盜。）或作好藥，嘗則病差，得直方與。（此約舌盜。）或有好藥，觸則病差，比丘偷觸，計直犯。（此約身盜。）」（六七二頁下）

〔八八〕**若祕方要術**　<u>資持</u>卷中一下：「『若祕』下，意盜法也。」（二八二頁上）<u>鈔批</u>卷一五：「<u>了疏</u>云：有師有法術。若人病，心緣此法，病即差。若欲緣，須直，師示其法。若不與直，則不示其法。比丘病，就師受法。既得差，不與直，計直犯罪。（此約意業盜也。）」（六七二頁下）<u>簡正</u>卷一〇：「此明心盜法。比丘受法就師，心緣得差看（原注：『看』字未詳。【案】『看』疑『者』。），就他師邊受他法，不與直，成盜也。」（六四四頁上）

〔八九〕**比丘受法，就師心緣得差，不與價直**　<u>搜玄</u>：「此明心盜法也。豈云：比丘受法，就師心緣得差者，謂就他師邊受他法，不與直或盜也。」（四〇九頁下）

〔九〇〕**六界**　<u>鈔批</u>卷一五：「謂地、水、火、風、空、識也。上三謂地、水、火，可解。」（六七二頁下）<u>簡正</u>卷一〇：「前三所知者，地、水、火也。地者，謂侵他界分也。水者，亦約旱時，一桶水五錢，今不與價；或雖非旱時，井中有好水，堪煎茶等用須者，一桶五文，今來盜此水即犯。火者，如冬月房中有炭火，伺他不在盜去，即隨貴殘處結犯。<u>大德</u>云：又如<u>太原</u>，冬月作市寒甚，更有人作糯房，暫入中者，須直。又<u>東都</u>作市處，有人賣火炙手，今不與直，總成犯也。」（六四四頁上）<u>搜玄</u>：「<u>靈山</u>云：如取僧廚下火，令冷釜等，所不應也。或他房中炭火，伺彼不在而取者，計直犯也。」（四〇九頁下）

〔九一〕**有呪扇藥塗，比丘偷搖，不與價直**　<u>資持</u>卷中一下：「『有』下，盜風。」（二八二頁上）<u>鈔批</u>卷一五：「此名盜風。<u>了疏</u>云，有師呪扇。若人病，搖此扇，引風觸身，其病即差。若欲搖扇，須與直，不與直，不得搖。比丘有病，偷搖即是盜風，計直得罪。言藥塗者，有云：用藥塗扇，或呪此扇，故曰也。」（六

七二頁下～六七三頁上）簡正卷一○：「玄云：論疏中但云：呪扇行風觸身，其病而差，比丘偷搖，計直犯罪，是盜風。鈔准律文加『藥塗』字。戒疏云：律中有呪扇藥塗，比丘搖，不（六四四頁上）與價直。（明盜風也。）」（六四四頁上）【案】簡正、搜玄均言了論疏釋文中無「藥塗」兩字。但法藏梵網經菩薩戒本疏第二初篇盜戒第二：「盜風者，如了論中有呪扇藥塗，比丘偷搖，不與價直，重。」（六一八頁上）

〔九二〕若起閣，臨他空界，妨他起造，即名盜空　資持卷中一下：「『若』下，盜空。」（二八二頁上）簡正卷一○：「臨他空界等者，據此文，約屋簷滴水說也。大德又云：如太原界買地，便有六誌，上至青天，下至黃泉。彼人向地中起屋住，上著鹹土封之。今或有向他上面，起閣停客等，逐夜計錢，下作地室之類，豈非盜也？」（六四四頁下）

〔九三〕論云「等」者，等於識界　資持卷中一下：「『論』下，明盜識。」（二八二頁上）簡正卷一○：「謂鈔據上了論本，又但云偷地、水、火、風、空等，今等取於識界也。」（六四四頁下）

〔九四〕盜智用　簡正卷一○：「戒疏云：謂識不可言盜，以無形質故，但可從緣，盜智用也。」（六四四頁下）資持卷中一下：「伎倆藝術，並依識起，則簡識體，非可盜故。」（二八二頁上）搜玄：「戒疏云：識不可盜，以無形跡故，但可隨緣盜其智用也。」（四一○頁上）

〔九五〕但知「非理」「損財」解盜，無義不收　簡正卷一○：「戒疏廣引真諦疏解，今鈔不錄。」（六四四頁下）【案】「自外」下，為「盜人物」的結句。

〔九六〕廣如戒本疏說　簡正卷一○：「戒疏廣引真諦疏解，今鈔不錄。」（六四四頁下）

大門第三，盜非、畜物〔一〕。

初明非人物

若有護者，望護主結〔二〕。五分：取他覆塚旛蓋、神廟中衣，他所護物，他心未捨，直五錢犯重〔三〕。僧祇：盜外道塔物、神祀舍物，得重〔四〕。

若無護主，隨境結之〔五〕。故十誦〔六〕：盜天神像衣及華鬘等，得偷蘭。善見：取諸鬼神物，及人繫樹物，無守護者，無罪〔七〕；謂非人亦不護。薩婆多云：取非人物，五錢已上，重偷蘭；四錢已下，輕蘭〔八〕。今或多人取諸神衣物者，據理，得不如上〔九〕。必無人守，恐神護者，可

擲卜而知捨吝〔一○〕。

　　盜畜生物〔一一〕

　　四分無文。有人斷同大重〔一二〕者。故律云〔一三〕：鼠偷胡桃，積成大聚，比丘盜之，佛言波羅夷故。

　　有解：非望畜生，還望本主，以鼠盜，疑豫未決，望人猶是本主，故還就人結重〔一四〕。餘如他部〔一五〕。十誦：取虎殘，犯吉羅，由不斷望故；師子殘，不犯〔一六〕。薩婆多：一切鳥獸食殘，取者吉羅〔一七〕。

【校釋】

〔一〕非、畜物　鈔批卷一五：「列有主物中，自有三門：一、明三寶物；二、人物；三、非人畜生物。此下當第三，謂『非』『畜』為物主也。有師立四門：謂非人、畜生，離為二門，今合為一，故唯三段。於此段中，分二：初，明盜非人物；二者，解畜生之物。兩段不同，今即是初。」（六七三頁上）

〔二〕若有護者，望護主結　簡正卷一○：「謂今諸廟祝等是護主，今望此主結重也。（說文曰：祭神說詞。此人為之，故立名也。）」（六四四頁下）【案】「初非人物」分二：有主、無主，此為有主物。

〔三〕取他覆塚旛蓋、神廟中衣，他所護物，他心未捨，直五錢犯重　資持卷中一下：「『五分』下，引二律以證他護他心，並顯護主。」（二八二頁中）簡正卷一○：「引五分證上望守護人結夷也。」（六四四頁下）【案】五分卷二八，一八三頁下。

〔四〕盜外道塔物、神祀舍物，得重　鈔批卷一五：「此望護主結也。」（六七三頁上）資持卷中一下：「僧祇文漫，但約結重，可驗有主。」（二八二頁中）搜玄：「今諸處廟，各有廟祝等，皆是獲主，損五望此人結重。祝（『之六』反），說文云：祭神祝詞。此人為之，因為名也。」（四一○頁下）【案】僧祇卷三，二四九頁下。

〔五〕若無護主，隨境結之　資持卷中一下：「初科，上二句定犯。言隨境者，望非人犯也。」（二八二頁中）鈔批卷一五：「立謂：望非人邊結蘭，故言隨境。」（六七三頁上）簡正卷一○：「隨境結之，謂無護人，望神為正主結蘭，故云隨境也。下引十誦等，證上望正結輕也。」（六四四頁下）【案】「若無護主」下，分二：一者，「若無護主」下；二者，「今或多人」下。

〔六〕十誦　搜玄：「『故十誦』下，引境結證也。」（四一○頁下）【案】十誦卷五八，四三○頁下。

〔七〕**取諸鬼神物，及人繫樹物，無守護者，無罪**　鈔批卷一五：「立謂：如今俗人於樹下祭鬼神，或求福解除等，所有幡華雜綵，不敢將還，是無守護，非人又不用，今若取者，無犯。澄云：若在廟中，非人則護。」（六七三頁上）簡正卷一〇：「鬼者，歸也。魂魄歸於冥寞等。神者，陰陽不測、變通自在曰神也。及人繫樹物者，謂此大樹有神依附，多有於此祭祠祀求福，所有幡綵等，不更將迴。又無人守護，取此物不犯。問：『雖無人為護主，還樹神自為正主，（六四四頁下）何得得輒取耶？』」（六四四頁下）【案】善見卷一〇，七四〇頁下。

〔八〕**取非人物，五錢已上重，偷蘭；四錢已下，輕蘭**　簡正卷一〇：「此唯據非人正主邊，不論多少，並犯，犯蘭。但輕重有異，此約無人守護也。」（六四五頁上）搜玄：「准論，若無守護，不問滿五、咸（【案】『咸』疑『減』。）五，皆結蘭。此約非人境護□說，故得蘭也。」（四一〇頁下）【案】多論卷三，五一七頁下。

〔九〕**今或多人取諸神衣物者，據理，得不如上**　簡正卷一〇：「謂有護望護結，無護望正結。若二主俱無，即不犯。（或將『如上』二字安下句者，錯也。）今鈔於正主內，若恐神道窈冥，難測得不，乃令擲卜，而知捨悋也。反顯前段注文必正主不悋，方聽將去。若神護，即不合也。」（六四五頁上）資持卷中一下：「當時有行糞掃衣者，故有取之。得不如上者，即前所明，有主無主。又無主中，神護不護。」（二八二頁中）搜玄：「得不如上者，有護，望護者結。若無護，望正至結。見論：無二主護，無罪。今鈔，於其正主。」（四一〇頁下）

〔一〇〕**必無人守，恐神護者，可擲卜而知捨吝**　資持卷中一下：「『必』下，示其取法。擲卜，即投杯珓，卜問於神也。捨吝，謂非人護不護也。」（二八二頁中）搜玄：「謂冥理窈窈，肉眼難見，故令擲卜捨悋。有明於沙門法，全不惱物，如今神廟中擲杯珓乞物者是。」（四一〇頁上）

〔一一〕**盜畜生物**　鈔批卷一五：「立云：古來有師云同犯重，即引律中鼠偷胡桃，（六七三頁上）比丘取之，得（原注：『得』下疑有脫字。）。」（六七三頁下）【案】五分卷一，七頁上等；四分卷五十五，九七八頁上。

〔一二〕**有人斷同大重**　鈔科卷中一：「『有』下，引古兩判。」（五五頁中～下）資持卷中一下：「律中，比丘取鳥巢中物及鼠穴中物，比丘疑。佛言：畜生無用，無犯，而不應受如是物。（準不應，得吉，但文不顯。）引古中。初解，上句

判犯。」（二八二頁中）簡正卷一〇：「律文云：時有伽藍，去胡桃園不遠，鼠盜此胡桃，在藍中積成大聚。六群比丘盜心取食，心生疑豫。佛言：波羅夷。（律文如此。）有二古師解判不同。初云：若今比丘盜畜生物，同人結重，故鼻奈耶云盖（【案】『盖』疑『盜』。）師子殘，下直五錢重，虗（【案】『虗』疑『虎』。）等皆重。明知不謬也。」（六四五頁上）【案】「有人」下分二：初「有人」下；次「有解」下。

〔一三〕**故律云** 搜玄：「律文云：時有伽藍（四一〇頁下）去胡桃林不遠，鼠盜此胡桃在僧伽藍，便成大聚。六群比丘盜心取食，彼疑。佛言：夷。（律文直爾。）古人取釋不同。初師云：據此律文，盜畜同人，得夷。故毗奈耶第一：盜師子殘下，直至五錢重，虎、象等皆重，明知同盜人物也。」（四一一頁上）鈔批卷一五：「鼠雖偷胡桃來，其主全未覺失，護心猶謹。今約本主結，不望鼠邊科也。鼻奈耶律：盜畜生物，犯重。故彼律第一云：師子竹園外殺鹿而食，飲血而服。餘殘，若比丘取食，乃至下直五錢而食，為成棄捐不受者，僧不共住也。盜餘鳥獸物亦爾。文繁不敘。五分、十誦、多論並犯吉羅。五分第一云：畜生物，不與取，取皆吉。（皆者，五眾也。）【案】十誦卷五十七，六七三頁下。

〔一四〕**非望畜生，還望本主，以鼠盜，疑豫未決，望人猶是本主，故還就人結重** 資持卷中一下：「初，通本律犯重之意，以言六群盜心取故。顯知。是彼村人之物，故判成重。鼠疑豫者，畜心難辨，但約未藏，或復未食可以知耳。」（二八二頁中）簡正卷一〇：「次有師云：非望畜生，還望本主，以鼠盜疑豫未決，望人還是本主，故就人結也。此釋分二段：結界罪所歸，二、『以鼠盜』下，釋望人結。所以然者，謂六群知是人物，又知鼠盜，疑豫。豫心取食，以鼠盜來，六群疑豫未決，為就人結，為就鼠結？所以白佛。佛言夷者，謂六群既知是人物，望人猶是本主，還約人結犯。若發足便作（六四五頁上）人想，或便作鼠想，則夷、吉自分，何須白佛。但為有此疑豫，所以白也。」（六四五頁下）

〔一五〕**餘如他部** 資持卷中一下：「『餘』下，引他部定犯。」（二八二頁中）搜玄：「善見：取畜生物無犯。若准五、十、多等，並犯吉也。故五分：畜生物不與取吉。」（四一一頁上）

〔一六〕**師子殘，不犯** 資持卷中一下：「舊云此獸不食冷肉，所遺不繫故。」（二八二頁中）簡正卷一〇：「引十誦文證盜畜生物，犯吉。」（六四五頁下）鈔批卷一

五：「十誦五十七：取虎殘，吉，由不斷望故；師子殘，可取，以斷望故。」
（六七三頁下）

〔一七〕一切鳥獸食殘，取者吉羅　鈔批卷一五：「謂如今山野中，見鳥獸殘菓子，比丘輒取，皆吉。」（六七三頁下）鈔批卷一五：「多論第二云：一切鳥獸殘，取吉，師子無犯。此律條部文云：於鼠穴中得藥及帛，佛言：『畜生無用，無犯。而不應取如是物。』（蓋不應者，吉也。）善見：取畜物無犯。彼論第十云：畜生物者，迦樓羅龍王為初，若化為人，殺鹿而食，不得奪取，恐殺比丘。若食竟，比丘駈去，然後取食，無罪。（無罪者，此亦部別也）。此上皆據無別護主。若有人護，理望人結。」（六七三頁下）

二、明有主想〔一〕

若作無主想，始終不轉，無罪〔二〕。前後互轉，互得輕重〔三〕。廣如持犯中〔四〕。

【校釋】

〔一〕明有主想　鈔批卷一五：「上明有主物，物雖有主，若作無主想，本迷無罪，轉想容有前心蘭，故次第三明有主想也。」（六七三頁下）資持卷中一下：「第二緣中。律有四句：有主想，犯重（初句）；若疑，偷蘭（次句）；無主物，有主想疑，偷蘭（三、四兩句。）。略無第三無主想句。準下持犯，義必具之。文中，初標成犯緣，即第一句。『若』下，簡闕緣，即第三句。初，約本迷無犯。」（二八二頁中）【案】本節文明第二緣。

〔二〕若作無主想，始終不轉，無罪　簡正卷一〇：「謂雖是有主物，若作無主想，始終不轉，並不犯。」（六四五頁下）鈔批卷一五：「立謂：雖是有主物，想謂無主。雖舉離處，以本迷故，迷心未轉，至罷無罪。發心取時曰始，舉離本處名終。於此時間，迷心不返，故曰始終不轉也。」（六七四頁上）搜玄：「立云：雖是主物，若作無主想，發心初白時，（四一一頁上）始舉離本處，名經迷心。作無主想取不犯，故云始終不轉無罪。」（四一一頁下）

〔三〕前後互轉，互得輕重　資持卷中一下：「『前』下，據轉想。前作有主想，後轉無主犯蘭，前作無主想，後轉有主結夷，故云互得輕重也。『疑』及『境差』二句，並見後篇。」（二八二頁中）鈔批卷一五：「立謂：本擬盜人主物，結方便蘭。臨至境所，轉想作非畜想取。又得後心吉羅，謂非畜家方便也，此則轉重為輕。若先擬盜非畜物，結方便吉。臨至物邊，轉想作人主物取，得人家方便蘭，此則轉輕為重。此上二句，皆不結根本，由心不稱境故。又解：本作有

主想，臨至物邊，作無主想取，但得方便蘭。若本作無主想，臨至物邊，轉作有主想取，望本心無罪，望舉物時犯重，故言互結輕重也。」（六七四頁上）
搜玄：「當陽云：先作有主想，後轉作無主想，犯前蘭輕。若先作無主想，後轉作有主想，犯夷重也。」（四一一頁下）

〔四〕廣如持犯中　搜玄：「謂持犯『境想』中廣明也」（四一一頁下）

三、明有盜心

然此一門，實德之人未免〔一〕。但世盜由心結，不望境之是非〔二〕。故僧祇：寺主好心，互用三寶物，是盜波羅夷〔三〕，謂愚癡犯也。四分亦云：我說此人愚癡波羅夷。理既難知，故具鈔示。

十誦六種盜心〔四〕，謂：苦切取〔五〕、輕慢取〔六〕、以他名字取〔七〕、觝突取〔八〕、假借不還。受寄取〔九〕、出息取。除出息一種〔一〇〕，餘並結重。摩得伽三種劫心：強奪取〔一一〕、奐語取〔一二〕、施已還取〔一三〕也。善生中亦同偷罪〔一四〕。五分有四：一以諂心〔一五〕、曲心〔一六〕、瞋心〔一七〕、恐怖心〔一八〕而取他物，即是盜心。四分十種賊心〔一九〕：一、黑闇心〔二〇〕，謂癡心愚教，生可學迷〔二一〕，隨作結重；僧祇「寺主」，即是其事〔二二〕。二、邪心〔二三〕者，謂貪心規利，邪命說法，以財自壅。三、曲戾心〔二四〕者，即瞋心也。與少嫌恨，假瞋得財，或虛示威怒，意存財利，得物犯重。四、恐怯心〔二五〕，或以迫喝〔二六〕，或說法怖取〔二七〕，或自懷疑怖〔二八〕，而取財也。五、常有盜他物心，恒懷規奪〔二九〕也。六者決定取〔三〇〕，內心籌慮，方便已成，因必克果，動物成犯。七、寄物取〔三一〕，或全觝突，或以少還他。八、恐怯取〔三二〕，謂示身口相，畏敬，故與物也。九、見便便取〔三三〕，伺求他慢，因利求利〔三四〕也。十、倚託取〔三五〕：或倚名聞威德；或以名字方便也；或依親友強力者，謂假他威勢而取也；或以言辭辯說者，託於論端，浮華〔三六〕引接，令前異望〔三七〕，而取財利；言誑惑〔三八〕而取者，非法言法，法言非法，但規前利，幻惑群情〔三九〕。

以此諸文，證知心業，其相略顯〔四〇〕。足得垣牆，防擬妄境〔四一〕。

【校釋】

〔一〕然此一門，實德之人未免　資持卷中一下：「初明難護，以貪染積深，觸物起念，（二八二頁中）矗心不覺，豈識邪緣？不體妄情，終羅罪網。實德尚當未免，庸流沒在其中，凡在同心，彌須勵志。」（二八二頁下）簡正卷一〇：「然

此一門者，指『盜戒』一門也。實德之人未免者，持戒人也，由尚不免此盜故。」（六四五頁下）【案】「有盜心」文分為三：初，「然此」下總明來意；二、「十誦」下別引釋成；三、「以此」下通結旨歸。

〔二〕**但世盜由心結，不望境之是非**　資持卷中一下：「『但』下，示結業。不望境是非者，境即前物。三寶互用，物無私涉為是，入己惡用為非。二皆結重，故知不簡也。」（二八二頁下）鈔批卷一五：「<u>立</u>謂：雖是無主物，若作有主物取，得方便蘭。雖是有主物，始終迷心，作無主物想取，不犯。故知由心也。不問物境是有主、非有主，故曰不問境是非也。」（六七四頁上）簡正卷一〇：「謂但以成盜，要由有盜心，此心亦不論好惡。若心闇教，非理損財，縱是心好，便入盜限。不望境是非者，如無主物，橫作有主想，亦犯蘭，實有主物，逆作無主想，卻不結犯。故知由心不約境，是有主無主也。」（六四五頁下）<u>搜玄</u>：「但以成盜，要由有盜心也。謂心闇教相，非理損財，是盜心。指非唯有心專盜此物為盜心也。盜由心結。」（四一一頁下）<u>搜玄</u>：「發正云：盜心微細，不論好心、惡心，皆犯，故云實德未免。但以成盜要由有盜心也。謂心闇教相、非理損財是盜心。指非唯有心專盜此物為盜心也。盜由心結，不望境之是非者，<u>靈山</u>云：如無主物作有主取，蘭。如有主物迷作無主取，不犯，故知由心也。不問物境是有主非有主也。」（四一一頁下）

〔三〕**寺主好心，互用三寶物，是盜波羅夷**　資持卷中一下：「望為三寶，故言好心。若論愚教，還是賊心。」（二八二頁下）<u>搜玄</u>：「謂見僧事不辨（【案】『辨』疑『辦』。次二同。）成，佛法事不辨，即好心為成僧事及佛法事，即互取佛法錢物與僧用也。望濟辨前事，故曰好心。鈔主恐人有迷，故解云『謂愚癡犯也』。謂佛法二物，無可諮白，愚其教相癡心。謂佛在僧中，佛物得充僧用，雖是好心灼然，犯也。問：『好心將佛物與僧用者，（四一一頁下）總無盜心，云何成盜？』答：『夫言盜者，謂非理損財，好心將其佛物與僧，則是非理損於佛物，即是盜也。故發正云：既言好心，應不成盜，今違教處齊，故犯也。』」（四一二頁上）【案】僧祇卷三，二五一頁下。

〔四〕**六種盜心**　<u>搜玄</u>：「除出息取。餘者，得夷。」（四一二頁上）

〔五〕**苦切取**　鈔批卷一五：「<u>立</u>謂：打闘他人，或苦言切勒，非理罵辱，意令前人以物相謝也。」（六七四頁上）資持卷中一下：「十誦苦切，謂敦逼前人，同下四分『迫喝取』也。」（二八二頁下）簡正卷一〇：「謂苦言切勒、非理罵辱，意在於物相謝也。」（六四六頁上）<u>搜玄</u>：「<u>靈山</u>云：謂苦言切勤，非理罵辱，

意存送物相謝也。作此心取，非理損他財物，名盜心也。至下皆然。」（四一二頁上）

〔六〕**輕慢取** 鈔批卷一五：「謂恃己陵他，倚藉豪強，高門大姓輕慢貧弱，取他財物是也。或輕欺前人，對面捉物而去，以無心畏他故也。」（六七四頁下）資持卷中一下：「輕慢謂現相陵物。及下『觝突』，並同第八。（準疏會之。）名字同第十，受寄同第七，唯後出息不同今宗。雖是盜心，彼此相允，故特除之。」（二八二頁下）搜玄：「輕慢者，既居尊位，恃己凌他，要不就借，輕他通用也。」（四一二頁上）

〔七〕**以他名字取** 鈔批卷一五：「立謂：稱他大德、貴勝、賢善，云我是其門徒眷屬，令他敬重，意規財利是也。又解：如稱為佛法僧等，乞得物入己是也。或稱為某處名聞大德，乞求衣藥，得物入己是也。或如今時比丘，與官人往還，希他囑請，送物入己是也。」（六七四頁下）簡正卷一○：「既自無道業得他財，但將他名聞向外取物入己也。」（六四六頁上）

〔八〕**觝突取** 鈔批卷一五：「置借不還，謂買他物、借他物，後不肯還是也。」（六七四頁下）資持卷中一下：「伽論中，強奪同下第四。」（二八二頁下）扶桑記：「觝，音底，排擠也，又擲也。突，觸也，欺也。」（一八一頁下）

〔九〕**受寄取** 鈔批卷一五：「他所寄物，在己邊，後覓不還是也。」（六七四頁下）搜玄：「亦同四分第七『寄物取』也。」（四一二頁上）

〔一○〕**除出息一種** 鈔批卷一五：「以兩情和，可依世俗法收利，故不犯。」（六七四頁下）簡正卷一○：「依俗收利，而非盜攝。若減利宜，亦成盜也。」（六四六頁上）

〔一一〕**強奪取** 搜玄：「論有五種劫，『苦切』、『受寄』，與十誦同，略之，故言三也。無不與，強奪將去，是強奪取。」（四一二頁上）

〔一二〕**頓語取** 資持卷中一下：「軟語同辨說。」（二八二頁下）鈔批卷一五：「謂詐現善相，從他得物也。」（六七四頁下）搜玄：「與下誷（【案】『誷』疑『誑』。）心相同。」（四一二頁下）

〔一三〕**施已還取** 鈔批卷一五：「謂將物惠他，後悔便奪也。又云，非唯與竟，奪而成犯，但作絕心施他，物猶己邊。後若不與，皆犯重也。」（六七四頁下）資持卷中一下：「施已還取，與後不同，謂決施與人，後還或取。」（二八二頁下）搜玄：「古今兩解。初云：將物施他，後悔便奪也。汝云施他，他雖未得，後悔不與，亦成犯限。發正云，問：『前人為知故犯，不知亦犯耶？』答：『不

問知與不知。』『若爾，盜既不知，如何結盜？』解云：『主雖不知，以斷心捨時，冥屬於他。今既悔取，事成盜也。』（四一二頁下）簡正卷一〇：「兩說：一云，將物與他，後悔卻奪；二云，有心施他，他雖未得，後悔不與。」（六四六頁上）

〔一四〕偷罪　資持卷中一下：「偷罪即犯盜也。」（二八二頁下）

〔一五〕諂心　資持卷中一下：「諂心同下第二（依疏。）。」（二八二頁下）搜玄：「靈山云：作相親附，不顧正理，隨言順意，望他施物。故阿毗曇云：覆藏己性，曲順時宜，名之為諂也。」（四一二頁下）

〔一六〕曲心　資持卷中一下：「曲心同第九。」（二八二頁下）鈔批卷一五：「立謂：邪曲也。曲斷方便，以求其物。又解：以不直心，更相容為相阿，曲取他物是也。但是一切非直心取，皆名曲心。」（六七四頁下）

〔一七〕瞋心　資持卷中一下：「瞋心同第三。」（二八二頁下）鈔批卷一五：「立謂：瞋責前人，令他與財物也。亦可燒埋壞色，俱名瞋心也。」（六七四頁下）搜玄：「與少嫌恨，假瞋得財是也。」（四一二頁下）

〔一八〕恐怖心　資持卷中一下：「恐怖同第四。」（二八二頁下）鈔批卷一五：「立謂：虛示威嚴，令他怖畏與物也。」（六七五頁上）搜玄：「輔篇云：強說妖祥，心悕彼物。」（四一二頁下）

〔一九〕十種賊心　搜玄：「僧五文（【案】『僧』疑『增』）中，出此二『五』。靈山云：前五明心，後五明取。戒疏云：文言盜心取者，明心應境也。欲明盜者心業具，須必兼兩緣，以成一盜，故合為十。釋中十段不同，依其增增文（【案】次『增』疑剩）。），分二：初五明心，後五明取。然此十中，各有標釋。」（四一二頁下）資持卷中一下：「疏云：律中具出二『五盜心』，前是五心，後名五取。取是其業，對境行事也。」（二八二頁下）【案】四分卷五九，一〇〇四頁下。

〔二〇〕黑闇心　鈔批卷一五：「疏云：謂痴心也。」（六七五頁上）

〔二一〕生可學迷　鈔批卷一五：「愚於教行，不肯修學，故於盜境，生可學迷是也。」（六七五頁上）資持卷中一下：「可學迷者，教是可學，不學故迷。」（二八二頁下）

〔二二〕僧祇「寺主」，即是其事　搜玄：「『僧祇』下，指其事同。戒疏云：不肯修學，故於盜境，生可學迷。三寶互用，隨滿犯重。」（四一二頁下）

〔二三〕邪心　鈔批卷一五：「戒疏云：即邪命也。貪心規度，為財說法，即是以利求

利，惡求多求，外現清白，內實邪濁。故五分云：諂心取財是盜也。立謂：只是今時齋講，說法轉經，專心求利，無長福之心是也。」（六七五頁上）資持卷中一下：「規，求也。壅，猶積也。」（二八二頁下）

〔二四〕**曲戾心**　資持卷中一下：「兩釋，虛、實分之。」（二八二頁下）簡正卷一〇：「曲約不正，戾則恨戾。」（六四六頁下）

〔二五〕**恐怯心**　鈔批卷一五：「立謂：有二種。初，謂或說法怖取者。謂說阿鼻地獄可畏等事，令他布施也。戒疏云：或說地獄等惡報，或說云官勢力而得財者是也。」（六七五頁上）資持卷中一下：「準疏，又云：或說王官勢力，此與第八名同相別，但約心取，兩以分之。言心未必取，言取必兼心。」（二八二頁下）搜玄：「律增五文五十九云謂不善心。謂不善之言，諸心並是，故改為恐怯。即異諸心，所作恐怖，令心怯弱，怖得彼物也。逼迫呵喝（『呵割』反）。靈山云：謂口中出聲現威也。」（四一三頁上）

〔二六〕**迫喝**　搜玄：「靈山云：謂口中出聲現威也。」（四一三頁上）

〔二七〕**說法恐怖**　簡正卷一〇：「取或說地獄惡報，或說王臣勢力，而得財也。」（六四六頁下）

〔二八〕**自懷疑怖**　簡正卷一〇：「謂自懷疑事，疑怖他人，捨慳布施。說慳受餓鬼、貧窮等報，自說我疑，亦恐不免，方便擊動，前人得財。」（六四六頁下）鈔批卷一五：「立謂：向俗人云，貧道比來，多有病苦，或精神恍惚，恐死不遠。心悕他物，以為湯藥等也。」（六七五頁上）

〔二九〕**恒懷規奪**　簡正卷一〇：「是常有盜心得物止。」（六四六頁下）

〔三〇〕**決定取**　鈔批卷一五：「立謂：如空處盜物是也。」（六七五頁上）簡正卷一〇：「戒疏云：又變此心為五種取。取是其業，對境行事，如空處盜物，是決定取也。」（六四六頁下）搜玄：「戒疏云：又變此心，云五種取。取是其業，對境行事也。立云：如空處盜物，是決定取也。因先寄物，後即抵突，全不肯還。或言我往時唯領得汝一段物，以少還他。」（四一三頁上）

〔三一〕**寄物取**　鈔批卷一五：「立謂：如有人將物寄比丘，後或還他一半或少許，或全不還也。」（六四六頁下）

〔三二〕**恐怯取**　鈔批卷一五：「謂示身相者。立謂：張目大聲，令他生怖，而與我物也。疏云：示以身相，令生怖畏故，取彼財物。如十誦中，輕慢、觗突而取他物是也。」（六四六頁下）

〔三三〕**見便便取**　鈔批卷一五：「立謂：如落花師，為他說法，則取財物是也。心疏

云：伺他慢藏，陽作陰伏之類也。（六七五頁上）深云：此謂見他睡時，迴眼則取也。」（六七五頁下）資持卷中一下：「律本注戒及疏並作『見便取』，今文多一『便』字，必是傳誤，不勞異解。（或可下『便』字訓『即』。）。」（二八二頁下）

〔三四〕**因利求利** 鈔批卷一五：「心疏云：貪心規利，為財說法。即是以法利益前人心，求財利也。慈云：如語他布施生天，令他得利，而得財者是也。」（六七五頁下）

〔三五〕**倚託取** 簡正卷一〇：「倚他威勢，假托親友，而取物也。」（六四六頁下）資持卷中一下：「前三身業，後二口業。又，前三中：一、是倚自；二、倚他名；三、倚他力。後二中，前但巧言，後是虛誑。」（二八二頁下）搜玄：「倚傍威勢，假托親友，而取他財也。」（四一三頁下）

〔三六〕**浮華** 搜玄：「說事過實，即是浮花。」（四一三頁下）【案】「浮」，底本為「淨」，據大正藏本、貞享本、敦煌甲本、敦煌乙本、敦煌丙本及弘一校注改。

〔三七〕**異望** 搜玄：「令其前人，異眼看我，故云異望。」（四一三頁下）

〔三八〕**誑惑** 簡正卷一〇：「非法說法也。」（六四六頁下）

〔三九〕**群情** 搜玄：「非法說法，皆是幻惑群情。靈山引佛藏經云：說法之人，心不清淨，為他說法，得罪深重。假使煞三千大千世界一一眾生，其罪尚輕。佛言：身自證法，心無疑悔，我聽此人意座說法。又，雖是凡夫，而能持戒，不貪名利，多聞廣識，自利利他，我我（【案】次『我』疑剩。）聽此人說法也。」（四一三頁下）

〔四〇〕**以此諸文，證知心業，其相略顯** 鈔科卷中一：「『以』下，誡誥。」（五五頁中）簡正卷一〇：「謂以十、伽、五、四諸文，證明有心成其盜業。雖未亘塵沙境，據此說其相略明也。」（六四七頁上）

〔四一〕**足得垣牆，防擬妄境** 資持卷中一下：「舉一例諸，觸類而長，則前雖略示，亦足防心。然既知教相，少識妄心，能遮不起，故如垣牆。心逐境生，心妄則境妄，故云妄境。」（二八三頁上）鈔批卷一五：「約此為防護，不使毀犯，義言如垣墙也。如今垣墙，防其賊盜，今此戒相，亦謂防其盜過也。深云：無覆曰垣，有覆曰墙。應師云：垣即墻也。」（六七五頁下）

四、重物

謂五錢。若直五錢，即餘雜物〔一〕。

薩婆多，問曰：「盜五錢成重，是何等之錢？」答：「有三解〔二〕。初

云：依彼王舍國法〔三〕用何等錢，準彼錢為限。二云：隨有佛法處用何
等錢，即以為限〔四〕。三又云：佛依王舍國『盜五錢得死罪』，依而結戒；
今隨有佛法處，依國盜幾物斷死，即以為限〔五〕。雖有三釋，論師以後
義應是〔六〕。」

　　然五錢之義，律、論互釋不同〔七〕，判罪宜通，攝護須急〔八〕。故
律云：下至艸葉不盜。今諸師盛行，多依十誦〔九〕。彼云：盜五錢者，
古大銅錢，得重〔一○〕；若盜小錢，八十文。隨其盜處所用，五錢入重
〔一一〕。僧祇：王無定法，斷盜不定。當取瓶沙古法，四錢三角，結重
〔一二〕。四分但云五錢〔一三〕。準此，廢上律、論，以後為勝〔一四〕。縱四
錢三角，善見解之，亦同五錢〔一五〕。善見云：若堈中盜寶，內手取已，
出離堈口，得夷〔一六〕。又解，但離處得夷，未出堈口。法師曰：「於戒
律中，宜應從急〔一七〕。」又觀五事〔一八〕：處〔一九〕、時〔二○〕、新〔二一〕、
故等〔二二〕，是名律師。以此文證，五錢為允。

　　二、以義門，六句不同〔二三〕：

　　一、十誦、伽論云：錢有貴賤時。不妨錢貴，盜一入重；遇值賤時，
百千犯輕〔二四〕。二、四分、五分、善見云：貴處盜物，賤處賣，還依本
盜處估價〔二五〕。三、善見云：貴時盜得賤時賣，若定罪者，還依本時
〔二六〕。上三句互反，皆同得輕降〔二七〕也。四、摩得伽中：取五千，不
犯重：數數取四錢，數數作斷心〔二八〕。或不得物而入重。如四分燒、
薶、壞色、教他等。五、不滿五，犯重〔二九〕。如四分：眾多人遣一人盜
五錢，多人共分；或多人共盜，通作一分。但使滿五，一切同盜，結重。
或盜過五結輕，如十誦「盜眾多人，未分物」者是，即如亡人輕物之類
〔三○〕。六、盜五人各一錢，結重〔三一〕。如僧祇：五人各以一錢，遣一
人守掌；若盜，望守護人結。善見云：欲知盜相，如師徒四人互相教，
共盜一人六錢，各得一波羅夷、一偷蘭〔三二〕。自業不合教他業，但得一
偷蘭〔三三〕。此義應知。

【校釋】

　〔一〕若直五錢，即餘雜物　資持卷中一下：「直五錢物，準錢法也。所以限五者，
　　　　以彼王法，滿五至死，佛隨王法，盜滿制重。」（二八三頁上）搜玄：「謂餘財
　　　　帛，准錢法也。猶如唐律，隨有犯者，皆約絹估，以從尺丈，方定刑名也。」
　　　　（四一三頁下）

〔二〕**有三解** 資持卷中一下：「初二兩解，並限五錢，後解隨死，不局物數。初同十誦，二符本宗，三即論家所取。」（二八三頁上）

〔三〕**王舍國法** 簡正卷一〇：「此准佛在王舍國結戒。佛問頻婆娑王：『國盜幾合死？』王言：『盜五錢死。』佛乃依此制戒，比丘盜五，結重罪也。此是古大銅錢，准今八十文也。」（六四七頁上）

〔四〕**隨有佛法處，用何等錢，即以為限** 搜玄：「彼師云：不必依本王舍之錢，但約當處國內，金、銀、銅、鐵、胡膠、錫、蠟、竹木等錢，即隨處五錢為限。」（四一三頁上）

〔五〕**今隨有佛法處，依國盜幾物斷死，即以為限** 鈔批卷一五：「立云：此是第三解也。謂隨方斷死罪為限，如王舍盜五犯死，（六七五頁下）約此而制。今此方若盜五未死者，不得依五斷犯重。要隨此國，齊幾斷死，用為限也。今時此方，斷死不定，或時盜一丈斷死，或時盜一匹、二匹，方斷死。豈得約此為定？雖然如此，此約斷死明也。若欲攝護，宜從急也。」（六七六頁上）搜玄：「彼師云依國盜幾而斷死也。若據彼論，三師之中，最許彼義也。」（四一三頁上）

〔六〕**雖有三釋，論師以後義應是** 資持卷中一下：「戒疏云：如多論中，盜相通濫。初釋本錢，何由可曉。（此破初解。）後解隨國現斷入死，言亦泛濫，難可依承。（此破第三解。）」（二八三頁上）鈔批卷一五：「依檢多論文云：盜至五錢得重罪者，初或言金錢，或言銀錢，或言銅錢，或言鐵錢，無有定也。又云盜至五錢得夷者，謂閻浮提內，及東、西二天下，有佛法處，准王舍國法，以五錢為限。又言五錢成重罪者，佛依王舍國法結戒，故限至五錢結夷。如是各隨國法，依而制夷罪。觀律師意，以後義為定。（文正此說。）立云：論文雖判後解為定，今鈔意取第二解，謂隨方用五錢為定義也。故戒疏云：多論文中，盜相通濫，初解本錢，何由可曉。（指論家三解中『初解』也。）後解隨國現斷入死，言亦通濫，難可依承。如此唐律，強盜滿尺，則是極刑，竊盜三十匹，罪至役流。縱多盜者，不加至死。論令准此，刑無死名，比丘多竊，少有強者。縱有強奪，計尺死刑，盜五十匹，又非死例，准俗制道，盜相叵論。如僧祇云：王無定法，斷盜不定。若依四分，但云五錢，（六七六頁上）錢則八種，並同一制，可如多論中間一解，隨國用錢，准五為限，則諍論自息也。」（六七六頁下）簡正卷一〇：「論師以後義應是今師結歸取捨之理也。上之三釋，十律取初解，南山意宗第二師，薩婆多論師自許第三解，故云後義應是。

玄記亦云：若據彼論，三師之中，最許後義也。有云指第二解為後義，謂此鈔依中間釋，故云『論云論師以後義是』。（此全未見理也。）」（六四七頁下）

〔七〕**律論互釋不同**　鈔科卷中一：「『然』下，約義定奪。」（五五頁中～下）鈔批卷一五：「立謂：諸律與論，釋此錢數多少不同也。多論雖有三解，未可全依；十誦古大銅錢，誠難可准；祇文四錢三角，固不可承。以善見解云還同五錢故也。今則取四分為定，謂隨方用五錢處，盜五結重，與多論中三解第二稍同，不取前諸律、論文也。」（六七六頁下）搜玄：「多論、十、祇互釋不同。論則如前，律則如後。准小錢，八十即不同也。」（四一三頁上）簡正卷一〇：「『律』是十誦、僧祇，『論』是多論所解。取意各異，故曰不同也。欲釋前句，抄文先且難止。如四分（六四七頁下），五錢戒重，文已分明。然於八種錢中，未論色目，遂引多論中間一解，『隨有佛法處用何等錢，以此為限』，何假更引論？『初後二說，并十、祇二律之文，豈非混雜耶？』可引抄答。」（六四八頁上）

〔八〕**判罪宜通，攝護須急**　資持卷中一下：「判罪謂犯已處斷，攝護謂專精持奉。今從攝護，以定錢體。」（二八三頁上）鈔批卷一五：「立謂：若斷他犯，可從寬通以斷之。若自護從急，下至草葉等也。」（六七六頁下）搜玄：「靈山云：忽有己犯，欲判其罪，宜取通文，即依十誦（四一三頁上）八十小錢。攝護從急者，即調部中明其盜相，下至草葉不盜也。」（四一三頁下）簡正卷一〇：「謂教文所制盜罪，學者宜應通知，向下諸部篇中不更解判。若但行當部，五錢成盜取。隨國所用之錢，即不通委外部，文中斷盜寬急之意也。（錯判字也。）若更急，從而說不，但四五錢乃至草葉之類，亦不合盜，故云攝護從急。（上是正義。）玄云：忽有已犯，欲判其罪，須取通文，即依十誦八十小錢；若未犯時，護持須依急，教草葉不許。〔此釋未為雜（【案】『雜』疑『雅』。）妙，幸請思也。〕」（六四八頁上）【案】參見四分卷三五，八一五頁中。

〔九〕**今諸師盛行，多依十誦**　資持卷中一下：「出捨急從緩，未體教意。」（二八三頁上）搜玄：「今諸師者，江表、關內諸師也。多依十誦者，戒疏云：今諸持律，多依十誦。」（四一三頁下）

〔一〇〕**盜五錢者，古大銅錢，得重**　鈔批卷一五：「古大銅錢，一文當此十六文也。計彼五文，當今八十文。豈得依彼為定？宜依當處五文也。」（六七六頁下）資持卷中一下：「古錢一當十六，五錢則成八十。」（二八三頁上）搜玄：「古大銅錢，准今小錢則八十也，即顯少，依隨其盜處所用。五錢入重者，氏（【案】『氏』疑『也』。）即多論中第三師義，顯下伏也。須知今師准引（【案】『引』

疑『此』。）論中第二師者，戒疏云：如多論中盜相通濫，初解本錢，何由可曉？後解隨國現斷入死。言亦汎濫，難可依承。如此虛律，強盜滿尺，則是極刑，竊盜五十疋，罪至俣（【案】『俣』疑『伇』。）流。縱多盜者，不加至死。論令准死□則刑無死名。比丘多竊，少有強者，縱有強奪，計尺死刑，竊五十疋，又非死例。准俗制道，盜相叵倫。」（四一三頁下）

〔一一〕隨其盜處所用，五錢入重　資持卷中一下：「依論次解，以定今義。」（二八三頁上）

〔一二〕王無定法，斷盜不定，當取瓶沙古法，四錢三角，結重　資持卷中一下：「『僧』下，引據。王無定法者，通指諸國也。瓶沙古法者，佛依結戒，可以為準也。此取盜五之法不定，古錢四錢三角即入五錢之限，兩角半錢猶屬盜四。錢論角者，恐彼錢模戛方。此間往古，亦鑄方錢。」（二八三頁上）鈔批卷一五：「依檢僧祇云，佛問瓶沙王法：『大王治國，盜齊幾錢至死？』王答佛曰：『十九錢為一羼利沙槃，一羼利沙槃分為四分（【案】『分』義為『份』。後文『分』多處有此用法。）。若取一分，若取直一分，罪應至死。』今隨所盜，義以此為准。」（六七六頁下）簡正卷一〇：「謂關內多依僧祇，乃取四錢三角以結重也。」（六四八頁上）扶桑記：「瓶沙，玄應音義云：此言訛也，正言頻婆娑羅，此云形牢摩伽陀國王也。……戛方，謂正方也。」（一八三頁上）【案】僧祇卷三，二四四頁中。

〔一三〕四分但云五錢　資持卷中一下：「『四』下，準本宗以決廢。」（二八三頁上）搜玄：「四分緣起，但云五錢，不言古大銅錢，當小錢八十。又（【案】『又』疑『不』。）定金、銀、銅、鐵之錢，又無隨國幾錢得死之斷，故歸宗五錢。」（四一五頁上）扶桑記：「彼無五錢成重之文，大銅十九錢四分之一是重盜之限。」（一八三頁上）

〔一四〕廢上律、論，以後為勝　鈔批卷一五：「立謂：上多論三解，及十誦古大銅錢，此並太寬，今故廢不用也。（六七六頁下）宜依五分五錢為勝，與上多論第二師解同。」（六七七頁上）資持卷中一下：「『律』即十誦，『論』即多論。初後二解，以後勝者，即第二解，望初為後。疏云：可如多論中間一解。隨國用錢，準五為限，則諍論自息也。」（二八三頁上）搜玄：「即廢上十誦、多論前後二師，及僧祇所立。今人用者，以後為勝者，即是印定今師晟行。第二隨其盜處所用，五錢入重之判，是其後勝故。戒疏云：若依四分，但云五錢，錢則八種，並同一制。如多論中間一解，隨國用錢，准五為限，則諍論息也。『若爾，僧

祇即合是後，何指隨其盜處，五錢為後耶？』答：『僧祇，鈔文自破，故知中者為後。』」（四一五頁上）

〔一五〕**縱四錢三角，善見解之，亦同五錢**　資持卷中一下：「『縱』下，會同。善見云：二十摩娑（【案】『娑』疑『沙』。）迦（古大銅錢），成一迦利沙槃分（量名）。（二八三頁上）四分取一，故限五錢。僧祇以十九摩沙迦成一吉利沙，四分取一，則四錢三角也。恐謂僧祇不同四分，故以善見會之。然善見、僧祇並約古大銅錢，乃是取本王舍古法，以釋五錢之義。至於斷盜，還隨國用。即彼論云：出家人者，乃至草葉不得取。故知急護，頗合今宗矣。」（二八三頁中）鈔批卷一五：「案祇中，十九錢為一羼利沙槃分，一羼沙槃分為四分，若取一分犯夷。案見論文云：五摩娑迦為一分者，爾時王舍城二十摩娑迦成一迦利娑槃分，迦利娑槃為四分，一分是五摩娑迦。若盜滿五摩娑迦，犯夷。」（六七七頁上）

〔一六〕**若堈中盜寶，內手取已，出離堈口，得夷**　鈔批卷一五：「立謂：引此文意，證前攝護宜急，斷罪宜寬文也。」（六七七頁上）簡正卷一〇：「善見等者，論師二解。初師云：離堈口，得夷。若在堈口中，猶是其處出口，方名離處。」（六四八頁下）搜玄：「靈山問云：『鈔明五錢重物，今引離處文來何耶？』答：『證攝護從急故。彼論明其離處，二師不同。初師，離剛口得夷者，此據剛中，猶是其處，出口方名離處。後師但離處者，但舉即犯，不要出剛口。何也？戒律宜應從急，此證取其五錢顯急。」（四一五頁下）資持卷中一下：「初至『從急』，引前段文。彼明盜人寶藏，故約堈中顯其犯相。彼具云：若滿堈寶，以手搦取，手未離處，指中迸一分，出還落堈中，偷蘭遮。若出離堈，得波羅夷。（即鈔初解。）有法師解，堈底取寶，已離堈底，未出堈口，得波羅夷。（鈔中又解。）」（二八三頁中）【案】善見卷九，七三四頁上。

〔一七〕**於戒律中，宜應從急**　簡正卷一〇：「二師云：但舉物離處即犯，不要出堈口也。法師曰，謂論主也。戒律從急者，取後解為正。問：『此文是第四緣，但明重物適引離處義，是第六緣，莫成雜亂不？』答：『抄引此文為證，前來宜從（六四八頁下）是急，護顯四分五錢為急，不取諸餘律論也。』」（六四八頁下）資持卷中一下：「此即論主取後師解。」（二八三頁中）

〔一八〕**又觀五事**　資持卷中一下：「『又觀』下，引後段。言五事者，彼云：智慧律師，若諍事起，先觀五處，然後判斷。」（二八三頁中）【案】善見卷八，七三〇頁下～七三一頁上、中。

〔一九〕**處**　資持卷中一下：「處者，若我欲取此物語已已（【案】『已』疑剩。）得罪，

應觀此物有主與無主。若有主，捨心、不捨：若未捨心而偷，且計律罪；若已捨心，得波羅夷等。（此觀一事。）」（二八三頁下）鈔批卷一五：「處者，立謂：此處盜，彼處貿，依本盜處所直結罪。」（六七七頁上）搜玄：「論第八云：處者，比丘有黃衣，置肩上行入，遂失而作捨心。後有比丘來，盜心取，取已生悔，問律師周羅。周羅違（【案】『違』疑『遣』。）覓失物主，失物主來，至律師所。律師問物主：『長老，此是汝衣？』答：『是。』『何處失？』答：『其處失。』問：『汝捨心不？』答：『已作捨心。』又問盜比丘：『何處取？』答：『某處。』律師言：『汝若無盜心取者，無罪；汝惡心作，得吉。』然後語物主比丘：『汝已捨衣，以衣與此比丘。』答言：『善。』盜比丘聞律師語已，心懷歡喜，是名『觀處』也。」（四一五頁下）

〔二〇〕時　鈔批卷一五：「時者，立謂：貴時盜，賤時貨，或賤時盜，貴時貨，亦依本盜時價結罪。」（六七七頁上）資持卷中一下：「時者，取時，此衣有時輕、有時重。若輕時，即以輕時價直得罪；若重時，即以重時價得罪等。（此第二事。）又云：有物新貴後賤，如新鐵缽完淨，無穿初貴，後穿破便賤，是故隨時計直。（新、故為兩事。）又云：隨身用物者，（隨用為一事，此中復有五。）如刀、斧，初貴後賤。若偷他斧，應問斧主幾直買。若云用一分買（五錢），又問買來用未。若曾經用，便成故物（一也）。如眼藥杵及戶鑰，或燒或磨亦為故（二也）；又如浴衣，或一入水或用裹物亦名故（三也）；蘇油或易器，或蟲蟻落中，亦名為故（四也）；或石蜜，初強後軟，乃至爪掐，即名為故（五也）。若比丘是偷他物，應問物主：『若未用則貴，已用者賤，汝等應知。』（下總結云：）此是『五處』，律師善觀，然後判事，引比（【案】『比』疑『此』。）兩（二八三頁中）段，前證從急，後證隨處，明前廢立。準此二意，以定五錢允當也。」（二八三頁下）搜玄：「時者，取時，此衣有時輕、（四一五頁下）有時重。若輕時取，即以輕時斷罪；若重時取，即以重時價直得罪。我今取證。有一比丘，得椰子盤，常以飲水，置海中寺，往支（【案】『支』疑『去』。）帝耶山。後有一比丘，往海中寺，而見椰子殼，盜心取已，後往帝耶山。到以用盤食粥，盤主見而問：『長老何處得此盤？』比丘言：『海中寺得。』物主言：『此是我物，汝偷耶。』即捉到僧中，具判此事。有一阿毗曇師，各（【案】『各』疑『名』。）瞿檀多，問此比丘：『何處取？』答：『我於海中寺取。』問：『彼價直幾？』答：『彼土敢（【案】『敢』疑『噉』。）椰子，餘殼棄破，或然為薪，都無價直。』復問物主：『此盤直幾？』答：『此椰子殼飲汁棄皮，

比丘捨取作器，堪一磨沙迦。』瞿檀多言：『若如是者，不滿五磨沙迦，不犯重罪。』眾中聞已，歡言：『善哉！』法師曰：『如是觀，隨處結直也。』（鈔取此文，證前四分五錢為允。釋『時』竟。）有物新貴後賤，如新鐵鉢，完淨初貴，後破便故，隨時卒直也。若比丘偷他物，應問主。若未用，貴；已用，賤。汝等應知，是為『五處』，律師善觀，然後判事，隨罪輕重而己罪之，並是論文。慈和決云：標則有五，釋但有四。鈔言『等』者，論無『等』字。今此『等』者，等取前『時』中輕重，則成五也。以此『時』中，滿五磨沙迦犯重文，證五錢為允也。」（四一六頁上）

〔二一〕新　鈔批卷一五：「有物新貴後賤，如新鐵鉢，完淨初貴，後破便故，隨時卒直也。若比丘偷他物，應問主。若未用，貴；已用，賤。汝等應知，是為『五處』，律師善觀，然後判事，隨罪輕重而己罪之，並是論文。」（四一六頁上）

〔二二〕等　鈔批卷一五：「律師善觀，然後判事，隨罪輕重而己罪之，並是論文。慈和決云：標則有五，釋但有四。鈔言『等』者，論無『等』字。今此『等』者，等取前『時』中輕重，則成五也。以此『時』中，滿五磨沙迦犯重文，證五錢為允也。」（四一六頁上）簡正卷一〇：「養論（【案】『養』疑『善。』）中，無『等』字，鈔文有『等』字。意等取第二『觀時』之中有輕、重，則成五也。以此文證為允者，以此時中滿五磨沙迦犯重。文證五錢，而為允當也。」（六四九頁下）【案】「等」字，鈔批解為「相等」義，簡正、搜玄解為「等取」前「時」中的輕重二義，共成為五。有校本去「等」而另加「貴賤」以成五事。

〔二三〕以義門，六句不同　簡正卷一〇：「前明五事，尚未周全。今引六句義門，方為盡理。釋中即分六段，今都為一科。」（六四九頁下）搜玄：「富陽云：辨前五事，今准諸教，六義釋之，文盡也。釋中分六：初，約錢貴賤；二、約處貴賤；三、約時貴賤；四、約得不分列（【案】『列』疑『別』。）；五、過減分別；六、一多分別。」（四一六頁下）

〔二四〕遇值賤時，百千犯輕　鈔批卷一五：「言遇值賤時，百千犯輕者，立明：如今木皮鐵錢，時所不用，盜但得蘭。」（六七七頁上）資持卷中一下：「錢貴賤者，謂物有重輕，時有豐約故。貴者一當多用，賤者多當少用。」（二八三頁下）簡正卷一〇：「十誦，波離問佛：『頗有盜三文，犯夷不？』佛言：『有。約貴時說。』大德云：如三國時，吳主孫權鑄一大錢，當五百文，次更大者錢一千。蜀主劉備鑄一大錢，當一百文。周宣帝時，鑄『永通萬國』錢，以一當

千。唐初，又鑄『開通元寶』（【案】即「開元通寶」）錢，乾封秊中（公元六六六年至六六七年）又鑄『乾封泉寶』錢。亦有將常小錢，十文換一。如此即俱盜一，便犯重罪，何況盜三？（云云）。波離又問：『頗有盜五錢，不犯重？』佛言：『有。約賤時說。（六四九頁下）百千犯輕，如鉛、錫、泥錢百千，時既不用，有何所直？但犯偷蘭等。』」（六五〇頁上）【案】十誦卷五十一，三七七頁中。薩婆多卷八，六一二頁下。

〔二五〕**貴處盜物，賤處賣，還依本盜處估價** 資持卷中一下：「三文皆爾，故盡標之。此謂就本盜處損主以論，不約後賣不滿也。」（二八三頁下）搜玄：「發正云：約處斷輕重也。靈山引律云：時有眾多比丘，方便共遣一人取他物，彼往取減五錢，來至此得五錢。彼作是念：『我等得五錢，犯夷耶？』佛言：『依本處，犯蘭。』五分、善見，意不別也。」（四一五頁下）【案】四分五五，九七六頁中。五分卷二八，一八三頁中。善見卷八，七三一頁上。

〔二六〕**貴時盜得賤時賣，若定罪者，還依本時** 資持卷中一下：「意亦如上。如春時直十，夏但直一之類。」（二八三頁下）

〔二七〕**上三句互反，皆同得輕降** 資持卷中一下：「『上』下，總點三句。初句，文中已具；次句，應云『賤處盜物貴處賣』；三、賤時盜物貴時賣，並依本斷。」（二八三頁下）簡正卷一〇：「謂上三句中，皆約貴時盜，賤貨，望本處得重。今若反之，則是賤時貨，即得輕，故云降。降，下也。輕，即蘭也。」（六五〇頁上）

〔二八〕**取五千不犯重，數數取四錢，數數作斷心** 簡正卷一〇：「斷心者，由本無心，只取四錢，決罷更不擬取也。若無心更擬後取，即不在此例。」（六五〇頁上）資持卷中一下：「即盜多犯輕，不至果故，不得物犯重，但損他故。」（二八三頁下）【案】摩得勒伽卷八，六一三頁上。

〔二九〕**不滿五，犯重** 資持卷中一下：「減五得重，過五犯輕。前引四分兩釋，並約人多物少，故不滿五，通望彼物，齊入重刑。」（二八三頁下）搜玄：「花嚴云，有二義：一者，眾多人（四一六頁下）遣一人往，盜五共分；二者，共往，盜五各分。發正云：雖則一人不得五錢，當時人往盜，滿五業成，故得重。」（四一七頁上）

〔三〇〕**即如亡人輕物之類** 資持卷中一下：「後引十誦，通望彼眾，無滿五義。指下亡物，謂未作法時，十方常住，亦類此說。」（二八三頁下）簡正卷一〇：「盜眾多未分物者，此約十方，不滿五得輕也。」（六五〇頁上）

〔三一〕盜五人各一錢，結重　資持卷中一下：「謂盜少成重。」（二八三頁下）

〔三二〕如師徒四人互相教共盜，一人六錢，各得一波羅夷、一偷蘭　鈔批卷一五：「如師徒四人等者，鈔引論，錯錯相承，解者咸刀刀。今依檢善見第九卷末云：『於問難中，四人共偷，三人得罪，一人得脫，我今問汝，汝當善思。』答曰：『有四比丘，一是師，三是弟子，欲偷六摩沙迦。（此云錢也。）師語弟子言：汝人各偷一摩沙迦，我偷三。弟子言：和上偷三，我偷一，汝二人各偷一。餘二人展轉相教亦如是。師自偷三錢得蘭，教三弟子偷三，亦偷蘭。何以故？自偷異、教人偷異，是故二蘭。三人云何得重？為教他偷五錢故，是故得夷。（謂教師偷三，教同學偷二，豈非教他偷五耶也？）』賓云：論家立義，不應道謂（原注：『謂』疑『理』。）。然望損一主，師亦合夷，何須言自盜業？教人業異，遮莫業異，但望損主成五，師同犯夷，何得判言一人得脫？南山依此意破，故判師亦犯重，非是引錯，（六七七頁下）此救大能。」（六七八頁上）簡正卷一〇：「順正記云：准彼論文，四人之中一人得免，三人定犯。今且依論說者，師教弟子云：彼有六錢，汝三弟子各取一錢，已上是能教不滿五，但犯蘭。我自取三錢，此是自業不滿五，亦但犯蘭。據理二蘭也。徒弟有三人，弟子云：彼有六文，和上取三，兩師弟各取一文，已上能教滿，犯（六五〇頁上）夷了。我自取一文，是自業。不合犯蘭。豈非一夷一蘭？其第二弟子，及最小者，亦同上說，並得二罪。今抄文約師徒四人，並犯夷、蘭，即換教他業，滿五以說也。思之。（已上諸文，總是釋第四犯緣已竟。）第五『與方便』，前列緣中即有，釋中即除。戒疏云：如借他物不還，打他物破不償，此不假方便，亦成犯重。恐濫涉故，所以除之。或可縱有方便，上俱不明，但舉未離處之前，並方便攝也。」（六五〇頁下）善見卷九，七三九頁下。

〔三三〕自業不合教他業，但得一偷蘭　資持卷中一下：「『自』下，釋結蘭義。恐疑共盜，應須犯夷故。」（二八三頁下）鈔批卷一五：「自他兩業，歷別各異，不可相合，故曰自業，不合教他業也。……問：『前列六緣，今何故不見解第五緣者何？』答：『此論離處，含得第五興方便緣也。若論興方便，則不攝舉離處緣也。又復戒疏弟唯立五緣，無『興方便緣』，故知前後緣，攝得興方便緣也。』」（六七八頁上）

五、離本處〔一〕

四分云：若牽挽、薶藏，隨為一事，方便不成，並結偷蘭〔二〕。五分〔三〕：物在地中，作盜心，得吉羅〔四〕；掘地，得提〔五〕；捉物，吉羅〔六〕；

動物，偷蘭〔七〕；離處，方重。

離處義，十句分之〔八〕：

一、文書成辨離處〔九〕。如律師疏判，以重入輕〔一〇〕，非法判用僧物之類〔一一〕。善見云：畫地作字，一頭時輕，畫兩頭時重〔一二〕。

二、言教立〔一三〕者。善見：若盜心唱云「定是我地」，地主生疑，偷蘭；決定失心者，重〔一四〕。若來問，僧答同，皆重〔一五〕。若共爭園田，違理判與，違理判得〔一六〕，乃至口斷多端、偷夏唱大，得物，皆重。即如四分〔一七〕：若以言辭辯說，誑惑而取，皆重。

三、移標相〔一八〕者。善見：舉一標時，偷蘭；舉二標時，重；謂量地度〔一九〕。乃至得一髮一麥，皆重，地深無價〔二〇〕。繩、彈亦爾〔二一〕。

四、墮籌〔二二〕者。四分：盜隱記數籌、分物籌，致令缺少也。

五、異色者。十誦、薩婆多云：氍褥氍毹上，有樹枝、葉、華，今從樹葉上，盜牽至樹華上，犯重〔二三〕。謂異本色故。或如借他衣鉢〔二四〕，非理用損，減他五錢，亦結重罪。律云：若壞色〔二五〕故。

六、轉齒〔二六〕者。如十誦「捋蒲移棋子〔二七〕」等。五分：蒲博賭物，犯吉羅〔二八〕。

七、離處明不離處。如僧祇：盜他牛馬，未作得想，雖舉四足，不成重罪〔二九〕。

八、不離處明離處。如善見：空靜處盜，決得無疑〔三〇〕。如擲杖空中，必無不下，故動即成重〔三一〕。

九、無離處辨離處。如四分：盜他田宅，攻擊破村，燒薶、壞色，皆犯重等〔三二〕。

十、雜明離處。如空中吹物〔三三〕、盜鳥〔三四〕、曲弋〔三五〕、斷流水注〔三六〕等，並不具述。廣如本疏〔三七〕。

【校釋】

〔一〕**離本處**　搜玄：「初，引教略明；二、離處，約義廣釋。」（四一七頁上）【案】盜戒成犯，鈔列六緣：有主物、有主想、有盜心、重物、興方便、舉離本處。鈔選釋五緣，未釋第五緣「與方便」。所以第六緣「離本處」此處即列為第五緣。文分為二：初「四分」下；次「離處義」下。

〔二〕**若牽挽薶藏，隨為一事，方便不成，並結偷蘭**　鈔科卷中一：「初，引律示相。」（五六頁中）資持卷中一下：「四分明未離不成。」（二八三頁下）搜玄：「隨

作一事，方便即止，不成離處，得蘭也。」（四一七頁上）【案】四分卷一，五七三頁下。

〔三〕五分　資持卷中一下：「引五分明已離方成。文列五罪，掘地一提，有無不定，餘四須具，是方便故。」（二八三頁下）搜玄：「引五分出方便與離處分齊也。」（四一七頁上）【案】五分卷一，六頁中。

〔四〕作盜心，得吉羅　資持卷中一下：「盜心吉者，遠方便也。」（二八三頁下）鈔批卷一五：「立謂：方便罪也。」（六七八頁上）

〔五〕掘地，得提　「謂生地也。（善見犯吉，是盜方便故。）」鈔批卷一五：「謂壞地罪也。故戒本文云：若比丘自手掘地、教人掘者，波逸提，即其義也。其第六緣雖云離處云犯，義有不離，亦名犯也。故義解有十句分別。」（六七八頁上）

〔六〕捉物，吉羅　資持卷中一下：「次方便也。（準今所判，犯蘭。）」（二八三頁下）

〔七〕動物，偷蘭　資持卷中一下：「動物，近方便。」（二八三頁下）

〔八〕離處義，十句分之　搜玄：「花嚴云：雖云離處方犯，義亦有不離處而亦名犯，為是義故，十句分別。第二，依數別釋中，十句同即為十段，」（四一七頁下）簡正卷一○：「道理難明，十句方盡。釋中十段，但作一科，今且分十。」（六五○頁下）

〔九〕文書成辨離處　資持卷中一下：「初句，約判斷明犯。」（二八三頁下）

〔一○〕如律師疏判，以重入輕　鈔批卷一五：「景云：此舉情有所為，而不依教。如今若依教，縱以迷謬無罪。」（六七八頁上）資持卷中一下：「初句約判斷明犯。以重入輕者，凡判亡物，須差律師處斷重輕，歷疏告眾，判重為輕犯夷，判輕為重得蘭。並望文疏成時以定犯相。」（二八三頁下）搜玄：「發正云：如律師斷割重物入輕者，理得其壬（原注：『壬』當作『重』。下同。）也。景云：此舉情有所為，不依教。如今若依教，縱以迷謬，無罪也。」（四一七頁下）

〔一一〕非法判用僧物之類　鈔批卷一五：「立云：知事人用常住僧物媒嫁淨人，供給媒具，綱維同判，判竟結重。」（六七八頁上）資持卷中一下：「此約常途，妄書簿曆之類。」（二八三頁下）搜玄：「立云：知事人處分，將常住僧物媒嫁淨人，供給媒具，綱維同判，判竟結壬（【案】原注：『壬』當作『重』。見上注。）。引善見意證，盡（原注：『盡』疑『書』。）未竟，蘭；書竟，重也。論約定地界也。」（四一七頁下）

〔一二〕**畫地作字，一頭時輕，畫兩頭時重** 資持卷中一下：「『善見』下，如作契書，分判地界。一頭輕者，如書所從處時，（二八三頁下）方便蘭也。兩頭重者，復書所至處時，究竟夷也。『畫』字誤，論作『書』字。戒疏亦依論引。（或云『畫地作字，不約契書』者，恐不合科意。）」（二八四頁上）鈔批卷一五：「謂作書字，云是我地也。」（六七八頁上）簡正卷一〇：「引見論文證上書未竟即重，彼據定地界故。」（六五〇頁下）【案】善見卷九，七三六頁中。

〔一三〕**教立** 資持卷中一下：「次句，但約口斷即犯。」（二八四頁上）簡正卷一〇：「發言為『教』，此言纔立，便結犯也。」（六五一頁上）

〔一四〕**決定失心者，重** 鈔批卷一五：「立云：比丘唱是我地，地主起疑：為是我地，為比丘地？此時得蘭。若地主想作比丘地，則得夷。」（六七八頁下）

〔一五〕**若來問，僧答同，皆重** 鈔批卷一五：「謂地主聞唱云是僧地，心生疑惑，來問大眾。眾咸同答是僧地。隨同答僧，人人犯重。」（六七八頁下）資持卷中一下：「僧皆重者，以同情故。」（二八四頁上）

〔一六〕**若共爭園田，違理判與，違理判得** 資持卷中一下：「違理判與者，能判犯也。違理判得者，所判犯也。」（二八四頁上）搜玄：「違理判與者，當陽、壘云：此明比丘曲判與餘人也。違理判得者，此明求人約違道理判得此物也。靈山云：（四一七頁下）爭田違理者，或侵全段，或侵界分，准違理結犯；以理奪得，無犯也。」（四一八頁上）扶桑記：「判與：善見九本文只云佗園林，比丘強諍，乃至若僧中判事僧知故違理者，判主得波羅夷。」（一八四頁上）

〔一七〕**即如四分** 資持卷中一下：「引四分即約辯說，文如前引。」（二八四頁上）

〔一八〕**移標相** 資持卷中一下：「如今丈尺之類。文中且引盜二標犯。準論，若盜三標：一、舉吉，二、舉蘭，三、舉重。乃至盜十標，前八並吉、九蘭、十重。（舊云前九蘭者，不見論文。）」（二八四頁上）

〔一九〕**量地度** 鈔批卷一五：「濟云：如竹弓量地是也。盜移弓進地，恐此解非，應是插標記地之量也。」（六七八頁下）搜玄：「濟云：鈔意謂將竹弓平執，而量地為標也。」（四一八頁上）

〔二〇〕**舉一標時，偷蘭；舉二標時，重；乃至得一髮一麥，皆重，地深無價** 搜玄：「准見論，若有二標，舉一得蘭，舉二則重。若三標，舉一吉，舉二蘭，舉三重。若有眾生（原注：『生』字疑衍。）多標者，語最後兩標，舉一蘭，舉二夷。前者，隨多少皆吉。鈔舉初二標，故云『乃至一髮一麥皆重，地深無價故。』謂至金輪故，深無價也。若此比丘來問眾僧，今取此地，僧答同者，皆

重也。」（四一八頁上）鈔批卷一五：「案見論云：若比丘盜他田地，乃至一髮大，作決定盜心，夷。何以故？地深無價故。若此比丘來問眾僧，今取此地。僧答同者，皆得重罪。若有二標，比丘舉一標得蘭，舉二標得夷。若地有三標，若舉一標吉，舉二標蘭，舉三標夷。若地有多標，舉一標得吉，乃至二標皆吉。餘後二標在，舉一偷蘭，舉一夷。」（六七八頁下）【案】「舉一標」，底本為「標一舉」，據後文「舉二標」及善見文改。善見卷九，七三六頁中。

〔二一〕**繩、彈亦爾**　搜玄：「准見論：若盜心，以繩彈取他地，初一繩，置一頭，蘭；若置兩頭，夷也。」（四一八頁上）

〔二二〕**墮籌**　資持卷中一下：「墮籌者，謂下籌多，而令物少，或不下籌而取多物。雖非文意，世有其事。」（二八四頁上）

〔二三〕**氍㲲氍㲨上，有樹枝、葉、華，今從樹葉上，盜牽至樹華上，犯重**　資持卷中一下：「初，引士誦律、論。約異色犯，如毛綿杼織，以成華朵、鳥獸之物。而牽挽移易，損彼物故。」（二八四頁上）簡正卷一〇：「此約氍㲲。或是華氍之上，謂錢元在樹葉上，今盜心移心來樹根上，異彼安置色處，纔異本色，即犯重也。或錢元在樹根，今移來葉上等，准說。玄記云：若氍㲲及錢，總是一家者，此是同主來犯。必須錢自是一主，氍等是一主。既屬二人，是異主，方犯也。宛陵不許此釋，比為明於舉離之義，不論同主、異主，但使有盜心，並犯。」（六五一頁上）搜玄：「謂有盜心，從葉下牽物至花上，異本時安置處也。故勵（【案】『勵』疑『勵』。）疏意謂：錢物與氍㲲異主，離寄處即犯。同主俱是一家之物，未成離處也。」（四一八頁上）

〔二四〕**或如借他衣缽**　搜玄：「『或如』下，因明借損。」（四一八頁上）資持卷中一下：「『或如』下，次準本律，約損色犯。」（二八四頁上）

〔二五〕**壞色**　鈔批卷一五：「謂四分燒埋、壞色，皆重也。」（六七八頁下）【案】四分卷五五，九七七頁中。

〔二六〕**轉齒**　資持卷中一下：「如世賭博，多用齒骨，擲采博物，盜心移轉，隨物成犯。」（二八四頁上）扶桑記引行宗：「轉謂翻轉，齒即骰子、棊子，多用牙骨為之。」（一八四頁下）

〔二七〕**摴蒲移棋子**　資持卷中一下：「摴蒲、蒲博，皆賭物之異名，亦名博弈。文中，先引士誦，示盜相。」（二八四頁上）簡正卷一〇：「老子卜法，今人為戲。」（六五一頁上）扶桑記引法進梵網疏：「博物志云：老子入胡作文，用卜吉凶，有五櫚木子，各長四寸，上各有刻：一、四刻；二、三刻，三、二刻，四、一刻，五、

無刻。擲卜，若得多刻者吉封。或云：<u>西域</u>異道，多作是戲，古以木為子，今以錢博。<u>宏</u>云：今賭錢也。」（一八四頁下）【案】<u>十誦</u>五二，三七九頁中。

〔二八〕**蒲博賭物，犯吉羅**　<u>簡正</u>卷一〇：「比丘不合，得吉。若於中更欺（六五一頁上）胃（原注：『胃』疑『冒』）他，計直重也。」（六五一頁下）【案】<u>五分</u>卷二八，一八四頁上。

〔二九〕**盜他牛馬，未作得想，雖舉四足，不成重罪**　<u>資持</u>卷中一下：「彼明盜四足者，驅向所期足遍，犯重；不隨所向者，輕。（雖離，但得蘭罪。）本期不定，舉遍，即重；本主來逐，心未得者，輕。（即文中所謂『未作得想』也。）」（二八四頁上）<u>僧祇</u>卷三：「馬有多種，有良善、好色、健走者。若比丘盜心欲取此馬，乘馬已欲向東方，馬狂趣南、西、北方，未波羅夷。如是南、西、北方亦如是。馬隨方去，如上說。若無定方，隨處而去者，馬舉四足，波羅夷。若比丘盜良馬乘走，而馬主覺，即乘馬逐，其主不作失想、比丘不作得想，未波羅夷；若馬主作失想，比丘不作得想，未波羅夷；若馬主作失想、比丘作得想，波羅夷。若比丘盜心、若以鹽、若以草，誘他馬將去，離見聞處，波羅夷。」（四九頁中）【案】<u>僧祇</u>卷三，二四七頁上。

〔三〇〕**空靜處盜，決得無疑**　<u>資持</u>卷中一下：「<u>善見</u>得心已決，微動即犯，不待離處。」（二八四頁上）【案】<u>善見</u>卷一〇，七四〇頁中。

〔三一〕**如擲杖空中，必無不下，故動即成重**　<u>搜玄</u>：「謂空靜處，既無於人，盜無不遂。雖未離處，必定離故，動則成重，不必全離也。」（四一八頁下）

〔三二〕**盜他田宅，攻擊破村，燒蕓、壞色，皆犯重等**　<u>資持</u>卷中一下：「田宅等物，永不可離。不同上句，可離不離。」（二八四頁上）<u>簡正</u>卷一〇：「謂田宅等不可移動，但攻（原注：『攻』一作『功』。）擊有損，便結也。」（六五一頁下）

〔三三〕**空中吹物**　<u>鈔批</u>卷一五：「<u>立</u>謂：有人於楯上曬衣物，風吹上空中，從比丘界上過，比丘以杖撥取，或口吹令墮，計直結罪。」（六七九頁上）<u>搜玄</u>：「向下引疏釋也。<u>見論</u>云：旋風吹衣，上虛空中，比丘以盜心前捉，一一得吉；若衣動，蘭；離本處，夷。故律云：有衣物從風所吹，有主之物，而加盜取。明離處者，即空異本，是名離處。（四一八頁下）餘例此也。」（四一九頁上）

〔三四〕**盜鳥**　<u>鈔批</u>卷一五：「如鷄鷹之屬，他所養護，或飛來入寺，或飛從界上過，或比丘道逢，若盜心斷取，故犯。案<u>見論</u>：若盜空中鳥，手牽左翅過右翅，尾至頭，上下亦爾，得重。捉杖遮不隨所向，蘭也。論又云：有孔雀空中飛，比丘當前立，鳥舒翅而住。比丘去，舉手解，亦吉；若搖動，蘭；若捉翅、牽尾

離頭處，夷；牽左翅過右翅，夷；上下亦爾。立云：若籠貯鳥子，比丘盜鳥，離籠即犯。若本無心取籠，雖合籠將去，未夷；出鳥離籠，方犯。案祇云：若盜船，抵解時，蘭。雖斷繩未離者，蘭；雖離船，未斷繩亦蘭；斷繩離處者，重。若出流水中，解船離檝，即得重。以惡心沉船，若破船，若放流去，以壞失他物故。祇云：若盜船者，順牽尾過頭處，若倒牽頭過尾處，迴左邊至右邊，皆重。車亦爾也。」（六七九頁上）

〔三五〕**曲弋** 鈔批卷一五：「立謂：壁上衣鉤，龍牙杙等是也。若作心盜衣，衣離杙即犯；合杙將去，衣未離杙，蘭；若本心盜衣及杙，舉離壁，夷。如見論云：謂盜壁上曲鉤中物，離檝重也。盜車船中物亦爾。本心盜物，不盜車船，雖乘車船去，未舉中間物時蘭，結方便罪。若舉物離船即夷。濟云：曲杙與鳥一事也。如國家苑內養鳥，皆安杙上也。」（六七九頁上）搜玄：「又如十誦：取衣不取架，持將架去，不重；後衣離架時，方得重也。」（四一九頁上）【案】「弋」，見論作「鉤」。

〔三六〕**斷流水注** 鈔批卷一五：「自疏引祇云：盜水者，若以筒就孔，飲滿者重；若稍稍數數出者，口口蘭。若器先塞，盜心拔蓋時，越；注器中，蘭；注斷滿者，重。若往未斷，即起悔心，畏犯重故。以水倒本器中，蘭。蘇、油、蜜亦爾。雖繩斷，未離繩，皆蘭。若有溉灌流水，或一宿直一錢，乃至四五錢，比丘若為佛、僧自為，盜心壞彼渠者，越。水流入田，蘭；滿者，夷。嫉妬心壞棄水，得越。（四分重。）問云：『偷彼塘水得何罪？』答：『計功，水滿得重。』（六七九頁下）……又解：『斷流』與『水注』分為兩句：言斷流，汎物竹木等順流下，比丘盜心捉木，木頭水流至木尾，即夷，故曰『斷流』。言『水注』如前解。述曰：『合為一句，不繁離分。』」（六八〇頁上）簡正卷一〇：「四分但言『若以方便，壞池及取水』，而不明所損分齊。若准祇云：溉灌流水或一宿，直一錢乃至四錢五錢，比丘為佛法僧，或後盜破陂渠，得越；入田，蘭；（六五一頁下）滿五，夷。善見云：眾共一池水溉田，比丘盜心斷他田水，令注己田時，結蘭；若他田苗萎死，犯重也。水注者，祇云：若將竹筒就孔中飲，滿者重。若漸漸飲，數止，咽咽蘭。若器先塞拔，塞時越；注入器，蘭；注斷滿者，重。若注（原注：『注』一作『准』。）未斷便悔畏，重；以水倒寫向本器中，蘭。雖注斷，未離處（云云）、未斷注，俱蘭。『等』之一字，等取蘇、油、蜜等，仍同也。」（六五二頁上）

〔三七〕**廣如本疏** 鈔批卷一五：「指戒本疏也。案首疏引見論云：若嗔心破壞，燒他

一切生治具，吉羅；應還直，不還得重。十云：若盜他水中鳥及木，若舉離水，得夷；若汎水底，蘭。祇云：有比丘與他要言，共盜和上衣，若得者，當半分。其一人往取，誤偷自己衣來，便不與他半分。佛言：『計直滿五，犯夷。』」（六八〇頁上）資持卷中一下：「且出空、弋、水注三相，律中明處，則有十三。疏中次解，今略引示。初，地中，（即是伏藏，有主望主結，佛僧地，屬佛僧。）二、地上，（如今道地得物。）三、乘，（謂象、馬等乘，乘盜乘上物，離乘方犯；若兼乘盜乘，離即犯。）四、擔，（同乘兩分。）五、空，（謂衣物、鳥等，從風所吹，而欲盜取，即此空處，以辨離處。善見：盜空中鳥，左翅過右翅、尾處至頭，上下亦爾，俱得重罪。）六、架，（即曲弋也。若盜物者，物離方犯。若連架者，架離即犯。）七、村，（或盜村物，或盜村體，擊破壞等。）八、阿練若，（村外空地，同村可知。）九、田，（十誦：若為田故相言。得勝者，重不如者輕。若作（二八四頁上）異相，過分勝者重。）十、處所，（如店肆作處，盜物盜體，同上村中。）十一、船處，（盜物即以船為處。盜船體者，斷繩離處方犯。）十二、盜水，（即斷水注也。僧祇：漑灌水，或一宿直一文，或至四五。若壞彼渠，得越；水入田，蘭；滿五者，夷。）十三、私度關，（如律：比丘無稅，白衣應稅，為彼過物重。十誦：比丘應稅不稅，亦重。餘廣如疏。）。」（二八四頁中）

然盜戒相隱，極難分了〔一〕。若廣張體貌，徒盈卷軸，至於披撿，取悟必繁。故略列犯緣，粗知梗概，意存省事知足。

憂心念道者，緣境既局，少應清潔〔二〕。若多眾務而欲高升〔三〕者，必羅盜網，終無有出〔四〕。何者？由心懷勝劣，倒想未傾〔五〕。初果、無學，方可營事〔六〕。

有心懷道者，細讀附事，深思乃知〔七〕。故善見云：戒律宜從急護〔八〕。此第二重戒，事相難解，不得不曲碎解釋〔九〕。其義理分別，汝當善思。論文如此，以準上列。猶恐不肖者謂繁〔一〇〕，余心實未言盡。約略如前，故且削也。

【校釋】

〔一〕然盜戒相隱，極難分了　鈔科卷中一：「『然』下，結非囑累。」（五六頁上）搜玄：「情懷勝劣，無平等心，兼後（原注：『後』疑『復』。）彼此親疏，未傾我例（原注：『例』疑『倒』。），所以初果無學，方可嘖事也。」（四一九頁

下）【案】本處是「二成犯相」的結語。資持、鈔科分文為三，搜玄分文為四，今從鈔科。

〔二〕憂心念道者，緣境既局，少應清潔　資持卷中一下：「『憂』下，二、明人有順違。初，明知足之人，懼犯退藏。……言憂心者，心之可畏，難可禁制，微縱成業，殃及累世，是可憂故。念道者，慕出離也。緣境局者，為教所禁也。」（二八四頁中）

〔三〕若多眾務而欲高升　資持卷中一下：「『若』下，明多事求進，為盜所陷。……多眾務者，或好為人師，或樂營世福也。欲高升者，名位過人也。」（二八四頁中）

〔四〕必羅盜網，終無有出　資持卷中一下：「羅盜網者，結業成也。無有出者，苦報無窮也。」（二八四頁中）鈔批卷一五：「宣云：既位非初果，抵償義難，性戒無懺，終須酬報。至如生呵比丘但損一粟，五百世償。今雖遇聖，足猶是牛。律明持犯，犯雖開悔，悔違教罪，業道豈得除耶？」（六八〇頁上）

〔五〕心懷勝劣，倒想未傾　資持卷中一下：「如前寶梁所揀人也。」（二八四頁中）簡正卷一〇：「心懷優劣者，無平等心也。」（六五二頁上）

〔六〕初果、無學，方可營事　簡正卷一〇：「舉初、後，攝中間二、三也。」（六五二頁上）

〔七〕有心懷道者，細讀附事，深思乃知　資持卷中一下：「『有』下，三、勸修。初句召後人也。細讀者，勸尋教也。附事者，以教照境也。深思者，以境觀心也。乃知者，自省心行也。」（二八四頁中）

〔八〕戒律宜從急護　資持卷中一下：「『故』下，引論以勸。論中初句通示教意。」（二八四頁中）

〔九〕此第二重戒，事相難解，不得不曲碎解釋　資持卷中一下：「『此』下，別指今戒。必須繁文，曲碎解釋者，論涉三卷故也。」（二八四頁中）【案】善見卷九，七三〇頁中。

〔一〇〕猶恐不肖者謂繁　資持卷中一下：「『猶』下，遮後妄，謂以彰略意。」（二八四頁中）鈔批卷一五：「肖，由似也。昔言不肖，即不似也。以『小』下作『肉』，謂子不似父也。」（六八〇頁上）

三、明不犯〔一〕中

四分云〔二〕：與想取〔三〕、已有想〔四〕、糞掃想〔五〕、暫取想〔六〕、親厚〔七〕意者，皆無犯。

　　律中，具七法，名親厚〔八〕：一、難作能作〔九〕，二、難與能與〔一〇〕，三、難忍能忍〔一一〕，四、密事相告〔一二〕，五、互相覆藏〔一三〕，六、遭苦不捨〔一四〕，七、貧賤不輕〔一五〕。

　　如是七法，人能行者，是善親友，準此量之〔一六〕。

【校釋】

〔一〕不犯　鈔批卷一五：「此下第三，明開不犯法。如律，顛狂心、亂痛惱所纏也。」（六八〇頁上）

〔二〕四分云　資持卷中一下：「初引五想，皆謂無盜心也。」（二八四頁中）【案】四分卷四一，八六一頁上。

〔三〕與想取　資持卷中一下：「意謂他與也。」（二八四頁中）

〔四〕已有想　資持卷中一下：「謂非他物也。」（二八四頁中）搜玄：「戒疏云：謂實是他物，意謂己物，無他想故。」（四一九頁下）

〔五〕糞掃想　資持卷中一下：「謂無主也。」（二八四頁中）搜玄：「實是有主。意言：此主作糞掃想取。開境想中，初有主想句也。」（四一九頁下）

〔六〕暫取想　資持卷中一下：「即持還也。」（二八四頁中）簡正卷一〇：「雖知是他物，著用非人，暫取無失。」（六五二頁上）搜玄：「既非永用，暫取借用。」（四一九頁下）

〔七〕親厚　資持卷中一下：「無彼此也。」（二八四頁中）

〔八〕律中，具七法，名親厚　資持卷中一下：「『律』下，別釋第五。」（二八四頁中）鈔批卷一五：「濟云：即阿難與盧至長者為親厚也。」（六八〇頁上）簡正卷一〇：「佛告阿難，有於七法人，若能行，是名親友。」（六五二頁上）【案】四分卷四一，八六一頁上。

〔九〕難作能作　資持卷中一下：「竭力代勞，為之不厭。」（二八四頁中）簡正卷一〇：「為於一事，難以作之。今便能作，是名親友。」（六五二頁下）【案】簡正注引羊角哀與左伯桃事，可見漢劉向列士傳。

〔一〇〕難與能與　資持卷中一下：「己所重物，與之不吝。」（二八四頁中）簡正卷一〇：「難與者，雷義舉茂才，讓於陳重，刺使不聽，義遂佯狂，不應今（【案】『今』疑『令』。）也。」（六五二頁下）【案】雷義舉茂才事，可見後漢書卷五循吏傳。

〔一一〕難忍能忍　資持卷中一下：「極相違惱，了無所恨。」（二八四頁中）簡正卷一〇：「難忍者，管仲、鮑叔分財是也。書云：二人同心，其利斷金，同心之

言，其臭如蘭也。」（六五二頁下）【案】管仲、鮑叔分財之事，典出史記管晏列傳。

〔一二〕密事相告　資持卷中一下：「吐露私心，而無所隱。」（二八四頁中）

〔一三〕互相覆藏　資持卷中一下：「掩惡揚善，恐傷外望。」（二八四頁中）

〔一四〕遭苦不捨　資持卷中一下：「囚繫患難，多方拯濟。」（二八四頁中）簡正卷一○：「不捨者，苟巨伯看友之病，值胡賊入境，巨伯不忍去。賊至郡已，具郡俱空，准（【案】『准』疑『唯』。）巨伯獨在。觀問所因，彼具此答：『寧可併命，不可拋棄。』賊知賢良，卻迴軍也。」（六五二頁下）【案】苟巨伯看友人事，典出世說新語德行。

〔一五〕貧賤不輕　資持卷中一下：「貴賤貧富，終始一如。」（二八四頁中）簡正卷一○：「不輕者，郄超所交，皆一時秀美。雖寒門後進，亦拔而交之。故戒疏云：情若琴瑟，財何有別？如古有食，必兼人有衣，必通被故。『衣』字，從二人，『食』字亦爾。鈔意恐難，故令准此量之。」（六五二頁下）【案】郄超，晉書作「郄」，梁高僧傳卷四支道林傳等作「郄」。東晉時人，曾任中書郎，其所交均為當時英傑。

〔一六〕如是七法，人能行者，是善親友，準此量之　資持卷中一下：「『如是』下，結顯。故知。誠實方入開位，自餘濫託，皆陷刑名。」（二八四頁上）簡正卷一○：「准此量之者，抄結也，謂將前七（六五二頁下）法，以驗自心。」（六五三頁上）

第三，殺人戒〔一〕

犯緣具五：一、是人，二、人想，三、起殺心，四、興方便，五、命斷。

初緣，人者〔二〕。律云：從「初識」至「後識」〔三〕，而斷其命也。初識者，謂初識在胎，猶自凝滑，是識所依〔四〕。乃至命終最後一念，未捨執持，隨煖壞者，是也〔五〕。其相易識，故略述之。

四分云，殺有二種〔六〕：一者自殺——謂身現相〔七〕，口讚死相〔八〕，坑陷〔九〕，倚發〔一〇〕，若安殺具〔一一〕，及以與藥等〔一二〕；二、教他而殺〔一三〕——隨其前使，若教歎〔一四〕，教遣使〔一五〕，往來使〔一六〕，重使〔一七〕，展轉使〔一八〕，求男子，教求男子〔一九〕，遣書，教遣書等〔二〇〕。並任方便〔二一〕。但令命終，稱本期者，三性之中，能教犯重〔二二〕。餘如後篇〔二三〕。

十誦：不得自傷毀形，乃至斷指，犯罪〔二四〕。伽論：病人不欲起，不欲舒〔二五〕，若起者當死，看病人強與食、藥，死者，偷蘭〔二六〕；癕未熟強破，命終，亦爾。不與食，不治療，因而死者，亦偷蘭〔二七〕。

薩婆多：比丘知星曆、陰陽、吉凶，由比丘語征破異國，殺害得財，皆犯盜、殺二波羅夷〔二八〕。優婆塞例同〔二九〕。

十誦：為人作坑，人死，重；畜生死，偷蘭〔三〇〕。為畜作坑，畜死如律；人死，吉羅〔三一〕。若本漫心，隨境輕重〔三二〕。

薩婆多：若為一人讚死，此人不解，邊人解，用此法死者，無犯〔三三〕。今多有人自焚，多有愚叢七眾讚美其人，令生欣樂，並如律本，結重〔三四〕。又如比丘被官刑戮〔三五〕，膾子因相從人索手巾絹帛，以作籠頭絞繩等，亦有無知五眾與者，即名「殺具」，命終結重〔三六〕。僧祇：父母被王法、比丘語典刑者，乞其一刀，尋用語者，亦重〔三七〕。

五分、四分：自殺者，偷蘭，謂結其方便〔三八〕。

不犯中。

律云：若擲刀杖、瓦石、材木，誤著彼身而死〔三九〕，及扶抱病人而死，或以藥食，及以來往出入而死者，一切無害心〔四〇〕，不犯。故俗律云：過失殺人者，以贖論〔四一〕。謂目所不見，心所不意，共舉重物，乘高履危之類〔四二〕。

【校釋】

〔一〕殺人戒　資持卷中一下：「（佛在毘舍離，諸比丘修不淨觀，厭身欲死。外道比丘難提受雇行殺，居士驚怖，因制。）。標名中。簡於非畜，不犯重故。或名『大殺』，簡後『小』故。」（二八四頁中）鈔批卷一五：「前之二戒，對治於貪，此戒對防嗔毒。嗔能劫掠善財。經云：劫功德賊、無過嗔恚，是其義也。戒疏制意云：所以不許加害者，人趣報勝，善因所招，形心俱是受道之器。出家之士，理應四（【案】『四』疑『平』。）等為懷，慈濟物命。今反內懷嗔恚，斷彼相續，違慈寔深，故聖偏制。言殺人者，斷報相續，名之為殺。又云：斷其命根名殺。故涅槃云：眾生佛性，住五陰中，若壞五陰，名為殺生。若有殺生，即墮惡道。色有三種：過去、現在則不可害，遮未來故，名之為殺。夫眾生者，名出入息。斷出入息，故名殺生。我等諸佛，隨世俗說，說名為殺。宗（【案】『宗』不明所指。或前脫『有』字。）亦云：息風名生，隔斷不續，名為殺生。（六八〇頁下）今詳涅槃，為闍王說風息名生。闍王俗人，不達法相，

謂言息風名之為生。世尊遂依隨轉理門，作如是說。若據實理，羯邏藍等，根本未滿時，息風不轉，豈不名生？若不名生，殺應無罪。故婆沙二十六說羯邏藍等，根未滿時，息風不轉也。故今正解：斷壞陰境，以之為殺。即婆沙百一十八云，問：『諸蘊之中，何蘊可殺？』有說色蘊，可為刀杖觸故。有人說五蘊，謂色蘊壞，餘之四蘊亦不轉故。如破瓶時，乳等亦失。瓶喻色陰，乳喻四陰也。然薩婆多及大乘宗中，一刹那中，具足五蘊。若成實宗云：五陰相續中有眾生。若壞此相續，故名殺生。（述曰：）此謂識、想、受、行，次第而生，由壞色蘊，令識、想等，不相續生，名曰為殺生也。問：『三世五蘊，殺何世蘊？』答：『依婆沙、雜心有兩釋。初解云：殺未來蘊。』問：『未來未至，云何可殺？』答：『彼住現在，遮未來世諸蘊和合，說名為殺。由遮諸蘊和合生緣，故得殺罪。（即同涅槃，遮未來故，名之為殺。）又有說者，殺現在、未來蘊。』問：『未來可爾，現在不住，設彼不殺，亦自然滅。云何殺耶？』答：『斷彼勢用，說名為殺。先現在蘊，雖不住而滅，然不能令後蘊不續故。今現在蘊，不住而滅，則能令其後蘊不續，故於現在亦得殺罪。（已上論文）。雜心二說亦同。人者仁也，仁由忍也。謂人立志，存育為先，故云然也。濟云：快上接下，名之為人。謂年大者，附接少年，少年又承仰老宿，故曰扶上接下也。此曰接下，此曰快上。此名會意字也。所以『人』邊著『二』，名為『仁』者，相形，可有忍義。一人獨住，何所忍乎？昔有一人，居仙山學忍，獨止無對，謂忍行成。有人來問君學何法，答言學忍。重復相問，即嗔繁重，罵言向道：『學忍、學忍。』（六八一頁上）戒是能治之行，殺是所防之境，能所通舉，故云殺戒。然殺非是戒防殺，殺是所防，戒是能防，故云殺人戒。』」（六八一頁下）搜玄：「梵云『末奴沙跋陀』，謂為煞人也。成論云：五陰不實，此中假立眾生之名，斷彼五陰，名為煞生。謂業煩惱為命，色心為命體，相續為命義。今斷相續，故名為煞。此是所防，戒是能治，能所通舉，名煞人戒也。」（四二〇頁下）【案】「殺戒」，四分卷二，五七五頁下開始。

〔二〕初緣，人者　鈔科卷中一：「初，略述人相。」（五六頁中）簡正卷一〇：「初緣人者，戒疏云：立志存育為先，故稱為仁律。」（六五三頁上）【案】釋文分二：初，「初緣」下；二、「四分」下。四分卷四一，八六一頁上。

〔三〕從「初識」至「後識」　資持卷中一下：「初文，引律極齊。（二八四頁中）『初』『後』總攝殺相。」（二八四頁下）簡正卷一〇：「此與婆沙第二解同也。彼論有兩師義。初云：息風名生，斷令不續名煞。第二師難曰：如墮胎破卵，

未有息風，應不名煞。第二師自許云：命根名生，斷之不續名煞。謂以惡心斷他命根，乃至一念應生不生，此名為煞。『若爾，涅槃經中，王問佛何名為煞，佛言斷息風名煞？』答：『此對俗王約麤相說。律文據細以論也。』」（六五三頁上）【案】四分卷二四，五七六頁下。

〔四〕初識在胎，猶自凝滑，是識所依　資持卷中一下：「釋上初識。大集經云：歌羅邏時，（此云『雜穢』，入胎七日，狀如凝酥，即凝滑也。）即有三事：一、命，二、煖，三、識，出入息為命，不臭不爛為煖。（業持火大，色不臭爛。）此中心意識為識。若壞凝滑，即壞識之所依，命煖隨謝，便名犯殺。」（二八四頁下）鈔批卷一五：「心疏云：謂初託陰心，是凝滑不淨，即男女赤白兩精相和是也。初識託之，故涅槃云：歌羅邏時是也。如五分云：入胎四十九日，名為『似人』，過是已後，乃名是人。即五王經云：受胎，一七日如薄酪，二七日如稠酪，三七日如凝酪，四七日如肉團，五七日五胞成就，六七日已去，六情開張也。」（六八一頁下）

〔五〕乃至命終最後一念，未捨執持，隨煖壞者，是也　資持卷中一下：「『乃至』下，釋上『後識』。謂四大將解，識神未去，害亦成重。疏云：隨有煖處，識在其中，即識住處，為命根攝。」（二八四頁下）鈔批卷一五：「此是後識。謂臨終時一念，有煙氣是後識也。戒疏云：所以言此二識者，為遮惡比丘念也。若殺人者，可得重罪。如胎中迦羅羅者，則非人，故不名犯，所以張網，通收初、後。若有胎人，識所依止，隨有損害，無非極刑，即如五分。若人似人，意可見也。下文墮胎等相。」（六八一頁下）簡正卷一〇：「謂最後執持之識，即第八（六五三頁上）也。臨終時一念有懊氣，是後識也。命終者，謂此身報，假之維持，於一形壽，所因本故謂命根，是識所依住故。如雜心云：命者，非色非心為體，是有情往業之所尅。期連持不絕，故曰命根。今言死者，氣已斷絕，隨有煙處，識居其中，即識住處為命根攝。然今煞者，根非色故，何由可識本？既無形煞，亦不得。今隨相說，斷其依處，命根不續，識無所依，故云斷命。問：『眾生屬於三世，今煞何世？』答：『婆沙云：應知煞於未來；過去已滅、現在不住，不可言煞。但遮未來體，不相續故，名煞也。第二解云：或可據體，唯是未來。若論衰現，亦通蘯（【案】『蘯』疑『蘊』。前疑脫『五』字。），無勢用故。』問：『有情五陰，虛假成身，今未審煞於何陰於彼得罪。』俱舍云：『五蘊中，唯色蘊可煞，有於質礙，可加刀杖。餘四是心，不可言煞。第二解曰：五蘊總可煞，雖四蘊是心，不可觸動，然心依色轉，色蘊既壞，四

蘊不續。喻瓶中寇乳，瓶破乳亦不存，故知五蘊俱可煞。』」（六五三頁下）

〔六〕殺有二種　簡正卷一〇：「謂四分中，煞有二種：一、自，二、教。初若身，若伏（【案】『伏』疑『杖』。）隨死，皆是也；或以大聲恐唱，令死身口俱者，即如世中猒身，或投火墜巖等。（云云。）二、教者，合掌唱善，或扶接接登山，或為辨繩等。」（六五四頁上）搜玄：「戒疏云：所行煞相，相分為二：（四二一頁下）初自煞，有八：一、自煞；二、身相；三、口說；四、身口俱；五、坑陷；六、倚撥；七、與藥；八、安煞具。教他中，有十一：初，遣使；二、往來使；三、重使；四、展轉使；五、求人；六、教求人；七、求持刀；八、教求；九、遣書；十、教遣書；十一、遣使歎也。鈔闕七、八二也。」（四二一頁下）【案】「四分」下至「謂結其方便」，廣辯殺相，文分為五。搜玄將犯相文分為二：初，「四分」下明殺相；次，「十誦」下引文釋證，分六：初，十誦、伽論，證釋自煞方便；二、「薩婆多」下，證釋遣當；三、「十誦為令人」下，證釋坑陷；四、「薩婆多」下，證釋口讚死相；五、「又如」下，證釋安煞具；六、「五分」下，證釋自煞得罪分齊。並言為「並取戒疏意科也」。（四二二頁下）

〔七〕身現相　鈔批卷一五：「律云：現其身相，食（原注：『食』疑『畏』。）令墮大坑中，而死等也。戒疏云：或令畏怖墮溝壍，或示死相等也。（六八一頁下）立云：現身相者，現於異相，張目吐舌，棱層可畏，令人怖死。……戒疏云：現死相者，或以言說歎勸其死，或以大聲恐脅令死者。即如世中有猒身者，或投火墜巖，或刀解繩縊，不識知教者，合掌唱善，或扶接登山，或為辨繩具，斯即教歎，正符犯法，身口俱現，即此流也。」（六八二頁上）資持卷中一下：「『謂』下，列相。準注戒有八，今闕二種，下引足之。『身現相』，（或令怖畏墜墮，或示死相等。）」（二八四頁下）

〔八〕口讚死相　資持卷中一下：「口讚死相。（注戒作『口現相』，謂以言說勸教，或以大聲恐喝。今鈔語局初解。）」（二八四頁下）鈔批卷一五：「謂嘆令取死也。立云：見他貧病，勸令取死。前人用語死者是也。」（六八二頁上）

〔九〕坑陷　鈔批卷一五：「律云：審知彼人行道，必從此來往，當於道中，鑿深坑著火，若刀、若毒、若刺，令墮中死也。戒疏云：知人遊行，必從此道，故設坑穽墮死也。」（六八二頁上）

〔一〇〕倚發　資持卷中一下：「（審彼倚撥其處，便施刀杖，彼依而死。鈔作『發』字，寫誤。）」（二八四頁下）鈔批卷一五：「律云：知其人必當倚撥此樹，若牆壁等，便於外著火、若刀、毒蛇、毒塗刺，機撥使墮中死是也。應師云：發，（『府

曰』反。）謂機發也。機主發之機也。律文作『撥』，（『補末』反。）廣疋云：
撥，除也，亦棄也。撥非此義。立云：審知人倚某處，便施刀杖，依倚而死是
也。」（六八二頁上）簡正卷一〇：「謂知其人常倚某處，常撥某處，而於其處
而設機開，令後來倚著，撥著機開，便發因而致死。」（六五四頁上）

〔一一〕**安殺具**　資持卷中一下：「（安置繩索、刀杖，令其取死。）」（二八四頁下）鈔
批卷一五：「有云即世中行刑之所，比丘往看，施以繩索，令他死者是也。」
（六八二頁上）

〔一二〕**及以與藥等**　鈔批卷一五：「立謂：今時僧尼墮胎，盡犯重也。」（六八二頁
上）資持卷中一下：「謂自殺（謂自行殺。若身、若杖，隨死者是。）身口俱
現相。（身兼口歎。）」（二八四頁下）

〔一三〕**教他而殺**　鈔批卷一五：「礪云：殺時自看，教前人運手也。『與遣使殺，有何
異耶？』（六八二頁上）答：『教謂自看，教前人運手是也。遣使殺者，比丘遣
使往斷某甲命是也。』（六八二頁下）簡正卷一〇：「教煞者，或可教他死，
死方便，鈔言隨其前使也。」（六五四頁上）

〔一四〕**教歎**　資持卷中一下：「注戒具列十一，今鈔亦闕二種。教歎。（注戒作『遣使
歎』，謂遣人語彼也。）」（二八四頁下）鈔批卷一五：「立云：令張人嘆王人令
早死，能所俱重。有云：遣語彼人，語所殺者『生多眾罪，不如早死』之詞
也。」（六八二頁下）

〔一五〕**教遣使**　資持卷中一下：「（指示所教，令遣人往害。）」（二八四頁下）鈔批卷
一五：「比丘遣使往斷某甲命是也。……教遣使者，立云：教張人遣王人殺趙
人也。亦教前人為遣使往殺某甲也。有人將『教』字屬上句，直言遣使殺者，
指示某方所而往殺也。」（六八二頁下）

〔一六〕**往來使**　資持卷中一下：「（受語往害，還來重往。）」（二八四頁下）鈔批卷一
五：「立謂：教王人往殺張人，王人受命，往彼未殺，或殺不得，卻來尋更遣
去。如是往來，命斷時重，未斷之前，隨使多少往來，一一蘭。」（六八二頁
下）簡正卷一〇：「受語往彼，還來此報等。」（六五四頁上）

〔一七〕**重使**　資持卷中一下：「（隨續使人乃至百千，令害。）」（二八四頁下）鈔批卷
一五：「立云：前遣張人往殺，尋復遣王人往殺，乃至更遣李人去，如是百千
人，得蘭，不犯夷。唯前後『能教』及『能殺』引（【案】『引』疑『此』。）
二人得重也。初人是『能教』，最後是『所教』也。礪云：本、末犯重，中間
但輕，一非『能教』，二非『所教』，業自不作故。」（六八二頁下）簡正卷一

○：「本命一往煞，恐煞不得，尋更重重使人，乃至百千。彼死之時，本、末
二人得重，謂本是『能教』，末是『所教』。中間諸人，但得蘭罪，謂非『能
教』，復非『所教』，不得夷重也。」（六五四頁上）

〔一八〕**展轉使**　鈔批卷一五：「立謂：初謂教張人往殺，張即遣王，王又遣李，李又
遣趙往殺，如是展轉，百千人皆重，由並是『能教』故。最後一人，名『所教』
也。雖最後一人運手斷命，通前百千，同皆一重。」（六八二頁下）搜玄：「立
云：初教張人往煞，張即遣王，王又遣李，如是展轉乃至百千，皆重。初一唯
『能教』，後一唯『所教』，中間互為『能』『所』也。」（四二二頁上）【案】
「展轉使」與「重使」雖然都涉及多人，但其不同在於，「重使」是第一人（「能
教」）對多人的關係，直到最後一人「所教」，殺業方成。而「展轉使」是一人
對一人的鏈條關係，第一人（「能教」）將殺業展轉流動，除去第一和最後一
人，每一個人都因對應上下人而互為「能」「所」。所以雖然殺業直到最後一人
方成，但殺業實屬展轉相承而成，故「皆同一重」。

〔一九〕**求男子，教求男子**　鈔批卷一五：「謂求男子為殺也。言教求男子者，律云：
教人求是中誰知有如是人，（六八二頁下）能用刀有方便，久習學殺人法，能
斷某甲命也。」（六八三頁上）搜玄：「靈山云：於眾生中，求誰善解用刀無恐
怖也。『教求』者，教使人求也。」（四二二頁上）

〔二〇〕**遣書，教遣書等**　資持卷中一下：「遣書，（表於紙墨，令用死者。）教遣書，
（使他代作。）等取餘二：謂求持刀人（謂能殺者。）、教求持刀人也。」（二
八四頁下）簡正卷一〇：「遣書者，自不親對，但自作書也。教遣書者，自不
作教，前作書煞前境也。『等』者，等取『七、求持刀，八、教求』也。」（六
五四頁下）鈔批卷一五：「問：『遣書殺人，何業所攝？』答：『口業也。』然
成實論師：身、口、意業，皆能互造，乃引雜心頌云自在者。私云：國王口勅
殺也。口語，仙人意所嫌，故知口與意業，成殺生也。薩婆多宗不許此義，云：
『口語意嫌之時，前人未死，事未究竟。惡假護仙鬼神，打殺一國，及假使
人，打殺前人。』成實師云：『若爾，師子吼殺獸、壯夫咄殺人，何有身業？』
答：『以身力強，吼咄方死。』『若爾，深河誑淺，何有身業？』答：『誑時未
死。要假前人身入水中，亦是身業。』『若爾，呪物過關，何有身業？』答：
『呪力故持也。』『若爾，妄語現相，豈非身成？』答：『假他口業，唱言坐起，
故非身業。』（述曰：此上薩婆多理擁也。【案】此上對話，問者持成實論觀
點，答者持薩婆多觀點。）今詳。諸師以護仙神，身業殺故，遂判以為仙人身

業。若爾，仙人便受他人殺生之罪，豈容他抑我受果耶？妄語現相，以他口讚，判非我口業。（餘同破上。）今應更釋。薩婆多意，但遮意業不能殺生，不將他身判我身業。謂身業者，必不待餘，即能斷命。今仙意憤，乃假他身，故知意業不能親殺，故假他身，殺彼為緣，發生仙人身中無表，以為身業。深河誑淺，亦假前人入水為緣，發我身中身業無表。餘皆例之。不同大來（【案】『來』疑『乘』。）經部，成實皆許意憤，親成殺生，不假身中，別發無表。故唯識破小乘宗云：彈宅迦等空，云何由仙忿？意罰成大罪，此復云何成？（述曰：）真諦云：彈宅迦是王名也。彼時有仙，未獲五通，先有妻室，顏貌端正，與世無雙。彼仙後時遂與五通，山中神鬼，每使其妻營辦飲食。彈宅迦王入山遊戲，遇見仙妻，問是何人。傍臣答云：『此是仙妻。』王言：『仙人既已離欲，何用妻乎？』即錄入宮。仙人食時，望食不得，問其所在。有人答云：『被王將去。』仙人往至王邊索妻，王不肯還。云：『汝是仙，何用畜妻？』仙言：『我令供給飲食。』再三不還。仙便生忿，於其夜中，遂雨沙石。王及國人，悉皆死盡，此國俄頃，遂成山林，如是等處，空寂無人。既由仙忿，豈非意業成殺生事？薩婆多救云：護仙鬼神，敬重仙人，知嫌為殺，遂即破云：意罰成大罪，此復云何成？（此意說云：）昔有聖者名鄔波離，來至仙所。佛即問言：『汝頗曾聞彈宅迦林皆空寂不？』長者白佛：『此仙憤。』佛言：『長者故知：三罰，意罰為大。謂由一念殺一國人，豈容身業有此大罪？』既佛引此彈宅迦林為成意罰，汝薩婆多何得執言護仙鬼神為仙殺也。問：『大乘等宗，許意成殺。何故經中，殺一生業道皆名身？』答：『從多分判，多由身殺，非謂意業不能殺也。」（六八三頁上）

〔二一〕**並任方便**　資持卷中一下：「『並』下，總示。欲顯上文，列相未盡。又，遮惡人避此造彼，故用此語，通而攝之。」（二八四頁下）搜玄：「戒疏云：非謂如上所列，而言相盡更餘方便。律雖不載，但依而死者，皆是重攝。故張其網，總而取收之，欲獲罪人，實惟一曰（原注：『曰』字更勘）也。」（四二二頁上）

〔二二〕**三性之中，能教犯重**　鈔批卷一五：「謂善、惡、無記為三性也。明其前知作方便，使他去已，縱後入善、無記心中，前人命斷時，即犯重也。首問云：『如遣使受戒，要須使還，方始得戒。遣人殺盜，何不例此者？』答：『受戒時，要期思願，滿足為義。殺、盜損壞為義，故不相並。』」（六八四頁上）資持卷中一下：「能教犯者，且據本犯之人。若論所教，則通道俗。若是道人，能、所皆犯。」（二八四頁下）簡正卷一〇：「謂朝來教他往煞前人等，自於午時或

睡，嗔作善等。隨住何性，但前境命過之時，此能教犯重也。」（六五四頁下）
扶桑記：「三性之中，如無作得時方便成就，後心雖在善無記，命斷犯重也。」
（一八五頁上）

〔二三〕**餘如後篇**　鈔批卷一五：「指下持犯篇中明境想之義，此直陳殺相耳。」（六八
四頁上）搜玄：「折中指『成就處所門』，明三性得罪。花嚴指『境想問』（【案】
『問』疑『門』。）。意謂不然，是『第四通塞門』中明，是『自作教人門』也。
上來並依戒疏解。若別人擇者，自標異也。」（四二二頁上）簡正卷一〇：「指
第四持犯通塞『自作教人門』也。不取古記錯指。」（六五四頁下）【案】『第
四通塞門』之三『自作教人門』，見持犯方軌篇。

〔二四〕**不得自傷毀形，乃至斷指，犯罪**　簡正卷一〇：「准律不得傷形，明知不得自
煞也。」（六五四頁下）資持卷中一下：「斷指犯罪者，相傳並云犯吉。有云，
然指犯提，未見所出。」（二八四頁下）

〔二五〕**不欲舒**　鈔批卷一五：「謂不欲舒展，強與他案摩，令伸致死也。」（六八四頁
上）簡正卷一〇：「舒者，展於腰腳病人，不欲強與，按摩致死。並是好心，
固非惡意，不犯重也。」（六五四頁下）

〔二六〕**看病人強與食、藥，死者，偷蘭**　資持卷中一下：「明不善看病，因而致死，
但無害意，故並結蘭。初『與食』、『破癰』，兩犯並謂『不合與』而『與』。」
（二八四頁下）扶桑記：「與食藥，此三字本文無之，鈔主意加之。謂起病人，
或舒身強與食藥也。」（一八六頁上）

〔二七〕**不與食，不治療，因而死者，亦偷蘭**　資持卷中一下：「『不』下，謂『合與』
而『不與』。」（二八四頁下）

〔二八〕**比丘知星曆、陰陽、吉凶，由比丘語，征破異國，殺害得財，皆犯盜、殺二波
羅夷**　鈔批卷一五：「案多論云：若比丘善知星曆、陰陽、龜易，解國興衰、軍
馬形勢。若以比丘語故，征統異國，所有殺害，兼得財寶，皆犯殺、盜二波羅
夷。」（六八四頁下）搜玄：「戒疏云：遣書、身現其相，表於紙墨，令用死者，
如多論中。若優婆塞及以比丘，知吉凶相，令破異圓（【案】『圓』疑『國』。次
二同。），隨得財命，皆同煞、盜，重罪也。謂比丘雖手不煞、盜，然遣書令他
破圓得財，財圓得，二夷。」（四二二頁下）資持卷中一下：「由比丘語者，即
教他業。兼犯盜者，以攻擊劫掠、損彼物故。」（二八四頁下）簡正卷一〇：「二
波羅夷者，約比丘說也。」（六五四頁下）【案】多論卷三，五一八頁下。

〔二九〕**優婆塞例同**　資持卷中一下：「五、八並制故。」（二八四頁下）簡正卷一〇：

「優婆塞亦得煞、盜二罪，不云夷。」（六五四頁下）鈔批卷一五：「若優婆塞以王故，同心共征異國，若破他國，有所傷殺，兼得財寶，雖手不作，以同心故，亦犯殺、盜二戒。立云：此約五八之戒優婆塞也。准善生經，受五戒時，具問遮難。問：『父母、國王、妻子、奴僕聽不者？』若不聽，不得受也。（六八四頁上）以問王者，恐王後時令征伐異國，破五戒故。受時問王，後憶念也。」（六八四頁下）

〔三○〕**畜生死，偷蘭**　鈔批卷一五：「立謂：結人家方便罪也。非望畜邊得蘭，正殺畜時無罪，由本無心故。」（六八四頁下）資持卷中一下：「坑埳中。初約剋心，為人畜死蘭，為畜人死吉者，並約剋心，互有境差故。如律即提罪。」（二八五頁上）簡正卷一○：「畜死蘭者，此結人家境夷蘭。」（六五四頁下）

〔三一〕**人死，吉羅**　鈔批卷一五：「律結提也。言人死得吉者，亦望畜家方便也。人命斷時，知有何過，由本無心故。」（六八四頁下）搜玄：「人死吉者，畜家境差，吉也。」（四二二頁下）

〔三二〕**若本漫心，隨境輕重**　資持卷中一下：「『若』下，漫心。謂不簡人畜，皆欲害之。」（二八五頁上）鈔批卷一五：「就剋慢中，此是大漫也。剋漫有四：若大漫，擬殺三趣是也；小漫，局殺一趣，不簡張、王等是也。大剋，擬殺一趣，含張、王等二人也；小剋，唯局張人也。言隨境輕重者，謂人死得夷；非畜，蘭、提。」（六八四頁下）搜玄：「花嚴云：詣人死得夷，非人蘭，畜提。由本慢心故。」（四二二頁下）

〔三三〕**若為一人讚死，此人不解，邊人解，用此法死者，無犯**　鈔科卷中一：「初，引論示相。」（五六頁下）資持卷中一下：「初文謂剋心專緣一境，無意於他。若心通漫，隨死皆犯。」（二八五頁上）搜玄：「戒疏云：口現相者，或以言說，讚勸其死也。有二意：初，引教證釋；二、『今多有』下，指事例同。」（四二二頁下）簡正卷一○：「為一人讚死者，如對王人前，口讚歎說，勸令早死等。此人不解，邊人解者，謂王人不領，當前語，旁有張人卻解，遂用此法死者，不犯以於張人，無心故。」（六五五頁上）【案】本句義為：若對一人讚歎勸死，但他卻沒聽懂，而旁邊的人聽懂了，用此法而死。盡管如此，那位讚歎勸死者無犯，因其無心故。

〔三四〕**並如律本，結重**　鈔科卷中一：「『今』下，斥世妄行。」（五六頁下）簡正卷一○：「如律本重者，謂歎譽死快皆重。」（六五五頁上）資持卷中一下：「初斥贊助。如律重者，同歎死故。義淨三藏寄歸傳廣斥世人燒身然指，意謂菩薩

大士之行，非出家比丘所宜。古來章記，相傳引誡，講者寡聞，用為口實，此由不知機有淺深、教分化制。律明自殺方便偷蘭，燒指然香，違制得吉。梵網所制：若不燒身臂指，非出家菩薩、犯輕垢罪。此蓋小機，急於自行，期盡報以超生。大士專在利他，歷塵劫而弘濟，是以小律結其大過，大教歎其深功。況大小由教，俱是聖言，一抑一揚，豈容乖異？且經明出家菩薩，那云不許比丘？（彼云：捨身非沙門所為。）；傳列苦行遺身，豈是專存通俗？（彼云：經中所明，事存通俗。）荊溪所謂『依小不燒則易，依大燒之則難』，保命貪生，物情皆爾。今以義判，且為三例：一、若本白衣，不在言限，或全不受戒。此依經中足指供養，勝施國城。若依梵網直受大戒，順體奉持，然之彌善。二、若單受小戒，位局比丘。不燒則順本成持，燒則依篇結犯。三、若兼受大戒，名出家菩薩，燒則成持，不燒成犯。或先小後大，或先大後小，並從大判，不犯律儀。若此以明，粗分進否，豈得雷同一概頓斥為非？然有勇暴之夫，情存矯誑，邀人利養，規世聲名。故壞法門，乃佛教之大賊，自殘形體，實儒宗之逆人。直是惡因，終無善報。今時頗盛，聲（【案】『聲』疑『聖』。）俗豈知，則義淨之誡亦有取矣。」（二八五頁上）

〔三五〕又如比丘被官刑戮　資持卷中一下：「『又』下，次斥與物。」（二八五頁上）搜玄：「多論文也。」（四二二頁下）

〔三六〕劊子因相從人索手巾絹帛，以作籠頭絞繩等，亦有無知五眾與者，即名「殺具」，命終結重　鈔批卷一五：「立謂：有比丘犯王法，多有餘比丘相從往看，名為相從人也。膾子從此人索手巾等也。」（六八四頁下）搜玄：「戒疏云：安煞具者，如世刑所。比丘往者，施其繩索，令依死者，同重。立云：因相從者，有比丘犯王法，多有餘比丘相從往者，名為相從人也。儈（【案】『儈』疑『膾』。）子從此索手巾等也。」（四二二頁下）資持卷中一下：「命終重者，同前安殺具也。膾子，即殺者之名，以能膾割人故。」（二八五頁中）【案】「劊」底本為「膾」，據敦煌甲本、敦煌丙本改。釋記中均作「膾」。

〔三七〕父母被王法、比丘語典刑者，乞其一刀，尋用語者，亦重　資持卷中一下：「『僧祇』下，三、斥妄教。用語重者，即同遣使也。典刑者，或是官吏，或即膾子。」（二八五頁中）搜玄：「靈山云：『既尋用，語者得重，不尋用，語者云何？』『若彼語言：我依王教，汝且依道思惟佛語，是時得吉。更起尋思前比丘語用故，得蘭。以不即同語故也。』」（四二二頁下）

〔三八〕自殺者，偷蘭，謂結其方便　資持卷中一下：「明自殺，二律制同。『謂』下，

釋上結蘭，以命斷戒失，無可犯故。」（二八五頁中）搜玄：「謂前雖引十誦不得自傷，若有自煞等者得罪耶？故引證也。身纔命終，別脫戒謝，罪無科處，但結前方便蘭也。」（四二三頁上）鈔批卷一五：「自殺得蘭者，立謂：結其方便也。准自殺亦合得重。由命斷時，身既已死，別脫戒謝，罪無料處。」（六八四頁下）簡正卷一〇：「自煞犯蘭者，前方便罪自安，布繩、刀等，命終之時戒謝，無犯重義也。」（六五五頁上）扶桑記：「東野律師：彼列殺相，先標若自殺，若教殺。自下若遣使殺，若往來使殺，乃至餘方便殺，都合有十九種。今以自殺重入列相，未知所以。若以餘方便為總結，局通標自殺，合為八種。」（一八五頁下）

〔三九〕**若擲刀杖瓦石材木，誤著彼身而死**　資持卷中一下：「前開誤失。」（二八五頁中）【案】不犯文分為二：初，正明；二、『故俗』下，引俗律以況。不犯兩種，一是誤失，二是看病。

〔四〇〕**及扶抱病人而死，或以藥食，及以來往出入而死者，一切無害心**　資持卷中一下：「『及』下，次開看病。以藥食者，因與而死也。往來出入者，注戒云：扶將病人入房往反。此釋濫上扶抱，但上約臥起，下據往還耳。或可約看病者，出入闕事釋之。上引伽論，皆結蘭者，若無害心，不合有犯。若有害心，結犯復輕。進退難定，今以義求。但看病者，心有強弱，若懷慈濟，因而致死，如律所開。汎爾為之，不顧得失。失治死者，由本無心，故不結重。近於殺業，緣闕故蘭，思之。一切無害者，上文略舉，此句通收。但約『無心』，不唯此二。」（二八五頁中）

〔四一〕**過失殺人者，以贖論**　資持卷中一下：「『故』下，次引俗例。不意而死，謂之過失。以物贖罪，謂之贖刑。」（二八五頁中）簡正卷一〇：「俗律云：過失煞人以贖論者，准格（【案】『格』疑『俗』。）律中，有臨空造閣，窗格墜地，傷煞人命，皆為本主不勤撿按，皮繩爛增，致使墜地，名為過失。然非故意，不合償命，促（【案】『促』疑『但』。）將財物，以贖於命。如此論量，故云以贖論也。即從彼人初死理葬等，供給取口（【案】『口』疑剩。）之，非謂將百、千、五十貫，納官贖命也。」（六五五頁上）搜玄：「俗律云：諸過煞傷人者，各依其狀以贖論：謂耳目所不及、思慮所不到；共舉重物，力所不制；若乘高履危，石落煞人；及因繫禽獸，以致煞傷之屬；皆是無罪。舉俗以況道。第二，別釋。戒本六句分之：一、若比丘，（能煞之人。）二、故自斷者，（明自煞業也。）三、人命者，（所煞境也。）四、持刀下，（明自、他煞。業分二：

初，舉煞業；二、結前。初三：初，持刀與人，即安煞具；二、歎他譽死，即口讚煞；三、勸死者，勸他令死歎也。二作是□□，結前三□也。）五、結罪；六、治殯。」（四二三頁上）

〔四二〕謂目所不見，心所不意，共舉重物，乘高履危之類　資持卷中一下：「上二句示過誤之相，下二句明因事而死。舉重者，有所傾壓也。乘高履危、役使於人也。乘，登也。」（二八五頁中）

第四，大妄語戒〔一〕

具九緣〔二〕：一、對境是人；二、人想；三、境虛〔三〕；四、自知境虛；五、有誑他心；六、說過人法〔四〕；七、自言已證；八、言章了；九、前人解。

四分、十誦、多論云〔五〕：從得不淨觀已上，至四果來，若云「我得」，皆犯重。若現身相〔六〕，前人不疑，同重；疑則偷蘭。十誦云，問：「此不淨等，是近小法，何以犯重〔七〕？」答：「是甘露初門〔八〕。一切聖人，由之而入。」

又，四分云：天、龍、鬼神來供養我等，亦同犯重〔九〕。

又云：欲向此說，乃向彼說，一切皆重〔一〇〕。

摩得伽云：自稱是佛、天人師等，偷蘭〔一一〕。餘如戒本疏說。

不犯中。

律云：自知有得不淨觀，若向同意大比丘說〔一二〕，若戲笑〔一三〕，若疾疾說〔一四〕，屏處獨說〔一五〕，欲說此而錯說彼等〔一六〕，皆不犯重，而犯吉羅〔一七〕，以非言說之儀軌故也。

四分律刪繁補闕行事鈔卷中之一

【校釋】

〔一〕大妄語戒　資持卷中一下：「（佛在毘舍離時，世穀貴。婆永河邊有安居者，共相稱歎得上人法，遂獲利養，佛呵而制。）妄語名通，加『大』簡小，唯局『稱聖』。」（二八五頁中）鈔批卷一五：「就防毒論此戒，對治於痴。初，明制意。戒疏云：然無漏聖道，非凡所證，由未得故，冒假虛談。（六八四頁下）自言已證，惑亂群心，欺誑於世，希招名利。以自擁己，瞠法罔時，過中之甚，故須極制。次，釋名者。過重欺深，名之為大；又云，對『九十』初小，妄稱為『大』。體非實錄，名之為『妄』。成業在言，名之為『語』。能治之行名『戒』。戒是能防，妄是所防，能所通舉，故曰『大妄語戒』也。」（六八五頁上）【案】

「妄語戒」，四分卷二，五七七頁中開始。

〔二〕**具九緣**　資持卷中一下：「緣中，初後，屬所對；中七，屬能犯。七中，前四是心，後三屬口。」（二八五頁中）搜玄：「戒疏云：若闕初緣，是人，有非人、畜生机替處，得三蘭。闕第二緣，六蘭，想、疑各三也。闕第三緣，境虛，今為實者，全無罪也。謂將聖法為境，以實未得言得，故名虛也。闕第四緣，即增上慢，無罪也。闕第五緣，無誑心，戲故得吉。闕第六緣，過人法言說人法，無罪也。問：『何故但言過人，不言過天者？』答：『如多論解，佛在人中結戒，故人中有木叉。多修善法，入道勝天，但云過人，已過天故也。』闕第七緣，不言自證，無罪。闕第八緣，言不了，得蘭。闕第九緣，前人不聞。或聞不了，蘭也。」（四二三頁下）

〔三〕**境虛**　資持卷中一下：「實無所知也。」（二八五頁中）

〔四〕**說過人法**　資持卷中一下：「無漏聖道出過凡法故。」（二八五頁中）

〔五〕**四分、十誦、多論云**　鈔科卷中一：「初，聖法。」（五六頁中～下）資持卷中一下：「前引犯相，然律論所明聖法多種，文中舉要，總而收之，自外凡已去，徹至極果，所修觀行，皆名聖法，即五停心總別相，念四禪、四空等例是。凡法並通聖門，故同一犯。三十七品，四向四果，即是聖法。」（二八五頁中）搜玄：「此二律一論，同明過人法，皆言從得不淨觀以上至四果來，是其犯位也。」（四二四頁上）扶桑記：「四禪、四空：世間八定，外道凡夫所行，而二乘復修之，故云通聖門。禪者，法界次第云：此翻棄惡，能棄欲界五蓋等一切諸惡故云。空者，又云：此四定體無形色，故名為空；各依所證之境為處，境法持心，心無分散，故名為定。」（一八七頁下）【案】「四分」下分四，如下鈔科所示。四分卷二，五七八頁中。十誦卷二，一二頁中。薩婆多卷三，五一九頁上。

〔六〕**若現身相**　資持卷中一下：「『若現』下，簡互造。上是正業，出口成犯，不約他疑。此由身造，業相不顯，故約前人，疑信兩判。」（二八五頁中）鈔批卷一五：「立謂：眾僧盡坐，有人唱言，得羅漢者起。比丘自知是凡而立者，前人若信，得夷；疑者，得蘭。（六八五頁上）宜作四句：一、我疑他究竟；二、他疑我究竟；三、自他俱疑；四、自他究竟。初，言自疑者，有人唱言：『得羅漢者起。』比丘即起，現得相竟，即自懷疑疑（【案】次『疑』疑剩。）：『前人為信我得、為不信也？』此則犯蘭罪，住方便也。言他究竟者，前人見起，決心謂是羅漢也。（此上一句，結方便偷蘭。）二、他疑自究竟。如言『得羅漢者東行』，比丘即東行。前人生疑：『此比丘為得，為不得也？』其比丘自心

— 1452 —

謂『前人信我得羅漢』，故曰自究竟。（此句亦蘭。）三、自他俱疑。如言：『得
羅漢，著衣。』比丘即著衣，前人生疑：『此比丘為得、為不得？』比丘自又
疑：『前人為信、為不信也？』（此句亦蘭也。）四、自他俱究竟。如云：『得
羅漢者南行。』比丘即南行，前人信得羅漢也。比丘又謂前人：『信我是羅漢。』
此句結夷。」（六八五頁下）簡正卷一〇：「現身相者，謂眾僧並坐，有人唱
云：『眾中誰是四果人？若是即起。』彼比丘自知是，凡欺誑眾人，便即起立，
意表我是四果也。前人信即重，疑即蘭。」（六五五頁下）

〔七〕此不淨等，是近小法，何以犯重　資持卷中一下：「『十誦』下，次引釋疑。言
近小者，外凡初位，所能修故。」（二八五頁下）搜玄：「謂是外凡五停心觀，
謂：貪欲多者，作不淨觀；嗔恚多者，作慈悲觀；愚癡多，作因緣觀；著我
多者，作十八界觀；思覺多者，作數息觀。既是淺近小法，何故言即得犯重
耶？」（四二四頁上）

〔八〕甘露初門　鈔批卷一五：「得理資心，和神適志，義同甘露，理通神解，說之
為門。」（六八五頁下）簡正卷一〇：「甘露初門者，謂涅槃初基也。一切聖
人，並皆遊履，名云為門，故不合妄說也。」（六五五頁下）資持卷中一下：
「甘露，味中最勝，可喻聖道。」（二八五頁下）搜玄：「甘露謂涅槃也。謂永
斷煩惱，證大涅槃，皆先遊五觀之國。故知五觀是涅槃之初門，故云一切聖
由此入道也。」（四二四頁上）

〔九〕四分云：天、龍、鬼神來供養我等，亦同犯重　鈔科卷中一：「『又』下，顯
異。」（五六頁下）資搜玄：「天、龍來者，戒疏云：過恒人之有相與聖道，故
齊一重。立云：本欲向張說，而向王人說。張王雖殊，同是人故。」（四二四
頁上）

〔一〇〕欲向此說，乃向彼說，一切皆重　鈔科卷中一：「『又』下，錯互。」（五六頁下）
資持卷中一下：「錯互，此戒不開。疏云：由詐顯道德，謀誑在人，表聖招利，
境損義一，但使言竟，錯誤皆犯。若就所稱之法，誤錯則開。如下欲說此，而
錯說彼是也。」（二八五頁下）鈔批卷一五：「立謂：本欲向張人說，王人來替
處，說時還夷，以張王雖殊，同是人故。」（六八六頁上）扶桑記釋「若就所稱
之法」：「上約錯誤，並約所對境。今之所稱，即能說聖法。」（一八八頁上）

〔一一〕自稱是佛、天人師等，偷蘭　鈔科卷中一：「『摩』下，稱佛。」（五六頁下）
資持卷中一下：「如彼論解，稱佛犯蘭，有二義：一、世間一佛，更無第二故；
二、具足相好，異於世人，無人信受故。今時即佛，便謂己是，不復進求，準

同此犯。經云一切眾生皆有佛性，此指理同，須知事異。」（二八五頁下）簡
正卷一〇：「以少人信謂者，合是佛出世時故，但犯輕。若言不淨，觀羅漢果
等人多信故，是以重也。」（六五五頁下）搜玄：「戒疏云：伽云我是佛者，我
是天人師者，並偷蘭，以人不信故。若云我於四沙門果退者，夷，以言有涉
也。（四二四頁上）十誦云：若人作書，自云初果，以書示人，書云得果，我
實非得，犯蘭。祇云：若言某處皆非凡夫者，越毗尼；我亦在中者，蘭，以非
定指故。若言我亦得此法者，犯重也。」（四二四頁上）【案】伽論卷八，六一
五頁上。

〔一二〕向同意大比丘說　資持卷中一下：「初開實得，求他作證。文簡同意，復須大
僧。」（二八五頁下）【案】不犯有五種。

〔一三〕戲笑　資持卷中一下：「實無誑意。」（二八五頁下）

〔一四〕疾疾說　資持卷中一下：「言不辨了。」（二八五頁下）

〔一五〕屏處獨說　資持卷中一下：「不為他聞。」（二八五頁下）

〔一六〕欲說此而錯說彼等　資持卷中一下：「語不如意。」（二八五頁下）

〔一七〕皆不犯重，而犯吉羅　資持卷中一下：「上是列相，皆下斷犯。初句通結前五，
『而』下別簡中三。以初、後二種，無所犯故。」（二八五頁下）【案】資持釋
文中「中三」，即上述不犯五相中之三相「若戲笑、若疾疾說、屏處獨說」，
「初、後」分別是「若向同意大比丘說」和「欲說此而錯說彼」。四分卷二，
五七九頁上。